【国学精粹珍藏版】

四书五经

李志敏⊙编著

◎尽览中国古典文化的博大精深 ◎读传世典籍，赢智慧人生——受益终生的传世经典

卷一

民主与建设出版社
·北京·

图书在版编目（CIP）数据

四书五经/李志敏编著;郑琦绘图
—北京：民主与建设出版社，2015.8（2022.8重印）
ISBN 978 -7 - 5139 -0709 -5

I.①四... II.①李...②郑... III .①儒家②四书–译文
③五经–译文 IV.①B222.14②Z126.1

中国版本图书馆CIP数据核字(2015) 第175902号

四书五经

SI SHU WU JING

编　　著	李志敏	
责任编辑	王颂	
装帧设计	王洪文	
出版发行	民主与建设出版社有限责任公司	
电　　话	（010）59417747　59419778	
社　　址	北京市海淀区西三环中路 10 号望海楼 E 座 7 层	
邮　　编	100142	
印　　刷	永清县晔盛亚胶印有限公司	
版　　次	2016年1月第1版	
印　　次	2022年8月第4次印刷	
开　　本	710 毫米 ×1000 毫米　1/16	
印　　张	32	
字　　数	460千字	
书　　号	ISBN 978 -7 - 5139 -0709 -5	
定　　价	278.00元(全四册)	

注：如有印、装质量问题，请与出版社联系。

前　言

四书五经是中国儒家的主要经典，而儒家是中国传统文化中的主要学派，因而四书五经也就成为中国传统文化的主要经典，在整个中国传统文化中占有无与伦比的地位。

《大学》原为《礼记》第42篇。《大学》着重阐述了个人道德修养与社会治乱的关系，主要讲的是为政在人之道，是一篇如何平治天下的政治论文。

《中庸》原是《礼记》的第31篇。《中庸》讲的是儒家的处世哲学。"中庸"二字，大致相当于"适度而得体"，朱熹解释为"不偏不倚，无过不及"（《中庸章句》）。儒家认为对人、对事应该遵照这样的原则，掌握最佳状态，恰到好处。

《论语》是孔子弟子及后学记述孔子言行的语录体著作。其作者是孔门弟子与再传弟子。"门人相互辑而论纂，故谓之《论语》。"（《汉书·艺文志》）

《孟子》是孟子和他的学生万章、公孙丑所作。《孟子》原为7篇，东汉赵岐作注，把每篇分为上、下二篇，今本《孟子》便成了14篇。内容包括孟子的政治活动和政治、法律、哲学、伦理、教育等思想。

《周易》原是一部占筮之书，爻象和爻辞之间的对应安排，本没有必然的逻辑联系。人们为了揭开其间的"奥秘"，从"易传"开始，逐渐将《易经》哲理化，虽未形成一套完整的逻辑体系，但却形成了一套深刻的世界观和方法论，极大地发展了中国人的辩证思维，对中国人的政治、伦理、艺术、科学和文化生活，产生了深远的影响。

《尚书》最早只叫《书》，到汉代改称《尚书》，成为儒家经典后才称《书经》，而《尚书》之名仍然沿用至今。它是我国最早的一部文献资料汇编，其中保存了虞、夏、商、周各代的诰文、誓词和大事记等。由于年代久远，加之秦汉间兵火浩劫，篇什散佚甚多，今仅存58篇。

《诗经》是中国古代第一部诗歌总集，共收录诗歌305首。《诗经》的内容包括《国风》《雅》《颂》三个部分。《国风》分为十五《国风》，共160首诗。《雅》分为《大雅》《小雅》。《大雅》31篇，《小雅》74篇。《颂》共40篇，其中《周颂》31篇、《商颂》5篇、《鲁颂》4篇。

《礼记》是一部资料汇编性质的书。《礼记》的主旨是儒家的礼治主义。儒家认为远古时代"天下为公"，十分美好，后来天下被君主私家占有，弊端百出，为维护社会秩序，便定出各种礼法来约束人们的行为。春秋时代，天下大乱，"礼坏乐崩"，为扭转危局，便需"克己复礼"。礼治主义是儒家最突出的政治主张。其中精华与糟粕杂糅，需作认真分辨。

《左传》是世界上最早的一部编年体史书。它记载了从鲁隐公元年（公元前722年）到鲁哀公二十七年（公元前468年）共255年间鲁国和其他诸侯国以及周王室的重要事件。《左传》的作者，司马迁、班固都说是孔子同时代人左丘明，唐代以后学者对此多有异议，亦未成定论。

在几千年的封建社会里，"四书五经"被历代统治者奉为金科玉律，迫使儒家学者只能通过笺注的形式来表达自己的思想，成为经学史上的一大景观。在这些经书及其诠释之中鲜明地体现着儒学的精神实质。最主要的就是"内圣外王"的理想和"天人合一"的思维模式。从哲学角度来看，儒家高度重视从宇宙本体说明人的存在，以确立人的地位和价值，充满了人文主义的理性精神。随着社会的发展，人类已经进入21世纪，东方文化和西方文化的差距将会相对减小；两种文化将会出现一种更大规模、更深程度的历史性交融，形成多形态、多模式的具有"杂交优势"的世界新文化。中国新文化应该是这种世界新文化中十分灿烂的一枝奇葩，它将既具有鲜明的民族特色，又具有光华四溢的人类共性。那么，要了解中国的文化，就必须知晓中国光辉灿烂的古代文化，而要了解古代文化，那就必须对《四书五经》有一个整体的认识。

本书选取权威版本，精心点校而成，为了方便读者阅读，所有内容均有注释和译文。由于注释者水平有限，错误疏忽在所难免，敬请读者给予批评指正。

 # 目录

大　学

中　庸

论　语（节选）

周　　易（节选）

诗　　经（节选）

礼　　记（节选）

左　　传（节选）

【原文】

大学①之道，在明明德②，在亲民③，在止于至善④。知止而后有定⑤，定而后能静⑥，静而后能安⑦，安而后能虑⑧，虑而后能得⑨。物有本末，事有终始，知所先后，则近道矣⑩。

【注释】

①大学：一是"博学"的意思；二是相对于小学而言的"大人之学"也。②明：明之也。明德：人之所得乎天，而虚灵不昧，以具众理而应万事者也。但为气禀所拘，人欲所蔽，则有时而昏。然其本体之明，则有未尝息者。故学者当因其所发而遂明之，以复其初也。③亲：程子曰："亲，当作新。"新，革其旧之谓也。言既自明其明德，又当推己及人，使之亦有以去其旧染之污也。④止：必至于是而不迁之意。至善：则事理当然之极也。言明明德、新民，皆当止于至善之地而不迁。盖必其有以尽夫天理之极，而无一毫人欲之私也。此三者，《大学》之纲领也。⑤止：所当止之地，即至善之所在也。知之，则志有定向。⑥静：心不妄动。⑦安：所处而安。⑧虑：处事精祥。⑨得：得其所止。⑩明德为本，新民为末。知止为始，能得为终。本、始，所先；末、终，所后，此结上文两节之意。

【译文】

《大学》的目的，在于彰明高尚的品德，在于革除旧习，勉做新人，在于促使人们达到善的最高境界。知道了要达到最高的境界，然后才有确定的志向；有了确定的志向，然后才能心静；心静，然后才能安稳；安稳，然后才能达到善的最高境界。世上的万物都有本末，事情都有终始，明确它们的先后次序，那就接近于道了。

【原文】

古之欲明明德于天下者，先治其国①。欲治其国者，先齐其家。欲齐其家者，先修其身。欲修其身者，先正其心。欲正其心者，先诚其意。欲诚其意者，先致其知。致知在格物②。物格而后知至③，知至而后意诚④，意诚而后心正⑤，心正而后身修，身修而后家齐，家齐而后国治⑥，国治而后天下平。自天子以至于庶人，壹是⑦皆以修身为本，其本⑧乱而末治者，否矣。其所厚⑨者薄，而其所薄者厚，未之有也。此谓知本⑩，此谓知之至也⑪。

【注释】

①治：平声。②明明德于天下者，使天下之人皆有以明其明德也。心者：身之所主也。诚：实也。意者：心之所发也。实其心之所发，欲其一于善而无自欺也。致：推极也。知：犹识也。推极吾之知识，欲其所知无不尽也。格：

至也。物，犹事也。穷至事物之理，欲其极处无不到也。此八者，《大学》之条目也。③物格：物理之极处无不到也。知至：吾心之所知无不尽也。④知既尽，则意可得而实矣。⑤意既实，则心可得而正矣。⑥治：去声。⑦壹是：一切也。⑧本：谓身也。⑨所厚：谓家也。⑩此谓知本：这就叫做懂得了根本。⑪此谓知之至也：这就叫做知识丰富到了极点。

【译文】

古时候想使高尚的道德彰明于天下的人，首先治理好国家；要治理好自己国家人，首先要整顿好自己的家；想要整顿好自己家的人，首先要提高自身的修养；想要提高自己修养的人，首先要端正自己的心志；想要端正心志的人，首先要使意念诚实；要想使自己的意念诚实，首先要获得知识；要获得知识，就在于穷究事物的原理。穷究事物的原理，然后才能知无不尽；知无不尽，然后才能意念诚实；意念诚实，然后才能心志端正；心志端正，然后才能使自身有修养；自身有修养，然后才能把家整顿好；把家整顿好，然后才能把国家治理好；把国家治理好，然后才能平定天下。从天子到普通百姓，统统要以修养自身作为根本。根本紊乱了而期望末节能治理好，是不可能的。应该重视的却轻视，应该轻视的反而重视，这样做而想把事情办好，从来也没有过。这就叫做根本。

【原文】

所谓诚其意者，毋自欺也。如恶恶臭，如好好色，此之谓自谦。故君子必慎其独也①。小人闲居②为不善，无所不至，见君子而后厌然③，掩其不善而著其善。人之视己，如见其肺肝然，则何益矣？此谓诚于中，形于外，故君子必慎其独也④。曾子曰："十目所视，十手所指，其严乎⑤？"富润屋，德润身，心广体胖⑥，故君子必诚其意⑦。

【注释】

①诚其意者：自修之首也。毋者：禁止之辞。自欺云者，知为善以去恶，而心之所发有未实也。恶、好：前字皆去声。谦：读为"慊"，快也，足也。独：人所不知而己所独知之地也。言欲自修者知为善以去其恶，则当实用其力，而禁止其自欺。使其恶恶则如恶恶臭，好善则如好好色，皆务决去而求必得之，以自快足于己，不可徒苟且以徇外而为人也。然其实与不实，盖有他人所不及知而己独知之者，故必谨之于此以审其几焉。②闲：闲居，独处也。③厌：郑氏读为"黡"。厌然：消沮闭藏之貌。④此言小人阴为不善，而阳欲掩之，则是非不知善之当为与恶之当去也；但不能实用其力以至此耳。然欲掩其恶而卒不可掩，欲诈为善而卒不可诈，则亦何益之有哉！此君子所以重以为

戒，而必谨其独也。⑤引此以明上文之意。言虽幽独之中，而其善恶之不可掩如此，可畏之甚也。⑥胖：步丹反，安舒也。⑦言富则能润屋矣，德则能润身矣，故心无愧怍，则广大宽平，而体常舒泰，德之润身者然也。盖善之实于中而形于外者如此，故又言此以结之。

【译文】

所谓意念诚实，就是说不要自己欺骗自己。如同厌恶恶臭的气味那样厌恶邪恶，就象喜爱美色那样喜爱善良，这样才能心安理得。所以，君子必定在独处时也小心谨慎。那些小人平时什么坏事都干得出来，见到君子就掩盖起自己做的坏事，而做出善良的样子。别人看见他们，就像能看到五脏六腑一样，掩盖又有什么用处！这就叫做内心有什么意念，外表就会表现出来。所以，君子一定要在独处时小心谨慎。曾子说："大家的眼睛都在看着你，大家的手指都在指着你，多么厉害啊！"财富可以使房屋得到修饰，道德可以使身心得到修饰，心胸宽广可以使身心舒畅。所以，君子一定要做到意念诚实。

【原文】

《诗》①云："瞻彼淇澳②，绿竹猗猗③。有斐④君子，如切如磋，如琢如磨⑤。瑟⑥兮僴⑦兮，赫兮喧兮。有斐君子，终不可諠⑧兮！""如切如磋"者，道学⑨也；"如琢如磨"者，自修⑩也；"瑟兮僴兮"者，恂慄⑪也；"赫兮喧兮"者，威仪⑫也；"有斐君子，终不可諠兮"者，道盛德至善，民之不能忘也⑬。《诗》⑭云："於戏⑮！前王⑯不忘。"君子⑰贤其贤而亲其亲；小人⑱乐⑲其乐而利其利，此以没世不忘也⑳。《康诰》㉑曰："克㉒明德。"《太甲》㉓曰："顾是天之明命㉔。"《帝典》㉕曰："克明峻德㉖。"皆自明也㉗。汤之盘铭㉘曰："苟㉙日新，日日新，又日新㉚。"《康诰》曰："作新民㉛。"《诗》㉜曰："周虽旧邦，其命维新㉝。"是故君子无所不用其极。《诗》㉞云："邦畿㉟千里，惟民所止㊱。"《诗》㊲云："缗蛮㊳黄鸟，止一丘隅㊴。"子曰："于止，知其所止。可以人而不如鸟乎㊵？"《诗》㊶云："穆穆㊷文王，於缉熙敬止㊸。"为人君，止于仁；为人臣，止于敬；为人子，止于孝；为人父，止于慈；与国人交，止于信㊹。子曰："听㊺讼，吾犹人也。必也使无讼乎！"无情者不得尽其辞，大畏㊻民志。此谓知本㊼。

【注释】

①《诗》：《卫风·淇澳》之篇。②淇：水名。澳：隈也。③猗：叶韵音阿。猗猗：美盛貌。兴也。④斐：文貌。⑤均言其治之有绪，而益致其精也。⑥瑟：严密之貌。⑦僴：武毅之貌。⑧喧：《诗》作咺；諠：《诗》作谖。赫喧，宣著盛大之貌。諠：忘也。⑨道：言也。学：指讲习讨论之事。⑩自修：

省察克治之功。⑪恂：郑氏读作峻。恂慄：战栗也。⑫威：可畏也。仪，可象也。⑬引《诗》而释之，以明"明明德"者之"止于至善"。道学、自修，言其所以得之之由。恂慄、威仪，言其德容表里之盛。卒乃指其实而叹美之也。⑭《诗》：《周颂·烈文》之篇。⑮於戏：音呜呼，叹辞。⑯前王：指文、武也。⑰君子：指其后贤后王。⑱小人：指后民也。⑲乐：音洛。⑳此言前王所以亲民者，止于至善，能使天下后世无一物不得其所，所以既没世而人思慕之，愈久而不忘。此两节咏叹淫泆，其味深长，当熟玩之。㉑《康诰》：周书。㉒克：能也。㉓《太甲》：商书。㉔顾：谓常目在之也。是：古謚字，意为此也，或曰审也。天之明命：即天之所以与我，而我之所以为德者也。常目在之，则无时不明矣。㉕《帝典》：《尧典》，虞书。㉖峻：《书》作俊。大也。㉗均言自明己德之意。㉘盘：沐浴之盘也。铭：名其器以自警之辞也。㉙苟：诚也。㉚汤以人之洗濯其心以去恶，如沐浴其身以去垢。故铭其盘，言诚能一日有以涤其旧染之污而自新，则当因其已新者而日日新之，又日新之，不可略有间断也。㉛鼓之舞之谓作。言振起其自新之民也。㉜《诗》：《大雅·文王》之篇。㉝言周国虽旧，至于文王，能新其德以及于民，而始受天命也。㉞《诗》：《商颂·玄鸟》之篇。㉟邦畿：王者之都也。㊱止：居也，言物各有所当止之处也。㊲《诗》：《小雅·缗蛮》之篇。㊳缗：《诗》作绵。缗蛮，鸟声。㊴丘隅：岑蔚之处。㊵"子曰"以下，孔子说《诗》之辞。言人当知所当止之处也。㊶《诗》：《文王》之篇。㊷穆穆：深远之意。㊸於：叹美辞。缉：继续也。熙：光明也。敬止：言其无不敬而安所止也。引此而言圣人之止无非至善。㊹五者乃其目之大者也。学者于此究其精微之蕴，而又推类以尽其余，则于天下之事，皆有以知其所止而无疑矣。㊺听：审理。㊻畏：使……畏。㊼本：指根本。

【译文】

《诗经·卫风·淇澳》云："眺望那淇水的深处，当绿竹郁郁葱葱，文采风流的君子，好像切磋了的象牙，好像琢磨了的美玉。他庄重啊，宽大啊，光明磊落啊，威仪凛凛啊。多才风流的君子，始终不会被人遗忘"。所谓"如切如磋"，是说治学严谨；所谓"如琢如磨"，是说自身修养；所谓"瑟兮僩兮"，是说谦恭谨慎；所谓"赫兮喧兮"，是说高尚的品德达到善的最高境界，百姓们不会忘记他。《周颂·烈文》云："於戏！前王不忘。"君王尊崇热爱前代的贤人、亲人，百姓也享受到他们带来的安乐，为得到利益而高兴。这就是永远不会忘记的原因。《尚书·康诰》说："能够崇尚美德。"《尚书·太甲》说："经常想念上天赋予的美德。"《尚书·尧典》说："能够彰明大德。"说的都是要自己发扬它。商汤的盘铭是："如果能每天更新，就天天更新，每天不间断地更新。"《尚书·康诰》说："振作商的遗民，使他们悔过自新。"《大雅·文王》曰："周虽是古老的邦国，但到了文王，能推行新的德政施恩于民众，从此开始领受天命建立新的朝代。"因此，治理天下的君王没有一处不用尽心力。《商颂·玄鸟》云："国土幅员广阔千里，人民居住在这里。"《小雅·易系鸾》云："姣小玲珑的黄鸟，栖息在平静的山隅。"孔子说："黄鸟栖息时还知道它应该栖身的地方，难道人还不如鸟吗？"《诗》云："严肃和蔼的文王，光明正大仁德为怀。"做君王的要做到施行仁政，做臣子的要做到尊敬君王，做儿子的要做到孝顺父母，做父亲的要做到慈爱子女，与国人交往要做到诚实。孔子说："审理诉讼，我和其他人一样，一定要使人们不再诉讼！"奸诈不实的人，不能让他说尽狡辩不实的话，让百姓畏服盛德，不再诉讼。这叫做知道根本。

【原文】

所谓修身在正其心者：身有①所忿懥②，则不得其正；有所恐惧，则不得其正；有所好乐③，则不得其正；有所忧患，则不得其正④。心不在焉，视而不见，听而不闻，食而不知其味⑤。此谓修身在正其心。

【注释】

①程子曰："身有"之身当作心。②忿懥：怒也。③好、乐：均去声。④盖是四者，皆心之用，而人所不能无者。然一有之而不能察，则欲动情胜，而其用之所以，或不能不失其正矣。⑤心有不存，则无以检其身，是以君子必察乎此而敬以直之，然后此心常存而身无不修也。

【译文】

所谓修养自身，其根本就在于端正自身的心志：是因为内心有所愤怒，心志就不能端正；内心有所恐惧，也不可能端正；内心有所喜好，也不可能端正；内心有所忧虑，也不可能端正。心不在这儿，虽然看了却没有看见，虽然听了却没有听见，吃着东西也辨不出味道。这就是说，修养自身在于首先端正心志。

【原文】

所谓齐其家在修其身者，人①之②其所亲爱而辟③焉，之其所贱恶而辟焉，之其所畏敬而辟焉，之其所哀矜而辟焉，之其所敖惰而辟焉。故好而知其恶，恶而知其美者，天下鲜矣！④故谚⑤有之曰："人莫知其子之恶，莫知其苗之硕⑥。"此谓身不修，不可以齐其家。

【注释】

①人：指众人。②之：意于也。③辟：读为僻，意偏也。④敖、好：并去声。鲜：上声。五者在人本有当然之则，然常人之情唯其所向而不加察焉，则必陷于一偏而身不修矣。⑤谚：俗语也。⑥硕：叶韵。溺爱者不明，贪得者无厌，是则偏之为害，而家之所不齐也。

【译文】

所谓整顿家，首要的就在于修养自身，是因为人们对自己亲近的人往往有偏爱，对自己鄙视的人往往有偏见，对自己敬畏的人往往会有偏敬，对自己怜悯的人往往有偏心，对自己简慢的人往往有成见。所以，喜欢一个人而又知道他的缺点，厌恶一个人而又了解他的优点，这样的人是天下少有的。所以，谚语说："没有人知道自己孩子的缺点，没有人知道自己禾苗长得健壮。"这就叫自身缺乏修养，就不能整顿好自己的家。

【原文】

所谓治国，必先齐其家者，其家不可教而能教人者，无之，故君子不出家而成教于国。孝者，所以事君也；弟①者，所以事长②也；慈者，所以使众也。③《康诰》曰："如保赤子。"心诚求之，虽不中④，不远矣。未有学养子而后嫁者也⑤。一家仁，一国兴仁；一家让，一国兴让；一人贪戾，一国作乱，其机如此。此谓一言偾事，一人定国⑥。尧、舜帅天下以仁而民从之。桀、纣帅天下以暴而民从之。其所令，反其所好⑦，而民不从。是故，君子有诸己而后求诸人，无诸己而后非诸人。所藏乎身不恕，而能喻⑧诸人者，未之有也⑨。故治国，在齐其家。《诗》⑩云："桃之夭夭，其叶蓁蓁⑪。之子⑫于归⑬，宜⑭其家人。"宜其家人，而后可以教国人。《诗》⑮云："宜兄宜弟。"宜兄宜弟，而后可以教国人。《诗》⑯云："其仪不忒⑰，正是四国。"其为父子兄弟足法，而后民法之也。此谓治国，在齐其家⑱。

【注释】

①弟：去声。②长：上声。③孝、弟、慈：所以修身而教于家者也。然而国之所以事君、事长，使众之道不外乎此，此所以家齐于上而教成于下也。④中：去声。⑤此引《书》而释之，又明立教之本，不假强为，在识其端而推广之耳。⑥一人：指君也。机，发动所由也。偾，音奋，覆败也。此言教成于国之效。⑦好：去声。⑧喻：晓也。⑨此又承上文"一人定国"而言。有善

于己，然后可以责人之善。无恶于己，然后可以正人之恶。皆推己以及人，所谓恕也。不如是，则所令反其所好，而民不从矣。⑩《诗》：《周南·桃夭》之篇。⑪夭：平声。夭夭：少好貌。蓁：音臻。蓁蓁：美盛貌。兴也。⑫之子：意即是子，这里指女子之嫁者而言也。⑬归：妇人谓嫁曰归。⑭宜：意即善也。⑮《诗》：《小雅·蓼萧》篇。⑯《诗》：《曹风·鸤鸠》篇。⑰忒：差也。⑱此三引《诗》，皆以咏叹上文之事，而又结之如此。其味深长，最宜潜玩。

【译文】

所谓治理国家，必须首先整顿好自己的家，自己家的人都教不好却能教育好别人的人，是没有的。所以，有德的君王不出家门就能完成对国人的教育。孝敬父母，就是要用这种态度侍奉国君；敬爱兄长，就是要用这种态度侍奉尊长；慈爱子女，就是要用这种态度驱命百姓。《尚书·康诰》说："保护百姓要像保护婴儿一样。"诚心诚意地去探求婴孩的嗜欲，即使不完全对，也不会差得太多。从来没有先学会养育子女再嫁人的姑娘。国君一家仁爱，全国就会兴起仁爱的风气；国君一家谦让，全国就会兴起谦让的风气；如果国君本人贪婪乖戾，全国上下就会犯上作乱；国君所起的作用就是这样。这就叫国君一句话可以败坏事业，国君一个人的行为可以安定国家。尧、舜用仁政来统治天下，百姓就跟着他们讲仁爱。桀、纣用暴政来统治天下，百姓也就跟着他们悖逆作乱。他们的命令和他们的好恶相反，百姓就不会听从。因此说，执政者自己有了这些善德，然后才能要求别人行善；自己没有这些恶习，然后才能指责别人作恶。自己没有恕道，却能教导别人实行恕道，这是从来没有过的。所以，治理国家就在于整顿好自己的家。

《诗经·周南·桃夭》云："随风摇曳的桃枝，茂盛的叶儿招展着，这个女子要出嫁了，举家之人和顺吉祥。"能使一家人和睦相处，然后才能教育国人。《诗经·小雅·蓼萧》云："如兄弟一样亲密。"能够和兄弟和睦融洽，然后才可以教育国人。《诗经·曹风·鸤鸠》云："执义始终不二，正是天下各国的模式。"国君之德足以让父子兄弟效法，然后百姓才会效法他。这就叫做治理国家，首先在于整顿好自己的家。

【原文】

所谓平天下在治其国者，上老老①，而民兴②孝，上长长③，而民兴弟④，上恤孤⑤，而民不倍⑥。是以君子有絜矩⑦之道也⑧。所恶于上，毋以使下；所恶于下，毋以事上；所恶于前，毋以先⑨后；所恶于后，毋以从前；所恶于右，毋以交于左；所恶于左，毋以交于右。此之谓絜矩之道⑩。《诗》⑪云：

"乐只^⑫君子，民之父母。"民之所好好之，民之所恶恶^⑬之，此之谓民之父母^⑭。《诗》^⑮云："节^⑯彼南山，维石岩岩，赫赫师尹^⑰，民具^⑱尔瞻。"有国者不可以不慎。辟，则为天下僇矣^⑲！《诗》^⑳云："殷之未丧^㉑师^㉒，克配上帝^㉓。仪^㉔监^㉕于殷，峻^㉖命不易^㉗。"道^㉘得众，则得国；失众，则失国^㉙。

【注释】

①老老：所谓"老吾老"也。②兴：指有所感发而兴起也。③长：上声。④弟：去声。⑤孤：幼而无父之称。⑥倍：与背同。⑦絜：度也。矩，所以为方也。⑧言此三者，上行下效，捷于影响，所谓家齐而国治也。亦可以见人心之所同，而不可使有一夫之不获矣。是以君子必当因其所同，推以度物，使彼我之间各得分愿，则上下四旁均齐方正，而天下平矣。⑨恶、先：并去声。⑩此复解上文"絜矩"二字之义。如不欲上之无礼于我，则必以此度下之心，而亦不敢以此无礼使之。不欲下之不忠于我，则必以此度上之心，而亦不敢以此不忠事之。至于前后左右无不皆然，则身之所处，上下、四旁、长短、广狭，彼此如一而无不方矣。彼同有是心而兴起焉者，又岂有一夫之不获哉？所操者约，而所及者广，此平天下之要道也。故章内之意，皆自此而推之。⑪《诗》：《小雅·南山有台》之篇。⑫乐：音洛。只：音纸，语助辞。⑬好、恶：并去声，下并同。⑭言能絜矩而以民心为己心，则是爱民如子，而民爱之如父母矣。⑮《诗》：《小雅·节南山》之篇。⑯节：读为截，截然高大貌。⑰师尹：周太师尹氏也。⑱具：俱也。⑲辟：读为僻，偏也。僇：与戮同。言在上者人所瞻仰，不可不慎。若不能絜矩而好恶徇于一己之偏，则身弑国亡，为天下之大戮矣。⑳《诗》：《文王》篇。㉑丧：去声。㉒师：众也。㉓配：对也。配上帝，言其为天下君而对乎上帝也。㉔仪：《诗》作宜。㉕监：视也。㉖峻：《诗》作骏，大也。㉗易：去声。不易，言难保也。㉘道：言也。㉙引《诗》而言此，以结上文两节之意。有天下者能存此心而不失，则所以絜矩而与民同欲者，自不能已矣。

【译文】

所谓使天下平定在于治理好国家，是因为国君尊敬老人，民间就会兴起尊敬老人的风气；国君尊敬长上，民间就会兴起敬爱兄长的风气；国君怜恤孤儿，百姓就不会互相抛弃。所以，执政者在道德上应起表率作用。厌恶上司的某些言行，就不要用这些言行对待下属；厌恶下属的某些言行，也不要用这些言行侍奉上司。嫌恶前面或后面的人的行为，就不要拿来施加到后面或前面的人的身上；嫌恶左边或右边的人的行为，也不要拿来施加到右边或左边的人的身上。这就叫道德上的表率作用。《诗》云："乐只君子，民之父母。"百姓所喜好的，国君也应喜好；百姓所厌恶的，国君也应厌恶。只有这样才叫做百姓的父母。《诗经·小雅·节南山》云："那高峻巍峨的南山，山石巉岩耸立，名气赫赫的尹氏太师，人民都在注视着你。"执掌国家大权的人，不可以不慎重，如果稍有偏差，就为天下人所不容。《诗经·大雅·文王》云："当殷还未丧失政权时，仁德与上天配合，应当以殷为鉴戒，知道天命来之不易。"国君有道，就会得到百姓的支持，就会得到国家，失去百姓的支持，也就失去了国家。

【原文】

是故君子先慎乎德①。有德此有人②，有人此有土③，有土此有财，有财此有用④。德者本也，财者末也⑤。外本内末，争民施夺⑥。是故财聚则民散，财散则民聚⑦。是故言悖⑧而出者，亦悖而入；货悖而入者，亦悖而出。⑨《康诰》曰："惟命不于常。"道善则得之，不善则失之矣⑩。《楚书》⑪曰："楚国无以为宝，惟善以为宝⑫。"舅犯⑬曰："亡人⑭无以为宝，仁⑮亲以为宝⑯。"

【注释】

①先慎乎德：承上文"不可不慎"而言。德，即所谓明德。②有人：指得众。③有土：指得国。④有用则不患无财用矣。⑤本上文而言。⑥人君以德为外，以财为内，则是争斗其民，而施之以劫夺之教也。盖财者人之所同欲，不能絜矩而欲专之，则民亦起而争夺矣。⑦外本内末，故财聚。争民施夺，故民散。反是，则有德而有人矣。⑧悖：逆也。⑨此以言之出入，明货之出入也。自"先慎乎德"以下至此，又因财货以明能絜矩与不能者之得失也。⑩道：言也。因上文引《文王》诗之意而申言之。其叮咛反复之意益深切矣。⑪《楚书》：《楚语》。⑫言不宝金玉而宝善人也。⑬舅犯：晋文公舅狐偃，字子犯。⑭亡人：文公时为公子，出亡在外地。⑮仁：爱也。⑯事见《檀弓》。此两节，又明不外本而内末之意。

【译文】

因此，国君首先在道德上要慎重。有道德才会得人，得人才会得国土，有国土才会有财富，有财富才会有用度。道德才是根本，财富只是末梢。国君把道德、财富本末倒置，就会使百姓互相争斗、抢夺。因此，国君聚敛财富，百姓就会离散；把财富散发给百姓，就会使民众团结在周围。因此，用违背情理的言语伤人，别人也会用同样的手段夺走其财富。《尚书·康诰》说："天命是不佑护一家的。"有善德就能得到天命，没有善德就会失去天命。《楚书》说："楚国没有什么足以作为宝贝的，只有把善作为宝贝。"狐偃说："逃亡在外的人没有什么可以作为宝贝的，只有把对仁爱亲情的爱当做宝贝。"

【原文】

《秦誓》①曰："若有一个②臣，断断③兮无他技，其心休休焉，其如有容焉。人之有技，若己有之；人之彦圣④，其心好之，不啻若自其口出。寔能容之，以能保我子孙黎民，尚⑤亦有利哉。人之有技，媢⑥疾以恶之；人之彦圣，而违⑦之俾不通。寔不能容，以不能保我子孙黎民，亦曰殆⑧哉！"唯仁人放流之，迸⑨诸四夷，不与同中国。此谓唯仁人为能爱人⑩，能恶人。见贤而不能举，举而不能先，命也⑪。见不善而不能退，退而不能远⑫，过也⑬。好人之所恶，恶人之所好，是谓拂人之性⑭，灾必逮夫身⑮。是故君子⑯有大道，必忠信以得之，骄泰以失之。

【注释】

①《秦誓》：周书。②个：古贺反，《书》作介。③断：丁乱反。断断，诚一之貌。④彦：美士也。圣：通明也。⑤尚：庶几也。⑥媢：忌也。⑦违：拂戾也。⑧殆：危也。⑨迸：读为屏，古字通用。意逐也。⑩言有此媢疾之人，妨贤而病国，则仁人必深恶而痛绝之。以其至公无私，故能得好恶之正如此也。⑪命：郑氏云："当作慢。"程子云："当作怠。"未详孰是。⑫远：去声。⑬若此者，知所爱恶矣，而未能尽爱恶之道，盖君子而未仁者也。⑭拂：逆也。好善而恶恶，人之性也。至于拂人之性，则不仁之甚者。⑮自《秦誓》至此，又皆以申言好恶公私之极，以明上文所引《南山有台》《节南山》之意。⑯君子：以位言之。道，谓居其位而修己治人之术。发己自尽为忠，循物无违谓信。骄者矜高，泰者侈肆。此因上所引《文王》《康诰》之意而言。章内三言得失，而语益加切，盖至此而天理存亡之几决矣。

【译文】

《尚书·秦誓》说："如果有一个臣子，老老实实却没有其他才能，但他心地宽容，能够容纳他人。别人有才能，就像自己有才能一样，别人有美德，他心里也很高兴，超过了他嘴上说的高兴。他确实能容纳别人，任用他能保护我的子孙和百姓，还是很有好处的啊！如果别人有才能，就嫉妒和憎恶人家；别人有美德，就压制人家，使他的美德不为国君所知。这样的人实在是不能容人，任用他不能保护我的子孙和百姓。这实在太危险了！"只有仁德的人才会把这种人流放，驱逐到边远的地方，不与他们同住在中原地区。这就叫做只有仁德的人才能爱护善人，憎恶恶人。看到贤良的人，却不能举荐他，举荐却不能早一点，这就是怠慢。看到不善的人却不能摒弃他，摒弃了却不能把他放逐到边远地方，这是错误。喜爱人们所憎恶的，憎恶人们所喜爱的，这就叫违背人的本性，灾祸一定会降临到他的身上。因此，国君治国有正道，一定要做到忠诚守信才能得到它，而傲慢侈肆就会失掉它。

【原文】

生财有大道。生之者众，食之者寡，为之者疾，用之者舒，则财恒①足矣②！仁者以财发身，不仁者以身发财③。未有上好仁，而下不好义者也，未有好义其事不终者也；未有府库财，非其财者也④。孟献子⑤曰："畜马乘，不察于鸡豚；伐冰之家，不畜牛羊；百乘之家，不畜聚敛之臣。与其有聚敛之臣，宁有盗臣⑥。"此谓⑦国不以利为利，以义为利也。长⑧国家而务财用者，必自小人⑨矣。彼为善之⑩，小人之使为国家，灾害并至；虽有善者，亦无如之何矣。此谓国不以利为利，以义为利也⑪。

【注释】

①恒：永久，持久。②吕氏曰："国无游民，则生者众矣，朝无幸位，则食者寡矣；不夺农时，则为之疾矣；量入为出，则用之舒矣。"朱熹以为：此因"有土"、"有财"而言，以明足国之道在乎务本而节用，非必外本内末而后财可聚也。自此以至终篇，皆一意也。③发：意起也。仁者散财以得民，不仁者亡身以殖货。④上好仁以爱其下，则下好义以忠其上。所以事必有终，而府库之财无悖出之患也。⑤孟献子：鲁之贤大夫仲孙蔑也。⑥乘、敛：并去声。畜马乘，士初试为大夫者也。伐冰之家，卿大夫以上，丧祭用冰者也。百乘之家，有采地者也。君子宁亡己之财，而不忍伤民之力，故宁有盗臣，而不畜聚敛之臣。⑦"此谓"以下，释献之子言也。⑧长：上声。⑨自：由也。言由小人导之也。⑩"彼为善之"，此句上下疑有缺文误字。⑪此一节，深明以利为利之害。而重言以结之，其叮咛之意切矣。

【译文】

增殖财富有重要的原则，就是生产财富的人多，消耗财富的人少，生产要快，消耗要慢。这样，财富就会永远充足了。有仁德的人散施财富以得民，不仁的人聚敛财富而亡身。没有国君爱好仁而他的臣下不爱好义的；没有爱好义而不助国君完成事业的；也没有爱好义而不把国家府库当作自家府库来保护的。孟献子说："拥有驷马车辆的大夫，不计较鸡豚小利；能够凿冰丧祭的卿大夫，不蓄养牛羊；有百辆车的国君，不任用只知聚敛财富的臣子。与其有聚敛财富的臣子，还不如有盗窃府库的臣子。"这就是说，治理国家不应以自己的私利为利益，而应该以道义为利益。执掌国家政权而致力于聚敛财富的人，必然是从小人那里受到影响的。小人以此讨好国君，如果国君任用这些小人治理国家，那么天灾人祸就会同时到来。即使有才能的人对它也没有办法。这就叫做治理国家不能把自己的私利作为利益，而要把道义作为利益。

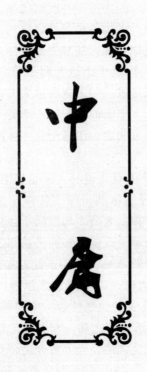

中屠

【原文】

天命之谓性，率性之谓道，修道之谓教①。道也者，不可须臾离②也，可离非道也③。是故君子戒慎乎其所不睹，恐惧乎其所不闻④。莫见乎隐，莫显乎微，故君子慎其独也⑤。

喜怒哀乐之未发，谓之中；发而皆中节，谓之和。中也者，天下之大本也；和也者，天下之达道也⑥。致中和，天地位焉，万物育焉⑦。

【注释】

①命：意为令。性：即理。天以阴阳五行化生万物，气以成形，而理亦赋焉，意命令。于是人物之生，因为各得其所赋之理，以为健顺五常之德，所谓性也。率：循。道：犹路也。人物各循其性之自然，则其日用事物之间，莫不各有当行之路，是则所谓道也。修：品节之也。性道虽同，而气禀或异，故不能无过不及之差。圣人因人物之所当行者而品节之，以为法于天下，则谓之教，若礼、乐、刑、政之属是也。盖人之所以为人，道之所以为道，圣人之所以为教，原其所自，无一不本于天而备于我。学者知之，则其于学知所用力而自不能已矣。故子思于此首发明之，读者所宜深体而默识也。②离：去声。③道：日用事物当行之理，皆性之德而具于心，无物不有，无时不然，故不可须臾离也。若其可离，则为外物而非道矣。④是以君子之心常存敬畏，虽不见闻，也不敢忽，所以存天理之本然，而不使离于须臾之顷也。⑤见：同现。隐：暗处也。微，细事也。独：人所不知而己所独知之地也。言幽暗之中，细微之事，迹虽未形而几则已动，人虽不知而己独知之，则是天下之事无有著见明显而过于此者。是以君子既常戒惧，而于此尤加谨焉，所以遏人欲于将萌，而不使其滋滋暗长于隐微之中，以至离道之远也。⑥"中节"之中：去声。喜、怒、哀、乐，情也。其未发，则性也。无所偏倚，所以谓之中。发皆中节，情之正也。无所乖戾，所以谓之和。大本者，天命之性，天下之理皆由此出，道之体也。达道者，循性之谓，天下古今之所共由，道之用也。此言性情之德，以前道不可离之意。⑦致：推而极之也。位：安其所也。育：遂其生也。自戒惧而约之，以至于至静之中无少偏倚，而其守不失，则极其中而天地位矣。自谨独而精之，以至于应物之处并无少差谬，而无适不然，则极其和而万物育矣。盖天地万物本吾一体，吾之心正，则天地之心亦正矣；吾之气顺，则天地之气亦顺矣。所以其效验至于如此。此学问之极功、圣人之能事，初非有待于外，而修道之教亦在其中矣。是其一体一用虽有动静之殊，然必其体立而后用有以行，则其实亦非有两事也。所以在这里合而言之，以结上文之意。

【译文】

天赋予人的气质就是性，沿着本性的发展就叫道，修治道并使人仿效就教化。道，是不能片刻离开的。如果可以离开，那就不是道了。所以，君子在别人看不见他的地方也警惕谨慎，在别人听不到的地方也畏惧小心。再隐蔽的东西也没有不被发现的，再细微的东西也没有不显露出来的。所以，君子在独处的时候也非常谨慎。

人的喜怒哀乐在还没有表现出来的时候叫做"中"，表现出来的时候合乎礼法叫做"和"。中，是天下万物的根本。和，是天下通行的准则。达到中和，天地就各居自己的位置，万物就会生长发育。

【原文】

仲尼曰："君子中庸①，小人反中庸②。君子之中庸也，君子而时中；小人之反中庸也，小人而无忌惮也③。"

【注释】

①中庸：不偏不倚、无过不及而平常之理，乃天命所当然，精微之极致也。唯君子为能体之，小人反是。②王肃本作"小人之反中庸也"，程子亦以为然。今从之。③君子之所以为中庸者，以其有君子之德，而又能随时以处中也。小人之所以反中庸者，以其有小人之心，而又无所忌惮也。盖中无定体，随时而生，是乃平常之理也。君子知其在我，故能戒谨不睹，恐惧不闻，而无时不中。小人不知有此，则肆欲妄行，而无所忌惮矣。

【译文】

孔子说："君子的言行不偏不倚，为永恒不变的中庸之道。小人的言行违反中庸之道。君子的中庸，是时时刻刻都合于中庸之道。小人的违反中庸，是因为小人无所惮忌。"

【原文】

子曰："中庸其至矣乎！民鲜能久矣！"

【译文】

孔子说："中庸是最高的道德标准。人们很少能做到这一点，这已经很长久了。"

【原文】

子曰："道①之不行也，我知之矣：知者②过之，愚者不及也。道之不明也，我知之矣：贤者过之，不肖者不及也③。人莫不饮食也，鲜能知味也。"

【注释】

①道：天理之当然，中而已矣。②知者：去声。③知、愚、贤、不肖之过、不及，则生禀之异而失其中也。知者知之过，既以道为不足行；愚者不及知，又不知所以行；此道之所以常不行也。贤者行之过，既以道为不足知；不肖者不及行，又不求所以知：此道之所以常不明也。

【译文】

孔子说："中庸之道不能实行，我知道其中的原因了：聪明的人实行时超过了它，愚笨的人却没有达到它。中庸之道不彰明，我也知道其中的原因了：贤德的人理解过了头，不肖的人理解却达不到。人没有不吃不喝的，却很少有人品出滋味。"

【原文】

子曰："道其不行矣夫！"

【译文】

孔子说："中庸之道怕是不能实行了！"

【原文】

子曰："舜其大知①也与②！舜好问而好察迩言③，隐恶而扬善，执其两端，用其中于民，其斯以为舜乎④！"

【注释】

①知：去声。②与：平声。③好：去声。④舜之所以为大知者，以其不自用而取诸人也。迩言者，浅近之言，犹必察焉，其无遗善可知。然于其言之未善者则隐而不宣，其善者则播而不匿，其广大光明又如此，则人孰不乐告以善哉？两端，谓众论不同之极致。盖凡物皆有两端，如小大、厚薄之类。于善之中又执其两端而量度以取中，然后用之，则其择之审而行之至矣。然非在我之权度精切不差，何以与此？此知之所以无过不及，而道之所以行也。

【译文】

孔子说："舜恐怕是最伟大的智者了，他喜欢请教别人，而且喜欢详审那些浅近的话。他隐去别人的缺点，宣扬别人的长处，抓住过和不及这两个极端的偏向，加以调和，而后用中庸之道去引导人们，大概这就是舜之所以成为舜的原因吧！"

【原文】

子曰："人皆曰'予知①'，驱而纳诸罟擭陷阱②之中，而莫之知辟③也。人皆曰'予知'，择乎中庸④，而不能期月⑤守也⑥。"

【注释】

①知：去声。②罟：网也。擭：机槛也。陷阱：坑坎也。皆所以掩取禽兽者也。③辟：与避同。④择乎中庸：辨别众理，以求所谓中庸，即上章"好问"、"用中"之事也。⑤期月：一月也。⑥言知祸而不知辟，以况能择而不能守，皆不得为知也。

【译文】

孔子说："人们都说自己聪明，却为利欲所驱使，像禽兽一样落入捕网、木笼和陷阱中，没有人知道躲避。人们都说自己聪明，选择了中庸之道，却连一个月也不能坚持。"

【原文】

子曰："回①之为人也，择乎中庸，得一善，则拳拳服膺，而弗失之矣②。"

【注释】

①回：孔子弟子颜渊名。②拳拳：奉持之貌。服：犹著也。膺：胸也。

【译文】

孔子说："颜回是这样做人的，选择了中庸之道，得到这一善道就牢牢记在心中，永远不把它忘掉。"

【原文】

子曰："天下国家可均①也，爵禄可辞也，白刃可蹈也，中庸不可能也②。"

【注释】

①均：平治也。②三者亦知、仁、勇之事，天下之至难也，然不必其合于中庸，则质之近似者皆能以力为之。若中庸，则虽不必皆如三者之难，然非义精仁熟而无一毫人欲之私者，不能及也。三者难而易，中庸易而难，此民之所以鲜能也。

【译文】

孔子说："天下国家可以平定治理，爵位俸禄可以辞掉，锋利的刀刃可以踏上去，中庸之道却不容易做到。"

【原文】

子路①问强。子曰："南方之强与②？北方之强与？抑③而④强与？宽柔以教⑤，不报无道⑥，南方之强也，君子居之⑦。衽金革⑧，死而不厌，北方之强也，而强者居之⑨。故君子和而不流，强哉矫⑩！中立而不倚⑪，强哉矫！国有道，不变塞⑫焉，强哉矫！国无道，至死不变，强哉矫⑬！"

【注释】

①子路：孔子弟子仲由也。子路好勇，故问强。②与：平声。③抑：语辞。④而：汝也。⑤宽柔以教：谓含容巽顺以诲人之不及也。⑥不报无道：谓横逆之来，直受之而不报也。⑦南方风气柔弱，故以含忍之力胜人为强，君子之道也。⑧衽：席也。金：戈兵之属。革：甲胄之属。⑨北方风气刚劲，故以果敢之力胜人为强，强者之事也。⑩矫：强貌。《诗》曰"矫矫虎臣"，是也。⑪倚：偏著也。⑫塞：未达也。⑬此四者，汝之所当强也。国有道，不变未达之所守；国无道，不变平生之所守也。此则所谓中庸之不可能者，非有以自胜其人欲之私，不能择而守也。君子之强，孰大于是？夫子以是告子路者，所以抑其血气之刚，而进之以德义之勇也。

【译文】

子路请教什么是刚强，孔子说："你问的是南方人的刚强，北方人的刚强，还是你这样的刚强呢？用宽厚温和的态度教育别人，不报复别人的蛮横无理，这是南方人的刚强。君子属于这一类。顶盔贯甲，枕着戈戟睡觉，在战场上拼杀至死而不悔，这是北方人的刚强。强悍的人属于这一类。所以，君子温和而不随波逐流，这才是刚强啊！君子中立而不偏不倚，这才是刚强啊！国家太平，政治清明时，君子不改变贫困时的操守，这才是刚强啊！国家混乱，政治黑暗时，君子一直到死不改变操守，这才是刚强啊！"

【原文】

子曰："素隐行怪①，后世有述焉，吾弗为之矣②。君子遵道而行，半途而废，吾弗能已矣③。君子依乎中庸，遁世不见知而不悔，唯圣者能之④。

君子之道费⑤而隐⑥。夫妇之愚，可以与⑦知焉；及其至也，虽圣人亦有所不知焉。夫妇之不肖⑧，可以能行焉；及其至也，虽圣人亦有所不能焉。天地之大也，人犹有所憾。故君子语大，天下莫能载焉；语小，天下莫能破焉。《诗》⑨云：'鸢飞戾天，鱼跃于渊。'言其上下察⑩也。君子之道，造端乎夫妇；及其至也，察乎天地。"

【注释】

①素：按《汉书》当作索，盖字之误也。②索隐行怪：言深求隐僻之理，而过为诡异之行也。然以其足以欺世而盗名，故后世或有称述之者。此知之过而不择乎善，行之过而不用其中，不当强而强者也，圣人岂为之哉！③遵道而行则能择乎善矣；半途而废则力之不足也。此其知虽足以及之，而行有不逮，当强而不强者也。已：止也。圣人于此，非勉焉而不敢废，盖至诚无息，自有所不能止也。④不为索隐行怪，则依乎中庸而已。不能半途而废，是以遁世不见知而不悔也。此中庸之成德，知之尽、仁之至、不赖勇而裕如者，正吾夫子之事，而犹不自居也。故曰"唯圣者能之"而已。⑤费：用之广也。⑥隐：体之微也。⑦与：去声。⑧君子之道，近自夫妇居室之间，远而至于圣人天地之所不能尽，其大无外，其小无内，可谓费矣。然其理之所以然，则隐而莫之见。盖可知、可能者，道中之一事，及其至而圣人不知、不能；则举全体而言，圣人固有所不能尽也。侯氏曰："圣人所不知，如孔子问礼、问官之类；所不能，如孔子不得位、尧舜病博施之类。"朱熹说人所憾于天地，如覆载生成之偏，及寒暑灾祥之不得其正者。⑨《诗》：《大雅·旱麓》之篇。⑩鸢：鸱类。戾：至也。察：著也。子思引此诗以明化育流行，上下昭著，莫非此理之用，所谓费也。然其所以然者，则非见闻所及，所谓隐也。故程子曰："此一节，子思吃紧为人处，活泼泼地，读者其致思焉。"

【译文】

孔子说："探求隐僻的道理，做怪异的事情，虽然后世有人遵循这种做法，但我是不做这种事的。君子遵循中庸之道行事，半途而废，但我不能中途停止。君子遵循中庸之道行事，即使隐遁山林，不为人所知也不后悔，只有圣人才能做到这样。

君子的中庸之道其广大无所不在，其精微之处却不为人所见。普通的夫妇虽然愚昧，但可以明白一些日常道理。如果谈论这些道理的高深至极处，即使是圣人也有所不知。普通的夫妇虽然不贤，但符合日常道理的事也可以做到。如果要达到这些道理的最高境界，即使是圣人也有做不到的。天地辽阔无边，没有不能覆载的，人们还是有所遗憾。因此，君子所行的中庸之道从大处说，天下没有可以承载的；就小处说，天下没有人能够剖析理解。《诗经·大雅·旱麓》云：'鸢鸱飞薄高空，鱼儿潜入渊中。'是说对上对下都能详察。君子的中庸之道，开始于普通男女。达到最高境界时就能详察天地上下。"

【原文】

子曰："道不远人。人之为道而远人，不可以为道①。《诗》②云：'伐柯伐柯，其则不远。'执柯以伐柯，睨而视之，犹以为远③。故君子以人治人，改而止④。忠恕⑤违道不远⑥，施诸己而不愿，亦勿施于人⑦。君子之道四，丘未能一焉；所求乎子以事父，未能也⑧；所求乎臣以事君，未能也；所求乎弟以事兄，未能也；所求乎朋友先施之，未能也。庸德之行，庸言之谨，有所不足，不敢不勉，有余不敢尽；言顾行，行顾言，君子胡不慥慥尔⑨！君子素⑩其位而行，不愿乎其外⑪。素富贵，行乎富贵；素贫贱，行乎贫贱；素夷狄，行乎夷狄；素患难⑫，行乎患难，君子无入而不自得焉⑬。在上位，不陵下；在下位，不援⑭上。正己而不求于人，则无怨，上不怨天，下不尤人⑮。故君子居易⑯以俟命⑰，小人行险以徼幸⑱。"

【注释】

①道：率性而已，固众人之所能知能行者，故常不远于人。若为道者厌其卑近，以为不足为，而反务为高远难行之事，则非所以为道矣。②《诗》：《豳风·伐柯》之篇。③柯：斧柄。则：法也。睨：邪视也。言人执柯伐木以为柯者，彼柯长短之法，在此柯耳。然犹有彼此之别，故伐者视之犹以为远也。④若以人治人，则所以为人之道，各在当人之身，初无彼此之别。故君子之治人也，即以其人之道，还治其人之身。其人能改，即止不治。盖责之以其所能知能行，非欲其远人以为道也。张子所谓"以众人望人，则易从"是也。⑤尽己之心为忠，推己及人为恕。⑥违：去也，如《春秋传》齐师"违谷七里"之违。言自此至彼，相去不远，非背而去之之谓也。道：即其不远人者是也。⑦施诸己而不愿，亦勿施于人：忠恕之事也。以己之心度人之心，未尝不同，则道之不远于人者可见。故己之所不欲，则勿以施之于人，亦不远人以为道之事。张子所谓"以爱己之心爱人，则尽仁"是也。⑧子、臣、弟、友，四字绝句。

求：犹责也。道不远人，凡己之所以责人者，皆道之所当然也，故反之以自责而自修焉。⑨庸：平常也。行：践其实。谨：择其可。德不足而勉，则行益力；言有余而訒，则谨益至。谨之至则言顾行矣；行之力则行顾言矣。慥慥：笃实貌。言君子之言行如此，岂不慥慥乎？赞美之也。凡此皆不远人以为道之事。张子所谓"以责人之心责己，则尽道"是也。⑩素：当时所处的地位。⑪言君子但因见在所居之位而为其所当为，无慕乎其外之心也。⑫难：去声。⑬此言素其位而行也。⑭援：平声。⑮此言不愿乎其外也。⑯易：去声，平地也。居易：素位而行也。⑰俟命：不愿乎外也。⑱徼：求也。幸：谓所不当得而得者。

【译文】

孔子说："中庸之道没有远离人们。人在行道时却远离了中庸之道，就不能让他去行道。《诗经·豳风·伐柯》云：'砍制斧柄，砍制斧柄，以斧为法不用远求。'拿着斧柄作样子来砍斧柄，一斜眼就能看见它，还以为离得很远。所以，君子用人的道理来治理人，直到改正为止。忠恕离中庸之道就不远了，不愿意别人加给自己的，也不要强加给别人。君子的行为准则有四项，我一项也没能完全做到。对做人子的要求，我侍奉父亲没有能做到；对做人臣的要求，我侍奉国君没有能做到；对做兄弟的要求，我侍奉兄长没有能做到；对做朋友的要求，我没有能首先做到。平常道德的实行，日常言语的谨慎，我都有不足的地方，不敢不勉力去做。才行有余而不敢尽其才。言语要顾及行动，行动也要顾及言语，能做到这些，君子还有什么言行不相应的呢？君子按照自己当时所处的地位行事，不做分外的事。处在富贵的地位上，就做处在富贵地位上应该做的事；处在贫贱的地位上，就做处在贫贱地位上应做的事；处在夷狄的地位上，就做处在夷狄地位上应做的事；处在患难中，就做处在患难中应做的事；君子无论处在什么地位上都没有什么不合适的。处在上位，不欺凌处在下位的人；居于下位，不巴结上位的人。自己正直就不必去乞求别人，因而没有怨恨。上不怨天命，下不归罪于别人。所以，君子安处在自己的位置上以等待天命的安排，小人则做冒险的事以求侥幸成功。"

【原文】

子曰："射有似乎君子，失诸正鹄①，反求诸其身②。君子之道，辟③如行远，必自迩；辟如登高，必自卑。《诗》④曰：'妻子好⑤合，如鼓瑟琴⑥。兄弟既翕⑦，和乐⑧且耽⑨。宜尔室家，乐而妻帑⑩。'"子曰："父母其顺矣乎⑪！"

【注释】

①正：音征。鹄：工毒反。画布曰正，栖皮曰鹄，皆侯之中、射之的也。②子思引此孔子之言，以结上文之意。③辟：同"譬"。④《诗》：《小雅·常

棣》之篇。⑤好：去声。⑥鼓瑟琴：和也。⑦翕：亦合也。⑧乐：音洛。⑨耽：亦乐也。《诗》作湛，亦音耽。⑩帑：子孙也。⑪夫子诵此诗而赞之曰：人能和于妻子、宜于兄弟如此，则父母其安乐之矣。子思引《诗》及此语，以明行远自迩、登高自卑之意。

【译文】

孔子说："射箭之道有点像君子的做人之道。没有射中靶子，要回过头来从自己身上找原因。君子实行中庸之道，就像走远路，一定要从近处起；好像登高，一定要从低处开始。《诗经·小雅·常棣》云：'同妻子相亲相爱，像琴瑟一样和谐，兄弟互相亲爱，永远沉浸在欢乐当中。使你的家庭安好，使你的妻儿快乐。'"孔子说："像这样的家庭，父母就会心情舒畅了。"

【原文】

子曰："鬼神①之为德②，其盛矣乎！视之而弗见，听之而弗闻，体物而不可遗③。使天下之人齐明④盛服，以承祭祀。洋洋⑤乎，如在其上，如在其左右⑥。《诗》⑦曰：'神之格⑧思⑨，不可度⑩思！矧⑪可射思⑫！'夫微之显，诚之不可掩，如此夫⑬！"

【注释】

①程子曰："鬼神，天地之功用，而造化之迹也。"张子曰："鬼神者，二气之良能也。"朱熹谓以二气言，则鬼者阴之灵也。神者阳之灵也。以一气言，则至而伸者为神，反而归者为鬼，其实一物而已。②为德：意即性情功效。③鬼神无形与声，然物之终始，莫非阴阳合散之所为，是其为物之体，而物所不能遗也。其言体物，意《易》所谓"干事"。④齐之为言齐也，所以齐不齐而致其齐也。明，犹洁也。⑤洋洋：流动充满之意。⑥能使人畏敬奉承而发见昭著如此，乃其"体物而不可遗"之验也。孔子曰："其气发扬于上为昭明，焄蒿凄怆，此百物之精也，神之著也。"正谓此尔。⑦《诗》：《大雅·抑》之篇。⑧格：来也。⑨思：语辞。⑩度：测度。⑪矧：况也。⑫射：《诗》作斁。厌也，言厌怠而不敬也。⑬诚：真实无妄之谓。阴阳合散，无非实者。故其发见之不可掩如此。

【译文】

孔子说："鬼神所完成的功德真盛大啊！看它看不见，听它听不见，它体现在万物之中而无所遗漏。它可使天下的人斋戒沐浴，穿戴华丽的衣冠，敬奉祭祀。鬼神好像无处不在地飘浮在人们的上空，又好像就在人们的身边。《诗》曰：'神的来临呵，不可猜度，难道可以厌怠神吗？'鬼神虚无而明显，确实像诗中说的不可掩盖。"

【原文】

子曰："舜其大孝也与①！德为圣人，尊为天子，富有四海之内。宗庙飨之，子孙②保之。故大德，必得其位，必得其禄，必得其名，必得其寿③。故天之生物，必因其材④而笃⑤焉，故栽⑥者培⑦之，倾者覆⑧之。《诗》曰：'嘉乐君子，宪宪令德。宜民宜人，受禄于天，保佑命之，自天申之⑨。'故大德者必受命⑩。"

【注释】

①与：平声。②子孙：谓虞思、陈胡公之属。③舜年百有十岁。④材：质也。⑤笃：厚也。⑥栽：植也。⑦培：气至而滋息为培。⑧覆：气反而游散则覆。⑨《诗》：《大雅·假乐》之篇。假，当依此作嘉。宪，当依《诗》作显。申，重也。⑩受命：受天命为天子也。

【译文】

孔子说："舜可以说是大孝子了，以德行而论，他是圣人，以尊贵而论，他是天子，四海之内都是他的财富，死后在宗庙里享受祭献，子子孙孙永远保持祭祀。所以，大仁大德的人必然会得到应有的地位，必然会得到应得的福禄，必然会得到应有的名声，也必然会得到高寿。因此，天生万物，必定会依据其自身的材质来决定自己的厚实的程度。可以栽培的就一定栽培，只能受到倾覆的一定倾覆。《诗经·大雅·嘉乐》说：'真美呀，欢乐的君王，你的美德昭昭在人耳目。善于安民善于用人，上天赐予你福禄。保佑了你，福禄自天重重来临。'所以，大仁大德的人必然会受天命而为天子。"

【原文】

子曰："无忧者，其惟文王乎！以王季为父，以武王为子，父作之，子述之①。武王缵②大王③、王季、文王之绪④，壹戎衣⑤而有天下，身不失天下之显名。尊为天子，富有四海之内。宗庙飨之，子孙保之⑥。武王末⑦受命，周公成文、武之德，追王⑧大王、王季，上祀先公以天子之礼⑨。斯礼也，达乎诸侯、大夫及士、庶人。父为大夫，子为士，葬以大夫，祭以士。父为士，子为大夫，葬以士，祭以大夫。期之丧，达乎大夫；三年之丧，达乎天子；父母之丧，无贵贱，一也。⑩"

【注释】

①此言文王之事。《书》言"王季其勤王家"，盖其所作，亦积功累仁之事也。②缵：继也。③大：读泰，下同。大王：王季之父也。《书》云："大王肇基王迹。"《诗》云："至于大王，实始翦商。"④绪：业也。⑤戎衣：甲胄之属。"壹戎衣"，《武成》文，言一著戎衣以伐纣也。⑥此言武王之事。⑦末：意为老也。⑧追王：王，去声。追王：盖推文、武之意，以及乎王迹之所起也。⑨先公：组绀以上至后稷也。上祀先公以天子之礼，又推大王、王季之

意，以及于无穷也。⑩此言周公之事。制为礼法，以及天下，使葬用死者之爵，祭用生者之禄。丧服自期以下，诸侯绝，大夫降；而父母之丧，上下同之，推己以及人也。

【译文】

孔子说："无忧无虑的人，恐怕只有文王了！王季是他的父亲，武王是他的儿子，父亲为他开创了基业，儿子继承了他的事业。武王继承了太王、王季、文王的事业，一举战败了殷纣而取得天下。自身不仅没有失去显赫于天下的名声，而且被尊为天子，四海之内全部是他的财富，死后在宗庙中享受祭献，子子孙孙永远保持祭祀。武王晚年才接受天命而成为天子。周公完成了文王、武王的德业，追尊太王、王季为天子，用天子之礼追祭祖先。这种礼仪一直通达到诸侯、大夫乃至士和庶民。父亲是大夫，儿子是士，父亲去世后用大夫之礼安葬，用士礼祭祀。父亲是士，儿子是大夫，父亲去世用士礼安葬，用大夫之礼祭祀。一年的丧期，到大夫为止。三年的丧期，一直通行到天子，父母的丧期，不分贵贱都是一样。"

【原文】

子曰："武王、周公其达孝矣乎①！夫孝者，善继人之志，善述人之事者也②。春秋，修其祖庙③，陈其宗器④，设其裳衣⑤，荐其时食⑥。宗庙之礼，所以序昭穆⑦也；序爵⑧，所以辨贵贱也；序事⑨，所以辨贤也；旅酬下为上，所以逮贱也⑩。燕毛，所以序齿也⑪。践⑫其⑬位，行其礼，奏其乐，敬其所尊，爱其所亲⑭；事死如事生，事亡⑮如事存，孝之至也⑯。郊社之礼，所以事上帝也⑰；宗庙之礼，所以祀乎其先也。明乎郊社之礼，禘尝之义⑱，治国其如示诸掌⑲乎⑳！"

【注释】

①达：通也。承上章而言武王、周公之孝，乃天下之人通谓之孝，犹孟子之言达尊也。②上章言武王缵大王、王季、文王之绪以有天下，而周公成文、武之德以追崇其先祖，此继志、述事之大者也。下文又以其所制祭祀之礼，通于上下者言之。③祖庙：天子七，诸侯五，大夫三，适士二，官师一。④宗器：先世所藏之重器，若周之赤刀、大训、天球、河图之属也。⑤裳衣：先祖之遗衣服，祭则设之以授尸也。⑥时食：四时之食，各有其物，如春行羔、豚、膳、膏、香之类是也。⑦昭：如字。宗庙之次，左为昭，右为穆，而子孙亦以为序。有事于太庙，则子姓兄弟群昭群穆咸在而不失其伦焉。⑧爵：公、侯、卿、大夫也。⑨事：宗祝有司之职事也。⑩旅：众也。酬：导饮也。旅酬之礼，宾弟子、兄弟之子各举觯于其长而众相酬。盖宗庙之中以有事为荣，故逮及贱者，使亦得以申其敬也。为，去声。⑪燕毛：祭毕而燕，则以毛发之色别长幼、为坐次也。齿：年数也。⑫践：意为履也。

⑬其：指先王也。⑭所尊、所亲：先王之祖考、子孙、臣庶也。⑮始死谓之死，既葬则曰反而亡焉，均指先王也。⑯此结上文两节，皆继志、述事之意也。⑰郊：祭天。社：祭地。不言后土者，省文也。⑱天子宗庙之大祭，追祭太祖之所自出于太庙，而以太祖配之也。尝：秋祭也。四时皆祭，举其一耳。礼必有义，对举之，互文也。⑲示：与视同。视诸掌，言易见也。⑳乎：此与《论语》文意大同小异，记有详略耳。

【译文】

孔子说："武王和周公，天下人全都颂扬他们的孝。孝就是能很好地继承前人的遗志，很好地完成前人没有完成的事业。在一年四季的祭祀时期，清扫祖庙，陈列祭器，摆设先王遗留下来的衣裳，进献时鲜的食品。宗庙的礼仪是用来排列昭穆的；排列爵位的次序，这是用来分辨贵贱的；排列执事者的次序，是用来区别各人的贤能的；旅酬时，晚辈要先向长辈敬酒，是为了使礼仪也能下及于地位低贱的人；饮宴时按头发的黑白程度排坐次，是为了区别长幼。处在祭祀的位置上，行祭祀的礼仪，奏祭祀的音乐，敬应该尊敬的人，爱应该亲近的人，侍奉刚去世的人要像侍奉生者一样，侍奉早已亡故的人要像侍奉还在世的人一样。这才是孝敬至极。祭祀天地的礼是用来侍奉上帝的；祭祀宗庙的礼是用来侍奉祖先的。通晓了郊祭、社祭的礼仪和禘祭、尝祭的意义，那么治理国家就像看手掌上的东西一样容易。"

【原文】

哀公①问政。子曰："文武之政，布在方策②。其人存，则其政举；其人亡，则其政息③。人道敏④政，地道敏树。夫⑤政也者，蒲卢也⑥。故为政在人，取人以身，修身以道，修道以仁⑦。仁者，人也，亲亲为大，义者，宜也，尊贤为大，亲亲之杀，尊贤之等，礼所生也⑧。在下位不获乎上，民不可得而治矣⑨。故君子不可以不修身；思修身不可以不事亲；思事亲，不可以不知人；思知人，不可以不知天⑩。"

【注释】

①哀公：鲁君，名蒋。②方：版也。策：简也。③息：犹灭也。有是君，有是臣，则有是政矣。④敏：速也。⑤夫：音扶。⑥蒲卢：沈括以为蒲苇是也。以人立政，犹以地种树，其成速矣。而蒲苇又易生之物，其成尤速也。言人存政举，其易如此。⑦此承上文"人道敏政"而言也。"为政在人"，《家语》作"为政在于得人"，语意尤备。人，谓贤臣。身，指君身。道者，天下之达道。仁者，天地生物之心，而人得以生者，所谓"元者善之长"也。言人君为政在于得人，而取人之则又在修身。能修其身，则有君有臣，而政无不举矣。⑧杀：去声。人：指人身而言。具此生理，自然便有恻隐慈爱之意，深

体味之可见。宜者：分别事理，各有所宜也。礼：则节文斯二者而已。⑨郑氏曰："此句在下，误重在此。"⑩"为政在人，聚人以身"，所以不能不修身。"修身以道，修道以仁"，故思修身，不可以不事亲。欲尽亲亲之仁，必由尊贤之义，故又当知人。亲亲之杀，尊贤之等，皆为天理也，故又当知天。

【译文】

鲁哀公向孔子请教如何治理国家。孔子说："文王、武王的治国方法，典籍中都有记载。贤能者当政，其治国方法就能实行；贤能者不当政，其治国方法也就消失了。人们对政治非常敏感，树草木对土地非常敏感，而因人施政就好像种蒲苇一样，比植树的成效更快。所以，治理国家在于得到贤人，得到贤人要依靠国君的自身修养，自身修养要依靠道德，道德修养要依靠仁。所谓仁，就要爱别人，以爱自己的亲人最为重要。所谓义，就是宜，分别事物各有所宜，以尊敬贤人最为重要。爱亲人有五服的不同差别。尊敬贤者有卿大夫的不同等级，这就是由礼仪产生出来的。处在下位的人得不到在上者的支持，就不可能管理好百姓。因此，君子不能不修养自身；想修养自身，不能不待奉好双亲；要想侍奉好双亲，不能不了解人；想了解人，不能不了解大自然的法则。"

【原文】

天下之达道五，所以行之者三。曰：君臣也，父子也，夫妇也，昆弟也，朋友之交也。五者，天下之达道也。"知、仁、勇"三者，天下之达德也。所以行之者，一也①。或生而知之，或学而知之，或困而知之，及其知之一也。或安而行之，或利而行之，或勉强而行之，及其成功一也②。子曰③："好学近乎知④，力行近乎仁，知耻近乎勇⑤。知斯三者，则知所以修身。知所以修身，则知所以治人，知所以治人，则知所以治天下国家矣⑥。"

【注释】

①达道：天下古今所共由之路，即《书》所谓五典，孟子所谓"父子有亲，君臣有义，夫妇有别，长幼有序，朋友有信"是也。知：去声，所以知此也；仁：所以体此也；勇：所以强此也。谓之达德者，天下古今所同得之理也。一则诚而已矣。达道虽人所共由，然无是三德，则无以行之。达德虽人所同得，然一有不诚，则人欲间之，而德非其德矣。程子曰："所谓诚者，止是诚实此三者。三者之外，更别无诚。"②强：上声。"知之"者之所知，"行之"者之所行，谓达道也。以其分而言：则所以知者，知也；所以行者，仁也；所以至于知之、成功而一者，勇也。以其等而言：则生知、安行者，知也；学知、利行者，仁也；困知、勉行者，勇也。盖人性虽无不善，而气禀有不同者，故闻道有早暮，行道有难易，然能自强不息，则其至一也。吕氏曰："所入之涂虽异，而所至之域则同，此所以为中庸。若乃企生知、安行之资为

不可几及，轻困知、勉行，谓不能有成，此道之所以不明不行也。"③子曰：二字，此为衍文。④好：与"近乎知"之知，并去声。⑤此言未及乎达德而求以入德之事。通上文三知为知，三行为仁，则此三近者，勇之次也。吕氏曰："愚者自是而不求，自私者徇人欲而忘反，懦者甘为人下而不辞。故好学非知，然足以破愚；力行非仁，然足以忘私；知耻非勇，然足以起懦。"⑥斯三者：指三近而言。人者，对己之称。"天下国家"，则尽乎人矣。言此以结上文"修身"之意，起下文"九经"之端也。

【译文】

天下共行的道有五种，实行这些道的美德有三种。君臣、父子、夫妇、兄弟、朋友的交往，这五种就是天下共行的道，智、仁、勇，这三种就是天下共行的美德。实行这些道和美德的方法就是专一。有的人生来就懂得这些道理，有的人通过学习才懂得这些道理，有的人在艰难窘迫中经过学习才懂得这些道理。等到懂得这些道理之后，就一样了。有的人是心安理得地去实行这些道理的，有的人是看到了好处才去实行这些道理的，有的人是勉强去实行这些道理的。待到取得成功的时候，效果也是一样的。孔子说："爱好学习，接近于智；努力行善，接近于仁；知道什么是耻辱，接近于勇。懂得了这三种，就懂得了怎样修养自身；懂得了怎样修养自身，就懂得了怎样管理百姓，懂得了怎样管理百姓，也就懂得怎样治理天下国家了。"

【原文】

凡为天下国家有九经①，曰：修身也，尊贤也，亲亲也，敬大臣也，体群臣也，子庶民也，来百工也，柔远人也，怀诸侯也②。修身则道立，尊贤则不惑，亲亲则诸父昆弟不怨，敬大臣则不眩，体群臣则士之报礼重，子庶民则百姓劝，来百工则财用足，柔远人则四方归之，怀诸侯则天下畏之③。

齐④明盛服，非礼不动，所以修身也；去⑤谗远色，贱货而贵德，所以劝贤也；尊其位，重其禄，同其好恶，所以劝亲亲也；官盛任使，所以劝大臣也⑥；忠信重禄，所以劝士也⑦，时使薄敛⑧，所以劝百姓也；日省月试，既禀称事⑨，所以劝百工也；送往迎来⑩，嘉善而矜不能，所以柔远人也；继绝世，举废国，治乱持危，朝聘以时⑪，厚往而薄来⑫，所以怀诸侯也⑬。

【注释】

①经：常。②体：谓设以身处其地而察其心也。子：如父母之爱其子也。柔远人：所谓无忘宾旅者也。此列九经之目也。吕氏曰："天下国家之本在身，故修身为九经之本。然必亲师取友，然后修身之道讲，故尊贤次之。道之所讲，莫先其家，故亲亲次之。由家以及朝廷，故敬大臣、体群臣次之。由朝廷以及其国，故子庶民、来百工次之。由其国以及天下，故柔远人、怀诸侯次

之。此九经之序也。"视群臣犹吾四体，视百姓犹吾子，此视臣视民之别也。③道立：谓道成于己而可为民表，所谓"皇建其有极"是也。不惑：谓不疑于理。不眩：谓不迷于事。敬大臣则信任专，而小臣不得以间之，故临事而不眩也。来百工：则通功易事，农末相资，故财用足。柔远人：则天下之旅皆悦而愿出于其涂，故四方归。怀诸侯：则德之所施者博，而威之所制者广矣，故曰"天下畏之。"④齐：心境。⑤去：上声。⑥官盛任使：言官属众盛，足任使令也，盖大臣不当亲细事，故所以优之者如此。⑦忠信重禄：言待之诚而养之厚，盖以身体之，而知其所赖乎上者如此也。⑧远、好、恶、敛：并去声。⑨既：读曰饩。禀：彼锦、力锦二反。既禀：稍食也。称：去声。称事，如《周礼》稿人职曰："考其弓弩，以上下其食"是也。⑩往：则为之授节以送之；来：则丰其委积以迎之。⑪朝：音潮，谓诸侯见于天子。聘：谓诸侯使大夫来献。《王制》："比年一小聘，三年一大聘，五年一朝。"⑫厚往薄来：谓燕赐厚而纳贡薄。⑬此言九经之事也。

【译文】

凡是治理天下国家有九条法则，即修养自身，尊重贤人，热爱亲人，敬重大臣，体恤群臣，爱民如子，召集各种工匠，安抚远方百姓，怀柔四方诸侯。修养自身，道德就能树立；尊敬贤人，就不会疑惑；热爱亲人，伯叔父和兄弟就不会怨恨；敬重大臣，遇事就不会迷乱；体恤群臣，士的报答之礼就会厚重；爱民如子，百姓就会更加勤勉；召集各种工匠，财用就会充足；安抚远方百姓，四方的人就会归顺；怀柔四方诸侯，天下的人就会畏服。

斋戒沐浴，穿戴华丽的衣冠，不合乎礼的事不做，这就是修养自身的方法；排斥谗人，远离女色，轻财货而重道德，这就是劝勉贤人的方法；加封同姓大臣的爵位，增加他们的俸禄，好亲人之所好，恶亲人之所恶，这就是勉励人们热爱自己亲人的方法；官属众多，足以任你使唤，这就是劝勉大臣的方法；忠信待士，增加俸禄，这就是劝勉士的方法；农闲时使用百姓，减轻他们的赋税，这就是劝勉百姓的方法；每天省视，每月考查，发给的工价与工效相称，这就是劝勉各种工匠的方法；来时欢迎，去时欢送，嘉奖善行，同情能力差的人，这就是安抚远方百姓的方法；承续断绝世系的诸侯，恢复灭亡了的国家，治理混乱的国家，扶持危难的国家，让诸侯按时朝聘，赏赐丰厚而纳贡微薄，这就是怀柔诸侯的方法。

【原文】

凡为天下国家有九经，所以行之者一也。凡事豫则立，不豫则废。言前定则不跲，事前定则不困，行前定则不疚，道前定则不穷①。

【注释】

①凡事：指达道、达德、九经之属。豫：素定也。跲：其劫反，踬也。行：去声。疚：病也。此承上文，言凡事皆欲先立乎诚，如下文所推是也。

【译文】

凡是治理天下国家的有九条法则，实行这些法则的根本只在诚心专一。一切事情，只要有准备就能成功，没有准备就会失败。说话之前先想好怎么说，说起话来就不会发生障碍。做事之前先决定怎么做，做起事来就不会发生困难。行动之前先决定怎么办，行动起来就不会发生问题。实行道德之前先决定怎么行，实行起来就不会行不通。

【原文】

在下位不获乎上，民不可得而治矣；获乎上有道：不信乎朋友，不获乎上矣；信乎朋友有道：不顺乎亲，不信乎朋友矣；顺乎亲有道：反诸身不诚，不顺乎亲矣；诚身有道：不明乎善，不诚乎身矣①。诚者，天之道也；诚之者，人之道也。诚者不勉而中，不思而得，从容中道，圣人也。诚之者，择善而固执之者也②。

【注释】

①此又以在下位者推言素定之意。反诸身不诚：谓反求诸身，而所存所发未能真实而无妄也。不明乎善：谓未能察于人心天命之本然，而真知至善之所在也。②诚者：真实无妄之谓，天理之本然也。诚之者：未能真实无妄而欲其真实无妄之谓，人事之当然也。中：去声。从，七容反。不勉而中："安行"也。不思而得："生知"也。择善："学知"以下之事。固执："利行"以下之事也。圣人之德，浑然天理，真实无妄，不待思勉而从容中道，则亦天之道也。未至于圣，则不能无人欲之私，而其为德不能皆实。故未能不思而得，则必择善，然后可以明善；未能不勉而中，则必固执，然后可以诚身，此则所谓人之道也。

【译文】

处在下位的人得不到在上者的支持，就不可能治理好百姓。要想得到在上者的支持有方法：与朋友交往要讲信用，得不到朋友的信任，就不能得到在上者的支持。要使朋友信任自己也有方法：对父母要孝敬，不孝顺父母，就不能得到朋友的信任。孝顺父母也有方法：要有诚心，反省自身如果没有诚心，就不会孝顺父母。要使自己有诚心也有方法：要明了什么是善行，不明了什么是善行，自己就不会有诚心。诚，是天下的大道。使人有诚心，则是为人之道。有诚心的人，不用勉强处事就会办得得当。不用考虑就能使言谈合适，举动合乎中庸之道，这就是圣人。要具备诚心，必须选择善道而且牢牢地把握住它。

【原文】

博学之，审问之，慎思之，明辨之，笃行之①。有弗学，学之弗能，弗措也；有弗问，问之弗知，弗措也；有弗思，思之弗得，弗措也；有弗辨，辨之弗明，弗措也；有弗行，行之弗笃，弗措也。人一能之己百之，人十能之己千之②。果能此道矣，虽愚必明，虽柔必强③。

【注释】

①此"诚之"之目也。学、问、思、辨，所以择善而为知，"学而知"也。笃行，所以固执而为仁，"利而行"也。程子曰："五者废其一，非学也。"②君子之学，不为则已，为则必要其成，故常百倍其功。此"困而知"、"勉而行者"也，勇之事也。③明者择善之功，强者固执之效。吕氏曰："君子所以学者，为能变化气质而已。德胜气质，则愚者可进于明，柔者可进于强。不能胜之，则虽有志于学，亦愚不能明，柔不能立而已矣。盖均善而无恶者，性也，人所同也；昏明强弱之禀不齐者，才也，人所异也。诚之者，所以反其同而变其异也。夫以不美之质，求变而美，非百倍其功，不足以致之。今以卤莽灭裂之学，或作或辍，以变其不美之质；及不能变，则曰天质不美，非学所能变：是果于自弃，其为不仁甚矣！"

【译文】

广泛地学习，详尽地探讨，慎重地思考，清楚地辨别，忠实地执行。不学则已，学了不将其掌握就不罢休；不问则已，问了没有问清楚就不罢休；不思考则已，思考了没有得出结果就不罢休；不辨别则已，辨别了没有辨明白就不罢休；不做则已，做了没有做彻底就不罢休。别人做一遍，我做一百遍。别人做十遍，我做一千遍。果真能按这个道理去做，即使是愚笨的人，也一定会变得聪明，即使是柔弱的人，也一定会变得刚强。

【原文】

自①诚明，谓之性。自明诚，谓之教。诚则明矣，明则诚矣②。唯天下至诚，为能尽其性；能尽其性；则能尽人之性；能尽人之性，则能尽物之性；能尽物之性，则可以赞天地之化育；可以赞天地之化育，则可以与天地参矣③。

【注释】

①自：由也。②德无不实而明无不照者，圣人之德，所性而有者也，天道也。先明乎善，而后能实其善者，贤人之学，由教而入者也，人道也。诚则无不明矣，明则可以至于诚矣。③"天下至诚"，谓圣人之德之实，天下莫能加也。"尽其性"者，德无不实，故无人欲之私，而天命之在我者察之由之，巨细精粗无毫发之不尽也。人、物之性，亦我之性，但以所赋形气不同而有异耳。能尽之者，谓知之无不明而处之无不当也。赞：犹助也。与天地参：谓与天地并立为三也。此自诚而明者之事也。

【译文】

从有诚心到明辨事理,叫做天性;从明辨事理到有诚心,就叫做教化。有诚心就能明辨事理,能明辨事理就会有诚心。

只有天下至诚的圣人,才能完全发挥自己固有的天性;能完全发挥自己的天性,才能彻底了解人的本性;能彻底了解人的本性,就能彻底了解万物的本性;能彻底了解万物的本性,就能够赞助天地化育万物;能够赞助天地化育万物,就能和天地并立而三了。

【原文】

其次致曲①。曲能有诚,诚则形,形则著,著则明,明则动,动则变,变则化。唯天下至诚为能化②。

【注释】

①其次:通大贤以下凡诚有未至者而言也。致:推致也。曲:一偏也。②形:积中而发外。著:则又加显矣。明:则又有光辉发越之盛也。动:诚能动物。变:物从而变。化:则有不知其所以然者。盖人之性无不同,而气则有异,故唯圣人能举其性之全体而尽之。其次,则必自其善端发见之偏而悉推致之,以各造其极也。曲无不致,则德无不实,而形、著、动、变之功自不能已。积而至于能化,则其至诚之妙,亦不异于圣人矣。

【译文】

那些次于圣人的贤人,能推究一部分事物的道理,由此也可以达到有诚心。有诚心就会表现出来,表现出来后就会日益显著,日益显著就会光明磊落,光明磊落就会感动别人,受到感动的人就会改变恶习,改变恶习就会使社会产生好的教化。只有天下至诚的人才能化恶为善。

【原文】

至诚之道,可以前知。国家将兴,必有祯祥①。国家将亡,必有妖孽②。见乎③著龟④,动乎四体⑤,祸福将至:善,必先知之;不善,必先知之。故至诚如神⑥。

【注释】

①祯祥:福之兆。②妖孽:祸之萌。③见:读现。④著:所以筮。龟:所以卜。⑤四体:谓动作威仪之间,如执玉高卑,其容俯仰之类。⑥凡此皆理之先见者也。然唯诚之至极,而无一毫私伪留于心目之间者,乃能有以察其几焉。神:谓鬼神。

【译文】

有了至诚之道,就可以预知未来。国家将要兴盛,一定会出现吉祥的预兆。国家将要灭亡,一定会出现妖孽作怪。表现在卜筮的卦体中和人的仪容举止中。祸福即将到来之前，吉凶一定能预先知道。因此，有了至诚之道就像神明一样。

【原文】

诚者，自成也；而道，自道也①。诚者，物之终始，不诚无物。是故君子诚之为贵②。诚者，非自成己而已也，所以成物也。成己，仁也；成物，知③也。性之德也，合外内之道也，故时措之宜也④。

【注释】

①言诚者物之所以自成，而道者人之所当自行也。诚以心言，本也；道以理言，用也。"道也"之道，音导。②天下之物，皆实理之所为，故必得是理，然后有是物。所得之理既尽，则是物亦尽而无有矣。故人之心一有不实，则虽有所为亦如无有，而君子必以诚为贵也。盖人之心能无不实，乃为有以自成，而道之在我者亦无不行矣。③知：去声。④诚虽所以成己，然既有以自成，则自然及物，而道亦行于彼矣。仁者体之存，知者用之发，是皆吾性之固有，而无内外之殊。既得于己，则见于事者以时措之，而皆得其宜也。

【译文】

诚，就是完成自身的品德修养。道，就是引导自己走向完成修养的道理。诚贯穿于万物的始终，没有诚就没有万物。所以，君子把诚看作高贵的品德。诚，不是完成自身的修养就算完了，而是要使万物都得到完成。完成自身的修养就是仁，使万物都得到完成就是智。仁和智是天赋的美德，综合了成己、成物的内外规律，这样无论什么时候用来处理任何事情都是合适的。

【原文】

故至诚无息①。不息则久②，久则征③，征则悠远，悠远则博厚，博厚则高明④。博厚，所以载物也；高明，所以覆物也；悠久，所以成物也⑤。博厚配地，高明配天，悠久无疆⑥。如此者，不见而章⑦，不动而变⑧，无为而成⑨。天地之道，可壹言而尽。其为物不贰，则其生物不测⑩。天地之道，博也，厚也，高也，明也，悠也，久也⑪。

【注释】

①无息：既无虚假，自无间断。②久：常于中也。③征：验于外也。④此皆以其验于外者言之。郑氏所谓"至诚之德，著于四方"者是也。存诸中者既久，则验于外者益悠远而无穷矣。悠远：故其积也广博而深厚；博厚：故其发也高大而光明。⑤悠久：即悠远，兼内外而言之也。本以悠远致高厚，而高厚又悠久也。此言圣人与天地同用。⑥此言圣人与天地同体。⑦见：读现，意为示。不见而章，以配地而言也。⑧不动而变：以配天而言也。⑨无为而成：以无疆而言也。⑩复以天地明至诚无息之功用。天地之道，可一言而尽，不过

曰"诚"而已。不贰，所以诚也。诚故不息，而生物之多，有莫知其所以然者。⑪言天地之道，诚一不贰，故能各极其盛，而有下文生物之功。

【译文】

至诚是不间断的，不间断就可以长久延续，长久延续就可以得到验证，得到验证就能更加悠远长久，悠远长久就能广博深厚，广博深厚就能高大光明。广博深厚，可以承载万物；高大光明，可以覆盖万物；悠远长久，可以成就万物。广博深厚与地相配，高大光明与天相配，悠远长久则像天地一样没有止境，这样，没有表现而自然彰明，没有行动而万物改变，无所作为而获得了成功。天地的法则，可以用一句话来概括：自身精诚，专一不贰，化育万物，不可测度。天地的法则是：广博、深厚、高大、光明、悠远、长久。

【原文】

今夫天，斯昭昭之多，及其无穷①也，日月星辰系焉，万物覆焉。今夫地，一撮土之多，及其广厚，载华岳而不重，振河海而不泄，万物载焉。今夫山，一卷石②之多，及其广大，草木生之，禽兽居之，宝藏兴焉。今夫水，一勺之多，及其不测，鼋鼍、蛟龙、鱼鳖生焉，货财殖③焉。《诗》④曰："'维天之命，於⑤穆⑥不已！'盖曰天之所以为天也。'于乎⑦不显⑧，文王之德之纯⑨！'盖曰文王之所以为文也，纯亦不已⑩。"

【注释】

①穷：边际。②一卷石：卷，通"拳"；一卷石，石小如拳。③殖：繁殖。④《诗》：《周颂·维天之命》篇。引此以明至诚无息之意。⑤於：音乌，叹辞。⑥穆：深远也。⑦乎：音呼。⑧不显：意即岂不显也。⑨纯：纯一不杂也。⑩程子曰："天道不已，文王纯于天道，亦不已。纯则无二无杂，不已则无间断先后。"

【译文】

现在就拿天来说，它由点点光明所积累，以至广博深厚，承载华山而不感到沉重，容纳河海而不会漏泄，万物被承载在上面。拿山来说，由一个个小石堆积起来，以至广阔高大，草木生长在山上，禽兽栖居在山中，宝藏也从山里开采出来。拿水来说，由一勺勺的水积蓄起来，以至深广莫测，鼋、鼍、蛟、龙、鱼、鳖都生长在水中，各种财货也都从水中生出。《诗经·周颂·维天之命》云："美哉，伟大的天命，生生不息运行不止！"说的就是天之所以成为天的道理。"呵，多么显要光明，文王之德博大精纯！"说的就是文王之所以成为文王的道理，文王纯正的品德也永无间断。

【原文】

大哉圣人之道！洋洋乎发育万物，峻极于天①。优优大哉！礼仪三百，威仪三千②，待其人而后行。故曰：苟不至德③，至道④不凝⑤焉。故君子尊德性而道问学，致广大而尽精微，极高明而道中庸；温故而知新，敦厚以崇礼⑥。是故居上不骄，为下不倍⑦；国有道，其言足以兴⑧；国无道，其默足以容。《诗》⑨曰："既明且哲，以保其身。"其此之谓与⑩！

【注释】

①峻，高大也。此言道之极于至大而无外也。②优优：充足有余之意。礼仪：经礼也。威仪：曲礼也。此言道之入于至小而无间也。③至德：谓其人。④至道：指上两节而言也。⑤凝：聚也，成也。⑥尊：恭敬奉持之意。德性：吾所受于天之正理。道：由也。温：犹燖温之温，谓故学之矣，复时习之也。敦：加厚也。尊德性：所以存心而极乎道体之大也。道问学：所以致知而尽乎道体之细也。二者修德凝道之大端也。不以一毫私意自蔽，不以一毫私欲自累，涵泳乎其所已知，敦笃乎其所已能，此皆存心之属也。析理则不使有毫厘之差，处事则不使有过不及之谬，理义则日知其所未知，节文则日谨其所未谨，此皆致知之属也。盖非存心无以致知，而存心者又不可以不致知。故此五句，大小相资，首尾相应，圣贤所示入德之方莫详于此，学者宜尽心焉。⑦倍：与背同。⑧兴：指兴起在位。⑨《诗》：《大雅·烝民》之篇。⑩与：平声。

【译文】

太伟大了，圣人的道德！它充满在天地之间，使万物生长发育，它高达苍天。多么充分详尽啊，礼的大纲三百条，细则三千条，但要等圣人出来才能实行。所以说：假如没有至德之人，圣人的至极之道就不能实行。因此，君子尊崇德性，从事学问，使德性和学问日益广大。极尽精细隐微之处，达到高大光明的境界，遵循不偏不倚的中庸之道。温习旧有的知识，获得新的体会和理解；为人忠厚而崇尚礼仪。所以，身居高位不骄傲，身居下位不违背。国家政治清明，说的话可以使国家兴盛；国家政治黑暗，沉默可以使自己身安。《诗》曰："既明且哲，以保其身。"这就是这个意思。

【原文】

子曰："愚而好①自用，贱而好自专；生乎今之世，反②古之道。如此者，栽③及其身者也④。非天子⑤，不议礼⑥，不制度⑦，不考文⑧。今天下车同轨，书同文，行同伦⑨。虽有其位，苟无其德，不敢作礼乐焉；虽有其德，苟无其位，亦不敢作礼乐焉⑩。"

【注释】

①好：去声。②反：复也。③栽：古灾字。④以上孔子之言，子思引之。⑤此以下，子思之言。⑥礼：亲疏贵贱相接之体也。⑦度：品制。⑧文：书

名。⑨今：子思自谓当时也。轨：辙迹之度。行：去声。伦：次序之体。三者皆同，言天下一统也。⑩郑氏曰："言作礼乐者，必圣人在天子之位。"

【译文】

孔子说："愚蠢的人喜欢自以为是，卑贱的人喜欢独断专行。生活在当今之世，却违反古代的治国方法，像这样的人，灾祸就会降临到他的身上。不是天子，不得议论礼制，不得制订法度，不得考订文字。现在天下一统，车轮之间的距离相同，书写的文字形体相同，行为的伦理道德也相同。即使处在天子的位置如果没有天子之德，也不敢制订礼乐。尽管有天子之德，如果不处在天子的位置，也不敢制订礼乐。"

【原文】

子曰："吾说夏礼，杞①不足征②也。吾学殷礼，有宋③存焉。吾学周礼，今用之，吾从周④。"

【注释】

①杞：夏之后。②征：证也。③宋：殷之后。④此引孔子之言。三代之礼，孔子皆尝学之而能言其意。但夏礼既不可考证，殷礼虽存，又非当世之法，唯周礼乃时王之制，今日所用。孔子既不得位，则从周而已。

【译文】

孔子说："我解说夏代的礼法，夏的后裔杞国不能作为验证；我学习殷代的礼法，有殷的后裔宋国存在；我学习周代的礼法，正是现在使用的，我遵从周礼。"

【原文】

王①天下有三重焉，其寡过矣乎②！上焉者③虽善无征，无征不信，不信民弗从；下焉者④虽善不尊，不尊不信，不信民弗从。故君子之道⑤，本诸身⑥，徵诸庶民⑦，考诸三王而不缪，建⑧诸天地⑨而不悖，质诸鬼神⑩而无疑，百世以俟圣人而不惑⑪。

质诸鬼神而无疑，知天也；百世以俟圣人而不惑，知人也⑫。是故君子动⑬而世为天下道⑭，行而世为天下法⑮，言而世为天下则⑯。远之则有望，近之则不厌。《诗》⑰曰："在彼无恶⑱，在此无射⑲，庶几夙夜，以永终誉！"君子未有不如此⑳，而蚤有誉于天下者也。

【注释】

①王：去声。②吕氏曰："三重，谓议礼、制度、考文。惟天子得以行之，则国不异政，家不殊俗，而人得寡过矣。"③上焉者：谓时王以前，如夏、商之礼虽善，而皆不可考。④下焉者：谓圣人在下，如孔子虽善于礼，而不在尊位也。⑤君子：指王天下者而言。道，即议礼、制度、考文之事也。⑥

本诸身：有其德也。⑦微诸庶民：验其所信从也。⑧建：立也，立于此而参于彼也。⑨天地：道也。⑩鬼神：造化之迹也。⑪百世以俟圣人而不惑：所谓"圣人复起，不易吾言"者也。⑫知天、知人：知其理也。⑬动：兼言、行而言。⑭道：兼法、则而言。⑮法：法度也。⑯则：准则也。⑰《诗》：《周颂·振鹭》之篇。⑱恶：去声。⑲射：音妒。厌也。⑳所谓"此"者，指"本诸身"以下六事而言。

【译文】

君子统治天下有三件重要的事情，如果能做好，过失就会减少了。周以前的礼制尽管很好，但得不到验证。无法验证，百姓自然就不会相信，不相信，百姓就不会遵从。处在下位的圣人，主张尽管很好，但没有尊贵的地位，没有尊贵的地位，百姓也不相信，不相信，百姓也不会遵从。所以君子治理天下的原则，是以自身为根本，在百姓中得到验证，用夏、商、周三代的礼制来考查而没有谬误，建立在天之间而不背离自然的道理，得到鬼神的证实而没有疑问，待到百代以后圣人出来也没有疑惑。

得到鬼神证实而没有疑问，这是懂得天理；待到百代以后圣人出来也没有疑惑，这是懂得人情。因此，君子的举动世世代代作为天下人的法度，言行世世代代作为天下人的准则。远离君子，则有仰慕之心；近在身边，则无厌倦之意。《诗经·周颂·振鹭》曰："他们在那里毫无怨言，来到这里人人尊敬。日以继夜勤勤怨怨，将永葆美妙的声称。"君子中从来没有不这样做而先有美名流传于天下的。

【原文】

仲尼祖述尧舜，宪章文武，上律天时，下袭水土①。辟②如天地之无不持载，无不覆帱③；辟如四时之错④行，如日月之代明⑤。万物并育而不相害，道并行而不相悖⑥。小德川流，大德敦化。此天地之所以为大也⑦。

【注释】

①祖述：远宗其道。宪章：近守其法。律天时：法其自然之远。袭水土：因其一定之理。皆兼内外该本末而言也。②辟：音譬。③帱：覆盖。④错：犹迭也。⑤此言圣人之德。⑥悖：犹背也。⑦天覆地载，万物并育于其间而不相害；四时日月，错行代明而不相悖。所以不害不悖者，小德之川流；所以并育并行者，大德之敦化。

小德者，全体之分；大德者，万殊之本。川流者，如川之流，脉络分明而往不息也。敦化：敦厚其化，根本盛大而出无穷也。此言天地之道，以见上文取譬之意也。

【译文】

孔子远继承唐尧虞舜，近效法文王武王，上依据天时的规律，下因袭水土的习性。好像天地的无不覆载，好像四时的交替运行，好像日月的轮流照耀。天地间万物共同生长却不互相妨碍，天地之道同时并行却不相互矛盾。小德如江河长流不息，大德以淳朴化育万物，这就是天地的伟大之处。

【原文】

唯天下至圣为能聪明睿知①，足以有临②也；宽裕温柔，足以有容也；发强刚毅，足以有执也；齐庄中正，足以有敬也；文理密察③，足以有别也。溥博渊泉，而时出之④。溥博如天，渊泉如渊。见而民莫不敬，言而民莫不信，行而民莫不说⑤。是以声名洋溢乎中国，施⑥及蛮貊。舟车所至⑦，人力所通；天之所覆，地之所载；日月所照，霜露所队⑧。凡有血气者，莫不尊亲，故曰配天⑨。

【注释】

①知：去声。聪明睿知：生知之质。②临：谓居上而临下也。其下四者，乃仁义礼知之德。③文：文章也。理：条理也。密：详细也。察：明辨也。④溥博：周遍而广阔也。渊泉：静深而有本也。出：发见也。言五者之德，充积于中，而以时发见于外也。⑤见：同现。说：同悦。言其充积极而盛，而发见当其可也。⑥施：去声。⑦"舟车所至"以下，盖极言之。⑧队：音坠。⑨配天：言其德之所及，广大如天也。

【译文】

只有天下最圣明的人，才能以自己的聪明智慧，为天下之主以监理人民；用自己的宽裕温柔以包含天下一切；拿出自己的坚强刚毅，就足以掌管天下大事；庄重中正，足以得到人们的尊敬；条理清晰，详审明察，足以辨别是非。圣人的美德博大精深，时时会表现出来，就象天空一样广阔，像渊泉一样幽深。表现在仪容上，百姓无不敬仰；表现在言谈中，百姓无不信服；表现在行为上，百姓无不喜悦。所以，圣人名满中原，并传播到未开化的蛮荒之地。凡是车船能行驶到的地方，人能走到的地方，天覆地载、日月照耀、霜露降下的地方，凡是有血气的人，没有不尊敬和亲近圣人的。所以说，圣人的美德可以和天相匹配。

【原文】

唯天下至诚，为能经纶①天下之大经②，立天下之大本③，知天地之化育。

夫焉④有所倚⑤? 肫肫其仁! 渊渊其渊! 浩浩其天⑥! 苟不固⑦聪明圣知⑧达天德者, 其孰能知之⑨?

【注释】

①经、纶: 皆治丝之事。经者, 理其绪而分之。纶者, 比其类而合之也。②经: 常也。大经者, 五品之人伦。③大本: 所性之全体也。④夫: 音扶。⑤唯圣人之德极诚无妄, 故于人伦各尽其当然之实, 而皆可以为天下后世法, 所谓经纶之也。其于所性之全体。无一毫人欲之伪以杂之, 而天下之道千变万化皆同此出, 所谓立之也。其于天地之化育, 则亦其极诚无妄者, 有默契焉, 非但闻见之知而已。此皆至诚无妄, 自然之功用, 夫岂有所倚著于物而后能哉! ⑥肫: 恳至貌, 以经纶而言也。渊渊: 静深貌, 以立本而言也。浩浩: 广大貌, 以知化而言也。其渊、其天: 则非特如之而已。⑦固: 犹实也。⑧"圣知"之知, 去声。⑨郑氏曰: "唯圣人能知圣人也。"

【译文】

只有天下至诚的人, 才能谋划天下的大法常规, 才能确立天下的根本, 了解天地化育万物的道理。这样怎么还会有偏倚呢? 他的仁心那样诚挚, 思虑像渊泉那样幽深, 美德像苍天那样广阔。假如不是确实聪明智慧而具有天赋美德的人, 谁又能了解他呢?

【原文】

《诗》曰: "衣锦尚絅①", 恶其文之著也。故君子之道, 暗然而日章; 小人之道, 的然而日亡。君子之道: 淡而不厌, 简而文, 温②而理, 知远之近, 知风之自, 知微③之显, 可与入德矣。《诗》云: "潜虽伏矣, 亦孔之昭④!" 故君子内省不疚, 无恶于志。君子所不可及者, 其唯人之所不见乎! 《诗》云: "相在尔室, 尚不愧于屋漏⑤。" 故君子不动而敬, 不言而信。

《诗》⑥曰: "奏假无言, 时靡有争⑦。" 是故君子不赏而民劝, 不怒而民威⑧于鈇钺⑨。《诗》⑩曰: "不显⑪惟德, 百辟其刑之⑫。" 是故君子笃恭而天下平⑬。《诗》⑭云: "予怀明德, 不大声以色。" 子曰: "声色之于以化民, 末也。" 《诗》曰: "德辑⑮如毛", 毛犹有伦; "上天之载, 无声无臭", 至矣⑯!

【注释】

①"诗曰"句: 见《诗经·卫风·硕人》, 絅同麻布的罩衣。②温: 平和。③微: 微小。④"诗云"句: 见《诗经·小雅·正月》。⑤"诗云"句: 见《诗经·大雅·抑》。屋漏, 房屋的西北角, 深邃之处, 不愧于屋漏, 即不欺暗室的意思。⑥《诗》: 《商颂·烈祖》之篇。⑦奏: 进也。假: 格, 同。承上文而遂及其效, 言进而感格于神明之际, 极其诚敬, 无有言说而人自化之也。⑧威: 畏也。⑨鈇: 音夫, 斫莝刀也。钺: 斧也。⑩《诗》: 《周颂·烈

文》之篇。⑪不显：说见二十六章。此借引以为幽深玄远之意。⑫承上文言天子有不显之德，而诸侯法之，则其德愈深而效愈远矣。⑬笃：厚也。笃恭：言不显其敬也。笃恭而天下平，乃圣人至德渊微，自然之应，中庸之极功也。⑭《诗》：《大雅·皇矣》之篇。引之以明上文所谓不显之德者，正以其不大声与色也。⑮辀：由、酉二音。⑯引孔子之言，以为声色乃化民之末务。今但言"不大"之而已，则犹有声色者存，是未足以形容"不显"之妙。不若《烝民》之诗所言"德辀如毛"，则庶乎可以形容矣；而又自以为谓之毛，则犹有可比者，是亦未尽其妙。不若《文王》之诗所言"上天之载，无声无臭"。然后乃为"不显"之至耳。盖声臭有气无形，在物最为微妙，而犹曰"无"之，故唯此可以形容"不显"、"笃恭"之妙。非此德之外，又别有是三等然后为至也。

【译文】

《诗》曰："衣锦尚絅"，这是嫌锦服的文彩太鲜明了。因此，君子为人之道：外表暗淡无光而美德日益彰明。小人为人之道是：外表色彩鲜艳而美德日渐消亡。君子为人之道外表素淡而不使人厌恶，简朴而有文彩，温和而有条理，知道远是从近开始的，知道教化别人要从自己开始，知道隐微的东西会逐渐显明，这样就可以进入圣人之德了。《诗经·小雅·正月》云："虽然潜伏水底，也能被人察觉。"所以，君子反省自己，不会内疚，也无愧于心。君子的不可企及之处，大概就是他不为人所见所闻。《诗经·大雅·抑》云："看看你的室中，在阴暗处也要光明磊落。"所以，君子还没有行动就已经被人尊敬，还没有说话就已经为人所信服。《诗经·商颂·烈祖》曰："默默祷告寂静无声，音乐停奏一片安宁。"所以，君子不用赏赐百姓就受到了鼓励，不必发怒，而百姓畏服超过刑戮。《诗经·周颂·烈文》曰："你的德行显耀光明，天下诸侯以你为法。"因此，君子笃实恭敬就能使天下太平。《诗经·大雅·皇矣》说："我深知你的美德，不虚张声势擅作威福。"孔子说："用疾言厉色去教化百姓，这是下策。"《诗经·大雅·烝民》曰："德如鸿毛一样轻。"毛还有可以比拟的同类事物，至于"上天在冥冥中主宰万物，没有声音也没有形迹"，就达到最高境界了。

论语

（节选）

学　而

【原文】

子曰①："学而时习②之，不亦说③乎？有朋④自远方来，不亦乐⑤乎？人不知而不愠⑥，不亦君子⑦乎？"

【注释】

①子曰：子，古代男子的通称，对老师也称子。《论语》中"子曰"的子，都是指孔子。②时习：时，有两种解释。一说是"在一定的时候"，一说是"时常"。习，温习和练习。③说：同悦。愉快的意思。④朋：古注说"同门曰朋"，同在一个老师门下学习的叫朋，指志同道合的人。⑤乐：快乐。古注说，悦在内心，乐则见于外。⑥人不知而不愠：知，了解的意思。人不知，是说别人不了解自己。愠，恼怒。⑦君子：《论语》里，君子是孔子理想中具有高尚人格的人，有时也指在位的人。这里是指前者。

【译文】

孔子说："学了后，时时去温习它，不也很高兴吗？有志同道合者从远处来共学，不也很快乐？别人不了解自己的才能，我却不抱怨，不也算得上君子吗？"

【原文】

有子①曰："其为人也孝弟②，而好犯上者③，鲜④矣；不好犯上而好作乱者，未之有也。君子务本⑤，本立而道⑥生。孝弟也者，其为仁之本⑦与⑧？"

【注释】

①有子：孔子晚年的学生，名若。《论语》里对孔子的学生通常都称字，只有曾参、有若、冉求、闵子骞四个称子。②孝弟：孔子和儒家提倡的两个基本的道德规范。孝规定了子女对父母应有的态度；弟，同悌，规定了弟弟对兄长应有的态度。古注：善事父母曰孝，善事兄长曰弟。③好犯上者：好（hào），喜爱。犯，冒犯，干犯。上指在上位的人。④鲜（xiǎn），少。⑤务本：务，专心致力。本，根本。⑥道：在中国古代思想里，道有多种不同的含义。这里的道是指孔子所提倡的仁道，即以仁为核心的整个道德思想体系及其在实际生活中的体现。⑦为仁之本：仁，是孔子的最高道德范畴。为仁之本，是说孝悌是仁的根本。另一种解释说：为仁，行仁的意思。前者是从仁的内容

讲，后者是从仁的实行上讲。也有人解释，为仁的"仁"字就是"人"字，"为仁之本"就是"做人的根本"。⑧与：同欤。语气词，表示疑问。古注：谦退不敢质言也。

【译文】

有子说："一个人为人孝顺父母，敬爱兄长，却喜欢冒犯官长，是很少有的；不喜欢冒犯官长，却喜欢造反，这种人从来没有过。君子致力于根本。根本树立了，道也就产生了。孝和悌，这就是仁的根本吧？"

【原文】

子曰："巧言令色①，鲜矣仁。"

【注释】

①巧言令色：巧和令都是美好的意思。古注：好其言，善其色，致饰于外，务以说人。

【译文】

孔子说："满口是讨人喜欢的花言巧语，满脸是讨人喜欢的伪善神色，这种人，仁德是不多的！"

【原文】

曾子①曰："吾日三省②吾身：为人谋而不忠③乎？与朋友交而不信④乎？传⑤不习乎？"

【注释】

①曾子：孔子晚年的学生，名参。②三省：省，察看、检查。三省有几种解释。一、三次检查；二、从三个方面检查；三、多次检查。③忠：古注：尽己之谓忠。对人尽心竭力的意思。④信：古注：以实之谓信。诚实的意思。⑤传：古注：传，谓受之于师。老师传授给自己的。

【译文】

曾子说："我一天中多次反省自己：为别人办事够尽心吗？与朋友交往不够诚实吗？老师传授的学业够熟练吗？"

【原文】

子曰："道①千乘之国②，敬③事而信，节用而爱人，使民以时④。"

【注释】

①道：有的本子写作"导"。治理的意思。②千乘之国：有一千辆兵车的国家，指当时的诸侯国。乘，古时一车四马为一乘，这里指兵车。③敬：谨慎专一的意思。④使民以时：时指农时。役使百姓要按照农时，即在农闲时役使。

【译文】

孔子说："治理拥有一千辆兵车的国家，应做到严肃认真地对待各项工作，坚守信用，节省开支，爱护有身份的人，顺应农时役使百姓（不影响他们生产）。"

【原文】

子曰："弟子①入②则孝，出则弟，谨而信，泛③爱众，而亲仁。行有余力，则以学文④。"

【注释】

①弟子：通常有两种含义，一指年纪较小为人弟和为人子的人，一指学生。这里是指前者。②入、出：古时父子住在不同住处，学习则在外舍，入指进到父亲住处，或说在家，出指到外舍就师学习。出则弟，是说要用弟道对待师长，也可泛指年长于自己的人。③泛：广泛的意思。④行有余力，则以学文：文，古代文献。行有余力，指有闲暇时间，"余力犹言暇日"。

【译文】

孔子说："年少后生，在父母面前就孝顺父母；走出自己居室就敬爱兄长；说话谨慎，说了就守信用；博爱大众，亲近有仁德的人。这样去躬行实践之后，若还有余力，就再去学习文献。"

【原文】

子夏①曰："贤贤易色②，事父母能竭其力，事君能致其身③，与朋友交言而有信。虽曰未学，吾必谓之学矣。"

【注释】

①子夏：孔子晚年弟子。姓卜名商，字子夏。②贤贤易色：第一个贤字作动词用，尊重的意思。贤贤，尊重有才德的贤人。易，有两种解释。一作改变讲，尊重贤者而改变好色之心；一作轻视讲，看重贤德而轻视女色。还有一种解释说，这一句专指夫妇而言，全章四句分指夫妇，父子、君臣、朋友四伦。③致其身：致，尽的意思。把生命奉献给国君。

【译文】

子夏说："（对妻子）注重品德而不注重相貌，侍奉父母尽心尽力，侍奉君主能豁出性命，交结朋友说话守信。这样的人，虽说没学习过，我也要说他学习过。"

【原文】

子曰："君子不重则不威。学则不固①。主忠信②。无友不如己者③。过则勿惮④改。"

【注释】

①学则不固：一般有两种解释。一、固作坚固解，与上句相连，不厚重就无威严，所学也不坚固；二、固作固陋讲，见闻浅少的意思。学则不固自成一句，学了就可以不固陋。②主忠信：以忠信为主。③无：通毋，不要。不如己，一般解释为不如自己。另有一解释说："不如己者，不类乎己，所谓'道不同不相为谋'也。"把"如"解释为"类似"。这一解释较合孔子原意。④惮：怕，畏惧。

【译文】

孔子说："对君子来说，如果不庄重，就没有威严；即使学习，所学的也不会牢固。要亲近怀有忠和信两种道德的人，不要与不如自己的人交友。有过失就不要怕改正。"

【原文】

曾子曰："慎终追远①，民德归厚矣。"

【注释】

①慎终追远：终指父母的死，远指祖先。古注：慎终者丧尽其哀，追远者祭尽其敬。

【译文】

曾子说："慎重对待父母的死亡，追念先祖，这样，老百姓的道德自然就引归淳厚了。"

【原文】

子禽①问于子贡②曰："夫子③至于是邦也，必闻其政。求之与？抑与之与？"子贡曰："夫子温、良、恭、俭、让以得之。夫子之求之也，其诸④异乎人之求之与？"

【注释】

①子禽：孔子学生。陈亢字子禽。②子贡：孔子学生，姓端木，名赐，字子贡。③夫子：古代对男子的敬称。《论语》中，孔子的学生称孔子为夫子。④其诸：语气词，表示揣度的语气，相当于"或者"、"莫非"。

【译文】

子禽向子贡问道："咱们老师每到一个国家，必定听得到那个国家的政事，这是求来的呢？还是别人主动告诉他的呢？"子贡说："咱们老师是凭着温和、善良、恭敬、俭朴、谦让五者来得到的。咱们老师获闻各国政事，与别人获闻各国政事不同吧？"

【原文】

子曰："父在，观其志①，父没，观其行，三年无改于父之道②，可谓孝矣。"

【注释】

①观其志，观其行：其，指儿子。父亲在，儿子不能独立处事，所以观其志；父亲死了，儿子独立处事，所以要观其行。②三年无改于父之道：这里的道是指父亲生前的作为，包括其思想和行事。古注：必能三年无改于父之道，乃见其孝，不然，则所行虽善，亦不得为孝矣。

【译文】

孔子说："他父亲活着时，要观察他的志向；他父亲去世后，要观察他的行为。如果三年不改变他父亲的行为原则，就可以说是孝了。"

【原文】

有子曰："礼之用，和①为贵。先王之道斯为美②，小大由之。有所不行。知和而和，不以礼节之，亦不可行也。"

【注释】

①和：恰到好处。②斯为美：斯，这，此。这里指礼，也指和。

【译文】

有子说："礼的作用，以中和为可贵。先王的治国之道，以此为可贵。无论大事小事，都以此为原则。假如有行不通的地方，只追求片面的调和，而不以礼去节制，也是不可行的。"

【原文】

有子曰："信近于义，言可复①也；恭近于礼，远耻辱也。因②不失其亲，亦可宗③也。"

【注释】

①复：古注：复，践言也。实现诺言的意思。②因：依靠，凭借。③宗：通常有两种解释：一、宗犹主也。二、尊崇，宗敬。

【译文】

有子说："信约接近于义，说的是可以履行诺言。庄重接近于礼节，能够避免侮辱。依靠关系密切的人，也就靠得住了。"

【原文】

子曰:"君子食无求饱,居无求安,敏于事而慎于言,就有道①而正②焉,可谓好学也已。"

【注释】

①有道:指有道德的人。②正:正其是非。

【译文】

孔子说:"对君子来说,饮食不要追求饱足,居住不要追求安逸,做事要勤敏,说话要谨慎,到有道的人那里去匡正自己,就可以说是好学了。"

【原文】

子贡曰:"贫而无谄,富而无骄,何如?"子曰:"可也。未若贫而乐①,富而好礼者也。"子贡曰:"诗云:如切如磋,如琢如磨②,其斯之谓与?"子曰:"赐也!始可与言诗已矣;告诸往而知来者③。"

【注释】

①贫而乐:有的本子乐下有道字。作贫而乐道。②如切如磋,如琢如磨:见《诗经·卫风·淇澳》。通常有两种解释:一说切磋琢磨分别指对骨、象牙、玉、石四种不同材料的加工,不加工不能成器;一说加工象牙和骨,切了还要磋,加工玉石,琢了还要磨,含精益求精的意思。③告诸往而知来者:诸,这里同之。往,过去的事,这里指已经告诉他的话。来,未来的事,这里指还没有说出来的话。

【译文】

子贡说:"虽贫穷,却不巴结奉承;虽富有,却不骄傲自大,这怎么样?"孔子说:"已经不错了。但比不上贫穷却能乐道,富有却能好礼。"子贡说:"《诗经》上说:'就像加工骨角、象牙、玉、石一样,要不停地切、磋、琢、磨。'说的就是这个意思吗?"孔子说:"赐呀,可以开始和你讨论《诗经》了。告诉你一件,你能举一反三,加以发挥了。"

【原文】

子曰:"不患①人之不己知,患不知人也。"

【注释】

①患:忧患。

【译文】

孔子说:"不怕别人不了解自己(的才能、品德),就怕自己不了解别人(的才能、品德)。"

为 政

【原文】

子曰:"为政以德,譬如北辰①,居其所②而众星共③之。"

【注释】

①北辰:指北极星。②所:处所、位置。③共:同拱,环绕。

【译文】

孔子说:"以道德原则治理国家,自己就如北极星一样,处在一定的位置,其他星辰都围绕着它。"

【原文】

子曰:"诗三百①,一言以蔽之曰:思无邪②。"

【注释】

①诗三百:《诗经》实有三百零五篇,三百只是列其整数。②思无邪:《诗经》原文思字是语助词,孔子借用这句话,把思作思想讲。无邪通常有两种解释:一、纯正,没有邪恶;二、直的意思。就是说诗三百都是直接抒发作者的感情,没有虚伪假托。后一解较近孔子本意。

【译文】

孔子说:"《诗经》三百篇,用其中一句话来概括它,就是'思想纯正'。"

【原文】

子曰:"道①之以政,齐②之以刑,民免③而无耻④;道之以德,齐之以礼,有耻且格⑤。"

【注释】

①道:一般有两种解释,一、治理;二、引导。这一章两句都是道和齐并提,解释为引导更通顺些。②齐:整齐,这里是统一人们的行动的意思。③免:免于犯罪,免于受罚。④耻:羞耻之心。⑤格:有解释为"至"的,有解释为"正"的,意思相近,都是说百姓能按统治者的要求守规矩、走正道。

【译文】

孔子说:"用政治手段来治理他们,用刑罚来整顿他们,人民就只求免于犯罪,而不会有廉耻之心;用道德来治理他们,用礼教来整顿他们,人民就会不但有廉耻之心,而且还会人心归顺。"

【原文】

子曰："吾十有①五而志于学，三十而立②，四十而不惑③，五十而知天命④，六十而耳顺⑤，七十而从心所欲不逾矩⑥。"

【注释】

①有：同又。②立：自立的意思。孔子说，立于礼。所以自立就是自己能够自觉地按照周礼的要求来处事。有人把立解释为站得住脚，但这章是讲孔子自己一生学习、修养不同阶段的不同境界，这样解释与整章文意不合。③不惑：不被外界事物所迷惑。④知天命：孔子把人力所不能支配的事，归之于天命，这是孔子思想中的一个重要方面。要注意把《论语》中讲到天命的各章联系起来，全面分析，以求准确把握孔子天命思想的含义。⑤耳顺：就是听到各种不同的意见，即使错误的和对自己不利的意见，也能正确对待，不感到违逆不顺。⑥从心所欲不逾矩：从，遵从。有的以为从同纵，放纵。但放纵有贬意，与本章文意不合。逾，越过。矩，规矩。

【译文】

孔子说："我十五岁开始有志于学问。到三十岁，完全成熟。到四十岁，已经不会陷入迷惑了。到五十岁，懂得了天命。到六十岁，已能理解和泰然地对待听到的一切。到七十岁，可以做到随心所欲，而又不越出应有的规矩。"

【原文】

孟懿子①问孝。子曰："无违②。"樊迟③御④，子告之曰："孟孙⑤问孝于我，我对曰无违。"樊迟曰："何谓也。"子曰："生，事之以礼；死，葬之以礼，祭之以礼。"

【注释】

①孟懿子：鲁国大夫，三家之一，姓仲孙，名何忌，懿是谥号。他的父亲孟僖子临死时叮嘱他向孔子学礼。②无违：不要违背礼的意思。③樊迟：孔子的学生，名须，字子迟，比孔子小四十六岁。④御：驾驶马车。⑤孟孙：指孟懿子。

【译文】

孟懿子请教孝道。孔子说："不要违背礼节。"之后，樊迟为孔子驾车，孔子便告诉他说："孟孙向我请教孝道，我回答不要违背礼节。"樊迟说："这是什么意思?"孔子说："父母在时，依照规定的礼节侍奉他们；父母死后，依照规定的礼节安葬他们，祭祀他们。"

【原文】

孟武伯①问孝，子曰："父母唯其疾之忧②。"

【注释】

①孟武伯：孟懿子的儿子，名彘。武是谥号。②父母唯其疾之忧：有几种解释：一、父母爱子，无所不至，唯恐其有疾病，子女能体会父母这种心情，在日常生活中谨慎小心，就是孝；二、做子女的要使父母只为自己的疾病担忧，不必为自己其他方面的事担忧；三、子女应以父母的疾病为忧，其他不宜过多操心。以第二说为较好。

【译文】

孟武伯请教孝道。孔子说："要使父母只担心儿女的疾病，不必为其他方面的事担忧。"

【原文】

子游①问孝，子曰："今之孝者，是谓能养。至于犬马，皆能有养②，不敬，何以别乎？"

【注释】

①子游：孔子晚年的学生，姓言，名偃，字子游。②至于犬马，皆能有养：通常有两种解释。一说狗守门、马拉车驮物，也能侍奉人，也就是犬马也能养人；一说狗马也能得到人的饲养。以前一解释为好。

【译文】

子游请教孝道。孔子说："现在的所谓孝道，只看作能够养活父母就行了。就是犬马，也能为养活人而出力。如果对父母缺乏敬爱之心，与犬马养活人有什么区别呢？"

【原文】

子夏问孝，子曰："色难①。有事，弟子服其劳②；有酒食，先生③馔④，曾是以为孝乎？"

【注释】

①色难：色，脸色。色难一般有两种解释。一说难在顺承父母的脸色，一说难在侍奉父母时要和颜悦色。前说指父母的脸色，后说指孝子的脸色。讲孝，应是从孝子的方面讲，因此以后一解为好。②服其劳：服，从事，担任。③先生：一说长者，一说指父兄。本章讲孝，似应指父兄。④馔：食用。有的解释为陈列，也可通。不如直接解为食用。

【译文】

子夏请教孝道。孔子说："孝道难就难在儿子在父母面前总能保持和颜悦色。碰到事情，由年轻人效劳，遇到好吃好喝的，让年长的享用，（仅仅做到这样）就可以认为尽孝道了吗？"

【原文】

子曰："吾与回①言，终日不违②如愚。退而省其私③，亦足以发④，回也不愚。"

【注释】

①回：孔子早年学生，姓颜名回，字渊。②不违：不提出不同意见和问题。③退而省其私：一说是考察他与其他学生私下讨论学问时的言论，一说是退回去自己研究。如果是自己研究，应写成自习或自省，而不是省其私。④发：发明、启发。

【译文】

孔子说："我整天同颜回讲学，他从不提出反问，像个愚钝的人。等他退下去，我考察他与别人私下的讨论，却也能进行发挥，可见颜回并不愚钝。"

【原文】

子曰："视其所以①，观其所由②，察其所安③。人焉廋④哉？人焉廋哉？"

【注释】

①所以：以字有几种解释。一种含义为使用，一种作为讲，这两种解释相近。一把所以作相与讲，所以，所结交的朋友；一作动因讲，所以，所抱有的动机。②所由：由，经由。所经由的道路。③所安：安，安定、安乐。所安是指人对于某事的心情、意志。如有了过失，有的心安理得，有的于心不安，就是所安不同。④廋：隐藏，藏匿。

【译文】

孔子说："观察他做的是什么，再考察他用什么途径去做，再考察他这样做的心理动机。那么，这个人怎么隐藏得住呢？这个人怎么隐藏得住呢？"

【原文】

子曰："温故而知新①，可以为师矣。"

【注释】

①温故而知新：有不同的解释：一、能在温习旧知识中有新的体会，开发出新知识。二、把温故与知新作两个方面来解释，说"既温寻故者又知新者，则可以为人师矣。"

【译文】

孔子说："能够在温习旧知识时有新的体会和发现，就可以做老师了。"

【原文】

子曰："君子不器①。"

【注释】

①器：器具。各种器具都有专门的用途。孔子说君子不器，是说君子应该博学多能，不局限于某一专门知识或技能。

【译文】

孔子说："君子不应当像器皿一样（只供一定用途）。"

【原文】

子曰："君子周而不比①，小人比而不周。"

【注释】

①周：遍及。比，勾结。周与比对举，是团结众人，不结党营私的意思。另一说，周作忠信讲。

【译文】

孔子说："君子以道义团结人，而不相互勾结；小人相互勾结，而不以道义团结人。"

【原文】

子贡问君子。子曰："先行其言而后从之。"

【译文】

子贡问如何才算是君子。孔子说："应做到先实行了你所要说的话，再把这话说出来。"

【原文】

子曰："学而不思则罔①，思而不学则殆②。"

【注释】

①罔：有几种解释：一、迷惑；二、诬罔、受骗；三、罔然无知。②殆：有几种解释：一、危险；二、疲怠；三、疑惑。

【译文】

孔子说："只读书而不思考，就会受骗；只思考而不读书，就有危险。"

【原文】

子曰："攻①乎异端②，斯③害也已④。"

【注释】

①攻：通常有两种解释：一、治，做某件事，如攻读；二、攻击。②异端：泛指一事必有两头，一线必有两端，从这端看，那端是异端；从那端看，这端是异端。《论语》这一章是告诫人们不要只执一端。③斯：代词，这。④

已：完结。

【译文】

孔子说："专心探讨不同的观点，就会免于受害。"

【原文】

子曰："由①，诲女②知之乎？知之为知之，不知为不知，是知也。"

【注释】

①由：孔子早年学生，姓仲名由，字子路。②女：同汝，你。

【译文】

孔子说："由！我把对待知与不知的正确态度教给你！知道就是知道，不知道就是不知道，这才是明智的。"

【原文】

子张①学干禄②。子曰："多闻阙③疑④，慎言其余，则寡尤⑤；多见阙殆，慎行其余，则寡悔。言寡尤，行寡悔，禄在其中矣。"

【注释】

①子张：孔子晚年学生，姓颛孙，名师。②干禄：干，求。禄，古代官吏的俸禄。干禄就是求官职。③阙：缺。这里作放置一旁讲。④疑、殆：同是怀疑的意思。⑤尤：过失。

【译文】

子张向孔子学求取俸禄的方法。孔子说："多听，有怀疑的地方先予以保留，对其余的谨慎地说出，这就能减少过失；多看，有疑惑的地方先予以保留，对其余的谨慎地实行，这就能减少懊悔。言语少过失，行为少懊悔，俸禄就在里边了。"

【原文】

哀公①问曰："何为则民服？"孔子对曰②："举直错诸枉③，则民服；举枉错诸直，则民不服。"

【注释】

①哀公：鲁国国君。姓姬，名蒋，哀是谥号。②对曰：《论语》记载对国君及在上位者问话的回答都用对曰，以表示尊敬。③错诸枉：错有两种解释：一、废置；二、放置。诸，相当于"之乎"。错诸枉就是放在邪曲的人之上。如果错字作废置讲，不需诸字，错诸枉不能通。

【译文】

鲁哀公问孔子说："怎样做百姓才会拥护？"孔子回答说："把正直的人提拔上来，放在邪恶的人之上，百姓就会拥护；把邪恶的人提拔上来，放在正直的人之上，百姓就不会拥护。"

【原文】

季康子①问："使民敬忠以②劝③，如之何？"子曰："临之以庄，则敬；孝慈④，则忠；举善而教不能，则劝。"

【注释】

①季康子：鲁国大夫，姓季孙，名肥。康是谥号。②以：连词，与而同。③劝：勉励。这里是自勉努力的意思。④孝慈：有两种解释。一说当政者自己实行孝慈，一说当政者引导百姓孝慈。

【译文】

季康子问孔子："要使人民对在上者敬重、忠诚并勤勉办事，应该怎么做？"孔子说："以严肃的态度对待他们，他们对你就会敬重；以敬老爱幼的胸怀对待他们，他们对你就会忠诚；提拔正直善良的人，教育能力不足的人，他们就会勤勉办事了。"

【原文】

或谓孔子曰："子奚不为政？"子曰："《书》云①：'孝乎惟孝，友于兄弟②。'施于有政③是亦为政，奚其为为政？"

【注释】

①书云：书指《尚书》。"孝乎惟孝，友于兄弟"两句，见伪古文《尚书·君陈篇》。②孝乎惟孝，友于兄弟：孝乎惟孝，是对孝的赞美之词。友，亲爱，友好。③施于有政：施，一作施行讲，一作延及讲。施于有政，依前解就是施行到政事中，依后解就是影响到政治上去。

【译文】

有人对孔子说："您为什么不参与政治呢？"孔子说："《尚书》中说：'孝就要真正孝敬父母，友爱兄弟'，用这种修养影响执政大臣。这也是参与政治，为什么一定要做官才算参与政治呢？"

【原文】

子曰："人而无信，不知其可也。大车无輗①，小车无軏，其何以行之哉？"

【注释】

①輗、軏：古时候大车是指牛车，小车是指马车。这两种车车辕前面都有一道驾牲口的横木。横木两端和车辕上凿有小孔，用包有铁皮的木销钉插入圆孔，把横木和车辕连接。这两种车的销钉就分别叫做輗和軏。

【译文】

孔子说："做一个人，却不讲信用，我不知道那怎么行得通！这就像大车上缺少輗，小车上缺少軏，这车怎么走呢？"

【原文】

子张问："十世可知也①？"子曰："殷因②于夏礼，所损益③可知也；周因于殷礼，所损益可知也。其或继周者，虽百世可知也。"

【注释】

①十世可知也：世，古时称三十年为一世。也有的把世解释为朝代。也，同耶，疑问词。子张是问十世以后的事能不能预先知道。②因：因袭、继承。③损益：减少和增加，变动的意思。

【译文】

子张问孔子："十代以后的情况可以预先知道吧？"孔子说："殷朝沿袭夏朝的制度，所作的减损和增加是可以知道的；周朝沿袭殷朝的制度，所作的减损和增加是可以知道的。假若有继周朝而当政的人，即使以后一百代，也是可以预知的。"

【原文】

子曰："非其鬼①而祭之，谄②也。见义③不为，无勇也。"

【注释】

①鬼：通常有两种解释：一指死去的祖先；二、泛指鬼神。后解可以包含前解。②谄：谄媚。③义：孔子提出的一个道德范畴。

【译文】

孔子说："不是自己应该祭的鬼，却去祭他，这是献媚。见到应当挺身而出的事，却不去做，这是无勇。"

里 仁

【原文】

子曰："里仁为美①，择不处仁②，焉得知③？"

【注释】

①里仁为美：里，住处。这里做动词用，意思是住在有仁者的地方才好。另一解：里即居，人能居于仁道，这是极美的了。②择不处仁：处，居住。择，从上文看是指选择住处，但也可解释为选择职业、选择朋友等等。③知：

同智。

【译文】

孔子说:"人以安居于仁德为美。如果择身所居而不选仁,怎能算作聪明呢?"

【原文】

子曰:"不仁者不可以久处约,不可以长处乐。仁者安仁,知者利仁。"

【译文】

孔子说:"不仁的人不能够长期处在贫穷中,也不能够长期处在安乐中。仁者实行仁德以安身立命,智者实行仁德以谋取大利。"

【原文】

子曰:"唯仁者能好①人,能恶②人。"

【注释】

①好:去声,音号。喜爱。②恶:去声,憎恨;讨厌。

【译文】

孔子说:"只有仁者才能够合理地喜爱某人,厌恶某人。"

【原文】

子曰:"苟志于仁矣,无恶①也。"

【注释】

①恶:有两种解释:一、善恶的恶,与上章恶字不同。二、好恶的恶,与上章恶字同义。

【译文】

孔子说:"只要立志实行仁道,就不会有恶行了。"

【原文】

子曰:"富与贵是人之所欲也,不以其道得之,不处也;贫与贱是人之所恶也,不以其道得之,不去也。君子去仁,恶乎①成名?君子无终食之间违仁,造次②必于是,颠沛③必于是。"

【注释】

①恶乎:何;怎么。②造次:急遽;仓卒。③颠沛:跌倒,用以形容人心躁动,社会动乱。

【译文】

孔子说:"发财和做官,这是人人所渴望的,但如不用正当的方法去得到它,君子不会接受;贫穷和卑贱,这是人人所厌恶的,但如不用正当的方法来解决它,君子不会逃避。君子如果抛弃了仁,又怎么能成就声名呢?君子不会有哪怕一顿饭的时间离开仁，即使在仓促匆忙之时也必定和仁同在，即使在颠沛流离之时也必定和仁同在。"

【原文】

子曰："我未见好①仁者，恶不仁者。好仁者，无以尚②之；恶不仁者，其为仁矣，不使不仁者加乎其身。有能一日用其力于仁矣乎？我未见力不足者。盖有之矣，我未之见也③。"

【注释】

①好、恶：喜爱、讨厌。②尚：通上，用作动词，超过的意思。③盖有之矣，我未之见也：盖，疑词，大概的意思。对"有之"二字有两种解释：一、"有之"是指有肯用力而力不足者，是联系上句未见力不足者来理解；二、"有之"是指有肯一日用力于仁者，是联系上句"有能一日用其力于仁矣乎"来解释。

【译文】

孔子说："我不曾见到真正喜爱仁的人和真正厌恶不仁的人。真正喜爱仁的人，没有什么能让他超过对仁的喜爱；真正厌恶不仁的人，他对待仁，只是不让不仁的东西加在自己身上。有谁能真正花一天时间把力量用在仁上吗？我没有见过力量不够的人，或许有这样的人，但我从未见过。"

【原文】

子曰："人之过也，各于其党。观过，斯知仁矣①。"

【注释】

①观过，斯知仁矣：旧注说，赞同仁道的有三种人：仁者是实行仁道才心安，智者是以实行仁道有利于自己而赞同仁道，畏罪者是勉强按仁道去做。赞同仁道的表现虽同，思想本质却不同。因此只看他按仁道去做的表现还不能判断他是否真有仁心。而过错是人人力求避免的，从一个人的错误最能看出他的内心真情。所以说观过，斯知仁矣。也有的书上引用这一章时写作"斯知人矣"，也通。

【译文】

孔子说："人的过错，各归其类。考察一个人的过错，就可以知道他是什么样的人。"

【原文】

子曰："朝闻道，夕死可矣。"

【译文】

孔子说："早晨得知真理，就是当晚死去也是值得的。"

【原文】

子曰："君子之于天下也，无适①也，无莫也，义②之与比③。"

【注释】

①适、莫：有几种不同的解释：一、厚薄亲疏，无适无莫就是不分亲疏厚薄；二、敌对和爱慕，无适无莫就是没有敌对，也没有爱慕；三、适，专主；莫，不肯。无适无莫就是无可无不可的意思。②义：古人解释：义，宜也。凡是适宜的言行，就是符合于义的。因此不同的人所讲的义，都是不同的。在孔子，义与仁、礼是互相联系不可分的，凡符合于仁、礼的要求的，便是义。③比：通常有两种解释：一、亲近，相近；二、从，听从。

【译文】

孔子说："君子对于天下的人和事，既无所敌对，也无所羡慕，哪个合理就和哪个在一起。"

【原文】

子曰："君子怀①德，小人怀土②；君子怀刑③，小人怀惠。"

【注释】

①怀：有两种解释：一、思念；二、安于。②土：乡土。③刑：法制。

【译文】

孔子说："君子安于道德，小人安于乡土；君子安于法制，小人安于恩惠。"

【原文】

子曰："放①于利而行，多怨②。"

【注释】

①放：有两种解释：一、放纵；二、依据。②多怨：一般解释为多被别人所怨恨。

【译文】

孔子说："事事依照个人利害关系行事，容易招致怨恨。"

【原文】

子曰："能以礼让为国乎？何有①？不能以礼让为国，如礼何②？"

【注释】

①何有：何难之有，不难的意思。②如礼何：把礼怎么办？意思是说纵然有礼的形式，不以礼让治国，这礼也是无用的。

【译文】

孔子说："能够以礼让精神治理国家吗？这样还有什么难办的呢？如果不

能以礼让精神来治理国家，又怎样来对待礼仪形式呢?"

【原文】

子曰："不患无位，患所以立①；不患莫己知，求为可知也。"

【注释】

①所以立：指立身的才学，或立于其位的才学。

【译文】

孔子说："不担心没有职位，只担心没有任职的本领；不担心没人了解自己，只求自己有真才实学值得为人们所知道。"

【原文】

子曰："参乎，吾道一以贯①之。"曾子曰："唯。"子出，门人问曰："何谓也?"曾子曰："夫子之道，忠恕②而已矣。"

【注释】

①贯：贯穿，贯通，统贯。如以绳穿物。②忠恕：据朱熹注，尽自己的心去待人叫做忠，推己及人叫做恕。

【译文】

孔子说："参啊，我的学说贯穿着一个基本思想。"曾子说："是。"孔子走出去后，别的学生问道："这是什么意思?"曾子回答说："先生的学说，就是忠和恕罢了。"

【原文】

子曰："君子喻①于义，小人喻于利。"

【注释】

①喻：懂得。

【译文】

孔子说："君子明白的是义，小人明白的是利。"

【原文】

子曰："见贤思齐焉，见不贤而内自省也。"

【译文】

孔子说："见到贤人，应该想向他看齐；见到不贤的人，便应该自我反省，(看有没有同样的毛病)。"

【原文】

子曰："事父母几①谏，见志不从，又敬不违，劳②而不怨。"

【注释】

①几：轻微，婉转。②劳：忧愁。

【译文】

孔子说："侍奉父母，（如果父母有过失），应该婉言劝止，看到自己的意见没有被听从，应该照样恭敬，不触犯他们，即使内心忧劳也不怨恨。"

【原文】

子曰："父母在，不远游①，游必有方②。"

【注释】

①游：指游学、游宦，到外地去求学，做官。②方：一定的地方。

【译文】

孔子说："父母活着时，不作远行，即使不得已远行，也应有一定的去处。"

【原文】

子曰："三年无改于父之道，可谓孝矣。"

【译文】

孔子说："如果三年不改变他父亲的行为原则，就可以说是孝了。"

【原文】

子曰："父母之年，不可不知①也。一则以喜，一则以惧。"

【注释】

①知：常记在心的意思。

【译文】

孔子说："父母的年纪，不可不时时记在心上。一方面因父母寿高而高兴，一方面又因他们寿高而有所忧惧。"

【原文】

子曰："古者言之不出，耻躬之不逮①也。"

【注释】

①逮：及；到。

【译文】

孔子说："古时候人们不轻易把话说出来，因为他们以自己行为赶不上言语为可耻。"

【原文】

子曰："以约①失之者鲜矣。"

【注释】

①约：约束。

【译文】

孔子说："因为约束自己而犯错误的事是很少的。"

【原文】

子曰："君子欲讷①于言而敏②于行。"

【注释】

①讷：迟钝。②敏：敏捷。

【译文】

孔子说："君子说话要谨慎迟钝，做事要敏捷勤奋。"

【原文】

子曰："德不孤，必有邻。"

【译文】

孔子说："有德的人不会孤单，必定会有同类的人去亲近他。"

【原文】

子游曰："事君数①，斯辱矣；朋友数，斯疏矣。"

【注释】

①数：屡次，多次。引申为烦琐的意思。

【译文】

子游说："对待君主过于密切，就会招致侮辱；对于朋友过于密切，就会被疏远。"

公冶长

【原文】

子谓公冶长①，"可妻也。虽在缧绁②之中，非其罪也。"以其子③妻之。子谓南容④，"邦有道，不废；邦无道，免于刑戮。"以其兄之子妻之。

【注释】

①公冶长：孔子的学生。②缧绁：缧同累。缧绁，捆缚犯人的绳索，引申为牢狱。③子：古时儿女都称子，这里指女儿。④南容：孔子的学生南宫适，字子容，通称南容。

【译文】

孔子提到公冶长，说："可以把女儿嫁给他。虽然他曾经坐过牢，但不是他的罪过。"便把自己的女儿嫁给了他。孔子提到南容，说："国家政治清明，他不会不被任用；国家政治黑暗，他可免于刑罚。"便做主把侄女嫁给了他。

【原文】

子谓子贱①，"君子哉若人②，鲁无君子者，斯焉取斯③。"

【注释】

①子贱：孔子的学生宓不齐，字子贱。②若人：此人。③斯焉取斯：斯，此。上斯字指子贱，下斯字指子贱的品德。

【译文】

孔子提到宓子贱，说："像这人就可以说是君子！如果说鲁国没有君子，这人从哪里去取得这种品德呢？"

【原文】

子贡问曰："赐也何如？"子曰："女器也。"曰："何器也？"曰："瑚琏①也。"

【注释】

①瑚琏：古代宗庙中祭祀用的盛粮食的器皿，竹制，上面用玉装饰，是祭器中贵重而华美的一种。

【译文】

子贡问孔子说："我这人怎么样？"孔子说："你好比一件器皿。"子贡说："什么器皿？"孔子说："宗庙里的瑚琏。"

【原文】

或曰："雍①也仁而不佞②。"子曰："焉用佞？御人以口给③，屡憎于人。不知其仁④。焉用佞。"

【注释】

①雍：孔子的学生，冉雍，字仲弓。②佞：能言善辩，有口才。③口给：言语便捷。④不知其仁：通常有两种解释：一、指佞人，佞人遭人憎恨，因而不知其（佞人）有仁德；二、指冉雍，不知冉雍是否仁者。今译取后者。

【译文】

有人说："冉雍这个人，虽有仁德，却没有口才。"孔子说："要口才干什么呢？强嘴利舌地同别人争辩，常常被人讨厌。冉雍未必称得上仁，但要口才干什么呢？"

【原文】

子使漆雕开仕①。对曰："吾斯之未能信。"子说。

【注释】

①漆雕开：孔子的学生，姓漆雕，名开，字子开。

【译文】

孔子叫漆雕开去做官，他回答说："我对此还没有自信。"孔子听了很喜欢。

【原文】

子曰："道不行，乘桴①浮于海，从我者其由与！"子路闻之喜。子曰："由也好勇过我，无所取材②。"

【注释】

①桴：用来在水面浮行的木排或竹排，大的叫筏，小的叫桴。②无所取材：材有三种解释：一、编桴用的材料。孔子并不真想乘桴浮海，见子路没有听懂他的意思，所以这样讲；二、同裁，指子路不知裁度事理；三、同哉，说子路以为孔子只要与他同行，所以孔子说"难道就不取别人吗？"

【译文】

孔子说："我的主张不能实行，我将坐木筏到海外去。跟随我去的，大概只有仲由吧！"子路听了这话很高兴。孔子又说："仲由好勇的精神超过了我，但我们没地方弄到做筏的木材。"

【原文】

孟武伯问子路仁乎？子曰："不知也。"又问。子曰："由也，千乘之国，可使治其赋也①，不知其仁也。""求也何如？"子曰："求也，千室之邑②，百乘之家③，可使为之宰④也，不知其仁也。""赤⑤也何如？"子曰："赤也，束带立于朝⑥，可使与宾客⑦言也，不知其仁也。"

【注释】

①赋：兵赋。②千室之邑：有一千户人家的大邑，指当时卿大夫的领地。③百乘之家：指卿大夫的采地，当时大夫有车百乘，是采地中的大的，称百乘之家。④宰：家臣。⑤赤：孔子的学生公西华，名赤。⑥束带立于朝：指穿着礼服立于朝廷。⑦宾客：古代贵客如国君上卿称宾，国君上卿以下一般客人称客。宾客二字连用，泛指客人。

【译文】

孟武伯问子路是否算得上仁。孔子说："不知道。"孟武伯又问。孔子说："由啊，一个具备千辆兵车的国家可以让他负责兵役等军政工作。至于他是否有仁德，我不知道。"孟武伯又问："冉求怎么样呢？"孔子说："求啊，一个千户人家的私邑，一个具备百辆兵车的大夫之家，可以让他当总管，至于他有没有仁德，我不知道。"孟武伯继续问："公西赤又怎样呢？"孔子说："赤啊，穿着礼服，立于朝廷之上，可以叫他应对宾客。至于他有没有仁德，我不知道。"

【原文】

子谓子贡曰："女与回也孰愈①？"对曰："赐也何敢望回？回也闻一以知十②，赐也闻一以知二③。"子曰："弗如也。吾与女弗如也④。"

【注释】

①愈：胜过。②闻一以知十：十指数的全体。③闻一以知二：指可以由此及彼。④吾与女弗如也："与"有两种解释：一、孔子说自己与子贡都不如颜回；二、《论语集注》：与，许也。赞许。孔子赞许子贡自认不如颜回。

【译文】

孔子对子贡说："你和颜回谁强？"子贡回答说："我呀，怎么敢和颜回比？颜回呀，听到一件事，可以推知十件事；我呀，听到一件事，只能推知两件事。"孔子说："确实赶不上他，我和你都赶不上他。"

【原文】

宰予昼寝，子曰："朽木不可雕也，粪土①之墙不可杇②，于予与何诛③！"子曰："始吾于人也，听其言而信其行；今吾于人也，听其言而观其行。于予与改是。"

【注释】

①粪土：腐土、脏土。②杇：抹墙用的抹子；粉刷墙壁也叫杇。③于予与何诛：诛，责备。与，语气词。

【译文】

宰予白天睡觉，孔子说："腐烂了的木头无法雕刻，粪土一般的墙壁无法粉刷。对于宰予还有什么值得指责的呢？"孔子又说："起初我对别人，听了他说的话，便相信他的行为；现在我对别人，听了他的话，还要考察他的行为。从宰予的事情后，我改变了以前的态度。"

【原文】

子曰："吾未见刚者。"或对曰："申枨①。"子曰："枨也欲，焉得刚？"

【注释】

①申枨：孔子的学生。

【译文】

孔子说："我没有见过刚强的人。"有人回答说："申枨是。"孔子说："申怅欲望太多，怎么可能刚强呢？"

【原文】

子贡曰："我不欲人之加诸我也，吾亦欲无加诸人。"子曰："赐也，非尔所及①也。"

【注释】

①非尔所及：通常有两种解释：一、非尔所及指前半句，即不能阻止别人把不义加于自己；二、非尔所及指后半句，无加诸人要求自然而然地做到，是仁的要求，是子贡所做不到的。

【译文】

子贡说："我不想别人凌驾于我，我也不想凌驾于别人。"孔子说："赐，这不是你做得到的。"

【原文】

子贡曰："夫子之文章①，可得而闻也；夫子之言性②与天道③，不可得而闻也。"

【注释】

①文章：指孔子传授的诗书礼乐等等。②性：人性。③天道：古人讲道有天道和人道。

【译文】

子贡说："老师在文献方面的学问，我们可以听到。老师关于人性与天道的论述，我们无法听到。"

【原文】

子路有闻，未之能行，惟恐有闻。

【译文】

子路听到好的东西，还没能够去实行，生怕又听到好的东西。

【原文】

子贡问曰："孔文子①何以谓之'文'也？"子曰："敏②而好学，不耻下问，是以谓之'文'也。"

【注释】

①孔文子：卫国大夫，名圉，文是他的谥号。②敏：一般解释为敏捷，也可解释为勤勉。这里作勤勉讲为好。

【译文】

子贡问孔子说："孔文子为什么被谥为'文'呢？"孔子说："他聪敏而热爱学习，又谦虚下问，不以为耻，这就是用'文'作为他谥号的理由。"

【原文】

子谓子产①有君子之道四焉"其行己也恭，其事上也敬，其养民也惠，其使民也义。"

【注释】

①子产：春秋时郑国的大夫，名公孙侨。

【译文】

孔子提到子产，说："他具有四种合乎君子之道的品行：他为人处世庄严谦恭，他侍奉国君严肃认真，他教养百姓富有恩惠，他役使人民合乎情理。"

【原文】

子曰："晏平仲①善与人交，久而敬之②。"

【注释】

①晏平仲：春秋时齐国大夫，名婴。②久而敬之：之字两种解释：一、指晏平仲自己，即说相交久了，人们越发对他恭敬；二、指晏平仲所交的人，即说晏平仲与人相交虽久，仍能对人恭敬不改。

【译文】

孔子说："晏平仲善于与别人交往，别人与他交往越久，就越尊敬他。"

【原文】

子曰："臧文仲①居蔡②，山节藻棁③，何如其知也！"

【注释】

①臧文仲：春秋时鲁国大夫，姓臧孙，名辰，文是谥号。当时人认为他智慧。②居蔡：蔡，国君用以占卜的大龟。蔡这个地方产龟，因此把大龟叫蔡。居，作动词用，藏的意思。臧文仲藏了一只大龟。③山节藻棁：节，柱上的斗拱。棁，房梁上的短柱。山节藻棁，把斗拱雕成山形，在棁上绘上水草花纹。古时是装饰天子宗庙的做法。

【译文】

孔子说："臧文仲为大蔡盖了一间屋，屋的斗拱做成只有天子庙饰才能用的山的形状，屋梁上的短柱上画着只有天子庙饰才能有的水草图案，他的聪明究竟怎么样呢？"

【原文】

子张问曰："令尹子文①三仕为令尹，无喜色；三已之，无愠色。旧令尹之政，必以告新令尹。何如?"子曰："忠矣。"曰："仁矣乎?"曰："未知。焉得仁?""崔子弑齐君②，陈文子③有马十乘，弃而违之。至于他邦，则曰：'犹吾大夫崔子也。'违之。之一邦，则又曰：'犹吾大夫崔子也。'违之。何如?"子曰："清矣。"曰："仁矣乎?"曰："未知。焉得仁。"

【注释】

①令尹子文：令尹，楚国官名，相当于宰相。子文姓斗名縠于菟。②崔子弑齐君：崔子，齐国大夫崔杼。齐君，齐庄公，名光。弑，古代在下的人杀了在上的人叫弑。③陈文子：齐国的大夫，名须无。

【译文】

子张问孔子说："令尹子文三次做令尹，不显露喜色；三次被罢官，不显露愠色。（每次交职，）一定将自己这位前任令尹的政令全部告诉接任的人。这个人怎么样?"孔子说："可以算得上忠了。"子张又问："够得上仁吗?"孔子说："不清楚。从哪里看出他仁呢?"子张又问："崔子杀了齐国国君，陈文子有四十匹马，都舍弃不要，离开齐国。到了别的国家，他说：'这里的执政者跟我们的大夫崔子差不多。'又离开这国。到了另一个国家，他又说：'这里的执政者和我们的大夫崔子差不多。'于是又离开这国。这个人怎么样?"孔子说："很清白了。"子张又问："够得上仁了吗?"孔子说："不清楚。从哪里看出他的仁呢?"

【原文】

季文子①三思而后行。子闻之，曰："再，斯可矣。"

【注释】

①季文子：鲁国大夫季孙行父，文是谥号。

【译文】

季文子每事考虑多次之后才行动。孔子听到后，说："考虑两次就可以了。"

【原文】

子曰："甯武子①邦有道则知，邦无道则愚②，其知可及也，其愚不可及也。"

【注释】

①甯武子：卫国大夫宁俞，武是谥号。②愚：这里讲的愚，并不是真愚，而是隐藏自己的智慧装成愚笨的样子。

【译文】

孔子说："甯武子在国家政治清明时就显得很聪明，在国家政治黑暗时就装愚蠢。他的聪明，别人可以赶上；他的装愚蠢，别人无法赶上。"

【原文】

子在陈①曰："归与！归与！吾党之小子②狂简③，斐然④成章，不知所以裁⑤之。"

【注释】

①陈：国名。②吾党之小子：党，乡党。吾党之小子，指孔子在鲁国的学生。③狂简：狂，志大。简，一般有两种解释：一、疏略；二、大。狂简依前一解就是志大才疏，依后一般就是进取有大志。④斐然：有文采的样子。⑤裁：裁剪，节制。"不知所以裁之"有两种解释：一、指学生们自己不知自己裁制自己；二、指孔子不知如何裁制学生们。

【译文】

孔子在陈国说："回去吧！回去吧！我们那边的学生志向远大而无所约束，文采斐然，我不知道怎样去指导他们。"

【原文】

子曰："伯夷叔齐①不念旧恶②，怨是用希③。"

【注释】

①伯夷、叔齐：孤竹君的两个儿子。父亲死后，互相让位，都逃到周文王那里。周武王起兵伐纣，他们以为这是以臣弑君，拦在马前劝阻。周灭商统一天下后，他们以吃周朝的粮食为耻，逃进山中以野草充饥，饿死在首阳山中。②旧恶：有两种解释：一、过去的恶事，只要能改，就不念旧恶；二、恶即怨，旧恶即宿怨。③怨是用希：希，同稀，少。怨是用希也有两种解释：一、指别人对伯夷、叔齐的怨恨很少；二、指伯夷、叔齐自己很少有怨恨。

【译文】

孔子说："伯夷、叔齐不记念过去的仇隙，因而很少有人对他们表示怨恨。"

【原文】

子曰："孰谓微生高①直？或乞醯②焉，乞诸其邻而与之。"

【注释】

①微生高：鲁国人，姓微生，名高。当时人们认为是直人。②醯：醋。

【译文】

孔子说："谁说微生高耿直呢？有人向他要点醋（他不说自己没有），却到邻居家转讨来给那人。"

【原文】

子曰："巧言令色足恭①，左丘明②耻之，丘亦耻之。匿怨而友其人，左丘明耻之，丘亦耻之。"

【注释】

①足恭：有几种解释：一、足，过分；二、巧言令色是从言语和脸色上讨好别人，足恭是两脚做出奉迎恭敬的姿势来讨好人；三、足，成也。巧言令色，以成其恭，讨好于人。②左丘明：鲁国人，姓左丘，名明。

【译文】

孔子说："甜言蜜语、和颜悦色、毕恭毕敬，这种态度，左丘明认为可耻，我也认为可耻。心中藏着怨恨，表面却与人要好，这种行为，左丘明认为可耻，我也认为可耻。"

【原文】

颜渊季路侍①。子曰："盍②各言尔志？"子路曰："愿车马，衣轻裘，与朋友共，敝之而无憾。"颜渊曰："愿无伐善③，无施劳④。"子路曰："愿闻子之志。"子曰："老者安之，朋友信之，少者怀之⑤。"

【注释】

①侍：位卑的人在位尊的人身旁叫侍。单用侍字，是站立两旁；坐着叫侍坐。②盍：何不。③伐：夸耀自己。④施劳：有两种解释：一、夸耀自己的功劳；二、把劳苦的事加给别人。⑤老者安之，朋友信之，少者怀之：有两种解释：一、孔子对老者养之以安，对朋友交之以信，对少者怀之以恩；二、使老者安于我的奉养，朋友信我，少者怀我。两种解释强调的角度不同，但有相通之处。只有养之以安，老者才能安我；只有交之以信，朋友才能信我；只有怀之以恩，少者才能怀我。

【译文】

颜渊、季路侍立在孔子身边。孔子说："你们何不谈谈各人的志向呢？"子路说："希望做到把我的车马衣服与朋友共同使用，即使被用坏了也没有什么不满。"颜渊说："希望不夸耀自己的好处，不表白自己的功劳。"子路又说："希望听听您的志向。"孔子说："（我的志向是）对老者让他安逸，对朋友给予信任，对年轻人给予关怀。"

【原文】

子曰："已矣乎！吾未见能见其过而内自讼者也。"

【译文】

孔子说："算了吧！我没有见过看到自己的过错而又能在心中责备自己

的人!"

【原文】

子曰: "十室之邑,必有忠信如丘者焉,不如丘之好学也。"

【译文】

孔子说: "即使是只有十户人家的小地方,也必定有像我一样忠实而讲信用的人,只是比不上我爱好学问罢了。"

雍　也

【原文】

子曰: "雍也可使南面①。" 仲弓问子桑伯子②。子曰: "可也,简③。" 仲弓曰: "居敬而行简,以临其民,不亦可乎? 居简而行简,无乃④大⑤简乎?" 子曰: "雍之言然。"

【注释】

①南面:面向南。古时天子、诸侯听政都是南面而坐,可使南面就是可以让他治理国家。②子桑伯子:人名。③简:不烦琐。行简是指推行政事简而不繁。④无乃:岂不是。⑤大:同太。

【译文】

孔子说: "冉雍这个人,可以让他做某一地区或某一部门的首脑。" 仲弓向孔子问起子桑伯子。孔子说: "他行事简要不繁琐。" 仲弓说: "存心严肃恭敬而行事简单,以此原则治理百姓,不也行了吗? 存心简单,而行事也简单,这不太简单了吗?" 孔子说: "雍的话是对的。"

【原文】

哀公问: "弟子孰为好学?" 孔子对曰: "有颜回者好学,不迁怒①,不贰过②,不幸短命死矣③。今也则亡④,未闻好学者也。"

【注释】

①迁怒:迁,转移。迁怒,把对甲的怒气发泄到乙的上面。②贰过:贰,重复的意思。贰过,重复犯错误。③短命死矣:颜回死时年仅三十一岁。④亡:同无。

【译文】

鲁哀公问孔子: "你的学生中谁爱好学问?" 孔子回答说: "有位颜回爱好

学问，他从不迁怒于人，不犯同样的过失。不幸他短命死了，现在再没有这样的人了，再也没有听说有这样爱好学问的人了。"

【原文】

子华①使于齐，冉子②为其母请粟③。子曰："与之釜④。"请益。曰："与之庾。"冉子与之粟五秉。子曰："赤之适齐也，乘肥马，衣轻裘。吾闻之也：君子周⑤急不济⑥富。"

【注释】

①子华：孔子的学生，姓公西，名赤，字子华。②冉子：即冉有。③粟：古文粟米对用时，粟指带壳的谷粒，去壳以后叫做米。粟字单用时，就是指米。④釜、庾、秉：古代量名。六斗四升为一釜；十六斗为一庾；十斗为一斛，十六斛为一秉。一秉合一百六十斗。⑤周：周济，救济。⑥济：接济。

【译文】

子华出使到齐国去，冉有代他为母亲请求小米。孔子说："给他一釜。"冉有请求增加，孔子说："再给他一庾。"冉有给了他五秉。孔子说："公西赤到齐国去，车前驾着肥马，身上穿着轻暖的衣袍。我听说过：君子帮助别人应当雪中送炭，而不该锦上添花。"

【原文】

原思①为之宰②，与之粟九百③。辞。子曰："毋，以与尔邻里乡党④乎！"

【注释】

①原思：孔子的学生原宪，字子思。②之为宰：之指孔子，做孔子的家宰。③九百：没有指明量名，有说九百斗，有说九百斛，不知是斗是斛。④邻里乡党：古代以五家为邻，二十五家为里，一万二千五百家为乡，五百家为党。这里指家乡周围的百姓。

【译文】

原思出任孔子家的总管，孔子给他俸米九百。原思推辞不要。孔子说："不要推辞。有多的，就给你的乡亲们吧。"

【原文】

子谓仲弓，曰："犁牛①之子骍且角②，虽欲勿用③，山川④其舍诸⑤？"

【注释】

①犁牛：耕牛。②骍且角：骍，赤色。周朝以赤色为贵，祭祀用的牛也选用赤色的。角，意思是角长得周正。③用：用于祭祀。④山川：山川之神。⑤其舍诸：其，意义同岂。诸，之乎二字的合音。

【译文】

孔子提到仲弓，说："耕牛之子长着红色的毛，两角又圆正，即使不想用它作祭牛，山川的神难道会舍弃它吗？"

【原文】

子曰："回也其心三月①不违仁，其余则日月至焉而已矣。"

【注释】

①三月、日月：三月是说其长久，日月是说其短暂。

【译文】

孔子说："颜回呀，他的内心可以长期保持仁德，其他的人则只是偶然想一下罢了。"

【原文】

季康子问："仲由可使从政也与？"子曰："由也果①，于从政乎何有？"曰："赐也可使从政也与？"曰："赐也达②，于从政乎何有？"曰："求也可使从政也与？"曰："求也艺③，于从政乎何有？"

【注释】

①果：有决断。②达：通达事理。③艺：多才能。

【译文】

季康子问孔子："仲由这人可以任用他管理政事吗？"孔子说："仲由为人果断，管理政事有什么困难呢？"季康子又问："端木赐这人，可以任用他管理政事吗？"孔子说："端木赐为人通达，管理政事有什么困难呢？"季康子又问："冉求这人，可以任用他管理政事吗？"孔子说："冉求为人多才多艺，管理政事有什么困难呢？"

【原文】

季氏使闵子骞①为费②宰，闵子骞曰："善为我辞焉！如有复我③者，则吾必在汶上④矣。"

【注释】

①闵子骞：孔子的学生，名损，字子骞。②费：季氏的封邑。③复我：再来召我。④汶：水名，在齐南鲁北境上。必在汶上是说要离鲁去齐国。

【译文】

季氏叫闵子骞做费邑的长官。闵子骞对来人说："好好替我辞掉吧！如果再来找我的话，我必定跑到汶水的北边去。"

【原文】

伯牛①有疾，子问之，自牖②执其手，曰："亡之③，命矣夫，斯人也而有斯疾也！斯人也而有斯疾也！"

【注释】

①伯牛：孔子的学生，姓冉，名耕，字伯牛。②牖：窗户。③亡之：一般有两种解释：一作丧失讲，一作死亡讲，意思相近。

【译文】

伯牛得了恶病，孔子去探问他，从窗户中抓住他的手，说："不应该得这种病。这真是命啊！这样的人竟会得这种病！这样的人竟会得这种病！"

【原文】

子曰："贤哉回也，一箪①食，一瓢饮，在陋巷②，人不堪其忧，回也不改其乐③。贤哉回也。"

【注释】

①箪：古代盛饭的竹器。②巷：古时巷有两个含义：里中之道叫巷，人的住处也叫巷。这里的陋巷就是陋室的意思。③回也不改其乐：颜回不改变自己的乐趣。

【译文】

孔子说："颜回真有贤德啊！吃一筐干饭，喝一瓢白水，住在狭小的巷子中，别人无法忍受这种穷苦生活的忧愁，颜回却不改变他内心的快乐。颜回真有贤德啊。"

【原文】

冉求曰："非不说子之道，力不足也。"子曰："力不足者，中道而废。今女画①。"

【注释】

①今女画：女同汝。画，同划，自己划定界限，不想前进。

【译文】

冉求说："不是我不喜欢您的主张，是我没有足够的力量去实行。"孔子说："假若真是力量不足，就会走到半道走不动了。现在你却是自己停留不前。"

【原文】

子谓子夏曰："女为君子儒，无为小人儒。"

【译文】

孔子对子夏说:"你要做一个君子式的儒者,不要做小人式的儒者。"

【原文】

子游为武城①宰。子曰:"女得人焉尔乎②?"曰:"有澹台灭明③者,行不由径④,非公事,未尝至于偃之室也。"

【注释】

①武城:鲁国地名。②女得人焉尔乎:焉尔乎都是语助词。③澹台灭明:人名,姓澹台,名灭明,字子羽。后来也是孔子的学生。④径:小路,捷径。

【译文】

子游担任武城的长官,孔子说:"你在那儿发现人才了吗?"子游说:"有一个叫澹台灭明的人,走路从不抄小道,若不是公事,从不到我屋里来。"

【原文】

子曰:"孟之反①不伐,奔②而殿,将入门,策其马,曰:'非敢后也,马不进也。'"

【注释】

①孟之反:鲁国大夫,名侧。②奔:败走。

【译文】

孔子说:"孟之反不夸耀自己。他(在军队溃败时)走在最后,掩护全军,将进城门,便鞭打着(所乘战车前的)马,说:'不是我敢走在最后,是我的马不快些跑。'"

【原文】

子曰:"不有祝鮀①之佞,而有宋朝②之美,难乎免于今之世矣。"

【注释】

①祝鮀:卫国大夫,字子鱼。有口才。②宋朝:宋国公子。有美貌。

【译文】

孔子说:"如果没有祝鮀那样的口才,却有着宋朝那样的美貌,在今天的社会中,恐怕难以避免祸患了。"

【原文】

子曰:"谁能出不由户?何莫由斯道也?"

【译文】

孔子说:"谁能不通过房门而能从屋中出来呢?为什么不从人生正道上行走呢?"

【原文】

子曰:"质①胜文②则野③,文胜质则史④。文质彬彬⑤,然后君子。"

【注释】

①质：朴实。②文：文采。③野：古时郊外称野。乡村农夫称野人。这里引申为粗鲁、鄙野。④史：掌管法典和记事的官。⑤彬彬：指文和质两方面配合得很恰当。

【译文】

孔子说："质朴超过了文采，就显得粗鄙；文采超过了质朴，就显得虚浮。只有文采与质朴和谐地配合在一起，这才成为君子。"

【原文】

子曰："人之生也直，罔①之生也幸而免。"

【注释】

①罔：诬罔不直的人。

【译文】

孔子说："人能活着是由于正直；不正直的人活着，不过是侥幸地免于祸患罢了。"

【原文】

子曰："知之者不如好之者，好之者不如乐之者。"

【译文】

孔子说："（对任何有益的东西）了解它的人比不上喜爱它的人，喜爱它的人比不上乐在其中的人。"

【原文】

子曰："中人以上，可以语上也；中人以下，不可以语上也。"

【译文】

孔子说："中等水平以上的人，可以告诉他高深的东西；中等水平以下的人，不可以告诉他高深的东西。"

【原文】

樊迟问知。子曰："务民之义①，敬鬼神而远之，可谓知矣。"问仁。曰："仁者先难而后获，可谓仁矣。"

【注释】

①务民之义：专用力于人道之所宜。务，致力。

【译文】

樊迟问什么是聪明。孔子说："尽心尽力使人民走上'义'的道路，严肃地对待鬼神，但并不依赖它，可以说是聪明了。"樊迟又问什么是仁德。孔子说："有仁德的人凡事先付出劳苦，然后获得成功，这可以说是仁德了。"

【原文】

子曰："知者乐水，仁者乐山①。知者动，仁者静，知者乐，仁者寿。"

【注释】

①知者乐水，仁者乐山：知者乐运其才知以治世，如水流而不知已；仁者乐如山之安固，自然不动而万物生焉。乐，喜爱。

【译文】

孔子说："智者乐于水，仁者乐于山。智者喜欢动，仁者喜欢静。智者快乐，仁者长寿。"

【原文】

子曰："齐一变，至于鲁；鲁一变，至于道。"

【译文】

孔子说："齐国（的政治、文化）一经变革，可以达到鲁国的状况；鲁国（的政治、文化）一经变革，可以合乎道的水平。"

【原文】

子曰："觚①不觚，觚哉？觚哉？"

【注释】

①觚：古代酒器，上圆下方，有棱，容量二升。觚不觚，有两种解释：一、孔子时觚做成圆形，没有了棱角，孔子慨叹名实不符，讽喻政事；二、觚有少的意思。觚容量小，劝人少饮酒。孔子时人们沉湎于酒，虽然用觚饮酒，但不节制酒量，因此孔子慨叹。

【译文】

孔子说："觚不像觚，这是觚吗？这是觚吗？"

【原文】

宰我问曰："仁者虽告之曰井有仁焉①，其从之也？"子曰："何为其然也？君子可逝②也，不可陷③也；可欺也，不可罔也。"

【注释】

①井有仁焉：一说仁字当作人，又一说是有救人机会在井中。②逝：去救的意思。③陷：陷入。

【译文】

宰我问孔子说："有仁德的人，就是告诉他'井中有仁人在那儿'，他会不会跟着入井呢？"孔子说："为什么要这样做呢？君子可以去井边救人，但不能自己也陷进去；可以欺骗他，却无法愚弄他。"

【原文】

子曰："君子博学于文，约①之以礼，亦可以弗畔②矣夫。"

【注释】

①约：有两种解释：一、约束；二、简要，使博学的文献知识归于简要。这里前解较合《论语》原意。②畔：同叛。

【译文】

孔子说："君子广泛地学习文献，再用礼义约束自己，也就可以不至于离经叛道了。"

【原文】

子见南子①，子路不说。夫子矢②之曰："予所否③者，天厌之！天厌之！"

【注释】

①南子：卫灵公夫人，有淫乱的行为。②矢：通誓。③否：不对，指做了不正当的事。

【译文】

孔子会见南子，子路很不高兴。孔子对天发誓说："如果我有不对的行为，请天厌弃我！请天厌弃我！"

【原文】

子曰："中庸①之为德也，其至矣乎！民鲜久矣。"

【注释】

①中庸：孔子提出的道德准则。《论语集解》中谓中和，庸常也。《论语集注》朱熹注：中者，无过无不及之名也。庸，平常也。

【译文】

孔子说："中庸这种道德，是最高的了，人们缺乏它已经很久了。"

【原文】

子贡曰："如有博施于民而能济众，何如？可谓仁乎？"子曰："何事于仁？必也圣乎！尧舜①其犹病诸。夫仁者，己欲立而立人，己欲达而达人。能近取譬②，可谓仁之方也已。"

【注释】

①尧舜：传说中上古时代两位天子，是孔子推崇的圣人。②譬：比喻。

【译文】

子贡问道："假如有这样一个人，广泛地对人们施予好处，并帮助人们渡过难关，这人怎么样？可以说是仁了吗？"孔子说："岂止是仁呢！那一定是达到圣的境界了。即使尧舜也难以做到！所谓仁，就是自己要成立，也让别人成立；自己要通达，也让别人通达。能够从身边的事例做起，这就可以说是仁的方向了。"

泰 伯

【原文】

子曰："泰伯①其可谓至德也已矣。三以天下让，民无得而称焉②。"

【注释】

①泰伯：周朝始祖古公亶父的长子。传说古公亶父知道三子季历的儿子姬昌有圣德，想传位给季历，泰伯知道后便与二弟仲雍一起避居到吴。古公亶夫死，泰伯不回来奔丧，后来又断发文身，表示终身不返，把君位让给了季历，季历传给姬昌，即周文王。到文王子武王时，便灭了殷商，统一了天下。②民无得而称焉：有两种解释：一、泰伯让君位事迹不明显，"无迹可见"，因此百姓找不到什么事实来称赞他；二、百姓找不出合适的词句来称赞他。

【译文】

孔子说："泰伯，可以说是品德达到最高境界的了。三次把天下让给季历，人们简直无法找到合适的话来称赞他。"

【原文】

子曰："恭而无礼则劳①，慎而无礼则葸②，勇而无礼则乱，直而无礼则绞③。君子④笃⑤于亲，则民兴于仁；故旧不遗，则民不偷⑥。"

【注释】

①劳：劳苦。②葸：畏惧。③绞：有两种解释：一、绞刺，尖刻刺人；二、急切。④君子：这里是指在上位的人。⑤笃：笃厚，真诚。⑥偷：淡薄。

【译文】

孔子说："只知外表谦恭而并不真的懂礼，就会烦躁不安；只知谨言慎行而并不真的懂礼，就会畏惧；只知胆大敢为而并不真的懂礼，就会犯上招祸；只知心直口快而并不真的懂礼，就会尖刻伤人。这位君子对亲族感情深厚，老百姓就会走向仁德；对旧交不加遗弃，老百姓就不会对人感情淡薄。"

【原文】

曾子有疾，召门弟子曰："启①予足，启予手。《诗》云②：'战战兢兢，如临深渊，如履薄冰。'而今而后，吾知免③夫！小子！"

【注释】

①启：有两种解释：一、开启，曾子要学生掀开被子看自己的手脚；二、看。②诗云：这三句诗见《诗经·小雅·小旻》篇。③免：免于刑戮毁伤。

【译文】

曾子生了病，召来学生们说："看看我的脚，看看我的手！《诗经》上说：'小心啊！谨慎啊！如同来到深渊边，如同走在薄冰上。'从今以后，我才知道可以免于祸害了！学生们！"

【原文】

曾子有疾，孟敬子①问之。曾子言曰："鸟之将死，其鸣也哀；人之将死，其言也善。君子所贵乎道者三：动容貌②，斯远暴慢③矣；正颜色④，斯近信矣；出辞气⑤，斯远鄙倍⑥矣。笾豆⑦之事，则有司⑧存。"

【注释】

①孟敬子：鲁国大夫仲孙捷。②动容貌：把内心的感动显露于面容。这里可解释为真诚热情地待人。③暴慢：粗暴，放肆。④正颜色：使自己的脸色端庄严肃。⑤出辞气：注意出言的言语，声气。⑥鄙倍：鄙，粗野。倍同背，背理。远暴慢，近信，远鄙倍三句：有两种解释：一说三者都指自己；一说三者都指别人，即别人不会以暴慢、不信和鄙倍相待。⑦笾豆：祭器。笾是竹制，豆是木制。⑧有司：管事的小吏。

【译文】

曾子生了病，孟敬子去探望他。曾子说："鸟快要死的时候，叫声是悲哀的；人快要死的时候，说出的话是善意的。在上位的君子应在三个方面予以重视：严肃自己的容貌，就可以避免别人的粗暴和轻慢；端正自己的脸色，就显得诚实可信；注意说话的言辞和声调，就可以避免鄙陋悖理。至于礼仪的具体细节，则有主管的人员。"

【原文】

曾子曰："以能问于不能，以多问于寡；有若无，实若虚；犯而不校①，昔者吾友②尝从事于斯矣。"

【注释】

①校：计较。②吾友：旧注一般都认为是指颜渊。

【译文】

曾子说："自己才能高，却向没有才能的人请教；自己学识丰富，却向学识不多的人请教。有才能，却像没有才能的样子；学识很充实，却像学识空虚的样子。别人触犯自己，自己并不与之对抗。从前我的一位朋友曾这样做了。"

【原文】

曾子曰："可以托六尺之孤^①，可以寄百里之命^②，临大节而不可夺也。君子人与？君子人也。"

【注释】

①托六尺之孤：古人以七尺指成年，六尺指十五岁以下。托孤：受前君之命辅佐幼君。②寄百里之命：指代理国政。百里，大国。

【译文】

曾子说："可以托付幼小的孤儿，可以寄予国家的重任，面临生死安危而不动摇屈服。这样的人，可说是君子吗？是君子啊。"

【原文】

曾子曰："士不可以不弘毅^①，任重而道远。仁以为己任，不亦重乎？死而后已，不亦远乎？"

【注释】

①弘毅：弘大强毅。

【译文】

曾子说："读书人不能不弘阔坚毅，因为他使命重大、前程遥远。以仁作为自己的使命，不也重大吗？到死才停步，前程不也遥远吗？"

【原文】

子曰："兴^①于诗，立于礼，成于乐。"

【注释】

①兴：兴起、发动。这里是开始的意思。

【译文】

孔子说："在《诗》上得以振发，在礼上得以成立，在乐上得以完成学养。"

【原文】

子曰："民可使由之，不可使知之。"

【译文】

孔子说："老百姓可以让他们跟着我们做，无法让他们知道为什么要这样做。"

【原文】

子曰："好勇疾^①贫，乱也；人而不仁，疾之已甚，乱也。"

【注释】

①疾：憎恨。

【译文】

孔子说："喜欢逞勇而厌恶贫穷，是一种祸害；对于不仁的人，痛恨太过，也是一种祸害。"

【原文】

子曰："如有周公之才之美，使骄且吝，其余不足观也已。"

【译文】

孔子说："即使一个人具有周公那样完美的才能，只要骄傲而悭吝，其余的才能也就不值一看了。"

【原文】

子曰："三年学，不至于穀①，不易得也。"

【注释】

①穀：有两种解释：一、善。全章意思是人学习三年而不至于善的是很少的；二、指俸禄，至字与志同。全章是说学习三年而不求做官的人是难得的。从整个《论语》看，干禄做官是孔子教育的目的之一，这里后一种解释似于孔子思想吻合。

【译文】

孔子说："读了三年书，还不存在做官的念头，是很难得的。"

【原文】

子曰："笃信好学，守死善道，危邦不入，乱邦不居。天下有道则见①，无道则隐。邦有道，贫且贱焉，耻也；邦无道，富且贵焉，耻也。"

【注释】

①见：同现。

【译文】

孔子说："坚定的信念，努力学习它，誓死固守它。不进入危险的国家，不留居动乱的国家。天下太平，就出来从政；天下不太平，就退隐。国家政治清明，贫贱便是一种耻辱；国家政治黑暗，富贵便是一种耻辱。"

【原文】

子曰："不在其位，不谋其政。"

【译文】

孔子说："不在这个职位上负责，就不参与这个职位的事务。"

【原文】

子曰："师挚之始①，《关雎》之乱②，洋洋乎盈耳哉！"

【注释】

①师挚：鲁太师之名。始：首。②《关雎》之乱：《关雎》，《诗经·国风》的第一篇，也是全书的第一篇。乱，乐曲的结尾。《关雎》的乐曲用在乐曲结尾，所以说《关雎》之乱。

【译文】

孔子说："从乐曲开始时师挚的演奏，与乐曲结束时奏起《关雎》曲，丰富而美妙的音乐充满了我的耳朵。"

【原文】

子曰："狂①而不直，侗②而不愿③，悾悾④而不信，吾不知之矣。"

【注释】

①狂：急躁、激进。②侗：儿童，引伸为幼稚无知。③愿：谨慎、朴实。④悾悾：有两种解释：一、诚恳貌，这里指假装诚恳的样子；二、无知貌。本章都是论人的品质，后解似更合原意。

【译文】

孔子说："狂妄而不直率，幼稚而不老实，貌似诚恳而不讲信用——这种人我是无法明白的。"

【原文】

子曰："学如不及，犹恐失之。"

【译文】

孔子说："做学问，就好像（追一个东西），只怕赶不上，（赶上了）又担心失去它。"

【原文】

子曰："巍巍①乎，舜禹②之有天下也而不与③焉！"

【注释】

①巍巍：高大貌。②舜、禹：禹是夏朝第一个国君。舜是传说中的圣君，尧禅让帝位给舜，舜又禅让帝位给禹。③与：参与。不与，不相关的意思。有三说：一、舜禹有天下，选贤任能，无为而治；二、舜禹以禅让得天下，非求而得；三、舜禹有天下，处之泰然，好像与己不相关。今从第二说。

【译文】

孔子说："舜和禹拥有天下，身为天子，那真是伟大啊！他们一点也不谋私利。"

【原文】

子曰："大哉尧之为君也！巍巍乎，唯天为大，唯尧则①之。荡荡②乎，民无能名③焉。巍巍乎其有成功也，焕④乎其有文章。"

【注释】

①则：有两种解释：一、效法；二、则，准也。只有尧可以与天相平。②荡荡：广大的样子。③名：称说、形容。④焕：光辉。

【译文】

孔子说："尧作为君主真是伟大啊！只有天是真正巍然高大的，只有尧能够以天为法则。他的恩德真是浩荡啊，人们不知怎样称赞啊。他的功绩真是崇高啊！他的礼乐制度是那么美好光明！"

【原文】

舜有臣五人而天下治。武王曰："予有乱臣①十人。"孔子曰："才难，不其然乎？唐虞之际②，于斯为盛，有妇人焉③，九人而已。三分天下有其二，以服事殷。周之德，其可谓至德也已矣。"

【注释】

①乱臣：治国之臣。②唐虞之际，于斯之盛：唐虞，尧称唐尧，舜称虞舜，唐虞即尧舜。这句话有几种解释：一、唐虞之际比周初更盛；二、唐虞之际不如周初；三、唐虞之际与周初两个时期为盛；四、际解释为边际，唐虞之际即唐虞以后。③有妇人焉：武王的能臣十人中有武王的妻子邑姜。

【译文】

舜有五位贤臣，天下大治。周武王说："我有治国贤臣十人。"孔子说："（自古说：）'人才难得。'不是这样吗？唐尧和虞舜在位时代以及周武王说话之时，人才最为兴盛。然而武王十臣中还有一位妇女，实际上只是九位罢了。周文王拥有天下的三分之二，却仍然臣服于商朝。周朝的道德，可以说是最高的道德了。"

【原文】

子曰："禹，吾无间①然矣。菲②饮食而致孝乎鬼神，恶衣服而致美乎黻冕③，卑宫室而尽力乎沟洫。禹，吾无间然矣。"

【注释】

①间：空隙。这里指就其空隙而进行非难、批评。②菲：菲薄。③黻冕：黻，祭祀时穿的衣服。冕，祭祀时戴的帽子。

【译文】

孔子说："对于禹，我没什么可指责的了。他吃得很差，却把祭品办得很丰盛；他穿得很坏，却把祭服做得很讲究；他住得很简陋，却用全力兴修水利。对于禹，我没什么可指责的了。"

子 罕

【原文】

子罕言利，与命与仁。

【译文】

孔子很少去谈利，却赞成命和仁。

【原文】

达巷党人①曰："大哉孔子！博学而无所成名②。"子闻之，谓门弟子曰："吾何执？执御乎？执射乎？吾执御矣。"

【注释】

①达巷党人：古时五百家为党。达巷，党名。②博学而无所成名：有两种解释：一、学问广博，可惜没有一艺之长以成名；二、学问广博，因此不能以某一方面来称道他。第二说似乎与原意不合。

【译文】

达巷有一个人说："孔子真伟大！学识广博，可惜没有一项用来树立名声的特长。"孔子听到这话，对学生们说："我专攻什么呢？专攻驾车吗？专攻射箭吗？我专攻驾车好了。"

【原文】

子曰："麻冕①，礼也；今也纯②，俭③，吾从众。拜下④，礼也；今拜乎上，泰⑤也。虽违众，吾从下。"

【注释】

①麻冕：麻织的帽子。②纯：黑色的丝。③俭：用麻织帽子，比较费工，所以说改用丝织是俭。④拜下：指臣子见君主，要先在堂下跪拜，然后升堂再拜。到孔子时，许多人不再在堂下拜，而直接到堂上拜了。⑤泰：骄纵。

【译文】

孔子说："用麻做礼帽，是合于古礼的。现在都改用丝，要节省一些，我听从大众的做法。先在堂下拜两拜磕头，然后升堂拜两拜磕头，这是合乎臣下见君的古礼的。现在都只在堂上拜两拜磕头，这太倨傲了。虽然违反了大众的做法，我也还是主张先在堂下拜两拜磕头。"

【原文】

子绝四：毋意，毋必，毋固，毋我①。

【注释】

①意：主张猜测。必：期必，对于事物的发展，期望其必定这样或那样。无期必，也就是知命。固：固执己见。我：私心。无私心，是志于道的表现。

【译文】

孔子绝对不犯四种毛病，做到不凭空臆测，不绝对肯定，不固执己见，不唯我独是。

【原文】

子畏于匡①，曰："文王既没，文不在兹②乎？天之将丧斯文也，后死者③不得与于斯文也；天之未丧斯文也，匡人其如予何？"

【注释】

①畏于匡：匡，地名。孔子自卫去陈时经过匡。匡人曾受到鲁国阳虎的掠夺、残杀，孔子相貌与阳虎很像，匡人误以为孔子就是阳虎，将他围困。畏有几种解释：一、有戒心；二、拘囚的意思；三、古人称私斗叫畏，匡人拘孔子是私斗，所以说畏于匡。②文不在兹：文指礼乐制度，或说文化。兹，这里，孔子指自己。③后死者：孔子自称。

【译文】

孔子在匡被拘禁，说："文王既已死了，文化传统不是在我这里吗？如果上天要消灭这文化，我也就不会掌握这文化了。如果上天不打算消灭这文化，匡人能将我怎么样？"

【原文】

太宰①问于子贡曰："夫子圣者与？何其多能也？"子贡曰："固天纵之将圣②，又多能也。"子闻之曰："太宰知我乎！吾少也贱，故多能鄙事。君子多乎哉？不多也。"牢③曰："子云，吾不试④，故艺。"

【注释】

①太宰：官名。②天纵之将圣：纵，不加限量的意思；将，大的意思。③牢：孔子的学生子牢。④试：用，指被任用。

【译文】

太宰向子贡问道："孔老先生是位圣人吗？为何有那么多技能呢？"子贡说："这本是上天要让他成为圣人，又使他有很多技能。"孔子听了这话，说："太宰了解我吗？我小时候生活穷苦，因此学会了很多鄙贱的技能。真正的君子有必要掌握那么多技能吗？不必要。"牢说："孔子讲过，'我不被国家重用，所以学得许多技艺。'"

【原文】

子曰："吾有知乎哉？无知也。有鄙夫问于我，空空如也^①。我叩其两端而竭焉^②。"

【注释】

①空空如也：有两种解释：一、指孔子自己心中空空无知；二、指来问的鄙夫心中空空。②叩其两端：叩，叩问。两端，两头，事物都有终始、本末、上下、精粗等正反两个方面。竭，尽量。对这句的意思有两种解释：一、从孔子教人的态度方面解释，即使鄙夫来问，也竭尽所知教给他；二、从孔子教人的方法方面解释，通过叩问两端，竭尽两端而使问题得到解决。两种解释都可行。

【译文】

孔子说："我有知识吗？我实在是没有知识的。有个乡下人向我提出疑问，我本来是一无所知的。我从他所疑的首尾两端去盘问，穷根究底，让他知所适从。"

【原文】

子曰："凤鸟不至，河不出图^①，吾已矣夫！"

【注释】

①凤鸟不至，河不出图：凤鸟是传说中的神鸟。河出图，传说伏羲时有龙马从黄河中出，背上有八卦图文。凤鸟至，河出图，是古代传说中圣王将要降世时的祥瑞的征兆。

【译文】

孔子说："凤凰不飞来人世，黄河不现出图画，我这辈子恐怕是完了！"

【原文】

子见齐衰者^①、冕衣裳者^②与瞽^③者，见之，虽少必作^④；过之必趋^⑤。

【注释】

①齐衰：古代麻布做的丧服。②冕：贵族戴的帽子；衣，上衣；裳，下衣。冕衣裳者指贵族。③瞽：眼瞎。④作：站起来。⑤趋：快步走。

【译文】

孔子看见服丧的人、穿戴礼服礼帽的人，以及瞎了眼睛的人，若是他们来见孔子，即使来者是年轻人，孔子也一定站起身来；若是从他们身边经过，孔子一定快走几步。

【原文】

颜渊喟①然叹曰："仰之弥②高，钻之弥坚。瞻之在前，忽焉在后。夫子循循然善诱人③，博我以文，约我以礼，欲罢不能。既竭吾才，如有所立卓尔④。虽欲从之，未由也已⑤。"

【注释】

①喟：叹声。②弥：更加。③循循然善诱人：循循，有次序貌。诱，劝导。④卓尔：高大，超群。⑤末由也已：末，没有。由，路径。没有路径，没有办法的意思。

【译文】

颜渊喟然叹道："仰视则越觉得高，钻研则越觉得深；眼看它在前面，却忽然到后边去了。(这就是老师的思想和学问) 老师善于一步一步地诱导我们学习，用文献来丰富我们的知识，用礼节来约束我们的行为，让我们想停止学习都不可能。我用尽了才智，好像在老师的精微之道方面有所成就了。但真要想追随它，却又没有道路可寻。"

【原文】

子疾病，子路使门人为臣。病间①，曰："久矣哉，由之行诈也。无臣而为有臣。吾谁欺？欺天乎？且予与其死于臣之手也，无宁②死于二三子之手乎？且予纵不得大葬③，予死于道路乎？"

【注释】

①间：病情减轻。②无宁：宁可。③大葬：指大夫的葬礼。

【译文】

孔子病得很厉害，子路叫门人临时担任治丧的家臣。孔子的病稍稍好了些后，说道："仲由做这种欺诈的事已经很久了啊！我本来不该有治丧的家臣，他却安排人做治丧的家臣。我欺骗谁？欺骗上天吗？再说，我与其死在治丧家臣的手里，宁可死在你们学生们的手里！我纵使不能享受大夫级的葬礼，难道我就死在道路上吗？"

【原文】

子贡曰："有美玉于斯，韫匵①而藏诸？求善贾②而沽诸？"子曰："沽③之哉，沽之哉！我待贾者也。"

【注释】

①韫匵：韫，收藏；匵，柜子。②贾：有两种解释：一、同价；二、音，商人。③沽：卖。

【译文】

子贡问孔子说："这里有块美玉，是把它装在匣子中藏起来呢？还是等个好价钱把它卖了呢?"孔子说:"卖了它!卖了它!我在等着好价钱呢!"

【原文】

子欲居九夷①。或曰:"陋②,如之何?"子曰:"君子居之,何陋之有?"

【注释】

①九夷:古代对东方少数民族的通称。②陋:鄙野,文化闭塞。

【译文】

孔子想迁居到九夷去住。有人说:"那里太落后了,怎么办呢?"孔子说:"有君子迁居过去,怎么还会落后呢?"

【原文】

子曰:"吾自卫反鲁①,然后乐正②,雅颂各得其所③。"

【注释】

①自卫反鲁:孔子从卫国返回鲁国是在鲁哀公十一年冬。②乐正:有的解释为正其乐章,调整乐曲的篇章。③雅颂各得其所:《雅》和《颂》是《诗经》中两类不同的诗的名称,同时也是两类不同的乐曲的名称。

【译文】

孔子说:"我从卫国回到鲁国,这以后才把乐章整理好,把《雅》《颂》都安排在应有的位置。"

【原文】

子曰:"出则事公卿,入则事父兄,丧事不敢不勉,不为酒困,何有于我哉。"

【译文】

孔子说:"出外侍奉公卿,回家侍奉父兄,办丧事不敢不用力,不为喝酒过量所困扰,这些我做到了哪些呢?"

【原文】

子在川上,曰:"逝者如斯夫,不舍昼夜。"

【译文】

孔子在河边,说:"流逝的时光就像这河水一样啊!日夜不停地流去。"

【原文】

子曰:"吾未见好德如好色者也。"

【译文】

孔子说:"我没有见过喜爱道德胜过喜爱美色的人。"

【原文】

子曰:"譬如为山,未成一篑,止,吾止也;譬如平地,虽覆一篑①,进,吾往也。"

【注释】

①篑：土筐。

【译文】

孔子说："（人的进步）好比堆土成山，只差一筐土便成山了，如果就不干了，这是我自己停下来的。又好比在平地上堆土成山，尽管刚倒下一筐土，要继续往上堆，还得自己坚持下去。"

【原文】

子曰："语之而不惰者，其回也与？"

【译文】

孔子说："听我说话而始终不懈怠的，大概只有颜回吧！"

【原文】

子谓颜渊曰："惜乎！吾见其进也，未见其止也。"

【译文】

孔子谈起颜渊说："（他死了）真可惜啊！我看见他不停地进步，从没见他停止过。"

【原文】

子曰："苗而不秀①者有矣夫；秀而不实者有矣夫！"

【注释】

①秀：稻麦等吐穗扬花。

【译文】

孔子说："谷物长了苗而不吐穗，是有的；吐了穗而不结果实，也是有的！"

【原文】

子曰："后生可畏，焉知来者之不如今也？四十五十而无闻焉，斯亦不足畏也已。"

【译文】

孔子说："年轻人是可敬畏的，怎么后一辈的将来赶不上现在一辈呢？一个人到了四五十岁还没有什么声望，也就不必对他惧怕了。"

【原文】

子曰："法语之言①，能无从乎？改之为贵。巽与之言②，能无说乎？绎③之为贵。说而不绎，从而不改，吾末如之何也已矣。"

【注释】

①法语之言：以礼法规则正言规劝。②巽与之言：巽，恭顺；与，赞许。恭顺赞许的话。③绎：推究，寻求。

【译文】

孔子说："合乎原则的告诫，能不听从吗？听了后改正自己的错误才可贵。恭顺称许的话，听了能不高兴吗？对它进行分析才可贵。只顾高兴而不加分析，表面听从而不真心悔改，对这种人我是没有法子的。"

【原文】

子曰："主忠信，毋友不如己者，过则勿惮改。"

【译文】

孔子说："为人处世最主要的是忠实和诚信，不要交不如自己的朋友，有了过错，不要害怕改正。"

【原文】

子曰："三军①可夺帅也，匹夫②不可夺志也"。

【注释】

①三军：一万二千五百人为一军，三军是说其多。②匹夫：平民，普通百姓。

【译文】

孔子说："一国的军队，可以夺去他的主帅；一个男子汉，却不可夺去他的意志。"

【原文】

子曰："衣①敝缊袍②，与衣狐貉③者立，而不耻者，其由也与？'不忮不求④，何用不臧？'"子路终身诵之。子曰："是道也，何足以臧？"

【注释】

①衣：动词，当穿字讲。②敝缊袍：敝，坏。缊，旧絮。③狐貉：用狐和貉的皮做的裘皮衣服，是裘皮中的贵重者。④不忮不求，何用不臧：这两句引自《诗经·邶风·雄雉》篇。忮，害。臧，善、好。

【译文】

孔子说："身穿破棉袍，与穿着狐貉裘的人站在一起，却不觉得羞愧的，大概只有仲由罢！《诗经》上说：'不嫉妒，不贪求，还有什么不好呢？'"子路听了，时常念着这两句诗。孔子说："仅仅这个样子，又怎能算作好呢？"

【原文】

子曰："岁寒，然后知松柏之后彫①也。"

【注释】

①彫：同凋，凋零。

【译文】

孔子说："到了一年中最寒冷的时候，才知道松柏是不凋落的。"

【原文】

子曰："知者不惑，仁者不忧，勇者不惧。"

【译文】

孔子说："聪明人没有疑惑，仁德的人没有忧虑，勇敢的人没有畏惧。"

【原文】

子曰："可与共学，未可与适道①；可与适道，未可与立②；可与立，未可与权③。"

【注释】

①适：往。适道，志于道，追求道的意思。②立：坚持道而不变。③权：秤锤。这里引申为权衡轻重，按照不同情况灵活处理。

【译文】

孔子说："可以和他一起学习的人，不见得可以和他一起追求真理；可以和他一起追求真理的人，不见得可以和他一起遵循坚定的原则；可以和他一起遵循坚定的原则的人，不见得可以和他一起通达权变。"

【原文】

"唐棣之华，偏其反而①。岂不尔思，室是远而②。"子曰："未之思也，夫何远之有？"

【注释】

①唐棣之华，偏其反而：唐棣，花名。华，即花字。偏，同翩；反，同翩。都是形容花枝摇动的样子。②岂不尔思，室是远而：诗人从前两句引出，抒发情思：不是不想念你啊，只是住得太远了。这四句是逸诗，不知出处。两个而字都是语助词，无意义。

【译文】

（古代有这样的诗句）："唐棣树的花，翩翩地翻动。难道我不思念你吗？只因为家离得太远了。"孔子说："恐怕是没有思念吧！真要思念了，还讲什么远呢？"

颜　渊

【原文】

颜渊问仁。子曰："克己复礼①为仁。一日克己复礼，天下归仁焉②。为仁由己，而由人乎哉？"颜渊曰："请问其目③。"子曰："非礼勿视，非礼勿听，非礼勿言，非礼勿动。"颜渊曰："回虽不敏，请事④斯语矣。"

【注释】

①克己复礼：有不同的解释：一、克，克制、约束；复，践行。克制和约束自己来践行礼。二、克，胜；复，返回。战胜自己离开了礼的言行回归到礼的要求上来。两种解释意思相近。②天下归仁焉：有几种解释：一、归是与、赞许的意思，一旦做到了克己复礼，便会得到天下人的赞许。二、专指君主如果能克己复礼，天下人都会归顺这仁德之君。三、一旦做到克己复礼，天下的一切就都归于仁了。程子注："克己复礼，则事事皆仁，故曰天下归仁。"以第三种解释较合理。这里"克己复礼"的主语似不是指个人，而是泛指众人。即如果大家都能做到克己复礼，天下就都归于仁了。③目：条目内容。④事：从事，实行。

【译文】

颜渊问孔子究竟什么是仁。孔子说："约束自己，使言行都符合礼的要求，这就是仁。只要哪天做到这样了，天下的人都会认为你是仁人了。（由此看来，）要做到仁全靠自己，哪能靠别人呢？"颜渊说："请问具体的内容。"孔子说："不合乎礼的事不看，不合乎礼的话不听，不合乎礼的话不说，不合乎礼的事不做。"颜渊说："我虽然迟钝，也要依您这话去做。"

【原文】

仲弓问仁。子曰："出门如见大宾，使民如承大祭①；己所不欲，勿施于人；在邦无怨，在家无怨②。"仲弓曰："雍虽不敏，请事斯语矣。"

【注释】

①出门如见大宾，使民如承大祭：接见贵宾和进行重大的祭祀，都要求谨慎恭敬。这句话是说出门办事和役使百姓，都要象接见贵宾和进行大祭时那样恭敬谨慎。②在邦无怨，在家无怨：在邦指在诸侯国做官，在家指在卿大夫家

做事。无怨有两种解释：一、指仁的效果。做到了前面所说的敬和恕，别人对自己便没有怨恨。二、指自己而言，也是仁的要求。除了做到前面讲的两点，还要不怨天尤人。

【译文】

仲弓问仁。孔子说："出门就像接待贵宾一样（庄重），役使百姓就像承当大祭典一样（严肃）。自己所不喜欢的，不要强加给别人。在诸侯之国做官无所怨恨，在卿大夫家管事也无所怨恨。"仲弓说："我虽然迟钝，也要依您说的去做。"

【原文】

司马牛问仁。子曰："仁者其言也讱①。"曰："其言也讱，斯谓之仁已乎？"子曰："为之难，言之得无讱乎？"

【注释】

①讱：难、迟钝。史记记载，司马牛多言而躁。孔子的话是针对他的缺点而说的。

【译文】

司马牛问仁。孔子说："仁人，他的言语迟钝。"司马牛说："言语迟钝，这就叫仁了吗？"孔子说："做起来不容易，说起来能不迟钝吗？"

【原文】

司马牛问君子。子曰："君子不忧不惧。"曰："不忧不惧，斯谓之君子已乎？"子曰："内省不疚，夫何忧何惧？"

【译文】

司马牛问怎样成为一个君子。孔子说："君子不忧愁，不畏惧。"司马牛说："不忧愁，不畏惧，这就可以叫做君子了吗？"孔子说："心中反省自己而没有愧疚，还有什么忧愁和畏惧呢？"

【原文】

司马牛忧曰："人皆有兄弟，我独亡①。"子夏曰："商闻之矣：死生有命，富贵在天。君子敬而无失，与人恭而有礼，四海之内，皆兄弟也。君子何患乎无兄弟也。"

【注释】

①人皆有兄弟，我独亡：亡同无。

【译文】

司马牛忧愁地说："别人都有兄弟，唯独我没有。"子夏说："我听说过：

生死由命运主宰，富贵由上天安排。君子只要做事严肃认真，不出差错，对待别人谦恭而有礼节，那么，天下的人都是你的兄弟。君子何必担忧没有兄弟呢？"

【原文】

子张问明。子曰："浸润之谮①，肤受之愬②，不行焉，可谓明也已矣。浸润之谮，肤受之愬，不行焉，可谓远③也已矣。"

【注释】

①浸润之谮：谮，谗言。浸润之谮，象水浸润物件那样开始不易觉察的谗言，即暗中的中伤。②肤受之愬：愬，诬告。肤受之愬，象感受到切肤之痛那样的诬告，即直接的诽谤。③远：明之至也。明智的最高境界。

【译文】

子张问怎样才算明察。孔子说："像水那样一点一点地浸润过来的谗言，像切肤之感那样迫切的诬告，在你这里行不通，那你就可以说是明察了。像水那样一点一点地浸润过来的谗言，像切肤之感那样迫切的诬告，在你这里行不通，那你就可以说是看得远了。"

【原文】

子贡问政。子曰："足食，足兵，民信之矣。"子贡曰："必不得已而去，于斯三者何先？"曰："去兵。"子贡曰："必不得已而去，于斯二者何先？"曰："去食。自古皆有死，民无信不立。"

【译文】

子贡问如何治理政事。孔子说："充足粮食，充足军备，让百姓对政府产生信任就行了。"子贡又问："如果迫不得已要去掉一项，在粮食、军备和百姓的信任这三者之中先去掉哪一项呢？"孔子说："先去掉军备。"子贡又问："如果迫不及得已还要去掉一项，在粮食与百姓的信任二者之中先去掉哪一项呢？"孔子说："先去掉粮食。自古以来，是人都难免一死。但如果百姓对政府没有信任，国家就无法存在了。"

【原文】

棘子成①曰："君子质而已矣，何以文为？"子贡曰："惜乎夫子之说君子也，驷不及舌②。文犹质也，质犹文也，虎豹之鞟③犹犬羊之鞟。"

【注释】

①棘子成：卫国大夫。②驷不及舌：话一出口，四匹马也追不回来，即"一言既出，驷马难追"。③鞟：去掉毛的皮，即革。

【译文】

棘子成对子贡说："君子只要有好的本质就行了，要那些礼仪文饰干什么？"子贡说："先生这样地谈论君子，真令人可惜啊！一言既出，驷马难追。本质和文饰，两者同样的重要。如果把虎豹和犬羊两种兽皮的不同文彩的毛去掉，那么这两种皮革就没有多少区别了。"

【原文】

哀公问于有若曰："年饥，用不足，如之何？"有若对曰："盍彻乎①？"曰："二②，吾犹不足，如之何其彻也？"对曰："百姓足，君孰与不足？百姓不足，君孰与足？"

【注释】

①盍彻乎：盍，何不。彻，西周的田税制度，从收获中抽取十分之一为田税，"什一而税谓之彻"。②二：指抽取十分之二的赋税。

【译文】

哀公向有若问道："收成不好，国家用度不够，应该怎么办呢？"有若回答说："何不实行十分抽一的税率呢？"哀公说："十分抽二，我还不够，怎么能十分抽一呢？"有若回答说："如果百姓的用度够了，您怎么不够呢？如果百姓的用度不够，您又怎么够呢？"

【原文】

子张问崇德①辨惑，子曰："主忠信，徙义②，崇德也。爱之欲其生，恶之欲其死；既欲其生，又欲其死，是惑也。'诚不以富，亦祇以异。'③"

【注释】

①崇德：提高道德修养。②徙义：徙：迁移。改变自己的思想使之合于义。③诚不以富，亦祇以异：《诗经·小雅·我行其野》诗句。引在这里很费解。有人认为是错简，《论语译注》译作"这样，的确对自己毫无好处，只是使人奇怪罢了。"

【译文】

子张问如何提高品德，辨别疑惑。孔子说："以忠诚信实为宗旨，唯义是从，这就可以提高品德。喜欢一个人的时候，就希望他长生；厌恶起他来，就希望他立即死去。既想他长生，又想他快死，这就是疑惑。（这样做的结果，就如《诗经》上说的）'确实对自己没有好处，只是让人觉得怪异罢了。'"

【原文】

齐景公①问政于孔子。孔子对曰："君君、臣臣、父父、子子。"公曰：

"善哉！信如君不君，臣不臣，父不父，子不子，虽有粟，吾得而食诸?"

【注释】

①齐景公：齐国国君，名杵臼。

【译文】

齐景公向孔子问如何治理国家。孔子回答说："国君要守君道，臣下要守臣道，父亲要守父道，儿子要守子道。"景公说："太对了！假如国君不守君道，臣子不守臣道，父亲不守父道，儿子不守子道，即使有粮食，我吃得上吗?"

【原文】

子曰："片言①可以折狱者，其由也与②?"子路无宿诺③。

【注释】

①片言：诉讼双方中一方的言辞，古时也叫"单辞"。②其由也与：从来断案都要有原告和被告双方的陈述和供辞，为什么子路可以仅凭一方的单辞断狱？有几种解释：一、子路明决，凭单辞就可作出判断；二、子路为人忠信，人们信服他，在他面前不说假话，因此他可以只听一面之辞来断案；三、子路忠信，所说的话决无虚假，所以只听子路的一面之辞，就可断案。③宿诺：有两种解释：一、宿解释为预，预先的许诺；二、宿解释为留，拖延诺言的实现。

【译文】

孔子说："仅凭一方的言辞就可以断案的，大概只有仲由吧?"子路从不拖延实现诺言。

【原文】

子曰："听讼①，吾犹人也。必也使无讼②乎!"

【注释】

①听讼：审理诉讼案件。②使无讼：通过道德教化来消除诉讼案件。

【译文】

孔子说："审理诉讼，我和别人没什么不同。一定要使诉讼之事完全消除才好。"

【原文】

子张问政。子曰："居之无倦，行之以忠。"

【译文】

子张问为政之道。孔子说："在位不要厌倦懈怠，执行政令要出自忠心。"

【原文】

子曰："博学于文，约之以礼，亦可以弗畔矣夫!"

【译文】

孔子说："广泛地学习文献，又以礼来约束自己，也就不至于离经叛道了。"

【原文】

子曰："君子成人之美①，不成人之恶。小人反是。"

【注释】

①成：帮助促成。成人之美是助人为善的意思。

【译文】

孔子说："君子成全别人的好事，不成全别人的坏事。小人与这相反。"

【原文】

季康子问政于孔子。孔子对曰："政者正也。子帅①以正，孰敢不正?"

【注释】

①帅：同率，带头。

【译文】

季康子向孔子问为政之道。孔子回答说："政这字意思就是正。您带头端正自己，谁还敢不端正呢?"

【原文】

季康子患盗，问于孔子。孔子对曰："苟子之不欲，虽赏之不窃。"

【译文】

季康子以盗贼太多为患，向孔子请教。孔子回答说："假若您自己不贪求财货，即使奖励他们偷盗，他们也不会干。"

【原文】

季康子问政于孔子曰："如杀无道，以就①有道，何如?"孔子对曰："子为政，焉用杀? 子欲善而民善矣。君子之德风，小人之德草，草上②之风，必偃③。"

【注释】

①就：成就，成全。②上：一作尚，加。草上之风就是风加之于草。③偃：仆，倒。

【译文】

季康子向孔子请教为政之道，说："假如杀掉坏人，以成就好人，怎样？"孔子回答说："您治理国家，为什么要杀戮？只要您真想把国家搞好，百姓肯定会好起来的。在位者的德行好比风，老百姓好比草，草遇到风一吹，必定会随风倒。"

【原文】

子张问："士何如斯可谓之达①矣？"子曰："何哉，尔所谓达者？"子张对曰："在邦必闻，在家必闻。"子曰："是闻也，非达也。夫达也者，质直而好义，察言而观色，虑以下人②。在邦必达，在家必达。夫闻也者，色取仁而行违，居之不疑。在邦必闻，在家必闻。"

【注释】

①达：通达，显达。②下人：居于人下，指对人谦恭。

【译文】

子张问孔子说："读书人怎样才能叫做达呢？"孔子反问说："你讲的达是什么意思呢？"子张回答说："在国家做官一定很闻名，在卿大夫家管事一定很闻名。"孔子说："这叫做闻，不叫达。所谓达，就是本性正直，很讲道理，善于分析别人的语言，善于观察别人的神色，在心中愿意向别人谦让。这种人在国家做官必定行得通，在卿大夫家管事也必定行得通。所谓闻，就是表面爱好仁德，而行动与之相反。这种人在国家做官必定捞到好名声，在卿大夫家管事也必定捞到好名声。"

【原文】

樊迟从游于舞雩之下，曰："敢问崇德修慝①辨惑。"子曰："善哉问。先事后得②，非崇德与？攻其恶，无攻人之恶，非修慝与？一朝之忿，忘其身，以及其亲，非惑与？"

【注释】

①修慝：慝，恶。修，治，改正的意思。②先事后得：先致力于事，而把利禄放在后面。

【译文】

樊迟跟随孔子在舞雩台下闲游，说道："胆敢请教如何提高品德，如何消除别人对自己隐藏着的厌恶，如何辨别愚惑。"孔子说："问得好！先付出努力，后计较得失，不就提高品德了吗？批判自己的坏处，不去批判别人的坏处，不就消除别人心中的厌恶了吗？由于一时的忿怒，就不顾性命，甚至连父母都不管了，这不就是愚惑吗？"

【原文】

樊迟问仁。子曰："爱人。"问知。子曰："知人。"樊迟未达。子曰："举直错诸枉，能使枉者直。"樊迟退，见子夏曰："乡^①也吾见于夫子而问知，子曰：'举直错诸枉，能使枉者直'，何谓也？"子夏曰："富哉言乎！舜有天下，选于众，举皋陶^②，不仁者远^③矣。汤有天下，选于众，举伊尹，不仁者远矣。"

【注释】

①乡：同向。过去。②皋陶：舜的臣子。③远：远去。这里有能使枉者直，不仁者化而为仁的意思。

【译文】

樊迟问仁。孔子说："爱别人。"又问智。孔子说："了解别人。"樊迟还不明白。孔子便说："把正直的人选拔出来，使其位置在邪恶的人之上，就能使邪恶的人改正过来。"樊迟退了出来，去对子夏说："刚才我去见了老师，向他问智，老师说：'把正直的人选拔出来，使其位置在邪恶的人之上，就能使邪恶的人改正过来'，这是什么意思？"子夏说道："这话涵义多么丰富啊！舜有了天下，从众人中选拔，把皋陶举了出来，不仁的人就呆不下去了。汤有了天下，从众人中选拔，把伊尹举了出来，不仁的人就呆不下去了。"

【原文】

子贡问友。子曰："忠告而善道之，不可则止，毋自辱也。"

【译文】

子贡向孔子问交友的原则。孔子说："忠心地劝告他，好好地引导他，他不听就算了，不要再自讨侮辱。"

【原文】

曾子曰："君子以文会友，以友辅仁。"

【译文】

曾子说："君子用文章学问来交朋友，用朋友来帮助自己提高仁德。"

子　路

【原文】

子路问政。子曰："先之劳之^①。"请益。曰："无倦^②。"

【注释】

①先之劳之：之，指百姓。先之，做在百姓之先，身先百姓。劳之，使百姓勤劳工作。②无倦：不要倦怠。指照上面所说的去做不要倦怠。

【译文】

子路问为政之道。孔子说："身先百姓，勉励他们耕作。"子路请孔子讲一点。孔子便说："这样做永不懈怠。"

【原文】

仲弓为季氏宰，问政。子曰："先有司①，赦小过，举贤才。"曰："焉知贤才而举之？"子曰："举尔所知。尔所不知，人其舍诸？"

【注释】

①先有司：有司，负责管理各种具体事务的官吏。先有司，先让有司各负其责的意思。

【译文】

仲弓担任季氏的家宰，向孔子问如何管理政事。孔子说："给下级官吏带头，宽赦别人的小过失，选拔优秀人才。"仲弓说："怎样去发现优秀人才从而将他们选拔出来呢？"孔子说："选拔你所了解的。你所不了解的，别人难道会埋没他们吗？"

【原文】

子路曰："卫君①待子而为政，子将奚先？"子曰："必也正名②乎！"子路曰："有是哉，子之迂③也！奚其正？"子曰："野哉由也！君子于其所不知，盖阙④如也。名不正则言不顺，言不顺则事不成，事不成则礼乐不兴，礼乐不兴则刑罚不中，刑罚不中则民无所措手足。故君子名之必可言也，言之必可行也。君子于其言，无所苟而已矣。"

【注释】

①卫君：卫出公辄，卫灵公孙。其父蒉聩被卫灵公驱逐出国。卫灵公死后，蒉辄继位。蒉聩要回国争夺君位，遭到蒉辄拒绝。②正名：名，事物的称号。孔子认为卫君与父亲争位，破坏了"君君、臣臣、父父、子子"的等级名分，使君、臣、父、子的名与实不相符，所以提出首先要正名。③迂：迂阔，不切实情。④阙：同缺，存疑的意思。

【译文】

子路问孔子说："假如卫君等您去治理国家，您将先从哪里着手呢？"孔子说："首先必须是纠正名分上的用词不当吧！"子路说："您真的迂腐到这个地步啊！为什么要去纠正呢？"孔子说："仲由啊，你太粗鲁了！君子对于他所不知道的，一般采取存而不论的态度。如果名号表达不正，说话就不会顺当；说话不顺当，事情就办不成；事情办不成，国家的礼乐制度就建立不起来；礼乐制度建立不起来，刑罚就不合理；刑罚不合理，百姓就会手足无措。所以君子使用一个名号必须说得准确，说出来就可以行得通。君子对于他所说的话，是一点马虎都没有的。"

【原文】

樊迟请学稼。子曰："吾不如老农。"请学为圃①。曰："吾不如老圃。"樊迟出。子曰："小人哉，樊须也！上好礼，则民莫敢不敬；上好义，则民莫敢不服；上好信，则民莫敢不用情②。夫如是，则四方之民襁负其子而至矣，焉用稼？"

【注释】

①稼、圃：种五谷叫稼，种蔬菜的地叫圃。为圃，种菜。②用情：情，情实。用情，以真心实情来对待。

【译文】

樊迟请求学习种庄稼。孔子说："我比不上老农民。"又请求学习种蔬菜。孔子说："我比不上老菜农。"樊迟出去后，孔子说："樊迟真是小人啊！如果在上位者讲求礼制，就不会有百姓不尊敬他；如果在上位者讲求道义，就不会有百姓不服从他；如果在上位者讲求信用，就不会有百姓不讲真话。能做到这样，其他地方的百姓就都会背着小儿女来归附，还用得着自己种庄稼吗？"

【原文】

子曰："诵诗三百①，授之以政，不达；使于四方，不能专对②。虽多，亦奚以③为？"

【注释】

①诗三百：指《诗经》。②专对：独立对答的意思。③以：用。

【译文】

孔子说："熟读了《诗经》三百篇，把政事交给他治理，他办不通；派他出使外国，他不能独立进行外交谈判和酬答——即使读得多，又有什么用呢？"

【原文】

子曰："其身正①，不令而行；其身不正，虽令不从。"

【注释】

①其身正：这里的其是指在上位的执政者。

【译文】

孔子说：“在上位者只要自己行为端正，不用发布命令，事情也行得通；他自己行为不端正，即使发布命令，百姓也不会服从。”

【原文】

子曰：“鲁卫之政①，兄弟也。”

【注释】

①鲁国是周公旦的封地，卫国是康叔的封地，周公旦和康叔是兄弟。而且当时两国政治状况也相似。

【译文】

孔子说：“鲁国和卫国的政治情形，就像兄弟般相似。”

【原文】

子谓卫公子荆①：“善居室②。始有，曰：‘苟③合④矣。’少有，曰：‘苟完矣。’富有，曰：‘苟美矣’。”

【注释】

①卫公子荆：卫国大夫。②善居室：善于居家理财过日子。③苟：苟且，将就。④合：足。

【译文】

孔子提到卫国的公子荆，说：“他善于居家度日，刚有了点财产，他就说：‘差不多够了。’再稍多一点，他就说：‘差不多完备了。’真正有很多财产了，他就说：‘差不多完美了。’”

【原文】

子适卫，冉有仆①。子曰：“庶矣哉。”冉有曰：“既庶②矣，又何加焉？”曰：“富之。”曰：“既富矣，又何加焉？”曰：“教之。”

【注释】

①仆：驾车。②庶：众多。这里指卫国人口多。

【译文】

孔子到卫国去，冉有驾车。孔子说：“卫国人口好多啊！”冉有说：“人口多了后，又该怎么办呢？”孔子说：“让他们富起来。”冉有说：“已经富了，又该怎么办呢？”孔子说：“教育他们。”

【原文】

子曰：“苟①有用我者，期月②而已可③也，三年有成。”

【注释】

①苟：如果。②期月：一周年。③可：仅仅可以而还不足的意思。

【译文】

孔子说："假如有人用我治理国政，有一年时间就可以推行我的政教，有三年时间就可以见成效。"

【原文】

子曰："'善人为邦百年，亦可以胜残①去杀②矣。'诚哉是言也。"

【注释】

①胜残：使残暴的人不再作恶。②去杀：废除刑罚杀戮。

【译文】

孔子说："'连续一百年由善人治国，也就可以克服残暴，免除杀戮了。'这话说得确实对啊！"

【原文】

子曰："如有王者，必世①而后仁。"

【注释】

①世：古代三十年为一世。

【译文】

孔子说："假如有人受命为王，必须经过三十年，才能完成仁政。"

【原文】

子曰："苟正其身矣，于从政乎何有？不能正其身，如正人何？"

【译文】

孔子说："只要自己行为端正了，对于治理政事还有什么困难？假如自己行为不能端正，又怎能使别人端正呢？"

【原文】

冉子退朝①。子曰："何晏也？"对曰："有政。"子曰："其事也？如有政，虽不吾以，吾其与闻之。"

【注释】

①朝：朝廷。或指鲁君的朝廷，或指季氏议事的场所。解释不一。

【译文】

冉有退朝回来，孔子说："今天为何回得这么晚？"冉有回答说："有政务。"孔子说："那大概是事务吧！如果有政务，我虽然不再任职了，我也应该知道的。"

【原文】

定公问："一言而可以兴邦，有诸？"孔子对曰："言不可以若是其几也①。人之言曰：'为君难，为臣不易。'如知为君之难也，不几乎一言而兴邦乎？"曰："一言而丧邦，有诸？"孔子对曰："言不可以若是其几也。人之言曰：'予无乐乎为君，唯其言而莫予违也。'如其善而莫之违也，不亦善乎？如不善而莫之违也，不几乎一言而丧邦乎？"

【注释】

①言不可以若是其几也：几有两种解释：一、期望，这句话的意思是不能期望言语必然有这样的效果，即说话不能这样绝对的意思。二、近。这句话断作："言不可以若是，其几也。"意思是："说话不可能有这样的作用，只是近似这样吧。"

【译文】

鲁定公问孔子说："一句话可以使国家兴盛，有这样的事吗？"孔子回答说："话不可能有这样绝对的。不过，人们常说：'做君难，做臣也不容易。'假如知道做君的艰难（而努力去干），岂不近于一句话而使国家兴盛吗？"定公又问："一句话可以使国家灭亡，有这样的事吗？"孔子回答说："话不可能有这样绝对的。不过，人们常说：'我对做国君不觉得什么快乐，只是我说什么都没人敢违抗我。'假如说得对而没有人违抗，不也很好吗？假如说得不对而没有人违抗，岂不近于一句话而使国家灭亡吗？"

【原文】

叶公问政。子曰："近者说①，远者来。"

【注释】

①说：同悦。

【译文】

叶公问为政之道。孔子说："使境内的人高兴，使境外的人归附。"

【原文】

子夏为莒父①宰，问政。子曰："无欲速，无见小利。欲速则不达，见小利则大事不成。"

【注释】

①莒父：鲁国邑名。

【译文】

子夏担任莒父的邑宰，向孔子问如何治理政事。孔子说："不可求速成，不可只顾小利。求速成，就达不到目标；只顾小利，就办不成大事。"

【原文】

叶公语孔子曰："吾党①有直躬者②，其父攘③羊，而子证④之。"孔子曰："吾党之直者异于是：父为子隐，子为父隐，直在其中矣。"

【注释】

①党：乡党，古代五百户为党。②直躬者：正直的人。③攘：偷窃。④证：告发。

【译文】

叶公告诉孔子说："我们那里有个正直的人，他父亲偷了羊，他便告发。"孔子说："我们那里正直的人与此不同：父亲为儿子隐瞒，儿子为父亲隐瞒，正直就在这里头了。"

【原文】

樊迟问仁。子曰："居处恭，执事敬①，与人忠。虽之②夷狄，不可弃也。"

【注释】

①恭、敬：严肃、谨慎而有礼貌，表现在外叫恭，含于内心叫敬。②之：动词，到。

【译文】

樊迟问仁。孔子说："平时生活严肃庄重，处理事情严肃认真，与人交往忠心诚意。这几种品德，即使到外族国家，也是不能丢弃的。"

【原文】

子贡问曰："何如斯可谓之士矣？"子曰："行己有耻，使于四方，不辱君命，可谓士矣。"曰："敢问其次。"曰："宗族称孝焉，乡党称弟焉。"曰："敢问其次。"曰："言必信，行必果①，硁硁②然小人哉！抑亦可以为次矣。"曰："今之从政者何如？"子曰："噫！斗筲之人③，何足算也！"

【注释】

①果：果断、坚决。②硁硁：硁，敲击石头的声音，引申为像小石块那样坚硬，这里有固执的意思。③斗筲之人：一斗十升。筲，竹器，容一斗二升（一说容五升）。斗筲之人是比喻气量狭小之人。

【译文】

子贡问道："怎样就可以叫做士呢？"孔子说："自己行动讲羞耻，出使外国不会完不成君主的使命，就可以叫做士了。"子贡又问："请问比这次一等的。"孔子说："宗族中的人称赞他孝顺父母，乡里的人称赞他尊敬兄长。"子贡又说："请问比这还次一等的。"孔子说："说话一定守信用，做事一定坚决。不问是非、固执己见，这是固执不通的小人啊！但也可以说是再次一等的士了。"子贡又问："现在做官的人怎么样？"孔子说："咳！这些气量狭、见识浅的人，算得了什么呢？"

【原文】

子曰："不得中行而与之①，必也狂狷乎②！狂者进取，狷者有所不为也。"

【注释】

①中行：指行为合乎中庸的人。②狂狷：狂，志大激进而不能完全做到的人；狷，拘谨，有所不为，不与不良现象同流合污。

【译文】

孔子说："找不到行为真正合乎中庸之道的人和他交朋友，就一定要交结狂士和狷士。狂士勇于进取，狷士不会做坏事。"

【原文】

子曰："南人有言曰：'人而无恒，不可以作巫医①。'善夫！""不恒其德，或承之羞②。"子曰："不占而已矣。"

【注释】

①巫医：用卜筮给人治病的人。②"不恒其德，或承之羞"：《周易》恒卦的爻辞。

【译文】

孔子说："南方人有句话说：'假如一个人没有恒守，是不可用他做巫医的。'这话太对了。"《周易·恒卦》的《爻辞》说："操守不一，变来变去，总会有人蒙受羞耻的。"孔子说："这是说没有恒守的人就不必占卜了。"

【原文】

子曰："君子和而不同①，小人同而不和。"

【注释】

①和、同：不同的东西和谐地配合叫做和。比如做汤，要使水、火、酱、醋、盐与鱼、肉等调配得当，才能做出好的滋味；比如奏乐，要有清浊、小大、短长、快慢、哀乐、刚柔、高低等等互相补充，和谐地配合，才能奏出悦耳的声音。这就叫和。同样的东西相加叫做同。比如把水加到水里面，奏乐只有一种乐器、一个声调，这就叫同。

【译文】

孔子说："君子通过发表不同意见来与人交流，以达到统一，却不苟同；小人只是苟同，却不肯发表自己的意见。"

【原文】

子贡问曰:"乡人皆好之,何如?"子曰:"未可也。""乡人皆恶之,何如?"子曰:"未可也。不如乡人之善者好之,其不善者恶之。"

【译文】

子贡问:"整个乡里的人都喜欢他,这人怎么样?"孔子说:"还不行。"子贡又问:"整个乡里的人都讨厌他,这人怎么样?"孔子说:"也不行。不如整个乡里的好人都喜欢他,整个乡里的坏人都讨厌他。"

【原文】

子曰:"君子易事①而难说②也。说之不以道,不说也;及其使人也,器之③。小人难事而易说也。说之虽不以道,说也;及其使人也,求备焉。"

【注释】

①易事:容易与他共事,或说易于服侍。②说:同悦。③器之:按其材器来用他,量才使用。

【译文】

孔子说:"君子,容易给他办事,却难以讨他喜欢。不用正当的方式去讨他喜欢,他是不会喜欢的。但等到他使用人才的时候,他会根据各人的才能去安排他。小人,难以给他办事,却容易讨他喜欢。用不正当的方式去讨他喜欢,他会喜欢的,但等到他使用人才的时候,他对人却求全责备,百般为难。"

【原文】

子曰:"君子泰而不骄,小人骄而不泰。"

【译文】

孔子说:"君子安详而不傲慢,小人傲慢而不安详。"

【原文】

子曰:"刚、毅、木、讷近仁。"

【译文】

孔子说:"刚强、果敢、质朴、口讷,近于仁德。"

【原文】

子路问曰:"何如斯可谓之士矣?"子曰:"切切偲偲①,怡怡如也,可谓士矣。朋友切切偲偲,兄弟怡怡②。"

【注释】

①切切偲偲:互相恳切批评勉励。②怡怡:和顺貌,和气顺从。

【译文】

子路问道:"怎样才能叫做士呢?"孔子说:"彼此恳切地相互勉励,和悦共处。朋友之间,相互恳切勉励;兄弟之间,和悦共处。"

【原文】

子曰:"善人教民七年,亦可以即戎①矣。"

【注释】

①即戎:参军作战。即,就,开始从事。戎,兵戎。

【译文】

孔子说:"善人用七年时间教导民众,也就可以叫他们去打仗了。"

【原文】

子曰:"以不教民战,是谓弃之。"

【译文】

孔子说:"用没有受过训练的民众去打仗,这等于践踏生命。"

卫灵公

【原文】

卫灵公问陈①于孔子。孔子对曰:"俎豆②之事则尝闻之矣;军旅之事,未之学也。"明日遂行。

【注释】

①问陈:陈同阵。②俎豆:古代盛食物的礼器,用于祭祀。

【译文】

卫灵公向孔子问阵法。孔子回答说:"礼仪方面的事情,我曾经略有所闻;至于军队方面的事情,我从来没有学过。"第二天便离开了卫国。

【原文】

在陈绝粮,从者病,莫能兴。子路愠见曰:"君子亦有穷乎?"子曰:"君子固穷①,小人穷斯滥矣。"

【注释】

①固穷:固字有两种解释:一、固然;二、固守,虽穷仍能固守其道。

【译文】

孔子在陈国断了粮,跟随的人都饿极了,没有人能站起来。子路怨怒地来见孔子，说："君子也会陷入困境吗？"孔子说："君子陷入困境，还能坚持住。小人陷入困境，便会乱来了。"

【原文】

子曰："赐也！女以予为多学而识之者与？"对曰："然，非与？"曰："非也。予一以贯之。"

【译文】

孔子对子贡说："赐啊，你认为我多方学习并都将它们记住了吗？"子贡回答说："是的。难道不是这样吗？"孔子说："不对。我用一个基本观念将它们贯穿起来。"

【原文】

子曰："由！知德者鲜矣。"

【译文】

孔子说："由！懂得德的人太少了。"

【原文】

子曰："无为而治①者，其舜也与？夫何为哉？恭己正南面而已矣。"

【注释】

①无为而治：指国君不必亲自有所作为而可以天下太平。

【译文】

孔子说："不用管理政事就能将天下治理好的人，大概只有舜吧？他做了些什么呢？他只是庄严地坐在君主位子上罢了。"

【原文】

子张问行①。子曰："言忠信，行笃敬，虽蛮貊②之邦行矣。言不忠信，行不笃敬，虽州里③行乎哉？立则见其参④于前也，在舆则见其倚于衡⑤也，夫然后行。"子张书诸绅⑥。

【注释】

①问行：这个行是通达的意思。②蛮貊：古时对兄弟民族的贱称，蛮在南，貊在北。③州里：五家为邻，五邻为里。五党为州，二千五百家。州里指近处。④参：耸立貌。⑤衡：车辕前端的横木。⑥绅：士大夫束在腰间，一头垂下的大带。

【译文】

子张问怎样才能使自己到处都行得通。孔子说："言语真诚可信，行为忠厚严肃，即使到异族国家，也行得通。言语虚伪无常，行为刻薄轻狂，即使在本乡本土，又能行得通吗？站着，就好像看见这些原则直立在面前；坐在车里，就好像看见这些原则斜倚在车前横木上。这样才能使自己到处行得通。"子张把这些话写在衣带上。

【原文】

子曰："直哉史鱼①！邦有道，如矢②；邦无道，如矢。君子哉蘧伯玉！邦有道，则仕；邦无道，则可卷③而怀之。"

【注释】

①史鱼：卫国大夫，名鲋。②如矢：形容其直。矢，箭。③卷：同捲。

【译文】

孔子说："史鱼真是忠直啊！国家政治清明，他像箭一样直；国家政治黑暗，他也像箭一样直。蘧伯玉真是一个君子啊！国家政治清明，他出来做官；国家政治黑暗，他就将自己的本领收藏起来。"

【原文】

子曰："可与言而不与之言，失人；不可与言而与言，失言。知者不失人，亦不失言。"

【译文】

孔子说："值得和他交谈而不和他交谈，这就错过了交谈的对象；不值得和他交谈却和他交谈，这就说了不该说的话。明智的人既不错过交谈的对象，也不说不该说的话。"

【原文】

子曰："志士仁人，无求生以害仁，有杀身以成仁。"

【译文】

孔子说："仁人志士，不因贪生怕死而损害仁德，却勇于献身以成就仁德。"

【原文】

子贡问为仁。子曰："工欲善其事，必先利其器。居是邦也，事其大夫之贤者，友其士之仁者。"

【译文】

子贡问如何提高仁德。孔子说："工匠要完成好他的工作，必须先把他的工具准备好。我们住在一个国家里，就要侍奉大夫们里头的贤人，交结士人里头的仁人。"

【原文】

颜渊问为邦。子曰："行夏之时①，乘殷之辂②，服周之冕③，乐则韶舞④。放郑声⑤，远佞人。郑声淫，佞人殆。"

【注释】

①夏之时：时，历法。夏代的历法即现在的农历。②殷之辂：辂，天子所乘的车。殷代的辂是木制，比较质朴。③周之冕：冕，礼帽。周代的冕比以前的要华美。④韶舞：韶乐，是舜时的舞乐，孔子说韶乐尽美尽善。另一说认为舞即武字，古时舞武通用。武，周代的乐。孔子说武乐尽美而未尽善。⑤放郑声：放，禁绝的意思。郑声，郑国的乐曲。孔子认为郑国乐曲是淫声，靡靡之音。

【译文】

颜回问如何治理国家。孔子说："实行夏代的历法，乘坐殷代的车子，头戴周代的礼帽，音乐则用韶乐。抛弃郑国的音乐，疏远谗佞的小人。郑国的音乐淫靡，谗佞的小人危险。"

【原文】

子曰："人无远虑，必有近忧。"

【译文】

孔子说："一个人若没有长远的考虑，必定会有眼下的祸患。"

【原文】

子曰："已矣乎！吾未见好德如好色者也。"

【译文】

孔子说："算了吧！我没有见过像爱好美色一样爱好道德的人。"

【原文】

子曰："臧文仲其窃位①者与！知柳下惠②之贤而不与立也。"

【注释】

①窃位：身居官位而不称职。②柳下惠：鲁国人，本名展获，字禽，又叫展季。柳夏一说是其封地，一说是其住处。惠是他的私谥。

【译文】

孔子说："臧文仲是一个偷位苟安的人吧！他明知柳下惠的贤能却不在朝廷中给他安排一个位置。"

【原文】

子曰："躬自厚而薄责于人，则远怨矣。"

【译文】

孔子说："对自己责备得重而对别人责备得轻，就可以远离别人的怨恨了。"

【原文】

子曰："不曰如之何①如之何者，吾末②如之何也已矣。"

【注释】

①如之何：怎么办。如之何如之何表示深思熟虑。②末：无。

【译文】

孔子说："从不忧虑地说怎么办怎么办的人，我对他也不知怎么办才好。"

【原文】

子曰："群居终日，言不及义，好行小慧，难矣哉！"

【译文】

孔子说："和大家整天在一起，一点有道理的话都不讲，只知卖弄小聪明，这种人实在难有什么成就。"

【原文】

子曰："君子义以为质，礼以行之，孙以出之，信以成之。君子哉！"

【译文】

孔子说："君子做事以合宜为根本，以礼来实行它，用谦逊的言辞说出来，以诚实的态度完成它。这才真是一个君子！"

【原文】

子曰："君子病无能焉，不病人之不己知也。"

【译文】

孔子说："君子只忧愁自己没有才能，不忧愁别人不了解自己。"

【原文】

子曰："君子疾没世①而名不称焉。"

【注释】

①没世：死亡。

【译文】

孔子说："君子只遗憾死了而没有名声给人传颂。"

【原文】

子曰："君子求诸己，小人求诸人。"

【译文】

孔子说："君子依靠自己，小人依靠别人。"

【原文】

子曰："君子矜①而不争，群而不党。"

【注释】

①矜：庄重。

【译文】

孔子说："君子自重而不争执，合群而不结党。"

【原文】

子曰："君子不以言举人，不以人废言。"

【译文】

孔子说："君子不因为一个人话说得好就提拔他，也不因为他不是好人就否定他说的话。"

【原文】

子贡问曰："有一言而可以终身行之者乎？"子曰："其恕乎！己所不欲，勿施于人。"

【译文】

子贡问道："有一句话可用来终身奉行的吗？"孔子说："大概只有'恕'吧！自己所不想要的东西，就不要强加给别人。"

【原文】

子曰："吾之于人也，谁毁谁誉？如有所誉者，其有所试①矣。斯民也，三代之所以直道而行也。②"

【注释】

①试：考察、验证。②斯民也，三代之所以直道而行也：斯民指当代的百姓。三代之所以直道而行，是说夏商周三代都是依靠这些百姓而使直道通行，也就是说三代以来百姓都是依直道而行的，对是非毁誉都有公正的评判。从这一句可以知道，前面说其有所试，不是指孔子亲自去考验，而是指在百姓中是经过考验的。

【译文】

孔子说："我对于别人，诋毁过谁呢？奖誉过谁呢？如果我奖誉过谁，一定是检验过他的。现在的人，也就是夏、商、周三代凭以直道而行的人。"

【原文】

子曰："吾犹及史之阙文①也，有马者借人乘之②，今亡矣夫。"

【注释】

①阙文：史官记史，遇到有疑问处就缺而不记，叫阙文。②有马者借人乘之：有马而自己不会调教，靠别人来训练。

【译文】

孔子说："我还能看到古书上存疑的地方。有马的人（自己不会训练），先借给别人乘坐（以调教它）。这样做的人现在没有了!"

【原文】

子曰："巧言乱德。小不忍则乱大谋。"

【译文】

孔子说："花言巧语会损害道德；小事不忍会损害大事。"

【原文】

子曰："众恶之，必察焉；众好之，必察焉。"

【译文】

孔子说："大家都讨厌他，一定要去考察；大家都喜欢他，一定要去考察。"

【原文】

子曰："人能弘①道，非道弘人。"

【注释】

①弘：扩大。

【译文】

孔子说："道可以随人而扩大，人不可以随道而扩大。"

【原文】

子曰："过而不改，是谓过矣。"

【译文】

孔子说："有过错而不改正，这就真叫过错了。"

【原文】

子曰："吾尝终日不食，终夜不寝，以思，无益，不如学也。"

【译文】

孔子说："我曾经整天不吃饭，整夜不睡觉，用来思考，但没有益处，不如去学习。"

【原文】

子曰："君子谋道不谋食。耕也，馁①在其中矣；学也，禄在其中矣。君子忧道不忧贫。"

【注释】

①馁：饥饿。

【译文】

孔子说："君子只关心真理而不关心衣食。耕田，常常可能饿肚子；求学，常常可能得俸禄。君子只担心得不到真理而不担心摆脱不了贫穷。"

【原文】

子曰："知及之①，仁不能守之，虽得之，必失之；知及之，仁能守之，不庄以涖②之，则民不敬；知及之，仁能守之，庄以涖之，动之不以礼，未善也。"

【注释】

①知及之：之字有几种解释：一、指民，知及之是说政令可以及于百姓；二、指职位或国家、天下；三、指治民之道。下文涖之、动之的之字指百姓。②涖，同莅，临。

【译文】

孔子说："聪明才智足以得到一个官职，如果仁德不能守住它，即使得到了也必定失去。聪明才智足以得到它，仁德也足以守住它，但如果不以严肃的态度来对待它，民众也不会听从于你。聪明才智足以得到它，仁德足以守住它，又以严肃的态度对待它，但如果不按照礼来行动，也不好。"

【原文】

子曰："君子不可小知而可大受①也。小人不可大受而可小知也。"

【注释】

①小知、大受：大受，承担大任。小知有两种解释：一、知是被人所知，君子在小事上未必可观，小人未必无一长可取。二、用小事考验。君子不可用小事考验，小人可以用小事考验。

【译文】

孔子说："君子不可从小事情去考验它，但可以接受重任；小人不可接受重任，但可以经受小事情的考验。"

【原文】

子曰："民之于仁也，甚于水火。水火，吾见蹈而死者矣，未见蹈仁而死者也。"

【译文】

孔子说："民众需要仁，比需要水火还急迫。我看见有人踏进水火中而死的，却从没有看见实行仁德而死的。"

【原文】

子曰："当仁不让于师①。"

【注释】

①不让于师：师字有两种解释：一、师长；二、作众字讲。遇到众人应做的事，应带头去做而不谦让，当仁不让即是见义勇为的意思。

【译文】

孔子说："面对仁时，即使老师也不必谦让。"

【原文】

子曰："君子贞①而不谅②。"

【注释】

①贞：有两种解释：一、正；二、大信。②谅：小信。

【译文】

孔子说："君子讲大节而不讲小信。"

【原文】

子曰："事君，敬其事而后其食①。"

【注释】

①后其食：食指食禄。

【译文】

孔子说："侍奉君主，应先考虑认真给他办事，然后再考虑从他那里得到俸禄。"

【原文】

子曰："有教无类①。"

【注释】

①无类：类，类别。无类即不加分类区别。

【译文】

孔子说："我不加区别地教育所有来学习的人。"

【原文】

子曰："道不同，不相为谋。"

【译文】

孔子说："主张不同，就不在一起讨论。"

【原文】

子曰："辞①，达而已矣。"

【注释】

①辞：言辞。也有认为此处专指外交辞命。

【译文】

孔子说："言辞，足以明白表达意思就行了。"

【原文】

师冕①见，及阶，子曰："阶也。"及席，子曰："席也。"皆坐，子告之曰："某在斯，某在斯。"师冕出，子张问曰："与师言之道与？"子曰："然，固相②师之道也。"

【注释】

①师冕：乐师，名冕。古代乐师一般都是盲人。②相：帮助。

【译文】

师冕来见孔子，走到台阶边，孔子说："这是台阶了。"走到席边，孔子说："这是坐席了。"都坐定后，孔子告诉他说："某某人在这里，某某人在这里。"师冕告辞出去后，子张问道："这是同乐师交谈的方式吗？"孔子说："对。这本来就是帮助乐师的方式。"

【国学精粹珍藏版】

◎尽览中国古典文化的博大精深 ◎读传世典籍，赢智慧人生——受益终生的传世经典

李志敏⊙编著

四书五经

卷二

民主与建设出版社
·北京·

尧 曰

【原文】

尧曰："咨①！尔舜！天之历数在尔躬，允②执其中。四海困穷，天禄永终。"舜亦以命禹。

【注释】

①咨：感叹词。②允：诚信。

【译文】

尧（让位于舜时）说："噫！你这位舜！上天的大命已落在你身上了，你要诚实地掌握正确的原则。假如天下的百姓陷于穷困，上天给你的禄位就永远完结了。"舜（让位于禹时）也对禹讲了这番话。

【原文】

曰："予小子履①敢用玄牡②，敢昭告于皇皇后帝：有罪不敢赦。帝臣不蔽，简③在帝心。朕④躬有罪，无以万方；万方有罪，罪在朕躬。"

【注释】

①予小子履：履是商汤的名字。予小子是他自称。这一段是商汤向天祈祷求雨的话。②玄牡：玄，黑色。牡，公牛。③简：有两种解释：一、阅，计数，引申为明白的意思；二、选择。④朕：我。从秦始皇起专门用作帝王的自称。

【译文】

商汤说："我小子履谨用黑色公牛做祭物，胆敢明明白白地禀告光明而伟大的天帝：凡是有罪的人，我都不敢擅自赦免。您的臣仆我也不敢埋没，按您的意愿选择。我自身有罪，不要连累天下各处的人；天下各处的人有罪，都由我一个人来承担。"

【原文】

周有大赍①，善人是富。虽有周亲②，不如仁人。百姓有过，在予一人。

【注释】

①赉：赏赐。周大赉以下几句是说周武王的事。②周亲：至亲。

【译文】

周朝大封各方诸侯，让善人都得到富贵。（武王在分封时说）"我虽然有至亲，但比不上有仁德的人。百姓们如有罪过，都由我来承担。"

【原文】

谨权量①，审法度②，修废官，四方之政行焉。兴灭国，继绝世，举逸民，天下之民归心焉。

【注释】

①谨权量：权，秤锤。量，斗斛。谨权量就是认真整顿衡使之统一公平。自此以下是孔子的话。②审法度：法度有两种解释：一、法度即度，量长短，与前句谨权量合说一事，谨慎地审定度量衡。二、法度泛指一切礼乐制度。

【译文】

（孔子曾说）"检查审定度量衡，恢复已废弃的官职，全国的政令就会通行了。复兴已被灭亡的国家，承继已断绝的世代，提拔被遗落的人才，天下的百姓就会真心归顺了。"

【原文】

所重：民、食、丧、祭①。

【注释】

①所重民食丧祭：民食、丧、祭三件事。另一说认为民、食、丧、祭是四件事。

【译文】

（他又说）"所应重视的有：民众、粮食、丧礼、祭祀。"

【原文】

宽则得众①，信则民任焉。敏则有功，公则说。

【注释】

①宽则得众：以下几句与孔子答子张问仁的话基本相同，缺"恭则不侮"四字。信则民任焉，民字应为人。"公则说"三字有人认为是"惠则足以使人"误写成这样。

【译文】

（他又说）"宽仁，就会得到民众；守信用，就会受人倚仗；勤敏，就会有功绩；公平，民众就会高兴。"

【原文】

子张问于孔子曰:"何如斯可以从政矣?"子曰:"尊五美,屏①四恶,斯可以从政矣。"子张曰:"何谓五美?"子曰:"君子惠而不费,劳而不怨,欲而不贪,泰而不骄,威而不猛。"子张曰:"何谓惠而不费?"子曰:"因民之所利而利之,斯不亦惠而不费乎?择可劳而劳之,又谁怨?欲仁而得仁,又焉贪?君子无众寡,无小大,无敢慢,斯不亦泰而不骄乎?君子正其衣冠,尊其瞻视,俨然人望而畏之,斯不亦威而不猛乎?"子张曰:"何谓四恶?"子曰:"不教而杀谓之虐;不戒视成谓之暴;慢令致期谓之贼;犹之与人②也,出纳之吝谓之有司③。"

【注释】

①屏:同摒,除去。②犹之与人:犹之,同样。与,给与。犹之与人,同样是给人。③有司:古代负责具体事务的小官吏。

【译文】

子张向孔子问道:"怎样就可以从政了呢?"孔子说:"能崇尚五种美德,排除四种恶政,就可以从政了。"子张问:"五种美德指的是什么?"孔子说:"君子给人恩惠却无所耗费,让百姓为他劳动而无怨言,有追求却不贪婪,安泰却不骄傲,威严却不凶猛。"子张说:"什么叫给人恩惠却无所耗费?"孔子说:"顺着民众能得利益之处而使他们获利,这不就是给人恩惠却无所耗费吗?选择民众便于劳动的时间让他们劳动,又有谁会抱怨呢?自己想要仁德就得到了仁德,又贪求什么呢?君子不论民众人多人少,人贵人贱,都不敢怠慢他们,这不就是安泰却不骄傲吗?君子整顿自己的衣冠,目光威严地远视,庄严地使人望见便产生畏惧,这不就是威严却不凶猛吗?"子张又说:"四种恶政指的是什么?"孔子说:"事先不进行教育,却对民众加以杀戮,叫做虐;事先不进行告诫,却要他们取得成绩,叫做暴;起先懈怠,却突然限期完成,叫做贼;给人东西,而出手吝啬,叫做小家子气。"

【原文】

孔子曰:"不知命,无以为君子也;不知礼,无以立也;不知言①,无以知人也。"

【注释】

①知言:善于分析别人的言语,辨别其是非善恶的意思。

【译文】

孔子说:"不懂得命运,无法成为一个君子;不懂得礼,无法立足社会;不懂得分析别人的言语,无法了解别人。"

孟 子

（节选）

梁惠王章句上

第一章

【原文】

孟子见梁惠王①。王曰："叟②，不远千里而来③，亦将有以利吾国乎④？"

【注释】

①子：对人的一种尊称，和现在称"先生"差不多。梁惠王：即魏惠王，名叫罃，公元前（下面一律简称前）370年即位，前334年死。魏与韩、赵三家春秋时本是晋国的大夫，后来逐渐吞灭晋国其它世族，三分晋国，到前403年，东周威烈王正式承认他们为诸侯，史书多是把这一年作为战国时代的开始。魏惠王因为避秦兵的威胁，从安邑（位于今山西省安邑县）迁都大梁（位于今河南省开封市），所以魏国又称梁国，因而魏惠王又称梁惠王。王本是天子的称号，战国时，魏、齐、秦、韩、赵、燕、楚也都称王。孟子到梁国，是在梁惠王三十五年。②叟：年老的男人，这里是对长老的尊称。③不远千里：不以千里为远，远字在这里是意动用法。④利：指富国强兵之类。

【译文】

孟子拜见梁惠王。惠王说："老人家，不远千里而来，也将有什么有利于我国吗？"

【原文】

孟子对曰："王何必曰利？亦有仁义而已矣①。王曰，'何以利吾国'，大夫曰，'何以利吾家②？'士庶人曰，'何以利吾身③？'上下交征利④，而国危矣。万乘之国⑤，弑其君者⑥，必千乘之家；千乘之国，弑其君者，必百乘之家。万取千焉，千取百焉，不为不多矣。苟为后义而先利⑦，不夺不餍⑧。未有仁而遗其亲者也，未有义而后其君者也。王亦曰仁义而已矣，何必曰利？"

【注释】

①仁义：仁，爱，重在思想；义，宜（指应做的事），重在行为。②大

夫：官名。夏、商、周三代官制，分卿、大夫、士三个等级，大夫中又分上中下三等。③士：三代时士也分上中下三级。庶人：古时候称小官吏为庶人，又百姓也叫庶人。这里指前者。④上下：指从王到庶人。交：互相。征：取，求。⑤万乘之国：一车四马叫乘，万乘之国，指能出兵车万乘的国家。其下千乘、百乘以此类推。按规定：只有天子才能有万乘，诸侯有千乘、百乘不等。⑥弑：古代臣杀君、子女杀父母叫弑。⑦苟为：如果真是。⑧不夺不餍：夺，篡夺；餍，满足。

【译文】

孟子回答道："大王何必讲利？有仁义就够了。大王说，有什么有利于我国，大夫们说，有什么有利于我家，士和庶人们说，有什么有利于我们，（这样）上下互相求利，那么，国家就危险了。有兵车万乘的国家，谋杀他们的君主的，必然是有兵车千乘的大夫之家；能出兵车千乘的国家，谋杀他们的君主的，必然是能出兵车百乘的大夫之家。（大国的大夫从）能出万乘兵车的国家中获得兵车千乘，（次国的大夫从）能出千乘兵车的国家中获得兵车百乘，不能说是不多了。假如真个是轻义而重利，那就不闹到夺取君位的地步是不能满足的。（可是）从来没有讲仁德的人会遗弃他的双亲的，从来没有行义理的人会不尊重他的君上的。大王您也只要实行仁义就够了，何必讲利呢？"

第二章

【原文】

孟子见梁惠王，王立于沼上[①]，顾鸿雁麋鹿[②]，曰："贤者亦乐此乎？"

【注释】

①沼：水池。②顾：望着。鸿雁麋鹿：鸿，雁中较大的；麋，鹿中较大的。这里鸿雁麋鹿并提，以见禽兽的众多。

【译文】

孟子谒见梁惠王，惠王站在水沼上，望着（那许多）鸿雁麋鹿，（得意洋洋地）问孟子道："贤德的人也喜欢享受这些东西吗？"

【原文】

孟子对曰:"贤者而后乐此,不贤者虽有此不乐也。《诗》云①:'经始灵台②,经之营之③,庶民攻之④,不日成之。经始勿亟⑤,庶民子来。王在灵囿⑥,麀鹿攸伏⑦。麀鹿濯濯⑧,白鸟鹤鹤⑨。王在灵沼,於牣鱼跃⑩。'文王以民力为台为沼,而民欢乐之,谓其台曰'灵台',谓其沼曰'灵沼',乐其有麋鹿鱼鳖。古之人与民偕乐,故能乐也。《汤誓》⑪曰:'时日害丧,予及女偕亡⑫。'民欲与之偕亡,虽有台池鸟兽,岂能独乐哉?"

【注释】

①《诗》云:这里的《诗》是指《诗经》。以下的十二句诗,引自颂扬周文王建造灵台,享受苑囿钟鼓之乐的《大雅·灵台》诗,每六句为一章,这里引的是该诗的第一二章。②经:测量。灵台:台名,故址位于今陕西西安西北。旧说文王所造,由于百姓的共同操作,落成很快,如有神帮助,所以叫灵台(下"灵囿""灵沼"同)。③营:营谋,计划。④庶民:众民。攻:建造。⑤亟:急。"勿亟"是说文王不加督促。⑥囿:养动物的园林。⑦麀鹿:母鹿。攸:处所。"攸伏"是说(母鹿)安于它原来所在的地方,没有被惊动。⑧濯濯:肥大而有光泽。⑨鹤鹤:《诗经》作翯翯,洁白的样子。⑩於:赞美词。牣:充满。这句是赞叹鱼儿充满水池,蹦蹦跳跳。⑪《汤誓》:《尚书》篇名,是伊尹辅佐商汤王伐夏桀王时的誓词。⑫时:是,这个。害,同曷,何时。丧:灭亡。夏朝的暴君桀曾说过:"我拥有天下,就如同天上有太阳一样;太阳毁灭了,我才会灭亡呢。"老百姓对他的暴虐怨恨到了极点,就冲着他说:"这个太阳什么时候灭亡呢? 要是它会灭亡,那我们即使跟它一块灭亡也在所不惜。"

【译文】

孟子(回答)说:"是贤德的人然后才能享受到这些东西,不贤德的人,尽管拥有这些东西也享受不到。《诗》里面说:'开始筹建灵台,又是测量又经营。

百姓齐来建造它，不多几天便完工。动工不用督促，百姓都如子女自动来。文王偶来游灵囿，母鹿伏地自悠悠。母鹿长得肥又美，瑞鹤洁白世无双！文王来到灵沼旁，啊！满池鱼儿蹦的欢！'文王用百姓的劳力建台开沼，百姓却高高兴兴，称他的台为灵台，称他的沼为灵沼，为他能享受到麋鹿鱼鳖的奉养而快乐。古时的贤者能够与民同乐，所以能得到欢乐。《尚书》里的《汤誓》（载着百姓诅咒暴君夏桀王的话）道：'这个太阳什么时候灭亡呢？我们愿意跟你一同灭亡。'百姓要跟他一同灭亡，那他即使有台池鸟兽，难道能够独个享受么？"

第三章

【原文】

梁惠王曰："寡人之于国也，尽心焉耳矣①！河内凶，则移其民于河东，移其粟于河内②；河东凶亦然③。察邻国之政，无如寡人之用心者④。邻国之民不加少，寡人之民不加多⑤，何也？"

【注释】

①寡人：古时王侯自我谦称，跟说寡德的人差不多，《老子》：'王侯自称孤寡、不谷'（谷，有善的意思）。焉耳矣：三个语气词叠用，用来加重语气，表示恳切的感情。②凶：发生灾荒。河内：魏地，在今河南省济源县一带。河东：魏地，在今山西省安邑县一带。③亦然：也是这样做。④政：指办理政事。用心：即上文所说的"尽心"。⑤加：在这里作"更"字解。战国时七雄割据，战祸连年，杀人盈城盈野，人口锐减，为了争雄称霸，当时诸侯都以招徕远人，增加人口为急务。

【译文】

梁惠王说："我对于治理国家，（真个是）尽心尽力了呀！河内发生了灾荒，就将那里的老百姓移往河东，将河东的粮食运送到河内。河东发生了灾荒时，我也是这样做。看看邻国的君主办理政事，没有一个象我这样尽心的。可是，邻国的人民并没有减少，而我的人民并没有增多，这是什么原因呢？"

【原文】

孟子对曰："王好战，请以战喻：填然鼓之①，兵刃既接，弃甲曳兵而走②。或百步而后止，或五十步而后止，以五十步笑百步，则何如③？"

【注释】

①填然：鼓声咚咚的样子。鼓：击鼓，名词动用。之：语气词，没有实际意义。古时击鼓进兵，鸣金退兵。②兵：兵器。刃：本指刀口，刀口是武器锋利的部分，所以兵刃有锋利的武器的意思。既：已经。接：接触，相交。甲：铠甲，这是古代兵士打仗穿的用金属片缀成的护身衣。曳：拖着。走：奔逃。③或：有的人，虚指代词。以：拿。何如：怎么样，有"是否可以"的意思。

【译文】

孟子回答说："大王喜欢打仗，就让我拿战争来打比方吧。战鼓咚咚地敲响了，短兵已经相接，（打了败仗的）就抛下盔甲，拖着武器，狼狈逃窜。有的逃了一百步才停下来，有的只逃五十步就停下来，后者拿自己只后退五十来步这点去讥笑后退上百步的人（怕死），（您觉得）怎么样呢？"

【原文】

曰："不可；直不百步耳，是亦走也①。"

【注释】

①直：只是。耳：语气词，表限止，有"罢了"的意思。

【译文】

梁惠王说："不行；只不过没有逃跑上百步罢了，可这也是逃跑呀。"

【原文】

曰："王如知此，则无望民之多于邻国也。不违①农时，谷不可胜食也；数罟不入洿池②，鱼鳖不可胜食也；斧斤以时入山林③，材木不可胜用也。谷与鱼鳖不可胜食，材木不可胜用，是使民养生丧死无憾也④。养生丧死无憾，王道之始也⑤。"

【注释】

①违：妨碍。农时：指耕耘收割的季节。②数：密。罟：网。洿：低洼的地方。③斤：大斧。时：指草木零落的季节。④养生：养活生者。丧死：安葬死者。憾：恨。⑤王道：指古代政治哲学中君主所谓以仁义治天下的政策，与凭借武力、刑法、权势等进行统治的霸道是相对的。

【译文】

孟子说："大王您既然懂得了这个道理，就不必去指望您国家的人民比邻国增多啦。（治理国家的人）只要不去侵犯农民耕种的时间，那粮食就吃不了；不拿过于细密的鱼网到池塘中去捞鱼，那鱼类水产便吃不完；砍伐林木有定时，那木材便用不尽。粮食和鱼类水产吃不完，木材用不尽，这样便使老百姓供养生人、安葬死者不会感到什么不足用。老百姓养生送死没有什么不足用，这便是王道的起点。"

【原文】

"五亩之宅，树之以桑，五十者可以衣帛矣①；鸡豚狗彘之畜，无失其时②，七十者可以食肉矣；百亩之田，勿夺其时③，数口之家，可以无饥矣，谨庠序之教④，申之以孝悌之义⑤，颁白者不负戴于道路矣⑥。七十者衣帛食肉，黎民不饥不寒⑦；然而不王者，未之有也⑧。"

【注释】

①五亩之宅：宅，住宅。古代丁壮农民一人所受住宅，在田野和在村庄的各占地二亩半，合起来为五亩（约合今天一亩二分多）。春天农事开始，农夫出居田野，冬天农事毕，入居村庄。树：栽种。衣：穿，名词动用。帛：丝织品的总称。②豚：小猪。彘：猪。畜：牲畜。时：指交配、繁殖和饲养的适当时机。③百亩之田：孟子认为古时一个成年农民受田百亩，所以"百亩之田"，是指一家所耕种田地的面积。④庠序：古代乡学，商朝叫序，周朝叫庠，这里泛指学校。谨：认真办好。⑤申：反复陈述。孝悌：善于奉事父母叫孝，善于奉事兄长叫悌。悌，古书中作弟。⑥颁：与斑（亦作班）同，颁白，头发花白。负戴：负是背东西，戴是用头顶东西。⑦黎民：古代对老百姓的通称。黎，黑色，黎民，黑头发的人，同秦朝称老百姓为黔首相类似。⑧王：拥有天下称王，名词动用。未之有也：是"未有之也"的倒装。

【译文】

"在五亩大的住宅旁，种上桑树，上了五十岁的人就可以穿上丝绵袄了；鸡和猪狗一类家畜不要耽误它们繁殖饲养的时间，上了七十岁的人就可以经常吃到肉了。一家一户所种百亩的田地能适时得到耕种，数口之家就不会闹饥荒了。认真地搞好学校教育，反复地阐明孝顺父母、尊敬长辈的道理，头发花白的老人们就不会肩挑背负出现在道路上了。七十岁上的人穿着丝绵吃肉食，老百姓不少食缺衣，这样还不能实现王道的事，是决不会有的。"

【原文】

"狗彘食人食而不知检①，涂有饿莩而不知发②；人死，则曰：'非我也，岁也。'是何异于刺人而杀之，曰：'非我也，兵也'？王无罪岁，斯天下之民至焉。"

【注释】

　　①知检：制约。②涂：同途，路上。莩：同殍，饿死的人。发：指发放仓里的存粮以赈救饥民。

【译文】

　　"现在，富贵人家的猪狗一类家畜吃着人吃的粮食却不知道制止，路上出现了饿死的人却不知道赈济饥民；老百姓死了，却说'（致他们于死的）不是我，是凶年饥岁。'这和拿刀子杀人，却说：'杀人的不是我，是兵器。'有什么不同呢？大王您要是能够不归罪于凶年饥岁，这样，天下的老百姓便会到您这儿来了。"

第四章

【原文】

　　梁惠王曰："寡人愿安承教①。"

【注释】

　　①安：安心乐意，作动词"承"的状语。承：接受。

【译文】

　　梁惠王（对孟子）说："我愿乐意地接受您的教导。"

【原文】

　　孟子对曰："杀人以梃与刃，有以异乎①？"

【注释】

　　①梃：棍棒。

【译文】

　　孟子回答道："用棍棒和用刀子杀害人，有什么不同吗？"

【原文】

　　曰："无以异也。""以刃与政，有以异乎？"

【译文】

　　惠王说："没有不同。"（孟子紧接上去问道）"用刀子和用政治杀害人有什么不同吗？"

【原文】

曰："无以异也。"

【译文】

惠王说："没有什么不同。"

【原文】

曰："庖有肥肉，厩有肥马①，民有饥色，野有饿莩，此率兽而食人也。兽相食，且人恶之②；为民父母行政，不免于率兽而食人，恶在其为民父母也③？仲尼曰：'始作俑者，其无后乎！'为其象人而用之也④。如之何其使斯民饥而死也？"

【注释】

①庖：厨房。厩：马棚，泛指牲口棚。②且：尚且，作副词用。恶：讨厌。③恶在：恶，疑问代词，恶在，跟说"何在"相似。④俑，殉葬用的土偶，木偶。古代最先用活人殉葬，后来才用土偶、木偶殉葬。

【译文】

孟子说："厨房里摆着肥美的肉食，马栏里养着膘肥体壮的马匹，老百姓却面有饥色，田野上横陈着饿死者的尸体，这无异于驱赶兽类去吃人。兽类自相残食，人们尚且憎恶这种行为；那些号称为民父母的君主，办理政事时，不免做出类似驱赶兽类去吃人的事情来，那么，他们作为人民父母的意义又在哪里呢？孔子说过一句这样的话：'第一个制作殉葬用的木（土）偶的人，该会没有后代留下吧！'（孔子对这个为什么要深恶痛绝呢？）就因为用了像人形貌的木（土）偶去殉葬。（用像人形的土偶木偶来殉葬，尚且不可），办理政事的又怎么可以使这些老百姓饥饿至死呢？"

第五章

【原文】

梁惠王曰："晋国①，天下莫强焉②，叟之所知也。及寡人之身，东败于齐，长子死焉③；西丧地于秦七百里④；南辱于楚⑤。寡人耻之，愿比死者壹洒之⑥。如之何则可？"

【注释】

①晋国：即魏国。这里梁惠王称自己的国家为晋国，据记载当时的魏人周霄也自称晋国，又据 1957 年在安徽寿县出土的《鄂君启金节铭文》，当时的楚国也称魏国为晋国。②莫：无指代词，这里代国家，跟说"没有国家"差不多。焉：于是，"强于是"是说比这个更强。③东败于齐，长子死焉：《史记·魏世家》载，魏惠王三十年，魏国攻打赵国，赵国向齐国求援，齐宣王用孙膑的计策，出兵救赵击魏。魏国派庞涓率领大军，并让太子申做上将军，跟齐军作战，在马陵被齐军打败，太子申当了俘虏，庞涓也被杀了。梁惠王这里说的便是指那次战役。④丧：失。据《史记·魏世家》记载，魏惠王三十一年、三十二年，魏国屡败于秦，国土日削，惠王恐惧，只好派使者割河西之地给秦国求和。⑤南辱于楚：据《战国策》记载，魏军包围赵国的邯郸，楚国派景舍率领军队救赵，攻占了魏国睢秽之间的土地，这件事发生在梁惠王时；"南辱于楚"无疑指的便是这个。⑥比：为，代。壹：全部。洒：即洗，洒字与洗字古时通用，洗雪。

【译文】

梁惠王（对孟子）说："晋（魏）国的强大，当今世上没有哪个国家比得过，这是您所知道的。但到了我继承王位，东面被齐国打败，连我的大儿子也送了命；西面丧失土地七百余里给秦国；南面又被楚国所折辱。我对此深以为耻，希望替那些为国牺牲的人彻底雪耻报仇。要怎么办才可以（做到）呢？"

【原文】

孟子对曰："地方百里而可以王①。王如施仁政于民，省刑罚，薄税敛，深耕易耨②；壮者以暇日修其孝悌忠信，入以事其父兄，出以事其长上，可使制梃以挞秦楚之坚甲利兵矣③。"

【注释】

①地方百里：指土地见方百里（即纵横各百里）的小国。②易耨：耨，耘田除草。易，副词，有迅速的意思。③制：应该读作掣，提，拿。挞：用鞭子或是棍子打人。

【译文】

孟子答道："（国家不在大）只要有见方圆百里的土地就可以实行王道。大王您如果能够对人民实施仁政，废除严刑峻法，减免苛捐杂税，督促人民深耕土地，速除杂草；壮年人还在闲暇时讲求孝顺父母、尊敬兄长、办事尽力和待人诚实的道理，在家里便用来奉事父兄，出外便用来奉事长辈和上级（包括国君），这样便可以使他们即使是拿起木棒也足以打败秦楚身披坚厚的铁甲、手执锐利的兵器的军队了。"

【原文】

"彼夺其民时，使不得耕耨以养其父母，父母冻饿，兄弟妻子离散。彼陷溺其民①，王往而征之，夫谁与王敌？故曰：'仁者无敌②。'王请勿疑！"

【注释】

①陷溺：有坑害、暴虐的意思。②'仁者无敌'：大概是句古语，所以孟子引来作结，加上"故曰"二字。

【译文】

"（秦、楚、齐等）那些国家剥夺人民的耕种时间，使他们不能靠农耕来养活他们的父母，以至父母受冻挨饿，妻离子散，兄弟天各一方。他们使人民陷于水深火热之中，大王您派军队前往讨伐他们，又有谁会跟您对抗呢？所以有句老话说：'奉行仁政的人无敌于天下。'大王啊，希望您对这个道理不要再怀疑了！"

第六章

【原文】

孟子见梁襄王①，出，语人曰②："望之不似人君，就之而不见所畏焉③。卒然问曰④：'天下恶乎定？'吾对曰：'定于一。''孰能一之？'对曰：'不嗜杀人者能一之。''孰能与之⑤？'对曰：'天下莫不与也。王知夫苗乎⑥？七八月之间旱⑦，则苗槁矣。天油然作云，沛然下雨，则苗浡然兴之矣⑧。其如是，孰能御之？今夫天下之人牧⑨，未有不嗜杀人者也。如有不嗜杀人者，则天下之民皆引领而望之矣⑩。诚如是也，民归之，由水之就下⑪，沛然谁能御之？'"

【注释】

①襄王：惠王的儿子。②语：告诉。③就：靠近。所畏：可敬畏的地方。所字后跟他动词畏字，组成"所字结构"，相当于一个名词，做动词"见"的宾语。④卒然：突然，出乎意料。⑤与：有服从或归附之意。⑥夫：语助词。苗：禾苗。⑦七八月：周朝建子，以夏历十一月为正月，所以周历七八月，即

建寅的夏历的五六月。⑧浡然：蓬蓬勃勃生长的样子。兴，生长。之：语气词，无实际意义，只起调整音节的作用；凡是跟在自动词后面的"之"字多是属于此类。⑨人牧：牧养百姓的人，指人君。⑩引领：伸长脖子。⑪由：通"犹"，好象。这里的"沛然"，有水流迅疾，势不可挡的意思，与上面"沛然下雨"的"沛然"含意略有出入。

【译文】

孟子拜见梁襄王，出来之后，对别人说："远望不像个国君的样子，靠近他前面却又看不到有什么使人敬畏的地方。（见了我后）突然问道：'天下要怎样才能安定呢？'我回答说：'天下安定在于统一。'（他又问道）'谁能统一天下呢？'我回答说：'不喜欢杀人的国君就能统一天下。'（他又问）'谁会归附他呢？'我又回答：'天下没有不归附他的。大王知道禾苗生长的情况吗？当七八月间发生干旱，禾苗就枯槁了。一旦天上乌云翻滚，大雨倾盆，禾苗便又蓬蓬勃勃地生长了。要是像这样，谁能阻挡它（生长）呢？现在世上那些做国君的人，没有不喜欢杀人的，如果有不喜欢杀人的，天下的老百姓，就都会伸长脖子指望他来解救自己。假如真是这样，那么，老百姓归附他，就好像水向低处流，奔腾澎湃，有谁能阻挡得住它们呢？'"

梁惠王章句下

第一章

【原文】

庄暴见孟子①，曰："暴见于王②，王语暴以好乐③，暴未有以对也。"曰："好乐何如？"

【注释】

①庄暴：齐国的臣子。②见于王：他动词"见"字后加介词"于"字，与不加"于"字有区别，"见于王"是"被王接见"，前面"见孟子"是"来看孟子"。王：指齐宣王。③乐：音乐。

【译文】

庄暴见到孟子，说："我被大王接见，大王告诉我他喜好音乐，我（一时）想不到用什么话来回答他。"（庄暴稍停一忽儿）接着问孟子道："（一个做国君的人）喜欢音乐，到底应不应该呢？"

【原文】

孟子曰："王之好乐甚，则齐国其庶几乎！"

【译文】

孟子说："齐王要是喜欢音乐到了极点，那么，齐国差不多就可以治理好了吧？"

【原文】

他日，见于王曰："王尝语庄子以好乐①，有诸？"

【注释】

①庄子：子，古代对有学问、道德或爵位的人的尊称，庄暴是齐国的臣子，"在君主前面直接称臣子的名字"是古代礼制的规定，这里孟子在齐宣王前面不称庄暴而称庄子，可能是记述者的错误。

【译文】

后来有一天，孟子被齐宣王召见时，说："您曾经告诉过庄暴您喜欢音乐，有这回事吗？"

【原文】

王变乎色①，曰："寡人非能好先王之乐也，直好世俗之乐耳。"

【注释】

①王变乎色：齐王变色是由于对自己的爱好不正当感到惭愧的缘故。

【译文】

齐宣王一听，脸上都变了颜色，说："我喜欢的并不是先代帝王遗留下来的古乐，只不过是一些世俗流行的音乐罢了。"

【原文】

曰:"王之好乐甚,则齐其庶几乎。今之乐,由古之乐也①。"

【注释】

①由:通犹,有"就像"、"和……差不多"的意思。

【译文】

孟子说:"大王您要是喜欢音乐到了极点,那么,齐国就会治理得差不多了吧!时下流行的音乐和古代的音乐都一样嘛。"

【原文】

曰:"可得闻与?"

【译文】

齐宣王说:"可以把这个道理说给我听听吗?"

【原文】

曰:"独乐乐①,与人乐乐,孰乐?"

【注释】

①独乐乐:上乐字是动词,有爱好、欣赏的意思。下乐字是名词,作音乐解。

【译文】

孟子道:"一个人独个儿享受音乐的乐趣,和跟别人一道享受音乐的乐趣,哪一种更快乐呢?"

【原文】

曰:"不若与人。"

【译文】

齐宣王说:"不如跟别人一道听音乐更快乐。"

【原文】

曰:"与少乐乐,与众乐乐,孰乐?"

【译文】

孟子(继续问)道:"跟少数人一道享受音乐的乐趣和跟多数人享受音乐的乐趣,哪一种更快乐些呢?"

【原文】

曰:"不若与众。"

【译文】

齐宣王说:"不如跟多数人一道享受音乐更快乐。"

【原文】

"臣请为王言乐。今王鼓乐于此①，百姓闻王钟鼓之声，管籥之音②，举疾首蹙頞而相告曰③：'吾王之好鼓乐，夫何使我至于此极也：父子不相见，兄弟妻子离散？'今王田猎于此，百姓闻王车马之音，见羽旄之美④，举疾首蹙頞而相告曰：'吾王之好田猎，夫何使我至于此极也：父子不相见，兄弟妻子离散？'此无他，不与民同乐也。"

【注释】

①鼓乐：奏乐。②管籥：笙箫之类乐器。③举：副词，都。疾首：头痛。蹙頞：皱着鼻梁发愁的样子。頞，鼻梁。④羽旄：本指用鸟的五彩羽毛和旄牛的尾巴装饰的旗帜，这里作为旗帜的代称。

【译文】

孟子（紧接着）说："请让我为您陈述一下应该怎样来享受欣赏音乐的乐趣吧。假如现在您大王在这里演奏音乐，老百姓一听到您大王钟鼓的声音和箫管吹出的曲调，大家全皱着鼻梁、感到头痛地互相诉苦道：'我们大王只顾自己听音乐解闷，怎么把我们弄到妻离子散、父母兄弟天各一方的困苦境地呢？'现在您大王在这里打猎，老百姓听到您大王车子和马的声音，看见装饰得很好看的旗帜，大家全皱着鼻梁、感到头痛地互相诉苦道：'我们大王光顾自己打猎开心，怎么把我们弄到妻离子散、父母兄弟天各一方的困苦境地呢？'这没有别的原因，只是由于不与老百姓一同娱乐的缘故。"

【原文】

"今王鼓乐于此，百姓闻王钟鼓之声，管籥之音，举欣欣然有喜色而相告曰：'吾王庶几无疾病与，何以能鼓乐也？'今王田猎于此，百姓闻王车马之音，见羽旄之美，举欣欣然有喜色而相告曰：'吾王庶几无疾病与，何以能田猎也？'此无他，与民同乐也。今王与百姓同乐，则王矣。"

【译文】

"假如现在您大王在这里奏乐，老百姓一听到您钟鼓的声音和箫管吹出的曲调，大家都喜形于色地奔走相告道：'我们大王大概没有什么疾病吧，不然，怎么能奏乐呢？'现在您大王在这里打猎，老百姓一听到您大王车子和马的声音，看见装饰得十分好看的旗帜，大家都喜形于色地奔走相告道：'我们大王大概没有什么疾病吧，不然，怎么能打猎呢？'这没有别的原因，只是由于与老百姓一同娱乐的缘故。现在只要您大王能跟老百姓一同欢乐，就能够使人民归附您，天下就会得到统一了。"

第二章

齐宣王问曰:"文王之囿^①,方七十里,有诸?"

【注释】

①囿:养动物种花木的园子,古时称为苑囿。

【译文】

齐宣王问孟子道:"据说周文王豢养禽兽种植花木的园子方圆有七十里,有这回事吗?"

【原文】

孟子对曰:"于传有之^①。"

【注释】

①传:本是指注释经文的著作,这里泛指古书。

【译文】

孟子回答道:"古书上是有这样的记载。"

【原文】

曰:"若是其大乎^①?"

【注释】

①若是其大:"其"相当于"之"字。

【译文】

齐宣王说:"真的有这样大吗?"

【原文】

曰:"民犹以为小也。"

【译文】

孟子说:"老百姓还以为小了呢。"

【原文】

曰:"寡人之囿,方四十里,民犹以为大,何也?"

【译文】

齐宣王说："我的园子，只有四十里见方，老百姓还认为大了，这是为什么呢？"

【原文】

曰："文王之囿，方七十里，刍荛者往焉①，雉兔者往焉②，与民同之。民以为小，不亦宜乎？臣始至于境，问国之大禁③，然后敢入。臣闻郊关之内有囿方四十里④，杀其麋鹿者，如杀人之罪，则是方四十里为阱于国中⑤。民以为大，不亦宜乎？"

【注释】

①刍荛：刍，本指饲料，荛，本指柴火，这里的"刍荛者"，指割牧草和打柴的人。②雉兔：雉，野鸡。这里的"雉兔者"指猎取野鸡和兔子的人。③大禁：重大的禁令。④郊关：古代近郊五十里，远郊百里；这里是指远郊。⑤阱：捕捉野兽用的陷坑。

【译文】

孟子说："周文王的园子，周围七十里见方，割牧草和打柴的人可以到那里去，打野鸡、兔子的人也可以到那里去；文王与老百姓一同享有园子的利益，老百姓认为小了，难道不应该的吗？我初到达您的边境，先打听一下齐国有哪些重大的禁令，然后才敢进入国境。我听说齐国首都的远郊，有一个四十里见方的园子，射杀园子里的麋鹿的人，就跟犯了杀人罪一个样，这就相当于在国土上，设下了个见方四十里的大陷阱来坑害老百姓，老百姓嫌它大了难道不是应该的吗？"

第五章

【原文】

齐宣王问曰："人皆谓我毁明堂，毁诸，已乎①？"

【注释】

①明堂：在鲁国境内泰山下，原是周天子东巡狩时接受诸侯朝见的处所，当时已被齐国侵占。已：止。

【译文】

齐宣王问（孟子）道："人们都劝我拆掉明堂，是拆掉呢，还是不拆?"

【原文】

孟子对曰："夫明堂者，王者之堂也。王欲行王政，则勿毁之矣。"

【译文】

孟子答道："明堂是先代君王朝见诸侯、发布政令的殿堂。您大王要想实行王政，就不要拆掉了。"

【原文】

王曰："王政可得闻与?"

【译文】

齐宣王说："实行王政的道理和做法，您可以讲给我听听吗?"

【原文】

对曰："昔者文王之治岐也①，耕者九一②，仕者世禄③，关市讥而不征④，泽梁无禁⑤，罪人不孥⑥。老而无妻曰鳏，老而无夫曰寡，老而无子曰独，幼而无父曰孤。此四者，天下之穷民而无告者⑦。文王发政施仁⑧，必先斯四者。《诗》云：'哿矣富人，哀此茕独⑨!'"

【注释】

①岐：周的旧国，在今陕西岐山县一带。文王为西伯时治岐，后迁都到丰，第二年便去世了。②耕者九一：孟子在《滕文公章句上·滕文公问为国》章劝滕文公行仁政时，提出了井田制这种土地制度。他认为一井共有田九百亩，中间百亩为公田，周围八百亩为私田。八家农户除各种私田百亩外，还必须共种公田一百亩，收入上缴公家，这就等于公家征收了农民九分之一的农业税，所以说"耕者九一"。③仕者世禄：在朝做官的，他们的子孙可以世世代代享有父、祖生前为官时被赐与的土地（即采邑的土地）上的收益。不过，这里的"仕者"是指当时任大夫以上官职的人。④关：道路上的关卡。市：都邑里的市场。讥：察问。征：抽税。⑤泽：筑堤陂潴水以成池或泽。梁：拦水以捕鱼的水堰（一种较低的挡水堤陂）叫鱼梁。⑥孥：妻子和儿女。不孥，是说不株连罪人的妻和子。孥字名词动用。⑦无告：穷得没有地方可以告借。⑧发政：发布政令。⑨这里的诗句，引自《小雅·正月》。哿：可。茕：单独。

【译文】

孟子回答说："以前文王做西伯治理岐周的时候，对耕田的人只抽九分之一的农业税,大夫以上的朝官俸禄可以子孙世代承袭,关卡和市场仅稽查语言装束不同一般的人,并不征税。池沼鱼梁所在的地方不悬挂捕鱼的禁令,对犯罪的人施加刑罚只限于他本人,不连累妻子和儿女。年老独身或是死去妻室的男人叫鳏夫,年老死了丈夫的妇女叫寡妇,年迈膝下没儿没女的人叫孤老,年幼没有父亲的孩子叫孤儿。这四种人,是世间无依无靠的穷苦人民。文王发布政令施行仁政时,一定把这四种人作为优先抚恤的对象。《诗·小雅·正月》里说:'过得称心如意的是富人,最可哀怜的还是这些孤独者!'"

【原文】

王曰:"善哉言乎!"

【译文】

齐宣王说:"说得真好啊!"

【原文】

曰:"王如善之,则何为不行?"

【译文】

孟子说:"大王您如果认为王政好,那么,您为什么不实行呢?"

【原文】

王曰:"寡人有疾,寡人好货①。"

【注释】

①货:财货。

【译文】

齐宣王说:"我有个毛病,我贪爱财货。"

【原文】

对曰:"昔者公刘好货①,《诗》云:'乃积乃仓②,乃裹糇粮③,于橐于囊④。思戢用光⑤。弓矢斯张,干戈戚扬⑥,爰方启行⑦。'故居者有积仓,行者有裹囊也⑧,然后可以爰方启行。王如好货,与百姓同之,于王何有!"

【注释】

①公刘:后稷的曾孙,周代创业便是从他开始的。②这里的《诗》,是指《诗经》中《大雅·公刘》,写周祖先之一的公刘从邰迁往豳的事。乃:于是。积:指露天积蓄粮食。仓:名词动用,把粮积蓄在仓中。③糇粮:干粮。④橐:和囊都是口袋名,区别在于橐小而无底,囊大而有底。⑤戢:《诗经》作辑,安集,安抚。用:以。光:大。⑥张:张设。干戈戚扬:都是武器名。干即盾,用来防卫刀箭的。戈是古代用青铜或铁制成的兵器,横刃,装有长柄。

戚是锋刃较狭属斧一类的武器。扬即钺，古代用青铜或铁制成的兵器，形状象板斧而较大。⑦爰：于是。方：开始。启行：出发。⑧裹囊：把粮装在口袋中。

【译文】

孟子回答道："（这不要紧）从前周朝王业的创始人公刘也贪爱财货，《诗·大雅·公刘》篇说：'收拾好露囤和内仓，包裹好（途中食用的）干粮，装进无底的小袋和有底的大囊。一心想安抚人民以使国运光昌。弓儿箭儿这样大施张，还有干戈并戚扬，于是才开始迈步奔向前方。'所以，必须做到不走的人仓里有积谷，走的人囊橐里面裹入了干粮，然后才可以出发。要是您大王贪爱财货，与百姓一同享用，对于实行王政又有什么不可以呢。"

【原文】

王曰："寡人有疾，寡人好色。"

【译文】

齐宣王又说："我还有个毛病，我贪好女色。"

【原文】

对曰："昔者太王好色①，爱厥妃。《诗》云：'古公亶父，来朝走马②，率西水浒，至于岐下③。爰及姜女，聿来胥宇④。'当是时也，内无怨女，外无旷夫⑤。王如好色，与百姓同之，于王何有！"

【注释】

①太王：公刘九世孙，号称古公，名亶父（一作甫）。太王是后追尊的称号。②《诗》：是指《大雅·绵》篇。来朝走马：避狄人之难。③率：循，沿。浒：水边。水：指漆水。④姜女：大王的妃子，名太姜。聿：语助词。胥：视察。宇：房舍。⑤怨女：没有丈夫的女子。旷夫：没有妻子的男人。

【译文】

孟子回答说："（这也不要紧）从前周朝王业的奠基人之一的太王（古公亶父）也贪好女色，宠爱他的妃子太姜。《诗·大雅·绵》里说：'古公亶父为立家，一大清早骑着骏马，傍着西方水边走，一直来到岐山下，同来还有姜氏女，一心要把房基察。'在这个时候，真正做到了里边没有因为找不到丈夫或丈夫长期在外面埋怨的女子，外边没有娶不到妻子或与妻子长期分居的男子。您大王要是贪好女色，也能注意广泛满足老百姓的需要，对于实行王政又有什么不可以呢？"

第六章

【原文】

孟子谓齐宣王曰："王之臣，有托其妻子于其友而之楚游者①，比其反也②，则冻馁其妻子③，则如之何?"

【注释】

①之：往。②比：及，到。反：同返。③则：假设连词。馁：饥饿，与上冻字在这里都是使动词用法。

【译文】

孟子对齐宣王说："您的臣子中，有个人把妻子儿女托付给他的朋友照看，自己到楚国去游学，等到他回来时，他的妻子儿女受冻挨饿，那么，应该怎么对待（他的朋友）呢?"

【原文】

王曰："弃之。"

【译文】

齐宣王说："和他断绝交情。"

【原文】

曰："士师不能治士①，则如之何?"

【注释】

①士师：狱官。士：狱官的下属，即指乡士、遂士而言。

【译文】

孟子（进一步）问道："监狱官如果不能管理他下面的属官，那该怎么处置呢?"

【原文】

王曰："已之①。"

【注释】

①已：罢免。

【译文】

齐宣王说:"罢免他。"

【原文】

曰:"四境之内不治,则如之何?"

【译文】

孟子(再进一步)问道:"一个国家假如没有治理好,那又该怎么办呢?"

【原文】

王顾左右而言他。

【译文】

齐宣王只好回过头去望着左右臣下谈论别的问题。

第八章

【原文】

齐宣王问曰:"汤放桀①,武王伐纣②,有诸?"

【注释】

①汤放桀:汤,商朝开国君主的名号。桀,夏朝末世暴君,名癸,谥桀,暴虐无道。放,流放。《书经》载"成汤放桀于南巢"。②武王伐纣:商朝末纣王无道,周的开国君主武王姬发出兵伐纣;纣王兵败自焚而死。

【译文】

齐宣王问(孟子)道:"商汤王流放夏桀,周武王攻伐纣王,有这种事吗?"

【原文】

孟子对曰:"于传有之。"

【译文】

孟子回答说:"在古书上是有这个事的。"

【原文】

曰:"臣弑其君可乎?"

【译文】

齐宣王说:"为臣的人杀掉他的君主行吗?"

【原文】

曰："贼仁者谓之'贼'，贼义者谓之'残'，残贼之人，谓之'一夫①'。闻诛一夫纣矣，未闻弑君也。"

【注释】

①一夫：失掉人民的独夫。

【译文】

孟子答道："损害仁爱、暴虐无道的人叫做'贼'，损害正义、颠倒是非的人叫做'残'，残贼的人，叫做'独夫'，我只听说（周武王）杀掉了'独夫'纣王，没有听说杀掉君主。"

第十一章

【原文】

齐人伐燕，取之。诸侯将谋救燕。宣王曰："诸侯多谋伐寡人者，何以待之？"

【译文】

齐国人攻打燕国，占领了它。一些诸侯准备商讨援救燕国。齐宣王（问孟子）说："诸侯多有准备来攻打我的，该用什么办法去对付他们呢？"

【原文】

孟子对曰："臣闻七十里为政于天下者，汤是也①。未闻以千里畏人者也。《书》曰：'汤一征，自葛始②。'天下信之，东面而征西夷怨；南面而征北狄怨，曰：'奚为后我③？'民望之，若大旱之望云霓也④。归市者不止，耕者不变，诛其君而吊其民⑤，若时雨降。民大悦。《书》曰：侯我后，后来其苏⑥！'今燕虐其民，王往而征之，民以为将拯己于水火之中也⑦，箪食壶浆以迎王师。若杀其父兄，係累其子弟⑧，毁其宗庙，迁其重器，如之何其可也？天下固畏齐之强也，今又倍地而不行仁政，是动天下之兵也。王速出令，反其旄倪⑨，止其重器，谋于燕众，置君而后去之，则犹可及止也。"

【注释】

①为政于天下：跟说施政于天下差不多，即统一天下的意思。汤：是商朝

的开国君主，在他灭夏前，商是一个仅有七十里地的小国。②汤一征，自葛始：一，有初和始的意思。葛，古国名，在今河南省宁陵县。③面：向。奚：什么，疑问代词。④霓：本是大气中有时跟虹同时出现的一种光的现象，颜色比虹淡，也叫副虹。这里可解为虹。早晨虹见于东方，是天即将下雨的象征。⑤吊：抚慰。⑥俟：等待。后：君主。苏：同甦，复活。⑦拯：救。⑧系累：系，同系，累，同纍，捆绑。⑨

旄倪：旄同耄，八、九十岁的老人；倪：小孩。

【译文】

孟子回答道："我只听说以七十里地统一天下的，汤便是；没有听说拥有国土千里的人反而会怕人的。《书》中说：'商汤王当初出征时，是从讨伐葛伯开始的。'天下的人对他非常信任，当他东向出兵的时候，居住在西面的夷人就怨恨他；当他南向出兵的时候，居住在北面的狄人也怨恨他，他们都说：'为什么把我们放在后面呢？'老百姓盼望他，就像大旱年岁盼望天空出现虹霓一样。（他的军队所到之处）做生意的不停止营业，种田的照常下田劳动，仅仅诛杀残害人民的暴君，对老百姓却能安抚慰问，使他们感到汤到来了，有如旱天及时降落的雨水。老百姓心里十分高兴。《书》里面说：'盼望我们的君主啊，君主一到，我们就得活命了哪！'现在燕王虐待他的老百姓，您大王派军队去讨伐他，老百姓以为您将要把他们从痛苦中拯救出来，所以纷纷提着饭筐和酒壶来犒劳您大王的军队。如果您杀死他们的父兄，俘虏他们的子弟，拆毁他们的祖庙宗祠，夺走他们的传国宝器，那怎么可以呢？天下的诸侯们本来就害怕齐国的强大，现在土地又增加了一倍却不行德政，那就不免要挑动天下的军队来对付您了。大王您现在要赶快发布命令，把俘虏的老小送回去，停止运走燕国的宝器，跟燕国的大众共同商议，拥立新的燕王，然后撤走军队，那就还来得及阻止各国的兴兵呢。"

第十二章

【原文】

邹与鲁阋^①。穆公问曰^②："吾有司死者三十三人^③，而民莫之死也^④。诛之，则不可胜诛；不诛，则疾视其长上之死而不救^⑤，如之何则可也？"

【注释】

①邹：即春秋时邾国，战国时改为邹国，在今山东邹县。阋：同哄，本指战斗声，这里有打仗的意思。②穆公：邹国君主。③有司：即官吏。古代设官分职，各有专管的事，所以称为有司。④莫之死：即"莫死之"的倒装。"之"指"有司"。"莫之死"意思是说没有为他们而牺牲的。⑤疾视：仇视。

【译文】

邹国跟鲁国打仗。邹穆公问孟子道："我的官吏们被打死的达三十三人，可是，老百姓却没有一个为他们效死的。要是杀掉这些人吧，杀也杀不尽；要是不杀吧，那他们就还是会仇视他们的长官，听任长官们被打死却不加援救，您看要怎么办才好呢？"

【原文】

孟子对曰："凶年饥岁，君之民老弱转乎沟壑^①，壮者散而之四方者，几千人矣^②；而君之仓廪实，府库充^③，有司莫以告，是上慢而残下也。曾子曰^④：'戒之戒之！出乎尔者，反乎尔者也。'夫民今而后得反之也。君无尤焉^⑤。君行仁政，斯民亲其上，死其长矣。"

【注释】

①饥：《说文》解释为"谷不熟"，本与饥字有别（饥，《说文》："饿也"），后简化为饥。转：弃。壑：山沟或大水坑。②几：几乎；近乎。③仓廪：储藏粮食的房子。府库：贮存财物的房子。④曾子：孔子弟子，名参，字子舆。⑤尤：责怪。

【译文】

孟子回答说："在灾荒的年岁里，您的老百姓年老体弱的大批地死亡，连埋葬都成问题，只好把遗骸辗转抛弃到山沟里去的，和壮年人四出逃荒的，快将近千人了；而大王您粮仓饱满，国库充足，管钱粮的官员们也不把这种严重的情况向您汇报，他们简直是高高在上，不仅不关心人民疾苦，而且残害人民。曾子说过：'警惕啊！警惕啊！你怎样对待人家，人家便会怎样对待你。'（过去邹国的长官是那样残酷无情地对待老百姓）以后老百姓只要有机会，就会用同样的手段来对付那些长官们了。您别责怪他们。只要您大王真的施行仁政，那么，老百姓便会敬爱君主和长官，并乐于为他们献出自己的生命了。"

第十五章

【原文】

滕文公问曰："滕，小国也；竭力以事大国，则不得免焉，如之何则可？"

【译文】

滕文公问孟子道："滕国是个小国；即使尽自己的力量去讨好周围的大国，也还是避免不了受侵略的祸害，请问要怎么办才可以呢？"

【原文】

孟子对曰："昔者大王居邠，狄人侵之。事之以皮币①，不得免焉；事之以犬马，不得免焉；事之以珠玉，不得免焉。乃属其耆老而告之曰②：'狄人之所欲者，吾土地也。吾闻之也：君子不以其所以养人者害人。二三子何患乎无君？我将去之。'去邠，逾梁山③，邑于岐山之下居焉。邠人曰：'仁人也，不可失也。'从之者如归市④。"

【注释】

①皮币：皮，用狐貉（也叫狸，皮毛可以为裘）皮毛做成的裘。《诗经·豳风·七月》："一之日于貉，取彼狐狸，为公子裘。"可见狐貉为豳地所产。币：缯帛之类的丝织物。②属之耆老：属，集合。耆老：六十岁以上的人叫耆，耆老，泛指老年人。③梁山：位于今陕西乾县西北五里。大王必须越过梁山，才能逃避狄人的祸害。由邠到岐约二百五十里，梁山恰在其中途一百三十里的地方。④归市：趋向市集。

【译文】

孟子答道："从前古公亶父居住在邠地，狄人来侵犯它。古公拿皮袄丝绢去奉事他们，他们不肯放过他；拿猎犬好马去奉事他们，还是不肯放过他；拿珠玉珍宝去奉事他们，他们仍然不肯放过他。于是只得召集国里的父老们告诉他们说：'狄人所索求的，无非是我的土地。我听前辈人说过：一个有道德的人决不愿拿他用来供养老百姓的东西去害老百姓。你们又何必担心没有君主呢？我打算离开这里了。'于是离开了邠地，越过梁山，在岐山下面筑城居住下来。邠地的老百姓说：'（古公亶父）真是个以仁爱为怀的人呀，我们一定不可以失去这样的好君主啊。'那些自愿跟随他的人就象赶集市一样多而又踊跃。"

【原文】

"或曰：'世守也，非身之所能为也①。效死勿去。'"

【注释】

①身：自身。

【译文】

"但也有的人说：'国土是祖先传下来应该由子孙世代保守住的基业，不是可以由我个人自行作出处理的。即使牺牲生命也不能放弃它。'"

【原文】

"君请择于斯二者。"

【译文】

"请您大王在上述二者中任择一个吧。"

公孙丑章句上

第一章

【原文】

公孙丑问曰①："夫子当路于齐②，管仲、晏子之功，可复许乎③？"

【注释】

①公孙丑：姓公孙，名丑，孟子弟子。②当路：当权。③管仲、晏子：管

仲，名夷吾，曾辅佐齐桓公建立霸业。晏子，指晏婴，字平仲，是齐景公的贤相。

【译文】

公孙丑问孟子说："先生您要是在齐国掌权，可以重建管仲、晏婴那样的功业么？"

【原文】

孟子曰："子诚齐人也，知管仲、晏子而已矣。或问乎曾西曰①：'吾子与子路孰贤②？'曾西蹵然曰③：'吾先子之所畏也④。'曰：'然则吾子与管仲孰贤？'曾西艴然不悦⑤，曰：'尔何曾比予于管仲⑥？管仲得君，如彼其专也⑦；行乎国政，如彼其久也；功烈，如彼其卑也⑧。尔何曾比予于是！'"

【注释】

①曾西：曾参的孙子。②子路：孔子弟子仲由的字。③蹵然：不安的样子，也可以解肃然起敬的样子。④先子：过去人们称已亡故的祖父或父亲，常常在前面加上个"先"字；这里的先子是曾西指他的祖父曾参。畏：敬畏。子路是孔门四友（颜回、端木赐、颛孙师、仲由）之一，所以曾参对他深表敬畏。⑤艴然：恼怒的样子。⑥何曾：和"何乃"（"乃"是副词，有"竟"、"却"的意思）差不多，表示一种诧异、不愿接受的语气。⑦得君：是说得到君主的信任。齐桓公专一信任管仲达四十多年之久，所以这里说"如彼其专"、"如彼其久"。⑧功烈：功绩。管仲不辅佐齐桓公行王道而行霸道，所以曾西说他"功烈，如彼其卑也。"

【译文】

孟子答道："你究竟是个齐国人，仅仅知道管仲、晏婴罢了。曾经有人问曾西道：'先生啊，您跟子路相比，哪个更强些呢？'曾西肃然起敬地回答说：'（子路是）我先祖父所敬畏的人啊。'那个人又继续问道：'那么，您跟管仲相比，哪个又更强些呢？'曾西怒形于色，说：'你竟然拿管仲跟我相比呢？管仲得到他的君主的信任是那样的专一，行使国家政权的时间又是那样的长久，可是，成就的功业却是那样的微小，你怎么拿他来和我相比呢！'"

【原文】

曰："管仲，曾西之所不为也，而子为我愿之乎？"

【译文】

孟子（稍微停顿了一下）又接下去说："管仲那样的人，连曾西都不屑和他比较，你说我愿意学他的样吗？"

【原文】

曰："管仲以其君霸，晏子以其君显。管仲、晏子，犹不足为与？"

【译文】

公孙丑说："管仲辅佐齐桓公建立了霸主之业，晏婴辅佐齐景公，使他名扬天下。难道管仲、晏婴这样的人都不值得效仿吗？"

【原文】

曰："以齐王，由反手也。"

【译文】

孟子说："拿齐国这样有条件的大国去实行王政，统一天下，那就像把手掌翻过来一样容易。"

【原文】

曰："若是，则弟子之惑滋甚。且以文王之德，百年而后崩①，犹未洽于天下；武王、周公继之，然后大行。今言王若易然，则文王不足法与？"

【注释】

①百年而后崩：文王去世的时候是九十七岁，这里说百年是举它的整数。崩，古代天子死叫崩。

【译文】

公孙丑说："像您这样说，那我的疑问就更大了。况且文王这样德高望重的人，又活了近百岁才去世，都还没有做到天下协调一致；武王周公继承遗志努力了许多年，然后才使王政大行，教化广被。现在您把实行王政，统一天下说得这样容易，难道文王还不足以做榜样吗？"

【原文】

曰："文王何可当也①？由汤至于武丁，贤圣之君六七作②，天下归殷久矣，久则难变也。武丁朝诸侯，有天下，犹运之掌也。纣之去武丁未久也③，其故家遗俗，流风善政，犹有存者；又有微子、微仲、王子比干、箕子、膠鬲——皆贤人也，相与辅相之④，故久而后失之也。尺地莫非其有也，一民莫非其臣也；然而文王犹方百里起，是以难也。齐人有言曰：'虽有智慧，不如乘势；虽有镃基⑤，不如待时。'今时则易然也：夏后、殷、周之盛，地未有过千里者也⑥，而齐有其地矣，鸡鸣狗吠相闻，而达乎四境，而齐有其民矣。地不改辟矣，民不改聚矣，行仁政而王，莫之能御也。且王者之不作，未有疏于此时者也⑦，民之憔悴于虐政，未有甚于此时者也。饥者易为食，渴者易为饮。孔子曰：'德之流行，速于置邮而传命⑧。'当今之时，万乘之国行仁政，民之悦之，犹解倒悬也。故事半古之人，功必倍之，惟此时为然。"

【注释】

①当：比并，媲美。②由汤至于武丁，贤圣之君六七作：汤、武丁，都是商代的贤君，由汤至武丁，中间比较突出的贤君，有太甲、太戊、祖乙、盘庚等，跟汤和武丁合起来算，一共是六个君主，孟子这里说"六七作"，是不定之辞。作，兴起。③纣之去武丁，未久也：从武丁到纣王共九代，所以说"未久"。④微子、微仲、王子比干、箕子、膠鬲：微子，名启，是纣王同母的哥哥；因为微子出生时，他的母亲还是处在妾的地位，所以只能算是纣王的庶兄。微仲，是微子的弟弟。王子比干，是纣王的叔父，他因为谏纣王被剖心而死。箕子，也是纣王的叔父，他看见纣王无道，比干被杀，于是装疯作了奴隶，被纣王所囚禁。孔子称微子、比干和箕子为三仁。膠鬲，殷代的贤人，遇上纣王这样的乱世，便隐居到民间去经商；周文王在贩卖鱼盐的商人中找到了他，提拔他做臣子。⑤镃基：一作镃錤，大锄。⑥夏后：禹治水有功，舜让位给他，国号夏，也称为夏后氏。千里：指天子首都境内土地不过见方千里。⑦王者之不作，未有疏于此时者也：作，兴。疏，久。⑧置邮：古代用马递送公文叫置，步行递送公文叫邮。所以"置"和"邮"都是名词，相当于后世传递书命的驿站。

【译文】

孟子说："我们怎么可以跟文王相比呢？从汤王到武丁，这中间有六七个圣贤的君主兴起，天下的人归向殷商已经很久了，时间久了，要变动就困难了。武丁朝见诸侯，统一天下，就像把一样东西放在手心里转动一样容易。商纣虽然不好，但是他离武丁没多久，那些勋旧世家上代流传下来的良好习俗、君主的好作风、好政教，当时还是存在着；又有微子、微仲、王子比干、箕子和膠鬲这些贤德的人，一同来辅佐

他，所以过了很久才失掉天下。那时没有一尺土地不是殷商的土地，没有一个

老百姓不是殷商的臣民，可文王那时刚从见方百里的地方起事，所以当时要夺取天下就比较难了。齐国人有句俗话：'纵然有聪明，不如趁形势；纵然有大锄，不如待农时。'当今之世就是容易行王政统一天下的好时机：夏、商、周三代最盛的时期，政令所直接达到的区域从没有超过见方千里的，而齐国却有了它们那么宽广的辖地了；（三代极盛时期，人烟稠密）鸡犬鸣叫的声音，从首都一直到四方国境，互相可以听到，而齐国也有了那么多的人民了；（在齐国目前这样的条件下）土地不必再改变扩张了，人民也不必再增多了，如果推行仁政统一天下，那是没有谁能抵挡得住的。况且统一天下的贤圣之君的难处，没有比现在更久的了；老百姓对暴政迫害的担心，没有比现在更厉害的了。一个饥饿的人对食物是不加挑剔的，一个口渴的人对饮料也是很少选择的。孔子说过：'德政的推行，比驿站传递的政令还要迅速。'现在这个时候，如果一个万乘大国实行仁政，那老百姓心里的高兴，就会跟一个倒挂着的人被解救下来一样。所以只要做古人一半多的事，就可以获得比古人多一倍的成功，这也只有现在这个时候才做得到。"

第三章

【原文】

孟子曰："以力假仁者霸，霸必有大国；以德行仁者王，王不待大，汤以七十里，文王以百里[①]。以力服人者，非心服也，力不赡也[②]；以德服人者，中心悦而诚服也，如七十子之服孔子也[③]。《诗》云：'自西自东，自南自北，无思不服[④]。'此之谓也。"

【注释】

①汤以七十里，文王以百里：二句"里"字后都省去了"而王"二字，因为上文有"王不待大"一句，所以可以省。②赡：足。③七十子：指孔子门下如颜渊、子贡等七十多个优秀弟子。据《史记·孔子世家》记载，孔子的弟子多达三千人，其中身通六艺的有七十二人，一般称七十子，是取他们的整数而言。④《诗》云各句：是引《大雅·文王有声》篇里的话。意思是说四方的人被周王的道德所感化，没有不衷心服从周王朝的。

【译文】

孟子说:"凭着自己的实力,假托仁义之名去讨伐别人的,称霸于诸侯,这种称霸的人一定要有个实力雄厚的大国作为他的基础;凭着自己高尚的道德,推行仁政的人,可以实行王道,使天下归附于自己,实行王道不一定要国家大、力量强,商汤王和周文王实行王道,前者凭借的是见方七十里的地方,后者凭借的也只是见方百里的小国。倚仗势力征服别人的,别人并不在心里服从他,而是出于力量不足的缘故。凭借德行使别人归附自己的,别人是心悦诚服,完全出于自愿,像孔子门下七十二贤拜服孔子一样。《诗》里说:'从西到东,从南到北,无不心悦诚服。'说的正是这个意思。"

第四章

【原文】

孟子曰:"仁则荣,不仁则辱;今恶辱而居不仁,是犹恶湿而居下也。如恶之,莫如贵德而尊士,贤者在位,能者在职。国家闲暇,及是时,明其政刑,虽大国,必畏之矣。《诗》云:'迨天之未阴雨,彻彼桑土①,绸缪牖户②。今此下民,或敢侮予③?'孔子曰:'为此诗者,其知道乎!能治其国家,谁敢侮之?'今国家闲暇,及是时,般乐怠敖④,是自求祸也。祸福无不自己求之者。《诗》云:'永言配命⑤,自求多福。'太甲曰⑥:'天作孽,犹可违;自作孽,不可活⑦。'此之谓也。"

【注释】

①《诗》云:这里的《诗》指《诗经·豳风·鸱鸮》篇。迨天之未阴雨,彻彼桑土:迨,及,趁。彻,取。桑土,土音,就是桑根的皮。②绸缪牖户:绸缪,即缠绵的转声,是说用桑根的皮缠结成窝。③下民:指下人,小鸟住在树上,所以称住在地面上的人为下人。侮,欺侮。④般乐怠敖:般,乐,般乐是同义复音词。怠,怠惰。敖,同遨,出游。⑤《诗》云:指《大雅·文王》篇。下二句引自这篇诗的第六章。永言配命:意思是说人应该常常念念不忘与天命配合。⑥太甲:殷王的名字。⑦自作孽,不可活:《礼记·缁衣》引太甲的这两句话,文字略有出入,"活"字作"逭",逭,逃,避。这里的"活"

字该是"道"的假借字。

【译文】

孟子说："国君只要施行仁政，就能身享荣乐；不施行仁政，就将身遭屈辱。现在既然讨厌屈辱，可是仍然安于不仁的现状，这就好像讨厌潮湿却甘心居住在低下的地方一样。如果讨厌它，就不如重视德行，尊敬贤能的人，使道德高尚的贤人在位，才华出众的能人任职。国家安定了，趁着这个大好的时机，使政教修明，法纪森严，哪怕是大国，也一定会害怕而来归附的。《诗》里说过：'趁着天还没下雨，剥取桑根的皮儿，把那门窗修理好。那住在下面的人们，又有谁敢来欺侮我呢？'孔子说：'作这首诗的人，真是懂得治国的道理啊！一个国君能治理好他的国家，谁敢欺侮他呢？'现在国家安定，如果国君趁着这个时候，纵情游乐，懒问政事，这是自取祸害。一个人的祸福没有不是自己找来的。《诗》中曾有过这样的句子：'人们应该常常念念不忘和天命配合，为自己多求幸福。'商王太甲说：'天降祸害，还可以逃避；自己造成的祸害，简直逃也没法逃避。'正是这个意思。"

第五章

【原文】

孟子曰："尊贤使能，俊杰在位，则天下之士皆悦，而愿立于其朝矣；市，廛而不征①，法而不廛②，则天下之商皆悦，而愿藏于其市矣；关，讥而不征，则天下之旅皆悦，而愿出于其路矣；耕者，助而不税③，则天下之农皆悦，而愿耕于其野矣；廛，无夫里之布④，则天下之民皆悦，而愿为之氓矣⑤。信能行此五者，则邻国之民，仰之若父母矣。率其子弟，攻其父母，自有生民以来，未有能济者也。如此，则无敌于天下。无敌于天下者，天吏也。然而不王者，未之有也。"

【注释】

①廛而不征：廛，货物堆栈，这里是名词动用，有提供堆栈储藏货物的意思。征，征收租税。②法而不廛：法，贸易法，这里也是名词动用，有按法定价格收购的意思。③助而不税：助，帮助耕种公田；税，名词动用，征收租

税。④廛，无夫里之布：廛，老百姓的住宅。夫，一夫；里，里居；布，即钱。夫里之布，是说有宅旁不种桑麻，让土地荒废，或是利用它来起造台榭楼观的，就罚令出里布，像后世凡是土地都有地税一般；百姓中凡是没有职业的，便使他们出夫布，即一个劳动力服役的工钱，像后世不能服公役的人缴纳的免役钱一样。⑤氓：可解民，但与民略有区别，一般多指从别处迁来的百姓，所以这个字从亡从民。

【译文】

孟子说："尊重贤士，使用能者，让才德出众的人各在其位，那么天下的士子们，都会感到衷心喜悦而愿意到朝廷里来做官了；在市场上，提供储藏货物的货栈而不征收货物税，遇上货物滞销，便由国家按法定价格征购，不让它们长期积压在货栈中，那么天下的商人，都会感到衷心喜悦而愿意把货物藏在那个市场上了；关卡上，仅仅考察语言装束不同一般的人，并不征税，那么天下的旅客，都会感到衷心喜悦而愿意取道于那个国家了；耕田的人，只须耕种公田而不必另交租税，那么天下的农民，都会感到衷心喜悦而愿意到那里去种地了；里弄的居民们，不管在什么情况下（即使无正当职业或不在屋旁种桑麻），都免除附加的雇役钱和地税，那么天下各国的百姓们，都会感到衷心喜悦而愿意到那里去做寄居的百姓了。要是真的能做到上面五点，那么邻国的老百姓，便会对那里的国君像对父母一样的仰望爱慕了。（别国的国君假如妄图进犯这样的国家，就好像是）率领儿女们去攻打他们自己的父母，自有人类以来，是没有能够取得成功的。这样，在天下就找不到敌手了。天下无敌的人，就是上天派遣到下界来的使者。做到了这样却还不能统一天下的，那是没有的事。"

第八章

【原文】

孟子曰："子路，人告之以有过，则喜；禹闻善言则拜①。大舜有大焉②，善与人同③，舍己从人，乐取于人以为善。自耕稼、陶、渔以至为帝④，无非取于人者。取诸人以为善，是与人为善者也⑤。故君子莫大乎与人为善。"

【注释】

①禹闻善言则拜：禹，是历史上第一个以治洪水著称的伟大人物，相传他接受舜的让位建立夏朝。拜，即拜手，先用两手下拱到地，然后把头叩到手上，因为头不叩到地上而叩到手上，所以叫拜手，后来便沿用为行礼的通称。②大舜有大焉：有，同"又"。焉，语助词，用在句末，这里用作兼语，等于介语"于"加代词"是"，既充当句子补语，同时又辅助表达陈述语气。这里的"是"指代上面提到的"子路"和"禹"二人。意思是说虞帝舜在这方面又比子路和禹更伟大。因为子路和大禹都只是欢迎别人帮助自己为善，而大舜则是不但自己取于人以为善，而且也与（或助）人一同为善。③善与人同：即与人同善。④耕稼陶渔：根据《史记·五帝本纪》记载，舜为帝前曾经从事过种地、烧制陶器和捕鱼等各种劳作。⑤与人为善：与字有两解：一是偕同（即和别人一道）。一是赞许、帮助。两解都可通。

【译文】

孟子说："子路，一听到人家告诉他有过错，便表示高兴；大禹听了有益的话，便向人拜谢。大舜比他们两个又更伟大，他愿意跟别人一同行善，放弃自己不对的，听从人家对的，乐意吸取别人的好处来行善。从他在下面种田、烧制陶器、打渔到被推举为领袖，他身上所表现出来的许多优点，没有不是从别人那里虚心学来的。吸取别人的优点来行善，也是帮助、鼓励别人行善的作风。所以君子的所作所为没有比跟别人一同行善更伟大的了。"

第九章

【原文】

孟子曰："伯夷，非其君不事，非其友不友。不立于恶人之朝①，不与恶人言；立于恶人之朝，与恶人言，如以朝衣朝冠坐于涂炭②。推恶恶之心③，思与乡人立，其冠不正，望望然去之④，若将浼焉⑤。是故诸侯虽有善其辞命而至者⑥，不受也。不受也者，是亦不屑就已⑦。柳下惠不羞汙君，不卑小官⑧；进不隐贤，必以其道；遗佚而不怨⑨，阨穷而不悯⑩。故曰：'尔为尔，我为我，虽袒裼裸裎于我侧⑪，尔焉能浼我哉？'故由由然与之偕而不自失焉⑫，援而止之而止。援而止之而止者，是亦不屑去已。"孟子曰："伯夷隘，柳下惠不恭。隘与不恭，君子不由也。"

【注释】

①不立于恶人之朝：意思是不在恶人的朝廷里做官。②涂炭：涂，污泥；炭，炭灰。涂炭比喻污秽不堪的地方。③恶恶：上一恶字，厌恶；下一恶字，恶人。④望望然：抛下不顾的样子。⑤浼：污秽。⑥辞命：使者奉命出国，有关邦交所陈述的辞令。⑦不屑就：屑，洁净；不屑就，是说因为它不干净，所以不愿接受。⑧柳下惠：名展禽，鲁国的大夫。因为他的采邑在柳下，死后的谥号是惠，所以人们称他为柳下惠。羞、卑：这两个动词都是意动用法。⑨遗佚：被遗弃，指不被君主重用。⑩悯：忧伤。⑪袒裼裸裎：袒裼，露臂；裸裎，露身，都是不礼貌的行动。⑫自由：自得的样子。不自失：不失去自己正常的态度。

【译文】

孟子说："伯夷这个人，不是那样的君主就不肯奉事；不是那样的朋友就不肯结交；不在恶人的朝廷里做官，不跟恶人讲话；在恶人的朝廷里做官，跟恶人讲话，就像穿着礼服、戴着礼帽坐在污泥和炭灰上。把这种憎恶坏人的心思推广开去，他感到要是跟一个乡下人站在一起，乡下人的帽子又歪歪斜斜地戴在头上，他便要撇下乡下人不理睬，径自走开去，就像自己被这个乡下人玷污了似的。所以当时各国的国君尽管都来聘请他去做官，他却不接受。他之所以不接受，是因为他认为那些国君不干不净，不宜接近的缘故。柳下惠却完全两样，他不以奉事不好的君主为羞耻，也不嫌弃做小官，进到朝廷并不隐瞒自己的才干，但一定要根据原则；不被上面任用也毫无怨言，处境极端困难也并不感到忧伤。所以他说：'你是你，我是我，那怕你在我旁边赤身露体，无礼到了极点，你又怎么能玷污我呢？'因此他怡然自得地与他们这些人在一起，却不会有失常态，别人挽留他叫他留住，他便留住。他之所以一被挽留便留住，是因为他认为贸然离去并不算是洁身自好的缘故。"孟子说："伯夷心襟过于狭隘，柳下惠的态度又太不恭敬。狭隘和不恭敬，贤德的君子是不会这样的。"

公孙丑章句下

第一章

【原文】

孟子曰："天时不如地利，地利不如人和[1]。三里之城，七里之郭[2]，环而攻之而不胜。夫环而攻之，必有得天时者矣；然而不胜者，是天时不如地利也。城非不高也，池非不深也，兵革非不坚利也，米粟非不多也；委而去之，是地利不如人和也。故曰：域民不以封疆之界[3]，固国不以山谿之险[4]，威天下不以兵革之利。得道者多助，失道者寡助。寡助之至，亲戚畔之；多助之至，天下顺之。以天下之所顺，攻亲戚之所畔，故君子有不战，战必胜矣[5]。"

【注释】

①天时：李炳英《孟子文选》注说："古代作战，以'天干'（甲、乙、丙、丁、戊、己、庚、辛、壬、癸）、'地支'（子、丑、寅、卯、辰、巳、午、未、申、酉、戌、亥）所标志的时日（例如：甲子日、乙卯日等）和攻守地点的方位（东、南、西、北、中央）的适当配合为条件

（某日攻某方、守某方为有利），来掌握胜败、吉凶的成数，这叫做天数。"天数即是天时。②三里之城，七里之郭：郭，外城。《晋书·段灼传》根据《孟子》论述天时、地利与人和的关系时，作"三里之城，五里之郭"。内城三里，外城七里，城和郭的大小比例很不相称，还是依《晋书·段灼传》"七里"作"五里"更合适些。③域民：限制人民，使他们居住一定的区域内，为自己所统治。④固国：使国防坚固，牢不可破。固，使动用法。⑤君子有不战，战必胜矣：句中的"有"字和口语"要么"的意思差不多。

【译文】

孟子说："得天时不如得地利，得地利又不及得人和。有座内城三里、外城七里的城邑，敌人包围攻打却无法取胜。敌人既来围攻，一定是拣时择日得天时的了；可是却无法取胜，这正说明得天时不如得地利好。又譬如这里有另一座城邑，它的城墙筑得并不是不高，护城壕挖得并不是不深，士卒们的兵器和盔甲并不是不锐利、坚固，粮食也并不是不多，可是，敌人一来进犯，守兵们便弃城逃跑，这正足以说明得地利又不及得人和好。所以说：限制人民不必靠国家的界限，巩固国防不必凭山河的险要，威服天下不必恃武力的强大。得到正义的人帮助他的便多，失掉正义的人帮助他的便少。少助到了极点时，连自己的亲戚也会背叛他；多助到了极点时，整个天下的人都愿意顺从他。让天下都顺从他的人去攻打连他的亲戚都背叛他的人，所以，圣明的君要么不去攻打，要去攻打一定会获得胜利。"

第三章

【原文】

陈臻问曰①："前日于齐，王馈兼金一百而不受②；于宋，馈七十镒而受；于薛③，馈五十镒而受。前日之不受是，则今日之受非也；今日之受是，则前日之不受非也。夫子必居一于此矣。"

【注释】

①陈臻：孟子弟子。②王馈兼金一百：馈，赠送。兼金，好金，它的价格比一般金价高出一倍，所以叫兼金。一百，百镒。古时以一镒为一金。镒，二

十两，一作溢，或误以一镒为二十四两。古代所说的金，多是指黄铜，并不是现在的黄金。③薛：是齐国靖郭君田婴的封邑，不是春秋的薛国，故城在今山东滕县西南。

【译文】

陈臻问道："前些日子在齐国，齐王送给您质好价高的黄金一百镒您却不接受。近来在宋国，（宋君）赠送七十镒黄金您却接受了；在薛地，（薛君）赠送五十镒黄金您也接受了。如果前些日子的不接受是对的，那么，今天的接受就不对了；如果今天的接受是对的，那么，前些日子的不接受就不对了。您在这两个相反的做法中，一定有一个是做错了的。"

【原文】

孟子曰："皆是也。当在宋也，予将有远行，行者必以赆①；辞曰'馈赆'，予何为不受？当在薛也，予有戒心②；辞曰'闻戒，故为兵馈之'，予何为不受？若于齐，则未有处也③，无处而馈之，是货之也④。焉有君子而可以货取乎？"

【注释】

①赆：临别时赠送的财物。②戒心：戒备不测的心。据说当时有人想暗害孟子，孟子为防不测，所以作了必要的戒备。③处：用途。④货：名词动用，跟下文"货取"的意思差不多，是说用财物收买。

【译文】

孟子说："都是对的。当在宋国的时候，我要远出旅行，对出门旅行的人一定要送点程仪，宋君当时说是送程仪，我为什么不接受呢？当在薛地时，我得有所戒备，薛君当时听说我要戒备，因此送点钱给我购置武器，我又为什么不接受呢？至于在齐国，就没有说明是什么用途，不说明用途却送钱给我，这无异是想收买我。哪有贤德君子可以用钱财收买的呢？"

第四章

【原文】

孟子之平陆①，谓其大夫曰②："子之持戟之士③，一日而三失伍④，则去之否乎?"

【注释】

①平陆:齐边境县邑名,位于今山东汶上县北,汶水流经那里。②其大夫:其,指代平陆。大夫,平陆县的最高行政长官(县令)。③持戟之士:戟,古代兵器,在长柄的一端装有青铜或铁制成的枪尖,旁边附有月牙形锋刃。持戟之士,即战士,指守卫边邑的士兵。④失伍:是说士兵擅自离开行伍。

【译文】

孟子到平陆,对那里的邑令说:"你邑里守卫边疆的战士,如果一天之内三次擅离职守,那么,是不是要将他开除呢?"

【原文】

曰:"不待三。"

【译文】

邑令说:"不必等待三次。"

【原文】

"然则子之失伍也亦多矣。凶年饥岁,子之民,老羸转于沟壑,壮者散而之四方者,几千人矣。"

【译文】

孟子说:"可是,你失职的地方也已经不少了。在饥荒年岁,你治下的老百姓们,老弱病残被辗转抛弃到山沟中的,体力较强些的青壮年散走四方的,几乎近千人了。"

【原文】

曰:"此非距心之所得为也。"

【译文】

邑令说:"这不是我(孔)距心力所能及的事。"

【原文】

曰:"今有受人之牛羊而为之牧之者,则必为之求牧与刍矣①。求牧与刍而不得,则反诸其人乎? 抑亦立而视其死与?"

【注释】

①牧:牧地。刍:草料。

【译文】

孟子说:"现在假如有个人接受了替人牧放牛羊的任务,他就一定要替人家找到牧地和草料。万一找不到牧地和草料，那么，是把牛羊送还给人家呢，还是站在那里眼看着牛羊饿死呢？"

【原文】

曰："此则距心之罪也。"

【译文】

邑令说："这就是我（孔）距心的罪过了。"

【原文】

他日见于王曰："王之为都者①，臣知五人焉。知其罪者，惟孔距心。"为王诵之②。

【注释】

①为都者：治理都邑的官吏。②为王诵之：诵，复述。

【译文】

后来，孟子朝见齐王说："您大王的邑令，我结识了五个，其中能认识自己失职的罪过的，只有孔距心一人。"于是把自己跟孔距心的谈话对齐王复述了一遍。

【原文】

王曰："此则寡人之罪也。"

【译文】

齐王听后说："这也是我的罪过。"

第七章

【原文】

孟子自齐葬于鲁①，反于齐，止于嬴②。

【注释】

①孟子自齐葬于鲁：孟子在齐国做官，母亲死了，归葬于鲁。②止于嬴：嬴，齐国南面的一个都邑，故城在今山东莱芜县西北四十里。

【译文】

孟子从齐国将母亲归葬到鲁国后，重新返回齐国，在嬴邑停留了下来。

【原文】

充虞请曰①："前日不知虞之不肖②，使虞敦匠事③。严④，虞不敢请。今愿窃有请也：木若以美然⑤。"

【注释】

①充虞：孟子弟子。②前日不知虞之不肖：前日，指孟子母殁后守三年之丧前。不肖，不贤，不中用，这是充虞自谦之词。③敦匠事：敦，督办。匠，指木工。④严：事急。⑤木若以美然：木，棺木。以，通已；以美，太美。

【译文】

充虞请问道："早先您不知道我的能力差，承蒙派遣我去监督备办棺木。当时事忙，我不敢请示。现在我想请教一下：（我觉得）棺木似乎过于华美了。"

【原文】

曰："古者棺椁无度①，中古棺七寸②，椁称之。自天子达于庶人，非直为观美也，然后尽于人心。不得③，不可以为悦；无财，不可以为悦。得之为有财④，古之人皆用之，吾何为独不然？且比化者无使土亲肤⑤，于人心独无恔乎⑥？吾闻之也：君子不以天下俭其亲。"

【注释】

①古者棺椁无度：古者，指殷以前。度，厚薄的尺寸。②中古：指周公制礼以来。③不得：是说法制规定不得当。④得之为有财：是说法制规定得当而且又是有钱备办得起；也有人认为"为"当作"而"。⑤且比化者无使土亲肤：比，为。化者，死者。整句是说为了死者不使泥土玷污他的肌肤。⑥恔：快意。

【译文】

孟子说："上古时候人们用的内棺和外棺尺寸的厚薄，没有什么规定，中古时候规定内棺厚七寸，外棺的厚薄必须与它相称。上起天子，下至百姓，不只是为了好看，（大家认为只有这样做了）然后才算是尽了孝心。（受到礼法限制）不得用好棺木，当然不能令人称心如意；限于财力，不可能购用好棺木，同样也难以做到称心如意。只要礼法允许而又财力能办到，古代人都会用好棺木，我为什么独独不能这样做呢？而且为了让死者的遗体不沾着泥土，（这样做）人子的心不是可以感到安慰而不再有什么遗憾么？我听说过：一个懂得孝道的君子，决不因为要为天下人节约物资而在埋葬父母的事情上省钱。"

第八章

【原文】

沈同以其私问曰①："燕可伐与？"

【注释】

①沈同：齐大臣，他的事迹已无可考。

【译文】

沈同以他个人的身份问孟子道："燕国可以讨伐吗？"

【原文】

孟子曰："可。子哙不得与人燕，子之不得受燕于子哙①。有仕于此而子悦之②，不告于王而私与之吾子之禄爵；夫士也，亦无王命而私受之于子，则可乎？何以异于是？"齐人伐燕。

【注释】

①子哙，燕国国君，名哙，前320年～前318年在位。他在位期间厉行政治改革，并于前318年让位于相国子之，不久爆发内乱，齐国乘机攻占燕国，他与子之均被杀。此处所说"不得与人燕"，即指其让位之事而言。②有仕于此："仕"字应当作"士"，可能是传写的错误。

【译文】

孟子说："可以。子哙无权擅自把燕国让给别人，子之也不应该擅自从子哙那里接受燕国。假如这里有个谋求官职的人，你对他很喜欢，也不向齐王报告，便把自己的俸禄和官爵都私自让给他；而那个人呢，也没有得到齐王的任命便从你那里私自接受俸禄和官爵，你说这样做行吗？子哙和子之私相授受燕国的事跟这个又有什么不同呢？"齐国人出兵讨伐燕国。

【原文】

或问曰："劝齐伐燕，有诸？"

【译文】

有人问孟子道："听说您曾劝齐国讨伐燕国，有这回事吗？"

【原文】

曰："未也。沈同问'燕可伐与'，吾应之曰，'可'，彼然而伐之也。彼如曰，'孰可以伐之？'则将应之曰，'为天吏，则可以伐之。'今有杀人者，或问之曰，'人可杀与？'则将应之曰，'可'。彼如曰，'孰可以杀之？'则将应之曰，'为士师，则可以杀之。'今以燕伐燕①，何为劝之哉？"

【注释】

①以燕伐燕：意思是说，齐国无道，与燕国差不多，它去伐燕，就像以燕伐燕一样。

【译文】

孟子说："没有。沈同问我，'燕国可以讨伐吗？'我回答他说：'可以。'他便真的认为是这样而使齐国出兵去讨伐了燕国。他如果进一步问：'谁可以去讨伐燕国？'那我就会回答他道：'只有获得天意的天吏才可以去讨伐它，假如现在有个杀人的人，有人问道：'这个杀人犯可以杀掉吗？'那么被问的人就会回答他说：'可以。'他如果说：'谁可以杀他呢？'那就将回答道：'做治狱官的人，就可以杀他。'现在以一个跟无道燕国不相上下的国家去讨伐燕国，我为什么要劝他们这样做呢？"

第九章

【原文】

燕人畔①。王曰："吾甚惭于孟子②。"

【注释】

①燕人畔：《史记·燕世家》载齐王伐燕，燕国士兵不抵抗，连城门也不关，燕君哙丧命，齐国大胜，子之逃亡。第二年，燕国人共同拥立太子平，即燕昭王。这段记载正说明燕人不归附齐，所以说"燕人畔"。畔同叛。②吾甚惭于孟子：惭，惭愧。齐王之所以"惭于孟子"，一是孟子本没有劝齐伐燕；二是齐伐燕后，诸侯将要合谋救燕，孟子曾劝齐王"速出令，反其旄倪，止其重器，谋于燕众，置君而后去之"（见《梁惠王章句下》第十一章）。齐王没有采纳，因而导致"燕人畔"的结果。

【译文】

燕国人不归附齐国。齐王说："我对孟子感到很惭愧。"

【原文】

陈贾①曰："王无患焉。王自以为与周公孰仁且智?"

【注释】

①陈贾:齐大夫。

【译文】

陈贾说："大王不要为这个难过。您觉得您跟周公相比,谁更仁爱而又聪明些呢?"

【原文】

王曰："恶!是何言也!"

【译文】

齐王道："哎!你这是什么话!"

【原文】

曰:"周公使管叔监殷,管叔以殷畔①。知而使之,是不仁也;不知而使之,是不智也。仁智,周公未之尽也,而况于王乎?贾请见而解之。"

【注释】

①周公使管叔监殷,管叔以殷畔:管叔,名鲜,是武王的弟弟,周公的哥哥。武王战胜商军诛杀纣王后,封纣子武庚为诸侯,派自己的三个弟弟管叔、蔡叔、霍叔监督武庚的国家。武王死后,成王年纪小,周公代行政事,管叔和武庚反叛周朝,周公出兵讨伐并且诛杀了他们。

【译文】

陈贾说:"周公派遣管叔去监督殷国人,管叔却跟着殷国人一起反叛周朝。如果周公知道管叔会叛变却要派遣他,那就对自己兄弟太不仁爱了;如果不知道而派遣他,那便是他的不聪明的地方。仁和智,周公没能完全做到,何况您大王呢?请让我陈贾去见孟子作些解释。"

【原文】

见孟子,问曰:"周公何人也?"

【译文】

陈贾见到孟子问道:"周公是个怎样的人呢?"

【原文】

曰:"古圣人也。"

【译文】

孟子说："是古代的圣人。"

【原文】

曰："使管叔监殷，管叔以殷畔也，有诸？"

【译文】

陈贾说："周公派遣管叔监督殷国人，管叔跟着殷国人一道反叛周朝，有这件事吗？"

【原文】

曰："然。"

【译文】

孟子说："不错。"

【原文】

曰："周公知其将畔而使之与？"

【译文】

陈贾说："周公是事先知道他将会反叛却仍派遣他的么？"

【原文】

曰："不知也。"

【译文】

孟子说："不知道。"

【原文】

"然则圣人且有过与？"

【译文】

陈贾紧接上去又问道："那么，圣人尚且会犯过错么？"

【原文】

曰："周公，弟也；管叔，兄也。周公之过，不亦宜乎？且古之君子，过则改之；今之君子，过则顺之。古之君子，其过也，如日月之食①，民皆见之；及其更也，民皆仰之。今之君子，岂徒顺之，又从为之辞。"

【注释】

①食：同蚀。

【译文】

孟子答道："周公是弟弟，管叔是哥哥，周公的过错，不也是合乎情理的事么？况且古代品德高尚的君子，有过就改；现在的君子，明知错了，却将错就错。古代的君子，他们犯过错，像天上发生的日蚀月蚀一样，老百姓都可以看到；当他们改正错误时，老百姓也都能抬头看见。现在的君子，不但将错就错，而且还要多方面找借口、编谎言来为自己的错误作辩护。"

第十一章

【原文】

孟子去齐①，宿于昼②。有欲为王留行者，坐而言③。不应，隐几而卧④。

【注释】

①孟子去齐：孟子之所以离开齐国，主要是由于跟齐君意见不相投，自己的政治主张得不到实行。②昼：齐国西南近邑。③坐而言：这里的"坐"字与下面"坐，我明语子"中的"坐"字不同。古人席地而坐，有两种坐法：一种是跪坐，又叫危坐，即两膝着地，腰和股伸直；一种是安坐，即两膝着地，屁股贴着脚跟比较舒适的一种坐法。这里"坐而言"的坐是跪坐，下面"坐，我明语子"的坐是安坐。④隐几而卧：隐，凭靠。几，小桌子，古代供老年人坐时倚靠的。

【译文】

孟子离开齐国，在昼邑住宿。有个来为齐王挽留孟子的人，跪坐着跟孟子说话。孟子没有回答他，靠在小桌子上睡觉。

【原文】

客不悦曰："弟子齐宿而后敢言①，夫子卧而不听，请勿复敢见矣。"

【注释】

①齐宿：齐同斋，齐宿是说先一日斋戒以表示严肃恭敬。

【译文】

客人不高兴地说："学生先一天斋戒致敬然后才前来进言，先生却在睡觉，听也不听，这我就不再敢求见您了。"

【原文】

曰："坐！我明语子。昔者鲁缪公无人乎子思之侧，则不能安子思①；泄柳、申详无人乎缪公之侧，则不能安其身②。子为长者虑③，而不及子思。子绝长者乎？长者绝子乎？"

【注释】

①昔者鲁缪公无人乎子思之侧，不能安子思："缪"同"穆"。鲁缪公名显，在位三十三年。子思，孔子的孙，名伋。缪公尊敬子思，以礼相待，经常派人伺候在他的左右，表达自己的诚意。②泄柳、申详二句：泄柳，鲁缪公时贤人，即《告子》下第六章中的子柳。申详，孔子弟子子张的儿子，子游的女婿。③长者：孟子自称，因为他年长，所以自称长者。

【译文】

孟子说："坐下来！我明白地告诉你。以前鲁穆公要不是经常派人留在子思旁边，就不能把子思留下来；泄柳和申详要是没有人经常在鲁穆公旁边，他们也就不能安下身来。你替长辈打算，赶不上子思时的贤者为子思着想的，（却来劝我留下）到底是你跟长辈决绝呢，还是长辈跟你决绝呢？"

第十二章

【原文】

孟子去齐。尹士语人曰①："不识王之不可以为汤武，则是不明也；识其不可，然且至，则是干泽也②。千里而见王，不遇故去，三宿而后出昼，是何濡滞也？士则兹不悦③。"

【注释】

①尹士：齐国人。②干泽：干，求；泽，禄。③士则兹不悦："兹"字前省去介词"于"字，不必看作倒装句。

【译文】

孟子离开齐国。尹士对别人说："不知道齐王成不了商汤王、周武王那样的人，那就是缺乏眼力的地方；知道他不行，但还是来到了齐国，那就是贪图富贵。跑了千多里路来见齐王，由于意见不投合而离去，住了三晚才走出昼邑，这到底又是为了什么这样慢腾腾的呢？我就对这一点不愉快。"

【原文】

高子以告①。

【注释】

①高子：齐国人，孟子弟子。

【译文】

高子把这些话告诉了孟子。

【原文】

曰："夫尹士恶知予哉？千里而见王，是予所欲也；不遇故去，岂予所欲哉？予不得已也。予三宿而出昼，于予心犹以为速，王庶几改之！王如改诸，则必反予。夫出昼而王不予追也，予然后浩然有归志①。予虽然，岂舍王哉！王由足用为善。王如用予，则岂徒齐民安，天下之民举安。王庶几改之，予日望之！予岂若是小丈夫然哉②？谏于其君而不受则怒，悻悻然见于其面③，去则穷日之力而后宿哉？"

【注释】

①浩然：如水流浩大，势不可挡。②予岂若是小丈夫哉：是，指示代词。小丈夫，气度狭窄的人。③悻悻然见于面：悻悻，忿怒的样子。见，同"现"。

【译文】

孟子说："尹士又怎么了解我呢？跑了千多里路来见齐王，这是我的愿望；由于意见不投合所以离去，难道是我的愿望么？我是不得已啊。我住了三晚才走出昼邑，在我的心里还认为快了点，当时我心想，齐王也许会改变原来的态度吧！齐王如果改变态度，就一定会把我召回去。我走出了昼邑齐王却不来追我，然后我才有了难以抑止的回乡打算。我尽管如此，难道（愿意）舍弃齐王吗？齐王还是有条件办好政事的。齐王如果用了我，则何止是齐国人民得到安居乐业，天下的人民也全都能得到安居乐业。齐王也许会改变态度，我天天盼望他能这样！我难道会像那种心地狭窄的人的样子么？向他的国君进谏没有被采纳就发怒，离开那个国家时就竭尽全力跑了一天的路程然后住宿吗？"

【原文】

尹士闻之，曰："士诚小人也。"

【译文】

尹士听到这些话后说："我的确是个小人啊。"

第十三章

【原文】

孟子去齐，充虞路问曰："夫子若有不豫色然。前日虞闻诸夫子曰：'君子不怨天，不尤人①。'"

【注释】

①君子不怨天，不尤人：这二句原是孔子的话（出自《论语·宪问篇》），孟子曾用来教育人。

【译文】

孟子离开齐国，充虞在路上问道："先生您好像有点不高兴的样子。以前我听见您说过：'君子是不会埋怨天、责怪人的。'"

【原文】

曰："彼一时，此一时也。五百年必有王者兴，其间必有名世者①。由周而来，七百有余岁矣。以其数，则过矣；以其时考之，则可矣。夫天未欲平治天下也；如欲平治天下，当今之世，舍我其谁也？吾何为不豫哉？"

【注释】

①名世：也作命世，"名""命"二字古代可通用。名世是说闻名于世上。

【译文】

孟子说："那时是那时，现在是现在，每隔五百年便一定会有一位推行王道的君主诞生，这中间一定也还会有一些以才德闻名于时的人才出现。从周朝开国以来，到现在已有七百多年了。拿时数来说，就超过了（五百年）；拿时势来考察一下，就该有诞生圣君贤相的可能了。上天是不想让天下太平啊。上天要是想使天下获致太平，那当今的世界上，除了我还有谁能担当这份责任呢？我为什么不愉快呢？"

第十四章

【原文】

孟子去齐，居休①。公孙丑问曰："仕而不受禄，古之道乎?"

【注释】

①休：地名，位于今山东滕县北一十五里，离孟子的家大约一百里左右。

【译文】

孟子离开齐国，在休地住下。公孙丑问道："做官却不接受俸禄，这是古代传下来的规矩吗?"

【原文】

曰："非也。于崇①，吾得见王，退而有去志，不欲变，故不受也。继而有师命，不可以请②。久于齐，非我志也。"

【注释】

①崇：齐国地名。②继而有师命，不可以请：师命，师旅之命，也即是作战的命令。请，要求。

【译文】

孟子说："不是。（当日）在崇地，我有机会见到齐王，（因为他这个人不愿行仁政，所以我）回来后便起了离开的念头，（我）不想改变这种念头，所以不接受俸禄。接着齐国又发生了战事，不便请求离去。久久留在齐国，并不是我的意愿。"

离娄章句上

第一章

【原文】

孟子曰："离娄之明①，公输子之巧②，不以规矩，不能成方员③；师旷之聪，不以六律，不能正五音④；尧舜之道，不以仁政，不能平治天下。今有仁心仁闻⑤，而民不被其泽，不可法于后世者，不行先王之道也。故曰，徒善不足以为政，徒法不能以自行。《诗》云：'不愆不忘，率由旧章⑥。'遵先王之法而过者，未之有也。圣人既竭目力焉，继之以规矩准绳，以为方员平直，不可胜用也；既竭耳力焉，继之以六律正五音，不可胜用也；既竭心思焉，继之以不忍人之政，而仁覆天下矣。故曰，为高必因丘陵，为下必因川泽；为政不因先王之道，可谓智乎？是以惟仁者宜在高位；不仁而在高位，是播其恶于众也。上无道揆也⑦，下无法守也，朝不信道，工不信度⑧，君子犯义，小人犯刑，国之所存者幸也。故曰，城郭不完，兵甲不多，非国之灾也；田野不辟，货财不聚，非国之害也；上无礼，下无学，贼民兴⑨，丧无日矣。《诗》曰：'天之方蹶，无然泄泄⑩！'——泄泄，犹沓沓也⑪。事君无义，进退无礼，言则非先王之道者⑫，犹沓沓也。故曰，责难于君谓之恭，陈善闭邪谓之敬，吾君不能谓之贼。"

【注释】

①离娄：古代视力极敏锐的人，一名离朱，相传生当黄帝时代，能在百步外看见"秋毫之末"。②公输子：即鲁班（一作般），鲁国的巧人，大概生于春秋末期，和孔子、墨子同时，小于孔子而长于墨子。《墨子·公输》篇具体叙述了墨子阻止公输般（《墨子》作盘）帮助楚国攻打宋国的故事。③不以规矩，不能成方员：规，用来画圆象今天的圆规一类的仪器；矩，用来画方形象今天的曲尺一类的仪器。员，同圆。④师旷之聪，不以六律，不能正五音：师旷，晋平公时著名的乐师。聪，辨音能力强。六律、五音，律，指基本音律，

分阴阳二部，阳为律，分太簇、姑洗、蕤宾、夷则、无射、黄钟，即所谓六律；阴为吕，分大吕、应钟、南吕、函钟、小吕、夹钟；合称律吕或十二律。音指音阶；我国古代音阶分为宫、商、角、徵、羽五种。相传黄帝时乐师伶伦截竹为筒，根据简的长短来区别声音的清浊高下，也即是说用十二种长短不同的竹管，吹出十二种不同的声音作为基本音律，来审定以"宫、商、角、徵、羽"为标准的五种音调，即文中所说的以六律正五音。⑤闻：名声。⑥不愆不忘，率由旧章：二句见《大雅》歌颂能遵循旧章治国的《假乐》篇。愆，过；率，循。诗的意思是说周成王的美德，表现在不产生过误，也不遗忘什么，一切遵循旧的典章行事。⑦上无道揆也：道，道术；揆，揆度，有估量揣测的意思。⑧工不信度：度，计量长短的工具。⑨贼民兴：指战国时候，战乱不止，赋役繁重，民不聊生，铤而走险，"犯上作战"。孟轲站在统治阶级的立场，把起义抗击暴君污吏的劳动人民，诬之为"贼民"。⑩天之方蹶，无然泄泄：二句见《诗经·大雅》讽劝同僚、讽刺暴君的《板》篇第二章。蹶，动，指动乱不安。泄泄，多言的意思。⑪沓沓：多而重复；所以泄泄、沓沓意义相近，都是多言饶舌、随声附和的意思。⑫非：诋毁。

【译文】

孟子说："即使有离娄那样明敏的视力，公输般那样精巧的手艺，如果不用圆规和曲尺，就不能画出准确的方形和圆形；即使有师旷那样强的辨音能力，如果不用六律，就不能校正五音；即使有尧舜那样高明的素养，如果不实行仁政，就不能把天下治理好。现在一些诸侯尽管有仁爱的心思和仁爱的声望，可是老百姓却不能蒙受他们的恩泽，也不为后世人效法的原因，就在于他们不能奉行先代圣王之道。所以说，单有善念不够凭藉来办好政治，单有良法不能自动执行，《诗》里说过：'不要犯偏差，也不要有所遗漏，一切循照旧的规章。'遵循古先圣王的法规行事而产生过失，几乎是从来没有的事。古代圣人既竭尽自己的目力进行测视，接着又用圆规、曲尺、水平仪和绳墨来造方的、圆的、平的、直的各种东西，那些东西便用之不尽了。既竭尽自己的听力来辨音，接着又用六律来校正五音，这种经过校正的音调也就用之不尽了；既竭尽心思来考虑政事，接着又实行了从不忍人出发的仁政，这样他的仁爱便广被天下万民了。所以说，堆高山就必须凭借原有的丘陵高地，挖深池就必须利用原有的河流沼泽。办理政治不凭借古先圣王之道，能说得上是明智吗？所以只有仁爱的人才适宜处在较高的统治地位上；不仁爱的人处在较高的位子上，这就等于把他的劣迹散播到群众中去。在上的国君没有掌握正确的方法用以揣测天意民心，在下的臣民没有正确的法度可供遵循，朝廷上不相信道义，下面的工匠们否认尺度，做官的人违反义理，老百姓轻犯刑法，国家还能存在，那真是侥幸的事。所以说，城墙不牢固，武器装备不足，不是国家的灾难；农田没有开发，财富没有收聚，不是国家的祸害；在上位的人不讲礼义，居于臣下的人又不愿学习，造反的老百姓起来了，那亡国的日子便没有多久了。《诗》里又说：'老天正要降祸乱，不要多嘴多舌来附和。''泄泄'和'沓沓'差不多，都是嘈杂多言随声附和的意思。事君不问做得对不对，进退不遵循礼法，开口便诋毁先代圣王之道，这种人跟多言无义的'沓沓'者是一路货色。所以说，责求君主行他所认为难行的事——即行先王的仁政，就叫作'恭'，向君主陈说善道，阻塞邪念，就叫做'敬'，认为'我的君主不能行仁政'，就叫做'贼'。"

第二章

【原文】

孟子曰："规矩，方员之至也①；圣人，人伦之至也②。欲为君，尽君道；欲为臣，尽臣道。二者皆法尧舜而已矣。不以舜之所以事尧事君，不敬其君者也；不以尧之所以治民治民，贼其民者也。孔子曰：'道二，仁与不仁而已矣。'暴其民，甚则身弑国亡，不甚则身危国削；名之曰'幽''厉'③，虽孝子慈孙，百世不能改也。《诗》云：'殷鉴不远，在夏后之世④。'此之谓也。"

【注释】

①至：极限，极点。②人伦：这里的人伦，解作"人事"，即为人之道。③名之曰幽厉：幽，指西周十二传的周幽王宫湦，是宣王的儿子，西周最后一个君主。由于他宠爱褒姒，政治昏暗，被犬戎所杀。厉，指西周十传的周厉王胡，他恣行暴虐，残杀批评他的人，被国人流逐于彘而死。幽和厉都是不好的谥称。厉王本在幽王前，而习惯称"幽厉"，大概是由于幽王的过恶大于厉王的缘故。④殷鉴不远，在夏后之世：一句是《大雅·荡》篇的结句。鉴，古代照人的铜镜。二句虽说是殷应该以夏为鉴（指汤诛夏桀），实际是要周以殷之所以亡为借鉴。

【译文】

孟子说："圆规和曲尺，是最方最圆无以复加的极至，圣人也是做人到达尽善尽美地步的极至。想做（一个好的）君主，便要尽君主之道；想做（一个好的）臣子，便要尽臣子之道。二者都不过是要效法尧舜罢了。不用舜奉事尧的忠诚态度奉事自己的君主，便是不尊敬君主的人；不用尧治理百姓的仁爱心情治理自己的百姓，便是残害百姓的人。孔子说过：'治理国家的方法不外两种，也即是行仁政与不行仁政罢了。'

（一个君主）残暴地虐待他的老百姓，重则本身被杀，国家灭亡；轻则本身危险，国势削弱；死后蒙上'幽''厉'的恶名，后代尽管出了争气的子孙，哪怕经过了百多代，也是改变不了这种坏名声的。《诗》里有这么两句话：'殷商的鉴戒并不在远，就在夏的朝代。'就正是说的这个意思。"

第三章

【原文】

孟子曰："三代之得天下也以仁，其失天下也以不仁。国之所以废兴存亡者亦然。天子不仁，不保四海；诸侯不仁，不保社稷；卿大夫不仁，不保宗庙①；士庶人不仁，不保四体。今恶死亡而乐不仁，是犹恶醉而强酒②"。

【注释】

①商周有侯、甸、男、采、卫等五服的名称，侯、甸、男、卫称外服，封在外服的是正式国家。采称内服，封在内服的是卿大夫的食邑。卿大夫有食邑，就可以设立祖先宗庙，失去了食邑，便不能立宗庙。因此不保宗庙，实即

失去食邑。②强：勉强。

【译文】

孟子说："夏商周三代的禹、汤、文武的得到天下是由于仁爱，它们的桀、纣、幽厉的失去天下则是由于不仁。诸侯国家的兴盛、衰败和生存、灭亡的原因也是这样。天子要是不仁，就不能保住四海之内的土地；诸侯要是不仁，就不能保住国家；公卿大夫要是不仁，就不能保住祖先的宗庙；士子和老百姓要是不仁，就不能保全自己的身体。现在有些人讨厌死亡，但却乐意干坏事，这就跟讨厌喝醉酒却又要勉强去喝酒的人一样。"

第四章

【原文】

孟子曰："爱人不亲，反其仁；治人不治，反其智；礼人不答，反其敬。行有不得者皆反求诸己，其身正而天下归之。《诗》云：'永言配命，自求多福①。'"

【注释】

①见《公孙丑章句上》第四章（"仁则荣，不仁则辱"）。

【译文】

孟子说："自己爱别人，别人却不亲近自己，自己便应该反躬自问：'难道是我对别人的仁爱还不够吗？'自己管理别人，别人却不服管理，自己便应该反躬自问：'难道是我的智慧不够吗？'自己对别人很有礼貌，别人却不加理睬，自己便应该反躬自问：'难道是我的恭敬还不够吗？'自己的行为没有达到预期效果的都要反过来从自己身上去找原因，自身做对了，天下的人自然会归向自己。《诗》里就说过这样的话：'永远修德配天命，多福还得自己求。'"

第五章

【原文】

孟子曰："人有恒言，皆曰，'天下国家'。天下之本在国，国之本在家①，家之本在身。"

【注释】

①国之本在家：这里的"家"，指的是《大学》"齐家"的"家"，是泛指，并不是专指卿大夫的家。

【译文】

孟子说："人们有句口头常说的话，都说是'天下国家'。天下的根本在国，国的根本在家，家的根本在于人本身。"

第六章

【原文】

孟子曰："为政不难，不得罪于巨室①。巨室之所慕，一国慕之；一国之所慕，天下慕之；故沛然德教溢乎四海。"

【注释】

①巨室：指为国人所钦敬、仿效的贤卿大夫的家族，如春秋时晋国的六卿、鲁国的三桓等。

【译文】

孟子说："治理政治并不难，关键在于修身立德，不得罪那些很有影响的卿大夫的家族。因为那些卿大夫的家族所向往的，全国的人便也都会争着向往；全国的人所向往的，普天下的人便同样会争着向往，所以你的德教便会声势浩大、不可遏止地充溢于天下了。"

第七章

【原文】

孟子曰："天下有道，小德役大德，小贤役大贤；天下无道，小役大，弱役强。斯二者，天也。顺天者存，逆天者亡。齐景公曰：'既不能令，又不受命，是绝物也。'涕出而女于吴①。今也小国师大国而耻受命焉，是犹弟子而耻受命于先师也②。如耻之，莫若师文王。师文王，大国五年，小国七年，必为政于天下矣。《诗》云：'商之孙子，其丽不亿。上帝既命，侯于周服。''侯服于周，天命靡常。殷士肤敏，裸将于京③。'孔子曰：'仁不可为众也④。夫国君好仁，天下无敌。'今也欲无敌于天下而不以仁，是犹执热而不以濯也。《诗》云：'谁能执热，逝不以濯⑤？'"

【注释】

①齐景公曰数句：女，作动词用，嫁。《吴越春秋·阖闾内传》载吴王阖闾要攻打齐国，齐景公将女儿作为人质出嫁给吴国。绝物的"物"，实际是指人。②小国师大国数句：是说小国不修德政，谋求富国强兵，反而纵情恣乐，学着大国的样，却又以接受大国的教命为耻。"天下无道，小役大，弱役强"，完全是出于无奈，勉强屈从，跟弟子受命于师出于尊师重道的行为毫无共同之处，而孟子却将二者相提并论，实在有些不伦不类。③《诗》云下数句：《诗》指《大雅·文王》，下引诗句出自该篇第四、五两章。其丽不亿，丽，数；不，不止；亿，古人以十万为亿，跟今人以万万为亿不同。侯于周服，侯，语助词；周服，向王朝臣服。殷士肤敏，殷士，殷朝的臣子，肤敏，壮美而又敏捷。裸将于京：裸，灌鬯（鬯，古人祭祀用的一种酒名），即把郁鬯之酒祭地以迎神；将，助；京，指周的首都镐京（今地属陕西西安市）。④仁不可为众也：意思是说对于仁者不可以根据他们人数的多少来判定他们力量的大小。⑤谁能执热，逝不以濯：二句见周大夫芮伯刺厉王暴政的《大雅·桑柔》的第五章。逝，语助词；濯，浇洗。

【译文】

孟子说："天下太平、政治清明的时候，道德一般的人供道德高尚的人役使，才能一般的人供才能高超的人役使；天下不太平，政治昏乱的时候，小国被大国奴役，弱国被强国奴役。这两种情况，都是天意所决定的。顺从天意的就能生存，违背天意的就要灭亡。齐景公说过：'既没有能力号令别人，又不愿接受别人的命令，这是自绝于人。'他只好流着眼泪把女儿嫁给了吴国。现在一些小国学着大国一样奢侈享乐，却又羞于接受大国的命令，这就跟学生把接受老师的命令看作是耻辱差不多。要是果真以为可耻，就不如效法文王。效法文王，大国只消五年，小国只消七年，就一定可以统治整个天下了。《诗》里说过：'商朝的子孙，人数不下十万，上帝既已授命文王，他们也只好向周朝臣服。''他们臣服于周廷，可见上天的舍取没有一定。殷朝的臣子壮美而又聪敏，他们将要去灌酒助祭于周京。'孔子说过：'仁者力量的大小是不能以人数的多少来判定的。如果国君爱好仁德，他便将无敌于天下。'现在有些人希望自己无敌于天下却又不施行仁政，这就象是想手执烫东西而又不愿用冷水浇手一样。《诗》中说得好：'谁能手执烫东西，却不用水来洗濯？'"

第八章

【原文】

孟子曰："不仁者可与言哉？安其危而利其菑，乐其所以亡者；不仁而可与言，则何亡国败家之有？有孺子歌曰：'沧浪之水清兮①，可以濯我缨；沧浪之水浊兮，可以濯我足。'孔子曰：'小子听之！清斯濯缨，浊斯濯足矣。自取之也。'夫人必自侮，然后人侮之；家必自毁，而后人毁之；国必自伐，而后人伐之。《太甲》曰：'天作孽，犹可违；自作孽，不可活②。'此之谓也。"

【注释】

①沧浪：青苍的水色。《楚辞·渔父》中的渔父也曾划着桨歌唱这首沧浪曲，孔子所闻远在《楚辞》前，可见它是一首流传久远、颇富教育意义的民歌。②《太甲》曰数句，已见《公孙丑章句上》第四章。

【译文】

孟子说："对于那些不施仁爱的人，怎可用言词来说服他们呢？处境危险，他们却以为安全，灾祸临头，他们却视为吉利，分明是在自取灭亡，他们却当作无上的快乐。如果不仁的人而可用言词说服的话，那世上还会有什么亡国败家的事发生呢？从前有个儿童唱着一首这样的歌：'碧绿的河水清又清，可以洗我帽上的缨；碧绿的河水忽变浊，可以洗我的脚。'孔子在一旁听了说：'后生们听呀！水清就可以洗帽绳，水浊就只能洗脚了。这都是由水本身决定的。'人们必定是自己先有招致侮辱的言行，然后别人才会侮辱他；一个家庭必定是自己先出现了漏洞，然后别人才会来毁坏它；一个国家必定是自己先给人以讨伐的借口，然后别人才来讨伐他。《尚书·太甲》篇说的'天造的孽，人们还可以躲避；至于自己造的孽，那就活也活不了'，便正是这个意思。"

第九章

【原文】

孟子曰："桀纣之失天下也，失其民也；失其民者，失其心也。得天下有道：得其民，斯得天下矣；得其民有道：得其心，斯得民矣。得其心有道：所欲与之聚之①，所恶勿施，尔也②。民之归仁也，犹水之就下、兽之走圹也③。故为渊殴鱼者，獭也④；为丛殴爵者，鹯也⑤，为汤武殴民者，桀与纣也。今天下之君有好仁者，则诸侯皆为之殴矣。虽欲无王，不可得也。今之欲王者，犹七年之病求三年之艾也⑥。苟为不畜，终身不得。苟不志于仁，终身忧辱，以陷于死亡。《诗》云：'其何能淑，载胥及溺⑦。'此之谓也。"

【注释】

①所欲与之聚之：与，犹为，替。②尔：如此，这样；也同"耳"，解作"罢了"。这里兼有这两重意思。③兽之走圹：圹同旷，旷野。④为渊殴鱼者獭也：殴，是驱的古文。獭，象小狗，栖居水中，吃鱼，有水獭、旱獭、海獭之分，通常多指水獭。⑤为丛殴爵者鹯也：丛，密茂的树林；爵，同雀。鹯，古书中指鹞子一类的猛禽。⑥七年之病求三年之艾：艾，是一种可以用来治病的中草药。中医用燃烧的艾绒熏烤病人一定的穴位来治某种病，叫作炙。这种艾以干而久藏的为好。这句话中的"七"和"三"不一定是实数，可以看作

虚指，只是说年深日久的意思。久病求陈艾，平时不蓄存，是无济无事的。⑦
其何能淑，载胥及溺：二句见《大雅·桑柔》篇。淑，善。载，语助词。胥，
相。意思是说某些不仁的君臣怎能为善呢？只不过相与沉溺罢了。

【译文】

孟子说："桀、纣之所以会丧失天下，是由于失去了老百姓拥护；而失去
老百姓的拥护的原因，又是由于失去了民心。要得到天下有它的术数：得到天
下老百姓的拥护，就能得到天下；得到天下老百姓拥护有它的术数：得到天下
的民心，便能得到天下老百姓的拥护；得到天下的民心有它的术数：他们所需
要的，便替他们收聚起来，他们所厌恶的，便不要强加到他们头上去，不过这
样罢了，（难道还有别的什么窍门吗）老百姓归向于仁政，就像水往低处流，
兽朝旷野跑。所以替深渊赶来游鱼的是水獭；替森林赶来飞鸟的是鹯鹰；替汤
王和武王赶来老百姓的是夏桀和商纣。现在天下的国君中只要有爱好仁德、施
行仁政的，那么其他的诸侯便都会替他把老百姓赶到国境内来。这样的好国
君，即使他不想统一天下，也是办不到的。现在那些妄想统一天下的人，就好
像患了七年的久病，需要谋取三年的陈艾来医治一样。假如平时不去蓄藏，那
就一辈子也得不到。如果对施仁政不感兴趣，那他就要一辈子处在忧愁和受侮
辱之中，一直到他死亡。《诗》里说过：'这样子胡作非为，又怎么能把事办
好，到头来还是一块儿沉入深渊。'说的正是这种人。"

第十章

【原文】

孟子曰："自暴者，不可与有言也；自弃者，不可与有为也①。言非礼
义②，谓之自暴也；吾身不能居仁由义，谓之自弃也。仁，人之安宅也；义，
人之正路也。旷安宅而弗居，舍正路而不由，哀哉！"

【注释】

①暴：跟害字的意思差不多。有言、有为：杨伯峻《孟子译注》认为都
应看做固定词组。"有言"是"有善言"的意思。"有为"常见于《孟子》书
中，有的地方也作"有行"；"有为"、"有行"是"有所作为"的意思。②言

非礼义：非，和毁字差不多，有诋毁的意思。

【译文】

孟子说："自暴的人，不可以跟他谈话；自弃的人，不可以跟他有所作为。一个人讲起话来诋毁礼义，叫作'自暴'；自认为不能心怀仁德、行合正道，叫作'自弃'。仁是人们安适的住宅；义是人们正确的道路。一个人放着安适的住宅不住，丢下正确的道路不走，真是可悲呀！"

第十一章

【原文】

孟子曰："道在迩而求诸远，事在易而求诸难。人人亲其亲、长其长，而天下平。"

【译文】

孟子说："平治天下的方法本来就在近边，却要向远处去求，平治天下的事本是很容易的，却要向难处去寻找，只要人人各自亲爱自己的亲人，尊敬自己的长辈，那么天下自然就可以统治好了。"

第十二章

【原文】

孟子曰："居下位而不获于上[①]，民不可得而治也。获于上有道，不信于友，弗获于上矣。信于友有道，事亲弗悦，弗信于友矣。悦亲有道，反身不诚，不悦于亲矣。诚身有道，不明乎善，不诚其身矣。是故诚者，天之道也；思诚者，人之道也。至诚而不动者，未之有也；不诚，未有能动者也。"

【注释】

①获于上：从"居下位"至"不诚其身矣"，见《礼记·中庸》篇。获于

上，是说得到上司的信任。

【译文】

孟子说："身处在下面的职位而不能得到上司的信任，便不可能治理好百姓。获得上司的信任有它的方法，一个人不被朋友所信任，便得不到上司的信任了。得到朋友的信任有它的方法，一个人奉事父母却不能得到父母的喜爱，便不会被朋友信任了。得到父母的喜爱有它的方法，一个人反省自身缺乏诚心，便得不到父母的欢心了。要使本身具备诚心有它的方法，一个人不懂得什么是善，本身也就不会具备诚心了。所以诚心善性是天赋予人的优良本质；考虑保持和发扬这种诚心善性是人为的努力。一个人做到了至诚无伪而人们却不被感动，是绝对没有的事；缺乏诚心的人是不能感动别人的。"

第十三章

【原文】

孟子曰："伯夷辟纣，居北海之滨①，闻文王作，兴曰②：'盍归乎来③！吾闻西伯善养老者④。'太公辟纣，居东海之滨⑤，闻文王作，兴曰：'盍归乎来！吾闻西伯善养老者。'二老者，天下之大老也，而归之，是天下之父归之也。天下之父归之，其子焉往？诸侯有行文王之政者，七年之内，必为政于天下矣。"

【注释】

①北海之滨：指黄河从右碣石入海的地方，在今河北昌黎县西北，离伯夷所在的孤竹国（孤竹古城在今河北卢龙县南十二里）不远，是当年伯夷避纣的地方。②兴：有"起"、"兴奋"的意思。③盍归乎来：来，语助词。④西伯：即后来的周文王，当纣的时候，为西方诸侯之长（西伯）；周朝建立后，被追谥为"文王"。孟子称他为"文王"，是后世人的身分；伯夷、太公称他为"西伯"，是同时代人的身分。⑤东海之滨：一般指海曲一带，海曲县治所在今山东日照西。

【译文】

孟子说："伯夷逃避纣王的暴政，隐居在北海边上，听说文王兴盛起来了，精神振奋地说：'我何不归到那里去呢！我听说西伯是善于奉养老人的人。'太公姜尚逃避纣王的暴政，隐居在东海边上，听说文王兴盛起来了，精神振奋地说：'我何不归到那里去呢！我听说西伯是善于奉养老人的人。'伯夷和太公二位老人，是天下德高望重的著名老人，而他们都归到西伯那里去，这就等于是天下的父老归向西伯了。天下的父老都归向他，他们的儿子一辈又归向谁呢？当今的诸侯们中如有效法文王那样的仁政的，七年之内，就一定能统一天下了。"

第十四章

【原文】

孟子曰："求也为季氏宰①，无能改于其德，而赋粟倍他日②。孔子曰：'求非我徒也，小子鸣鼓而攻之可也③！'由此观之，君不行仁政而富之，皆弃于孔子者也，况于为之强战！争地以战，杀人盈野；争城以战，杀人盈城，此所谓率土地而食人肉，罪不容于死。故善战者服上刑④，连诸侯者次之⑤，辟草莱、任土地者次之⑥。"

【注释】

①求也为季氏宰：求，指孔子的弟子冉求，春秋时鲁国人，字子有，名列孔子门下政事科。季氏，鲁国贵族之一，世代为卿，这里有指季康子。②赋粟：赋，取，征收。③小子鸣鼓而攻之：小子，古时老师对学生的称呼。鸣鼓，大张旗鼓。攻，有谴责的意思。④上刑：重刑。⑤连诸侯：连结诸侯。⑥辟草莱、任土地者次之：辟，开辟；草莱，未开垦的荒地。任土地，把土地分授给百姓，让他们负责耕种。

【译文】

孟子说："冉求做鲁国公卿季康子的家臣，没有能力改变他的所作所为，却帮着他向老百姓征收比往日增加一倍的粮谷。孔子说：'冉求，不是我们中的人了，弟子们可以大张旗鼓地去数落他的过错！'从这件事来看，凡是帮助不行仁政的君主搜刮财富的人，都是被孔子所唾弃的，何况对于那些为霸主们去努力作战的人呢！为了争夺土地而进行战争，往往杀人满野；为了争夺城池而进行战争，往往杀人满城，这就是我们所说的为了土地而吞噬人肉，这种人罪大恶极，处以死刑还不足以偿还他们的罪恶。所以那些能征惯战的人应该受到最重的刑罚，那些搞'合纵连横'唆使诸侯们拉帮结伙互相攻战的人该受次一等的刑罚，那些迫使老百姓开荒山、尽地力以增加君主们赋税收入的人也该受到更次一等的刑罚。"

第十五章

【原文】

孟子曰："存乎人者，莫良于眸子①。眸子不能掩其恶。胸中正，则眸子瞭焉；胸中不正，则眸子眊焉②。听其言也，观其眸子，人焉廋哉③?"

【注释】

①存：在，察。眸子：泛指眼睛。②眊：眼睛昏花。③廋：隐藏，藏匿。

【译文】

孟子说："观察人的方法，没有比观察人的眼睛更好了。眼睛不能掩盖人们内心的邪恶。一个人心中正直，眼睛就显得清明；心中不正直，眼睛就会昏花。听人的讲话，观察他的眼神，这个人内心的善恶又怎么可以隐藏得了呢?"

第十六章

【原文】

孟子曰："恭者不侮人，俭者不夺人。侮夺人之君，惟恐不顺焉，恶得为恭俭? 恭俭岂可以声音笑貌为哉?"

【译文】

孟子说："恭敬的人不会侮辱别人，俭朴的人不会掠夺别人。那些傲慢、掠夺别人的君主，只担心别人不顺从他的欲望，又怎么做得到恭俭呢? 恭俭这两种美德难道是可以凭悦耳的声音和讨好的笑脸做出来的吗?"

第十七章

【原文】

淳于髡曰[①]:"男女授受不亲,礼与?"

【注释】

①淳于髡:淳于,复姓,名髡,战国时齐国人,先后在齐威王、宣王朝做过官。为人滑稽善辩论,屡次奉派出使诸侯国,从不曾受过屈辱。

【译文】

淳于髡问孟子:"男女之间不亲手递接东西,这是礼制规定的吗?"

【原文】

孟子曰:"礼也。"

【译文】

孟子说:"是礼制的规定。"

【原文】

曰:"嫂溺,则援之以手乎?"

【译文】

淳于髡又问:"要是自己的嫂子掉进河里,那么,是不是要用手去救她上岸呢?"

【原文】

曰:"嫂溺不援,是豺狼也。男女授受不亲,礼也;嫂溺,援之以手者,权也。"

【译文】

孟子说:"自己的嫂嫂掉进河里而不用手去救,这是豺狼的行为。男女之间不亲手递接东西,这是礼制的规定；自己的嫂嫂掉进河里，可以直接用手去拉她上岸，这是变通的做法。"

【原文】

曰："今天下溺矣，夫子之不援，何也？"

【译文】

淳于髡说："现在天下的人就像掉进了深渊中，可您先生却不去援救，这是为什么呢？"

【原文】

曰："天下溺，援之以道；嫂溺，援之以手——子欲手援天下乎？"

【译文】

孟子说："天下的人掉进深渊，得用道去援救；自己的嫂子掉进了河里，要用手去拉她——难道您要用手去救援掉进深渊中的天下老百姓吗？"

第一章

【原文】

孟子曰："舜生于诸冯，迁于负夏，卒于鸣条①，东夷之人也。文王生于岐周②，卒于毕郢③，西夷之人也。地之相去也，千有余里；世之相后也，千有余岁。得志行乎中国，若合符节④，先圣后圣，其揆一也⑤。"

【注释】

①诸冯、负夏、鸣条：舜是传说中的古代圣人，他生、卒、活动的地名已经很难确指。诸冯、负夏、鸣条都是地名，大概在东方少数民族地区。②岐周：指岐山下周的旧邑，位于今陕西岐山县东北。③毕郢：地名，相传是文王去世的地方，位于今陕西咸阳县东二十一里。④若合符、节：符、节，古代用

于多方面作为表示印信的东西，原料也不限于竹，还有用玉、铜、角等做成的，形状有龙、虎、人之别，根据用途的不同而异。一般是劈成两半，各执一半，相合无间，拿来代替印信。⑤其揆一也：揆，准则。

【译文】

孟子说："舜出生在诸冯，迁居到负夏，死在鸣条，是东方边远地区人。文王出生在岐周，死在毕郢，是西方边远地区人。地域相距一千多里，前后年代相隔一千多年。当他们得志后在中国实现他们的抱负，简直没有两样，前代的圣人和后代的圣人，他们的准则都是一样的。"

第二章

【原文】

子产听郑国之政①，以其乘舆济人于溱洧②。孟子曰："惠而不知为政③。岁十一月，徒杠成④；十二月，舆梁成⑤，民未病涉也。君子平其政，行辟人可也⑥，焉得人人而济之？故为政者，每人而悦之，日亦不足矣。"

【注释】

①子产：即春秋时郑卿公孙侨。子产自郑简公时当权，先后在定公、献公、声公朝为相四十多年，政声卓著，颇得孔子称许。②溱洧：郑国二水名。③惠而不知为政：惠，恩惠，慈爱。孔子对于子产惠爱百姓的政绩，曾在《论语》中作了多次肯定性的评论，而孟轲抓住他用自己乘坐的车子帮助行人过渡的偶然事件便轻下"不知为政"的论断，似乎有点偏颇。④岁十一月：指夏历（即农历）的九月。徒杠：仅供徒步行人过河用的独木桥。⑤舆梁：可通车马的大桥。⑥行辟人：辟同避，行辟人是说叫行人回避。

【译文】

子产在郑国当政，用他自己乘坐的车子在溱水和洧水那里帮行人渡过河。孟子说："这是小恩小惠，却并不懂得如何办好政事。要是十一月过人的小桥修成了，十二月过车辆的大桥修成了，老百姓便不会再为渡河的事发愁了。在上面做官的君子如果办好了政事，哪怕是出去时鸣锣开道，叫行人回避自己也是可以的，又怎能去一一帮助行人渡河呢？所以办理政事的人要讨得每个人欢心，时间也是不够用的呢！"

第三章

【原文】

孟子告齐宣王曰："君之视臣如手足，则臣视君如腹心；君之视臣如犬马，则臣视君如国人；君之视臣如土芥，则臣视君如寇仇。"

【译文】

孟子告诉齐宣王说："君主把臣下看得如同自己的手足，臣下就会把君主看得如同自己的心腹；君主把臣下看得如同狗马，臣下就会把君主看得如同一般国人；君主把臣下看得如同土块草芥，臣下就会把君主看得如同仇敌。"

【原文】

王曰："礼：为旧君有服[1]，何如斯可为服矣？"

【注释】

[1]礼：为旧君有服：礼，指《仪礼》。旧君，过去曾奉事过的君主。服，指穿丧服。齐宣王觉得孟子的话说得过重了，所以故意提出这个问题来问他。

【译文】

宣王问道："礼制规定：不在职的臣下还得为旧日的君主穿一定的孝服，怎样才可以为旧日的君主服孝呢？"

【原文】

曰："谏行言听，膏泽下于民；有故而去，则君使人导之出疆，又先于其所往[1]；去三年不反，然后收其田里。此之谓三有礼焉。如此，则为之服矣。今也为臣，谏则不行，言则不听；膏泽不下于民；有故而去，则君搏执之，又极之于其所往[2]；去之日，遂收其田里。此之谓寇仇。寇仇，何服之有？"

【注释】

[1]又先于其所往：先，先派人去；所往，所要去的国家。[2]极：穷困，走投无路，极在句子中是动词，使动用法。

【译文】

孟子说："如果臣下劝善规过的话他照办了，好的建议他听取了，因而恩惠下达到老百姓身上；臣下因故必须离国时，君主就派人引导护送他安全出境，又事先打发人到他所要去的地方布置妥善，并宣传他的长处优点；离国三年之后还没有回来，然后才收回他的采地和房屋。这就叫做三有礼。君主能做到这样，臣下就会为他服务。现在做臣下的人，劝善规过的话不被接受，正确的建议不被采纳，因而恩惠不曾下达到老百姓身上；臣下因故离国时，君主就派人逮捕他的家人亲属，又在他所要去的地方制造种种困难，断绝他的生路；刚一离开，便收回他的采地和房屋。这便叫作仇敌。对于仇敌，还服什么孝呢？"

第四章

【原文】

孟子曰："无罪而杀士，则大夫可以去；无罪而戮民，则士可以徙。"

【译文】

孟子说："君主杀害无辜士人，做大夫的就可以离开这个国家；杀戮无辜老百姓，做士人的就可以迁往别处。"

第五章

【原文】

孟子曰："君仁莫不仁；君义莫不义。"

【译文】

孟子说："君主心存仁爱，下面的臣民就没有不心存仁爱的；君主行事合宜，下面的臣民就没有行事不合宜的。"

第六章

【原文】

孟子曰："非礼之礼，非义之义，大人弗为。"

【译文】

孟子说："不合乎礼的礼，不合乎义的义，有大德的君子是不干的。"

第七章

【原文】

孟子曰："中也养不中，才也养不才①，故人乐有贤父兄也。如中也弃不中，才也弃不才，则贤不肖之相去，其间不能以寸②。"

【注释】

①中也养不中，才也养不才：行事没有过份或不及叫中；才能，有所作为叫才。养是指涵育熏陶，等待受教育的人潜移默化。②其间不能以寸：杨伯峻《孟子译注》以为这句话的后面省略了动词"量"字。

【译文】

孟子说："道德修养高尚的贤者应该熏陶培育道德修养不高的人，有才能的人应该熏陶培育才能低下的人，所以人们愿意家里有贤能的父兄。如果道德修养高尚的贤者抛弃道德修养不高的人，有才能的人抛弃才能低下的人，那么，贤和不贤这两种人之间的距离，就不能用分寸去量了。"

第八章

【原文】

孟子曰："人有不为也，而后可以有为。"

【译文】

孟子说："人只有对某些事舍弃不干，然后才可以有所作为。"

第九章

【原文】

孟子曰："言人之不善，当如后患何？"

【译文】

孟子说："说别人的坏话，一旦因此而引起后患，应当怎么办呢？"

第十章

【原文】

孟子曰："仲尼不为已甚者。"

【译文】

孟子说："孔子不做过头的事。"

第十一章

【原文】

孟子曰："大人者，言不必信，行不必果，惟义所在。"

【译文】

孟子说："有道德修养的君子，讲话不一定句句守信，做的事不一定件件有结果，他们只看怎样说怎样做更为合宜。"

第十二章

【原文】

孟子曰："大人者，不失其赤子之心者也①。"

【注释】

①赤子之心：指在上的统治者爱护百姓如同爱护刚出生的婴儿一样的好心。

【译文】

孟子说："所谓的大人，就是没有失去他那爱护百姓如同爱护婴儿一般的心的人。"

第十三章

【原文】

孟子曰："养生者不足以当大事①，惟送死可以当大事。"

【注释】

①当：当作，视为。

【译文】

孟子说："生前奉养父母不能算作是大事，只有死后给他们办好丧事才可以算作是大事。"

第十四章

【原文】

孟子曰："君子深造之以道，欲其自得之也。自得之，则居之安；居之安，则资之深①；资之深，则取之左右逢其原，故君子欲其自得之也。"

【注释】

①资之深：资，有积蓄的意思。深造自得，在于积蓄深广的知识，积蓄深厚，然后能取之不尽，用之不竭，左右逢源。

【译文】

孟子说："君子沿着正确的路子对学问进行高深的研究，目的就是要使自己自觉地得到学问。自己自觉地求得的学问，就能心安理得地坚守它；能安心地坚守它，日积月累，就能积蓄深广；积蓄深广，便能随心所欲，取之不尽，用之不竭，左右逢源，所以君子贵在自己自觉地求得学问。"

第十五章

【原文】

孟子曰："博学而详说之，将以反说约也。"

【译文】

孟子说："广博地学习，详尽地解说，目的是要回到最简明扼要的地步。"

第十六章

【原文】

孟子曰："以善服人者，未有能服人者也；以善养人，然后能服天下。天下不心服而王者，未之有也。"

【译文】

孟子说："拿自己的长处去折服别人，没有能够使人心服的；拿自己的长处去教育帮助别人，然后才能叫天下的人心服。天下的人不归心而能够统一天下的，是决不会有的事。"

第十七章

【原文】

孟子曰："言无实不祥。不祥之实，蔽贤者当之。"

【译文】

孟子说："说话不诚实，固然不好，但这不过是小害，只有蔽塞贤人的谗言才能转为大害。"

第十八章

【原文】

徐子曰①："仲尼亟称于水曰：'水哉，水哉②！'何取于水也？"

【注释】

①徐子：指孟轲弟子徐辟。②仲尼亟称于水：亟，屡次。这里所引孔子赞美水的话，不见其他经传，只有《论语·子罕》篇有"子在川上"叹水的记载。

【译文】

徐辟说："孔子曾多次赞美水道：'水啊，水啊！'请问他对于水取的是什么呢？"

【原文】

孟子曰："原泉混混①，不舍昼夜，盈科而后进②，放乎四海。有本者如是，是之取尔③。苟为无本，七八月之间雨集④，沟浍皆盈⑤；其涸也，可立而待也。故声闻过情⑥，君子耻之。"

【注释】

①原泉混混：原字有的本子作源，原为正字，源是俗字。混混，即滚滚。②盈科：注满坑洼。③是之取尔：这是一个强调宾语的提宾倒装句式，尔同耳，表限止。④七八月之间雨集：这里孟子用的是周历，周正建子，夏正建寅，相差两个月，所以周历七八月即夏历五六月，正当夏至之后，常多大雨。⑤浍：田间的水沟。⑥声闻过情：声闻：名声，名誉。情：实际，实情。

【译文】

孟子说："有本有源的泉水滚滚奔流，不分昼夜，注满空坑后又继续前进，一直到达大海。凡是做事重视本源的正像这样，孔子所取的不过是这一点罢了。假如是无本无源，就像七八月间大雨滂沱，一下子沟沟洼洼水都注满了，可是它的干涸却不必等待多久的时间。所以声誉超过了实际，有道德的君子常把它看作是一种耻辱。"

第十九章

【原文】

孟子曰："人之所以异于禽兽者几希，庶民去之，君子存之。舜明于庶物，察于人伦，由仁义行，非行仁义也。"

【译文】

孟子说："人类区别于禽兽的地方很少，这些地方一般老百姓抛弃它，君子保存了它。舜对于众多事物的道理能明察，对于人们的常情能洞察，所以他能由着仁义行事，而不是勉强地去行仁义。"

第二十章

【原文】

孟子曰："禹恶旨酒而好善言。汤执中，立贤无方①。文王视民如伤，望道而未之见②。武王不泄迩③，不忘远。周公思兼三王，以施四事④；其有不合者，仰而思之，夜以继日；幸而得之，坐以待旦。"

【注释】

①立贤无方：方，常，一定。②望道而未之见：而，读如，古代"而"、"如"二字可以通用。③不泄迩：泄，有狎亵、轻慢的意思。④思兼三王，以施四事：三王，三代的君主；四事，禹汤文武所行的事。

【译文】

孟子说："大禹讨厌人家进献美酒，却爱听有益的话。商汤王坚持中正之道，但起用贤人却能通权达变，打破常规。周文王看待老百姓，就像他们受了伤一样。分明已接触到了道，却好像还没有看到一样，追求不懈。周武王不轻慢常在身边的近臣，也不忘记散在他方的远臣。周公常常希望兼学夏、商、周三代的贤王，来实践禹、汤、文、武四位君主所开创的事业；遇到有与他们不合的地方，便仰起头来仔细思考，不分白天黑夜；一旦侥幸豁然贯通，便高兴地坐着等待天亮，以便立即拿去实行。"

第二十一章

【原文】

孟子曰："王者之迹熄而《诗》亡[①]，《诗》亡然后《春秋》作。晋之《乘》，楚之《梼杌》，鲁之《春秋》，一也[②]；其事则齐桓、晋文，其文则史。孔子曰：'其义则丘窃取之矣。'"

【注释】

①亡：佚失。②晋之《乘》，楚之《梼杌》，鲁之《春秋》：都是史书。有人认为《春秋》是当时通用的史书名，晋国和楚国对本国的史书另立了名号，鲁国却是沿用当时通行的史书名。

【译文】

孟子说："圣王采诗的盛举废止了，《诗》就亡佚了，《诗》亡佚了，然后孔子的《春秋》便产生了。晋国的《乘》，楚国的《梼杌》，鲁国的《春秋》，都是一样的史书。它们所记的史事不过是齐桓、晋文图霸之类，它们的文字也只是一般史书的笔法。孔子说：'《诗》三百篇褒善贬恶，微言大义，我在作《春秋》时便借用过来了。'"

第二十二章

【原文】

孟子曰："君子之泽五世而斩，小人之泽五世而斩[①]。予未得为孔子徒也，予私淑诸人也^②。"

【注释】

①小人：指不在位的圣贤。泽：流风余韵。②淑：叔的假借字，叔有取的意思。《诗经·七月》"九月叔苴"，叔字便是解作收取。

【译文】

孟子说："在位的圣贤的流风余韵过了五代便衰竭了；不在位圣贤的流风余韵也是过了五代便衰竭了。我没有赶上当孔子的学生，我是私下里向别人学取（孔子之道）的。"

第二十三章

【原文】

孟子曰："可以取，可以无取，取伤廉；可以与，可以无与，与伤惠；可以死，可以无死，死伤勇。"

【译文】

孟子说："可以取，可以不取，取了损害廉洁的称号；可以给，可以不给，给了有损于惠爱的称号；可以死，可以不死，死了有损于勇敢的称号。"

第二十四章

【原文】

逢蒙学射于羿^①，尽羿之道，思天下惟羿为愈己，于是杀羿。孟子曰："是亦羿有罪焉。"

【注释】

①逢蒙：是后羿的家人（家众），又是羿的学生。《左传》说羿"将归自田，家众杀而亨（同烹）之。"这里的家众即指逢蒙。当时逢蒙帮助后羿的叛

相杀死羿。羿：夏代诸侯有穷国的君主。

【译文】

逢蒙向后羿学习射箭，完全掌握了后羿的射箭技术，他认为天下只有后羿一人的射艺超过自己，于是就杀死了后羿。孟子道："这件事后羿自己也有罪过。"

【原文】

公明仪曰："宜若无罪焉。"

【译文】

公明仪说："后羿似乎没有罪过吧。"

【原文】

曰："薄乎云尔，恶得无罪？郑人使子濯孺子侵卫，卫使庾公之斯追之①。子濯孺子曰：'今日我疾作，不可以执弓，吾死矣夫！'问其仆曰：'追我者谁也？'其仆曰：'庾公之斯也。'曰：'吾生矣。'其仆曰：'庾公之斯，卫之善射者也；夫子曰吾生，何谓也？'曰：'庾公之斯学射于尹公之他，尹公之他学射于我。夫尹公之他，端人也，其取友必端矣。'庾公之斯至，曰：'夫子何为不执弓？'曰：'今日我疾作，不可以执弓。'曰：'小人学射于尹公之他，尹公之他学射于夫子。我不忍以夫子之道反害夫子。虽然，今日之事，君事也，我不敢废。'抽矢扣轮，去其金，发乘矢而后反②。"

【注释】

①子濯孺子、庾公之斯：孺子，郑国的大夫；庾公，卫国的大夫。②乘矢：四支箭。

【译文】

孟子说："不过轻一点罢了，怎么能说没有罪过呢？郑国有次派遣子濯孺子侵犯卫国，卫国打发庾公之斯追赶他。子濯孺子说：'今天我的病发作了，不能拿弓，我要死了啊！'他问驾车的人道：'追赶我的是谁？'驾车的人说：'是庾公之斯。'子濯孺子说：'我可以活命了。'驾车的人说：'庾公之斯是卫国很会射箭的人；您却说可以活命了，这是什么意思呢？'子濯孺子说：'庾公之斯是在尹公之他那里学射箭的，尹公之他曾经向我学习射箭。尹公之他是个正派人，他选取的学生一定也是正派的。'庾公之斯追到了，问道：'您为什么不拿起弓来呢？'答道：'今天我的病发了，拿不起弓来。'庾公之斯说：'我向尹公之他学射箭，尹公之他又曾向您学射箭。我不忍心拿您传授的技艺来伤害您。尽管如此，但是，今天的事情，是国家的公事，我不敢完全放弃。'于是抽出箭来在车轮子上敲打，把金属箭头敲掉，一连发射了四支箭便回身走了。"

第二十五章

【原文】

孟子曰："西子蒙不洁①，则人皆掩鼻而过之；虽有恶人，齐戒沐浴②，则可以祀上帝。"

【注释】

①西子：西施，越国的美女。蒙：受，沾着。②恶人：面貌丑陋的人。齐：与斋同，古斋戒的斋字多作齐。

【译文】

孟子说："西施要是沾上了一身污秽，人们都会掩着鼻孔走过她的身边；有个面貌奇丑的人，假如他诚心吃素，通身清洁，也可以用他去祭祀上帝。"

第二十六章

【原文】

孟子曰："天下之言性也，则故而已矣。故者以利为本①。所恶于智者，为其凿也。如智者若禹之行水也，则无恶于智矣。禹之行水也，行其所无事也。如智者亦行其所无事，则智亦大矣。天之高也，星辰之远也，苟求其故，千岁之日至②，可坐而致也。"

【注释】

①故者以利为本：故，指事物的本来面目；利，顺。②日至：《孟子》书中所说的日至，有的指夏至，如《告子章句上》第七章"至于日至之时，皆熟矣"中的日至即指夏至。有的指冬至。此处即指冬至。

【译文】

孟子说："天下的人谈论人性，只要按它的本来面目就可以了。按它的本来面目谈必须以顺乎自然为基础。对于那些自以为聪明的人，我们之所以感到讨厌，就因为这种聪明人很容易陷于穿凿附会。如果聪明人像大禹使水运行一样，那么对于聪明就用不着厌恶了。大禹使水运行，做得不露一点痕迹。如果聪明人也能做得不露痕迹，那么聪明的作用也就可算是大了。天虽然很高，星辰虽然很远，只要认真寻求它们运行的本来面目，即使千年以后的冬至，也是可以坐着推算得出的。"

第二十七章

【原文】

公行子有子之丧①，右师往吊②。入门，有进而与右师言者，有就右师之位而与右师言者。孟子不与右师言，右师不悦曰："诸君子皆与欢言，孟子独不与欢言，是简欢也。"

【注释】

①公行子有子之丧：公行子，齐国大夫。有子之丧，根据《仪礼·丧服篇》的规定，一个人的大儿子死了，做父亲的得为他穿粗麻布孝服（所谓斩衰）三年。所以这里的"子"是指公行子的大儿子。②右师：即齐王的宠臣子敖。

【译文】

公行子有大儿子的丧事，右师到他家去吊唁，右师一进门，立即便有人迎上去跟他说话，也有人（在他就坐后）跑到他的座位旁边和他攀谈。孟子没有和他谈话，右师不高兴地说："诸位大夫都跟我说话，唯独孟子不跟我说话，这是（有意）怠慢我。"

【原文】

孟子闻之，曰："礼，朝廷不历位而相与言，不逾阶而相揖也。我欲行礼，子敖以我为简，不亦异乎？"

【译文】

孟子知道这件事后，说："按照礼节，在朝廷上不跨越位子去跟别人说话，不走过阶前跟别人打拱。我是想按礼节行事，子敖却认为我是（有意）怠慢，不也是怪事吗?"

第二十八章

【原文】

孟子曰："君子所以异于人者，以其存心也。君子以仁存心，以礼存心。仁者爱人，有礼者敬人；爱人者，人恒爱之；敬人者，人恒敬之。有人于此，其待我以横逆①，则君子必自反也：我必不仁也，必无礼也，此物奚宜至哉②？其自反而仁矣，自反而有礼矣，其横逆由是也③，君子必自反也：我必不忠。自反而忠矣，其横逆由是也，君子曰：'此亦妄人也已矣；如此，则与禽兽奚择哉④？于禽兽又何难焉?'是故君子有终身之忧，无一朝之患也。乃若所忧则有之：舜，人也，我，亦人也；舜为法于天下，可传于后世，我由未免为乡人也，是则可忧也。忧之如何？如舜而已矣。若夫君子所患则亡矣。非仁无为也，非礼无行也。如有一朝之患，则君子不患矣。"

【注释】

①横逆：蛮不讲理的行为。②奚宜：为什么。③由：与"犹"通用，下句"我由未免为乡人也"中的"由"字同。④奚择：择，区别，不同。

【译文】

孟子说："君子用来区别于一般人的，就在于他的居心。君子居心于仁，居心于礼。仁爱的人抚爱别人，有礼的人尊敬别人；抚爱别人的人，别人也常常抚爱他，尊敬别人的人，别人也常常尊敬他。在这里有个人，他用蛮横无理的行为对待我，那么作为君子便一定会反躬自问：我一定是不仁，一定是无礼，否则，这样的事为什么会发生呢？要是自问做到了仁，自问做到了有礼，而那个人还是这样横蛮，

君子一定再反躬自问：一定是我不忠。要是自问做到了忠心耿耿，而那个人横蛮如故，那君子只好说：'这个人不过是个狂妄无知的人罢了，像这样，那他跟禽兽又有什么区别呢？对禽兽又责难什么呢？'所以君子有终生终世的忧虑，没有突然而来的祸患。至于他所忧虑的事就有这些：舜，是人，我也是人；舜能在天下成为榜样，而且可以流传到后世，而我还不免是个一般的人，这就是可忧虑的事。忧虑又怎么办呢？一定要做到像舜那样。至于君子所担忧的祸患却是没有的。不仁的事不做，无礼的举动不发生。如有什么横祸飞来，君子也并不把它看作是令人难堪的事。"

第二十九章

【原文】

禹、稷当平世，三过其门而不入①，孔子贤之。颜子当乱世，居于陋巷，一箪食，一瓢饮，人不堪其忧，颜子不改其乐，孔子贤之②。孟子曰："禹、稷、颜回同道。禹思天下有溺者，由己溺之也；稷思天下有饥者，由己饥之也，是以如是其急也。禹、稷、颜子易地则皆然。今有同室之人斗者，救之，虽被发缨冠而救之③，可也；乡邻有斗者，被发缨冠而往救之，则惑也；虽闭户可也④。"

【注释】

①稷：本虞舜时农官，当时由周的始祖弃担任，所以也称弃为稷。稷并没有三过其门不入的事，这里只是说禹的治水表现而连及稷，极言两位圣人都急于民事。②颜子当乱世等句：颜回的事，见《论语雍也篇》。③缨冠：缨，系帽绳；缨冠，连绳带帽一起套在头上。④虽闭户可也：这是用来比喻颜回的。这里孟子用被（同披）发缨冠救同室之人斗者比喻禹、稷的急民难，而用"乡邻有斗者"，"虽闭门可也"比喻颜回不在其位，不谋其政。但比喻总是有缺陷的，从今天的观点看来，乡邻相斗，闭门而卧，就不恰当了。

【译文】

禹和稷处在太平时代，三次经过自家门口也不进去，孔子心里十分称许他们。颜子生当乱世，住在狭小的巷子里，一小篓饭，一瓢子水，人们谁也吃不消这样的苦生活，颜子却并不改变他内心的快乐，孔子心里同样称许他。孟子说："禹、稷和颜回走的却是一条道路。禹心想天下要是还有蒙受洪水之灾的，就像是自己把他们推进水里一样；稷心想天下要是还有没饭吃的，就像是自己让他们饿肚皮一样，所以他们对解除百姓痛苦的工作会抓得这样紧。禹、稷和颜回要是互换一下地位，便都会像对方在他们原来的岗位上所做的一样。现在假定同屋的人有互相斗殴的，那就一定要去救他们，哪怕是披头散发连帽上的带子也来不及系在脖子上，就匆匆忙忙地连同帽子一起戴在头上赶去救他们也是可以的。要是邻居人家发生斗殴，也这样赶去劝阻，那就未免太糊涂了，哪怕是关起门来不管也是可以的。"

第三十章

【原文】

公都子曰："匡章，通国皆称不孝焉，夫子与之游，又从而礼貌之，敢问何也？"

【译文】

公都子说："匡章这个人，全国的人都说他不孝，您却跟他交游，并且对他非常敬重，请问这是为什么？"

【原文】

孟子曰："世俗所谓不孝者五：惰其四支，不顾父母之养，一不孝也；博奕好饮酒，不顾父母之养，二不孝也；好货财，私妻子，不顾父母之养，三不孝也；从耳目之欲，以为父母戮①，四不孝也；好勇斗很②，以危父母，五不孝也。章子有一于是乎？夫章子，子父责善而不相遇也③。责善，朋友之道也；父子责善，贼恩之大者。夫章子，岂不欲有夫妻子母之属哉？为得罪于父，不得近，出妻屏子④，终身不养焉。其设心以为不若是，是则罪之大者，是则章子已矣。"

【注释】

①从耳目之欲，以为父母戮：从，同纵；耳目之欲，指耳朵喜听好听的音乐、眼睛贪看美女的容色一类欲望。戮，羞辱。②很：同"狠"。③夫章子，

子父责善而不相遇也：不相遇，有"合不来"的意思。关于章子子父责善的原委是这样的：匡章的母亲触犯了他的父亲，父亲一怒之下，要杀害他母亲，匡章劝父亲不要做出过火的事，父亲不听，将他母亲杀了，埋在马栈下面，父子关系便因此弄僵了。齐威王时，匡章奉命率领军队抵抗秦师，获胜而归，大概威王替他安葬了母亲。④屏：有逐出、疏远的意思。

【译文】

孟子答道："世俗认为不孝的事情有五种：四体不勤，不顾对父母的奉养，是一不孝；嗜好下棋饮酒，不顾对父母的奉养，是二不孝；贪好钱物，偏爱自己的妻子孩子，不顾对父母的奉养，是三不孝；纵情声色以至于犯罪，使父母蒙受耻辱，是四不孝；专逞血气之勇，喜欢与人斗殴，以至连累父母有遭受刑戮的危险，是五不孝。章子在这五项中有一项吗？章子不过是由于父子之间，相责为善，把父子关系弄僵罢了。相责为善，本是朋友相处应做的事；父子之间相责为善，这是最容易伤害感情的事。章子难道不想有夫妻子母的天伦之乐吗？因为得罪了父亲，不能够和他接近，自己只好赶出妻子，疏远儿子，终身不接受他们的供养。他的设想认为不这样做，就是最大的罪过，这就是章子的为人啊。"

第三十一章

【原文】

曾子居武城，有越寇①。或曰："寇至，盍去诸？"曰："无寓人于我室，毁伤其薪木。"寇退，则曰："修我墙屋，我将反。"寇退，曾子反。左右曰："待先生如此其忠且敬也，寇至，则先去以为民望②；寇退则反，殆于不可③。"沈犹行曰④："是非汝所知也。昔沈犹有负刍之祸⑤，从先生者七十人，未有与焉。"

【注释】

①武城：鲁国邑名，故城位于今山东费县西南九十里。有越寇，杨伯峻《孟子译注》说："根据《左传》哀公二十一年以后吴鲁越鲁关系史的记载，费县东南一带之地，是和越灭吴后的疆界犬牙交错的，因之越寇之来去甚

易。"②先去以为民望：是说百姓看了会仿效这种行为。③殆于不可：殆，恐怕；于，为，是。④沈犹行：曾子弟子。沈犹，复姓；行是名。⑤有负刍之祸：指当时有个名叫负刍的人作乱进攻沈犹氏。

【译文】

曾子住在武城，碰上越国军队来进犯。有的人对曾子说："敌兵要到了，为什么不早点离开这里呢？"曾子临走时对人说："不要让别人住进我的房子里，损伤那里的树木。"敌兵退走了，就又捎回口信说："把我住房的墙屋修理好吧，我要回来了。"敌兵退走了，曾子回来了。他身边的人议论说："武城的大夫对待先生是这样的忠诚和恭敬，一旦敌兵到了，就先离去使百姓看着先生的样学；敌人退走了，先生就回来了，这样做恐怕是不大好吧。"沈犹行听了说："这样的事不是你们所能了解的。从前恰好碰上负刍制造乱子，当时跟随先生的七十个人，没有一人过问这件事的。"

【原文】

子思居于卫，有齐寇。或曰："寇至，盍去诸？"子思曰："如伋去，君谁与守？"

【译文】

子思住在卫国，齐国军队来进犯。有的人对子思说："敌兵要到了，何不离开这里呢？"子思回答道："要是我走了，卫君跟谁一道守城呢？"

【原文】

孟子曰："曾子、子思同道。曾子，师也，父兄也；子思，臣也，微也。曾子、子思易地则皆然。"

【译文】

孟子道："曾子、子思所走的同是一样正确的道路。曾子是师长，是父兄一辈的人；子思是臣下，是地位低下的人。他们两人如果互换一下地位，也都会这样做的。"

第三十二章

【原文】

储子曰①："王使人瞯夫子②，果有以异于人乎？"孟子曰："何以异于人哉？尧舜与人同耳。"

【注释】

①储子：齐国人。②瞯：一作瞷，窥看。

【译文】

储子说："王打发人窥看您，果然有跟别人不同的地方么？"孟子说："有什么跟别人不同呢？尧舜跟别人也是一样的。"

第三十三章

【原文】

齐人有一妻一妾而处室者，其良人出①，则必餍酒肉而后反。其妻问所与饮食者，则尽富贵也。其妻告其妾曰："良人出，则必餍酒肉而后反；问其与饮食者，尽富贵也，而未尝有显者来。吾将瞯良人之所之也。"

【注释】

①良人：丈夫。

【译文】

齐国有个有一妻一妾的人家，丈夫每次外出，就一定要吃饱酒肉才回来。他的妻子问跟他一道喝酒吃饭的是些什么人，就说都是有钱有地位的人。他的妻子告诉他的小老婆说："丈夫外出，一定要酒醉饭饱之后才会回来；问跟他一道饮酒吃饭的人，个个都是有钱有地位的人，可是，从来不曾有显贵一些的人到家里来。我打算窥探一下丈夫所去的地方。"

【原文】

蚤起，施从良人之所之①，遍国中无与立谈者。卒之东郭墦间，之祭者②，乞其余；不足，又顾而之他——此其为餍足之道也。

【注释】

①施：古斜字，是说不从正路走。②卒之东郭墦间，之祭者：墦，坟墓。这一句这样断句可以，整个作一句读也可以。

【译文】

　　清早起来，妻子便拐弯抹角地紧跟往丈夫所去的地方，发现整个国都中并没有谁跟他站着交谈的。最后丈夫走到东门城外的坟墓中间，向那些扫墓的人乞讨些残羹剩饭；不够，又四面望望，然后走到别的扫墓的人那里去——这就是他天天醉饱的方法。

【原文】

　　其妻归，告其妾曰："良人者，所仰望而终身也，今若此!"与其妾讪其良人，而相泣于中庭①，而良人未之知也，施施从外来②，骄其妻妾。

【注释】

　　①中庭：即庭中。②施施：得意洋洋的样子。

【译文】

　　他的妻子回去，把情况告诉他的小老婆，并且说："丈夫，是我们指望倚靠度过整整一生的人，现在丈夫却是这个样子!"于是跟他的小老婆一道在庭中咒骂丈夫，哭成一团，丈夫却一点都不知情，得意洋洋地从外面进来，在妻妾面前吹嘘夸耀。

【原文】

　　由君子观之，则人之所以求富贵利达者，其妻妾不羞也，而不相泣者，几希矣。

【译文】

　　从君子的观点看来，一些人用来追求升官发财的手段，能够使他们的妻妾不感到羞耻而一块儿哭泣的，几乎是很少的。

第一章

【原文】

　　孟子曰："尽其心者，知其性也。知其性，则知天矣。存其心，养其性，所以事天也。夭寿不贰，修身以俟之，所以立命也。"

【译文】

孟子说："能够竭尽他的善心的，便是真正知道了人禀受上天的善性。懂得了人的善性，便是了解了天命。（一个人）努力保存他的善心，培养他禀受上天的善性，目的就在于正确对待天命。不管短命或是长寿都毫不犹豫动摇，只是修身养性以等待天命的抉择，这就是用来安身立命的方法。"

第二章

【原文】

孟子曰："莫非命也①，顺受其正！是故知命者不立乎岩墙之下②。尽其道而死者，正命也；桎梏死者，非正命也。"

【注释】

①莫非命：这句是禁戒之辞，禁戒一个人不可非命而死。莫，即无；不要。②岩墙：将要倒坍的墙。

【译文】

孟子说："不要非命而死，而要顺理而行，接受天所注定的正常命运吧！所以知道天命的人不会站在快要倾倒的墙壁下面。一切完全按正道行事而死的人，他所接受的是正常的命运；那些犯罪坐牢而死的人，他们所接受的就不是正常的命运。"

第三章

【原文】

孟子曰："求则得之，舍则失之，是求有益于得也，求在我者也。求之有道，得之有命，是求无益于得也，求在外者也。"

【译文】

孟子说："（有的东西）追求就能够得到，放弃就会失掉，这种追求是对获得（这个东西）有益处的，这是由于所追求的东西就在我本身之内，（能否获得它取决于我自己）。（有的东西）追求得有一定的原则，能否得到它得由命运安排，这种追求是对获得（这个东西）毫无益处的，这是因为所追求的东西存在于我的身外。（能不能得到它就由不得自己了）。"

第四章

【原文】

孟子曰："万物皆备于我矣。反身而诚，乐莫大焉。强恕而行，求仁莫近焉。"

【译文】

孟子说："世间大小事物当然之理都在我天性之内具备了。如果我反躬自问，天性内所具备的事物当然之理都实实在在，（而又能见诸实行）便没有什么事比这更快乐的了。（否则）就该凡事勉强推行推己及人的恕道，那么，求得仁德的道路便没有比这更近的了。"

第五章

【原文】

孟子曰："行之而不著焉，习矣而不察焉，终身由之而不知其道者，众也。"

【译文】

孟子说："（人人都有仁义之心）倘若仅仅这样做下去，却不明白为什么要这样做，天天习以为常，却不问个所以然，终生终世打这条道路走，却不考究一下这是条什么道路，这种人就是一般的人。"

第六章

【原文】

孟子曰："人不可以无耻；无耻之耻，无耻矣。"

【译文】

孟子说："一个人不可以没有羞耻；一个人倘若能够感到自己没有羞耻为可耻，（因而改过自新）他就可以终身不再蒙受羞耻了。"

第七章

【原文】

孟子曰："耻之于人大矣；为机变之巧者，无所用耻焉。不耻不若人，何若人有？"

【译文】

孟子说："羞耻对于人来说意义非常大；那些搞阴谋诡计的人，是没有什么地方用得着羞耻的。一个人要是不把不如别人看作是羞耻，那他还有什么地方能比得上别人呢？"

第八章

【原文】

孟子曰："古之贤王好善而忘势；古之贤士何独不然？乐其道而忘人之

势，故王公不致敬尽礼，则不得亟见之。见且由不得亟^①，而况得而臣之乎？"

【注释】

①由：同"犹。"

【译文】

孟子说："古时的贤君喜爱有德行的贤士，忘记自己的权势地位；古时的贤士又何尝不是这样？他们热爱自己信奉的义理，忘记别人的权势地位，因此王公们要是对他们不能做到诚心诚意，礼仪周到，就不能多次见到他们。相见的次数尚且不能多，更何况要把他们作为自己的臣下呢？"

第九章

【原文】

孟子谓宋句践曰^①："子好游乎^②？吾语子游。人知之，亦嚣嚣^③；人不知，亦嚣嚣。"

【注释】

①宋句践：宋姓，句践名，是一位喜欢拿道德游说诸侯，希望能实现他的政治主张的学者。②游：游说。③嚣嚣：嚣是闲的假借字，嚣嚣即闲闲，无求无欲，悠闲自得的样子。

【译文】

孟子对宋句践说："你喜欢到各国去游说吗？我告诉你关于游说应取的态度。人家理解我，也悠闲自得；人家不理解我，也悠闲自得。"

【原文】

曰："何如斯可以嚣嚣矣？"

【译文】

问道："怎样才能做到悠闲自得呢？"

【原文】

曰："尊德乐义，则可以嚣嚣矣。故士穷不失义，达不离道。穷不失义，故士得己焉^①；达不离道，故民不失望焉。古之人，得志，泽加于民；不得志，修身见于世。穷则独善其身，达则兼善天下。"

【注释】

①得己：即自得的意思。

【译文】

答道："一个人能尊重自己的德操，以行为合于义为乐，就可以悠闲自得了。因此士人在穷困时不丢掉义，在得志时不偏离道。士人能够穷困时不丢掉义，所以能自得其乐；能够在得志时不偏离道，所以使百姓不至于感到失望。古时的君子，得了志，恩泽普遍施加到百姓；万一不得志，也能自修品德，有所表现于世。穷困时提升自身的品德修养，得志时便使天下百姓各得其所。"

第十章

【原文】

孟子曰："待文王而后兴者，凡民也。若夫豪杰之士，虽无文王犹兴。"

【译文】

孟子说："要等待有文王那样的圣君出现，然后才知道兴起向善的，是普通的人。至于杰出的人物，尽管没有文王这样的圣君出现，也还是能够自觉地兴起向善的。"

第十一章

【原文】

孟子曰："附之以韩魏之家①，如其自视欿然②，则过人远矣。"

【注释】

①附之以韩魏之家：附，增加。韩魏之家，是指春秋时晋国六卿中最富有的家族，不是指战国时韩、魏两国。②欿然：欿：是坎的假借字；欿然：有不自满的意思。

【译文】

孟子说："除了他自己的家业外，再拿晋国韩魏两大家族的财富加上去，如果他自己看来，觉得仁义之道还不足，并不值得自满，这样的人就远远超出了一般人。"

第十二章

【原文】

孟子曰："以佚道使民，虽劳不怨。以生道杀民，虽死不怨杀者①。"

【注释】

①以生道杀民：生道，指广大人民生存的原则；这里的民是指危及广大人民生存的人。

【译文】

孟子说："从谋求百姓能过上安逸生活出发而役使百姓，他们尽管劳累一些，也不会埋怨。从维护广大百姓生存出发而不得已杀人，被杀者也不至于怨恨杀他的人。"

第十三章

【原文】

孟子曰："霸者之民骢虞如也①，王者之民皞皞如也②。杀之而不怨，利之而不庸③，民日迁善而不知为之者。夫君子所过者化④，所存者神，上下与天地同流，岂曰小补之哉？"

【注释】

①骢虞：即欢娱；骢虞是欢娱二字的假借字。②皞皞：通浩浩，广大自得的样子。③庸：功，这里有归功的意思。④君子所过者化：这句中"君子"

的意义和一般把有德或是有位的人称为君子的意义不同。这句中的"君子"指"圣人",不但指王者的圣人,可能也指非王者的圣人,如孔子等,所以这里不用"王者"字样而改用"君子"两字。

【译文】

孟子说:"霸者的百姓由于明显地看到君主的恩惠,因而感恩戴德,欢天喜地,王者的百姓身受君主的德泽而不自觉,因而心旷神怡,怡然自得。百姓被杀了,却并不怨恨,百姓蒙受恩惠,却并不归功于谁,百姓一天一天趋向于善却不知是谁造成的。圣人所到的地方,人们从风而化,他所在的国家,潜移默化,神妙莫测,简直是上与天下与地一同运转不息,难道是仅仅只是小小的补益吗?"

第十四章

【原文】

孟子曰:"仁言不如仁声之入人深也,善政不如善教之得民也。善政,民畏之;善教,民爱之。善政得民财,善教得民心。"

【译文】

孟子说:"仁厚的语言不如仁德的声望深入人心,良好的政治不如良好的教育深得人心。良好的政治,百姓害怕它;良好的教育,百姓喜爱它。良好的政治得到的是百姓的财物,良好的教育得到的却是百姓的心。"

第十五章

【原文】

孟子曰:"人之所不学而能者,其良能也;所不虑而知者,其良知也①。孩提之童②,无不知爱其亲者,及其长也,无不知敬其兄也。亲亲,仁也;敬长，义也。无他，达之天下也。"

【注释】

①良能、良知：良有"最"有"好"的意思，良能、良知跟说最好的能、最好的知差不多，《孟子》原文已有阐释。②孩提之童：孩，古文作咳，笑；提，抱，二三岁的小孩会笑、闹着要人抱，所以称为"孩提之童"。

【译文】

孟子说："人们无须学就会做的，这是他们的良能；无须思考就可以知道的，这是他们的良知。二三岁会笑、要人抱的小孩，没有不知道爱他的父母的，等到长大了，又没有不知道尊敬他的兄长的。亲爱父母亲便是仁，尊敬兄长便是义。打算有所作为使泽被万民的圣人没有其他诀窍，不过是把这种天生的尊敬长辈的仁义之心推广到天下罢了。"

第十六章

【原文】

孟子曰："舜之居深山之中，与木石居，与鹿豕游，其所以异于深山之野人者几希；及其闻一善言，见一善行，若决江河，沛然莫之能御也①。"

【注释】

①沛然：《孟子》中有三处地方用了"沛然"这个形容词：《梁惠王·上》篇，"沛然下雨"，它形容大雨润物的样子；《离娄·上》篇，"沛然德教溢于四海"，它形容德教广大，充满四海的样子；这里的"沛然莫之能御"，形容舜舍己从人，取于人以为善，只要有所闻见，立即毫不动摇地拿来实行。

【译文】

孟子说："舜住在深山时，跟树木和石头一块做伴，和麋鹿野猪一同游息，他用以区别于深山野人的地方差不多很少；可是等到他听到一句有益的话，看到一种良好的行为，就立即实行，好像江河决了口，声势浩大没有人能阻挡得了。"

第十七章

【原文】

孟子曰："无为其所不为，无欲其所不欲，如此而已矣。"

【译文】

孟子说："不要做那些自己所不应该做的事，不要贪图那些自己所不应该要的东西，能做到这样就够了。"

第十八章

【原文】

孟子曰："人之有德慧术知者，恒存乎疢疾①。独孤臣孽子②，其操心也危，其虑患也深，故达。"

【注释】

①疢疾：即疾病。这里的疢疾，不是实指疾病，而是比喻灾患。②孽子：即庶子，指妾所生的儿子。

【译文】

孟子说："那些有德行、聪明、学术和才智的人，往往来自艰危的处境。只有那些孤立无援的臣下和被人歧视的庶孽之子，他们提心吊胆，对于祸患的考虑也较深，所以能够比较通达。"

第十九章

【原文】

孟子曰："有事君人者，事是君则为容悦者也；有安社稷臣者，以安社稷为悦者也；有天民者，达可行于天下而后行之者也；有大人者，正己而物正者也。"

【译文】

孟子说："有奉事君主的一种人，他们奉事这些君主是为了讨得君主们的欢心；有安邦定国的臣子，他们是以安定国家为乐事的；有有高深学问涵养的天民，他们一定要知道他们的道可以通行于天下然后才出来行道；有变化通神的大人，他们端正自己，外物便跟着得到了端正。"

第二十章

【原文】

孟子曰："君子有三乐，而王天下不与存焉。父母俱存，兄弟无故①，一乐也；仰不愧于天，俯不怍于人②，二乐也；得天下英才而教育之，三乐也。君子有三乐，而王天下不与存焉③！"

【注释】

①无故：故，灾患丧病，也即"事故"的"故"。②怍：惭愧。③这里重复开头二句，表示赞美。

【译文】

孟子说："君子有三桩乐事，统一天下却不包含在内。父母全都健在，兄弟也没灾没病，是第一桩乐事；上无愧于天，下对得起人，是第二桩乐事；得到天下优秀的人才并对他们进行教育，是第三桩乐事。君子有三桩乐事，统一天下却不包含在内！"

第二十一章

【原文】

孟子曰："广土众民，君子欲之，所乐不存焉；中天下而立，定四海之民，君子乐之，所性不存焉。君子所性，虽大行不加焉，虽穷居不损焉，分定故也。君子所性，仁义礼智根于心，其生色也睟然①，见于面，盎于背②，施于四体③，四体不言而喻。"

【注释】

①睟然：润泽的样子。这两字过去属下读，这里根据周广业《孟子逸文考》属上读，即"其生色也睟然"。②盎：盛大的流行样子，引申为显现的意思。③施：延及。

【译文】

孟子说："国土广阔，人口众多，这固然是君子所希望的，但让他感到快乐的却不在这里；屹立于天下的中央，使海内的百姓普遍得到安定，君子对此自然感到快乐，但他所得自天的本性却不在这里。君子所得自天的本性，纵然是他的政治理想在天下完全得到实行也不会因此在上面增添一点什么，即使是困居乡里也不会因此从那里减少一点什么，这是由于天性已经固定了的缘故。君子所得自天的本性，仁、义、礼、智植根在他的心中。他生发出来的神色温润清和，表现在颜面，显露于肩背，遍及到四肢，四肢一动作，不待用语言说明，人们一看便知道了。"

第二十二章

【原文】

孟子曰："伯夷辟纣，居北海之滨，闻文王作，兴曰：'盍归乎来！吾闻西伯善养老者。'太公辟纣，居东海之滨，闻文王作，兴曰：'盍归乎来！吾闻西伯善养老者。'天下有善养老，则仁人以为己归矣。五亩之宅，树墙下以桑，匹妇蚕之，则老者足以衣帛矣。五母鸡，二母彘，无失其时，老者足以无失肉矣。百亩之田，匹夫耕之，八口之家足以无饥矣。所谓西伯善养老者，制其田里①，教之树畜，导其妻子使养其老。五十非帛不煖，七十非肉不饱。不煖不饱，谓之冻馁。文王之民无冻馁之老者，此之谓也。"

【注释】

①田里：指田亩和住宅。

【译文】

孟子说："伯夷逃避纣王，住在北海边上，听说文王兴盛起来了，便精神振奋地说：'何不归到那里去啊！我听说西伯是善于养老的人。'太公姜尚逃避纣王，住在东海边上，听说文王兴盛起来了，便精神振奋地说：'何不归到那里去啊！我听说西伯是善于养老的人。'只要天下有善于养老的人，仁人们便把他当作自己的归宿。五亩大小的住宅，把桑树种在墙脚下，让一个妇女养蚕缫丝，那么老年人就能够穿上棉袄了。每户人家所养的五只母鸡，两头母猪，不要延误了它们饲养和繁殖的时机，老年人便会有肉吃了。百亩田地，一个丁壮农夫耕种，八口人的家庭就足够吃饱了。人们所说的西伯善于养老，是指他规定分配给百姓土地和住宅的数字和大小，指导他们栽种和畜牧，教导他们的妻子儿女奉养他们家的老人。人到了五十岁，不穿棉袄便不能暖身子，到了七十岁，没有肉食便不能吃饱肚子。身子不暖肚子不饱，便叫做受冻挨饿。所谓文王的老百姓没有受冻挨饿的老人，说的正是这个意思。"

第二十三章

【原文】

孟子曰："易其田畴①，薄其税敛，民可使富也。食之以时，用之以礼，财不可胜用也。民非水火不生活，昏暮叩人之门户求水火，无弗与者，至足矣②。圣人治天下，使有菽粟如水火。菽粟如水火，而民焉有不仁者乎？"

【注释】

①易其田畴：易，整治。畴，耕治的田亩。②至足矣：至足，极富足。至于"矣"字，杨伯峻《孟子译注》云："此'矣'字用法同'也'，'至足矣'为解释句，说明上句的原因。'矣'字这种用法很少见，（一般古书，'也'与'矣'用法分别很清，故《淮南子·说林训》云：'也之与矣，相去千里。'）前代传抄是否有误，不得而知。"

【译文】

孟子说："只要整治好耕地，减轻赋税，百姓是可以使之富足的。食用要有时节，用钱不超过礼数，财物便用不尽了。百姓没有水和火是活不下去的，要是黑夜敲门向别人讨碗水或要个火，是没有人不会给的，这是由于水火家家都非常充足的缘故。圣人治理天下，就要使百姓家有粮食

像水火那样充足。百姓家的粮食像水火那样多了，哪还会有不仁爱的呢？"

第二十四章

【原文】

孟子曰："孔子登东山而小鲁①，登泰山而小天下，故观于海者难为水，游于圣人之门者难为言。观水有术，必观其澜。日月有明，容光必照焉②。流水之为物也，不盈科不行；君子之志于道也，不成章不达③。"

【注释】

①东山：指山东南部的蒙山，它位于春秋时鲁国的东面。②容光：透光的小缝隙。③不成章不达：成章，是说学问积累多了，文章自然外现。达，推此及彼，无不晓畅。

【译文】

孟子说："孔子登上东山便感觉鲁国小了，登上泰山就感觉天下也小了，所以对于观看过大海的人，作为水要再得到他的赞叹就难了，对于曾在圣人门

下游学过的人，作为言谈要再打动他的心弦也就不易了。观看水有观看水的方法，一定得观看它无比壮阔的波澜。太阳和月亮都有耀目的光辉，凡是能容纳光线的小小缝隙都一定能够照到。流水这个东西，不积满地面上那些坎坎洼洼，它是不会前进的；君子有志于推行道义，不日积月累，胸有珠玑，文章外现，就不能由此及彼，通达事理。"

第二十五章

【原文】

孟子曰："鸡鸣而起，孳孳为善者，舜之徒也；鸡鸣而起，孳孳为利者，蹠之徒也①。欲知舜与蹠之分，无他，利与善之间也②。"

【注释】

①蹠：同跖，即所谓盗跖，春秋战国之际奴隶起义领袖，旧时被诬称为盗跖。②间：有空隙的意思，这里用来极言其小。

【译文】

孟子说："一听到鸡叫便起来，努力不懈地行善的，是舜一类的人；一听到鸡叫便起来，努力不懈地追求私利的，是蹠一类的人。要想知道舜跟蹠的区分，没有别的，只在利和善这极其细微的差异中。"

第二十六章

【原文】

孟子曰："杨子取为我，拔一毛而利天下，不为也。墨子兼爱，摩顶放踵利天下①，为之。子莫执中②。执中为近之。执中无权，犹执一也。所恶执一者，为其贼道也，举一而废百也。"

【注释】

①摩顶放踵：摩，摩秃；放，到；踵，脚后跟。②子莫：鲁国的贤人。

【译文】

孟子说："杨子采取为我的主张，即使是拔去自己一根毫毛却能使天下得利的事，都不愿干；墨子主张兼爱，哪怕从摩秃头顶到走破脚跟，只要有利于天下，也乐意干。子莫就坚持折中的主张。坚持折中的主张算是近乎正确。但如果持折中的主张而不知道变通，那就是固执。我们之所以讨厌固执的主张，因为它损害了仁义之道，顾及一端偏废其余的缘故。"

第二十七章

【原文】

孟子曰："饥者甘食，渴者甘饮，是未得饮食之正也，饥渴害之也。岂惟口腹有饥渴之害？人心亦皆有害。人能无以饥渴之害为心害。则不及人不为忧矣。"

【译文】

孟子说："肚子饥的人吃什么食物都觉得是美的，口渴的人喝什么饮料都觉得是甜的，这是没有尝到饮料和食物的正常滋味，极度的饥渴妨害了他们品尝滋味的正常感觉。难道只是嘴巴和肚子有饥渴的妨害吗？人们的心也都有类似的妨害。假如是人们能使他们的心不受像饥渴对于嘴巴肚子那样的妨害，那么尽管自己一时还不如别人，也不会因此而发愁了。"

第二十八章

【原文】

孟子曰："柳下惠不以三公易其介①。"

【注释】

①介：操守。

【译文】

孟子说："柳下惠不因为身居三公的高位而改变他的操守。"

第二十九章

【原文】

孟子曰："有为者辟若掘井，掘井九轫而不及泉^①，犹为弃井也。"

【注释】

①轫：是"仞"的假借字。八尺为一仞。一说七尺为一仞。

【译文】

孟子说："有作为的人譬如打井一样，井打到九仞深却没有挖到地下泉，也还是一口废井。"

第三十章

【原文】

孟子曰："尧舜，性之也；汤武，身之也；五霸，假之也。久假而不归，恶知其非有也。"

【译文】

孟子说："尧舜秉性行仁，出自天性；汤武的仁义是亲力亲为；至于五霸，却是假借仁义之名，图谋他们的私利，借久了不归还，使别人受到蒙蔽，又怎么知道他们并没有仁的实际呢？"

第三十一章

【原文】

公孙丑曰："伊尹曰：'予不狎于不顺①。'放太甲于桐②，民大悦。太甲贤，又反之，民大悦。贤者之为人臣也，其君不贤，则固可放与？"

【注释】

①予不狎于不顺：见今《商书·太甲上》（按今《商书·太甲》三篇是伪古文）。狎，习见，看惯；不顺，是说太甲所为，不顺义理。②放太甲于桐：参看《万章·章句上》第六章。

【译文】

公孙丑问："伊尹说：'我看不惯那些不遵循义理的人。'于是他把太甲放逐到桐去，老百姓非常高兴。太甲改过自新了，他又将他迎接回来，老百姓也非常高兴。贤人做了人家的臣子，假如他的君主不好，就可以放逐吗？"

【原文】

孟子曰："有伊尹之志，则可；无伊尹之志，则篡也。"

【译文】

孟子说："如果有伊尹那样为公的心思，就可以；如果没有伊尹那样为公的心思，便是篡权了。"

第三十二章

【原文】

公孙丑曰："《诗》曰：'不素餐兮①！'君子之不耕而食，何也？"

【注释】

①不素餐兮：是旨在刺贪的《诗经·魏风·伐檀》中的诗句。素餐，等

于说白吃饭。无功受禄，便叫素餐。

【译文】

公孙丑问："《诗》中说：'不白吃饭呀！'可现在的君子却不种田也吃饭，这是为什么呢？"

【原文】

孟子曰："君子居是国也，其君用之，则安富尊荣；其子弟从之，则孝悌忠信。'不素餐兮'，孰大于是？"

【译文】

孟子说："君子居住在这个国家，如果这个国家的君主任用他做官，便能使国家和君主安定、富足而又保持高尚光荣的地位；如果他们的子弟跟着他学习，便能孝敬父母，尊敬兄长、忠心事君、讲究信用。'不白吃饭呀'，还有什么比这个功劳更大的吗？"

第三十三章

【原文】

王子垫问曰①："士何事？"

【注释】

①王子垫：齐王的儿子，名垫。

【译文】

王子垫问道："士做的什么事？"

【原文】

孟子曰："尚志"。

【译文】

孟子说："士应当使自己保持高尚的志向。"

【原文】

曰："何谓尚志？"

【译文】

又问："怎样才能说是志向高尚呢？"

【原文】

曰："仁义而已矣。杀一无罪非仁也，非其有而取之非义也。居恶在？仁是也；路恶在？义是也。居仁由义，大人之事备矣。"

【译文】

答道："不过是坚持仁和义罢了。杀害一个没有罪的人，便是不仁；凡是财物不是他自己应该得的却取用了，便是不义。士应该居住在什么地方呢？便是仁；士应该行走的路在哪里呢？便是义。住的是仁，经由的是义，那么在官的大人分内的事情就都全部具备了。"

第三十四章

【原文】

孟子曰："仲子，不义与之齐国而弗受①，人皆信之，是舍箪食豆羹之义也。人莫大焉亡亲戚君臣上下②。以其小者信其大者，奚可哉？"

【注释】

①仲子，不义与之齐国而弗受：仲子，即陈仲子。他的事迹见《滕文公章句下》第十章。"不义与之齐国而弗受"，只是一种假设，并不是实有其事。②人莫大焉亡亲戚君臣上下：大焉，跟"大于"差不多。亡，同无。

【译文】

孟子说："陈仲子这个人，即使是毫无道理地把个齐国给他，他也是不会接受的，人们都相信这件事，其实，这种义是等于放弃一箪饭一碗汤的义。人的罪过再没有什么比不要亲人君臣尊卑更大的了，而仲子便正是犯有这种罪过。怎么可以因为他有这一点廉洁的表现便相信他的大节操呢？"

第三十五章

【原文】

桃应问曰①："舜为天子，皋陶为士，瞽瞍杀人，则如之何？"

【注释】

①桃应：孟子弟子。

【译文】

桃应问道："舜作天子，皋陶当法官，假定瞽瞍杀了人，那该怎么处置？"

【原文】

孟子曰："执之而已矣。"

【译文】

孟子说："那就把他抓起来了。"

【原文】

"然则舜不禁与？"

【译文】

"那么舜不会出来阻止么？"

【原文】

曰："夫舜恶得而禁之？夫有所受之也。"

【译文】

答道："舜怎么能出来阻止呢？皋陶之法是有所传授的，又怎会徇私枉法呢？"

【原文】

"然则舜如之何？"

【译文】

"那么舜该怎么办呢？"

【原文】

曰："舜视弃天下犹弃敝蹝也①。窃负而逃，遵海滨而处②，终身訢然③，乐而忘天下。"

【注释】

①蹝：一作屣，鞋子。②海滨：滨，水边。古时海滨是政令达不到的地方，所以孟子设想舜会把他犯法的父亲藏在那里。③訢：古欣字。

【译文】

答道："舜把抛弃天下看做像抛掉一双破鞋一样。他会偷偷地背着犯法的父亲逃走，沿着海边住下来，一辈子高高兴兴的，把曾经做过天子享有天下的事情忘得一干二净。"

第三十六章

【原文】

孟子自范之齐①，望见齐王之子，喟然叹曰："居移气，养移体，大哉居乎！夫非尽人之子与？"

【注释】

①自范之齐：范，齐国地名，故城位于今山东范县东南二十里，是从梁（魏）到齐的要道。梁襄王即位之后，刚好是齐宣王新政的开始，孟子听说那里有条件实行仁政，所以从范动身到齐国去。

【译文】

孟子从范邑到齐国的国都去，远远地望见了齐王的儿子，颇有感触地叹息道："一个人所处的环境改变他的气质，所受的俸养改变他的体魄，环境对人们的影响是多么大啊！他和一般人不都是人的儿子吗？"

【原文】

孟子曰①："王子宫室、车马、衣服多与人同，而王子若彼者，其居使之然也；况居天下之广居者乎②？鲁君之宋，呼于垤泽之门③，守者曰：'此非吾君也，何其声之似我君也？'此无他，居相似也。"

【注释】

①孟子曰：赵岐《孟子章句》这句以前为一章，以下另作一章。朱熹

《孟子集注》则把二章合为一章，并指出这"孟子曰"三字是多余的文字。②
广居：喻指仁，见《滕文公章句下》第二章。③垤泽：宋城门名。

【译文】

孟子说："王子的住房、车马、衣服多半跟别人的差不多，可王子却显示出那样不凡的气魄，这就是因为他所处的环境使他变成这样的缘故；何况处在天下最广阔的环境——仁——中的人呢？鲁君有一次到宋国去，在宋国垤泽的城门下吆喝，守门的人说：'这不是我们的君主，为什么他的声音如此像我们的君主呢？'这没有别的原因，只是由于他们所处的环境相似。"

第三十七章

【原文】

孟子曰："食而弗爱，豕交之也；爱而不敬，兽畜之也。恭敬者，币之未将者也。恭敬而无实，君子不可虚拘。"

【译文】

孟子说："对于贤人只俸养而不爱，那就跟把他当成猪一样接待差不多。只知爱而不知尊敬，那就等于把他当成兽类一样豢养着。恭敬之心，应该在币帛奉送之前就具备了的。徒有恭敬的形式而没有恭敬的实际，君子是不会被这种虚假的礼仪所拘泥的。"

第三十八章

【原文】

孟子曰："形色，天性也；惟圣人然后可以践形。"

【译文】

孟子说："人的形体容貌，都是秉自然之理而生成的，这就是所谓天性；

只有圣人才能尽这种自然之理，使天生的形体容貌更加充实完美，无愧于天性。"

第三十九章

【原文】

齐宣王欲短丧，公孙丑曰："为期之丧，犹愈于已乎？"

【译文】

齐宣王打算缩短丧礼规定的守孝时间，让公孙丑问孟子道："父母死后守孝一周年，这是比完全不守孝强些吧？"

【原文】

孟子曰："是犹或紾其兄之臂^①，子谓之姑徐徐云尔，亦教之孝悌而已矣。"

【注释】

①紾：扭。

【译文】

孟子说："这就像有个人扭他哥哥的胳膊，你对他说暂且慢慢儿扭吧，也只有拿孝敬父母尊敬兄长的道理教育他好了。"

【原文】

王子有其母死者，其傅为之请数月之丧^①。公孙丑曰："若此者何如也？"

【注释】

①王子母死其傅为之请数月之丧：王子死去的母亲是他父亲的小老婆，上面还有大老婆在，按丧礼的规定他不能行亲丧之礼，守孝三年，因此他的老师代他向他父亲请求守几个月丧。

【译文】

王子中有个死了母亲的，他的老师替他请求守几个月的孝。公孙丑问孟子道："像这样的事该怎么办呢？"

【原文】

曰："是欲终之而不可得也。虽加一日愈于已，谓夫莫之禁而弗为者也。"

【译文】

答道："这个是这位王子想守完三年的孝不可能做到的。哪怕是增加一天守孝的时间也比完全不守孝更好，说的是那些并没有人不让他守孝他却不守孝的人。"

第四十章

【原文】

孟子曰："君子之所以教者五：有如时雨化之者，有成德者，有达财者①，有答问者，有私淑艾者②。此五者，君子之所以教也。"

【注释】

①财：是才的假借字。②私淑艾：私，私下；淑，善；艾，治。这是指有的人不及登君子之门受业，可是从别人那里间接接触到君子的道德学问，私地里拿来修身立业。孟子自己说的"予未得为孔子徒也，予私淑诸人也"便是适例。

【译文】

孟子说："君子用来教育人的方式有五种：有像时雨那样化育万物的，有帮助培养成优良品德的，有多方诱导发展特殊才干使之成材的，有解答学生提出的疑难问题的，有拿自身的品德学问影响那些没有登门受业的人，使他们通过自修得到成功。这五种方式，便是君子用来教育人的方式。"

第四十一章

【原文】

公孙丑曰："道则高矣，美矣，宜若登天然，似不可及也；何不使彼为可几及而日孳孳也①？"

【注释】

①几：近，将及。

【译文】

公孙丑说："道可说是高了，美了，可就好像登天一样，似乎有点高不可攀；为什么不使它变得可以达到，以便别人每日用功去钻研呢？"

【原文】

孟子曰："大匠不为拙工改废绳墨，羿不为拙射变其彀率①。君子引而不发，跃如也。中道而立，能者从之。"

【注释】

①彀率：弯弓的限度。

【译文】

孟子说："高明的木匠不会因为笨拙的徒工而改变或是抛弃操作时必不可少的墨线，善射箭的羿也不会因为学射人的笨拙而改变要求弯弓时所应达到的限度。君子教人，如射手教射一般，搭上箭拉满弓，并不把箭发出去，只是做出跃跃欲试的姿式。他立下一个合乎中道、不难也不易的准则，能接受这个准则的就能跟上去。"

第四十二章

【原文】

孟子曰："天下有道，以道殉身；天下无道，以身殉道；未闻以道殉乎人者也。"

【译文】

孟子说："天下要是走上了正轨，道便能随从贤者本身的被信任而得以施行；天下要是离开了正轨，贤者本身便随着道的不能施行而隐居起来；我没有听说过为了逢迎王侯而歪曲甚至破坏正道的。"

第四十三章

【原文】

公都子曰："滕更之在门也①，若在所礼，而不答，何也？"

【注释】

①滕更：滕君的弟弟，当时在孟子那里学习。

【译文】

公都子说："滕更在您门下学习，似乎应置在以礼相待的人的行列，您却不回答他的发问，这是为什么呢？"

【原文】

孟子曰："挟贵而问，挟贤而问，挟长而问，挟有勋劳而问，挟故而问，皆所不答也。滕更有二焉。"

【译文】

孟子说："仗着自己的权位高来发问，仗着自己的才干名气来发问，仗着自己年纪比人家大来发问，仗着自己是有功来发问，仗着自己与人家有交情来发问，所有这些都是我不予回答的。滕更这个人犯了两条。"

第四十四章

【原文】

孟子曰："于不可已而已者，无所不已。于所厚者薄，无所不薄也。其进锐者，其退速。"

【译文】

孟子说："对于不当废弃的人却废弃了，那就没有什么人不可以废弃了。对于应当厚待的人却薄待了，那就没有什么人不可以薄待了。那些进用非常突然的人，他们被罢退也必然会十分迅速。"

第四十五章

【原文】

孟子曰："君子之于物也，爱之而弗仁；于民也，仁之而弗亲。亲亲而仁民，仁民而爱物。"

【译文】

孟子说："君子对待万物，爱惜它们却不施给仁德；对于百姓，施给仁德却并不亲爱。君子亲爱自己的亲人，推而施仁德于百姓；对百姓施给仁德，推而爱惜万物。"

第四十六章

【原文】

孟子曰："知者无不知也，当务之为急；仁者无不爱也，急亲贤之为务。尧舜之知而不遍物，急先务也；尧舜之仁不遍爱人，急亲贤也。不能三年之丧，而缌、小功之察[①]；放饭流歠，而问无齿决[②]，是之谓不知务。"

【注释】

①缌、小功：缌，细麻布，丧服较轻的用这种布，这里指的是缌麻三月的孝服。缌麻，是五种孝服（斩衰、齐衰、大功、小功、缌麻）中最轻的。本宗为高祖父母及五服内在小功以下的人穿这种孝服；异姓为中表兄弟、妻的父母、女婿、外孙都穿这种孝服。小功，丧服，是用稍粗熟的布做的，这是服丧五月的孝服。本宗为曾祖父母、伯叔祖父母、堂伯叔父母等，外亲为外祖父母、母舅、姨母等穿这种孝服。缌和小功都属孝服中较轻的。②放饭流歠，而问无齿决：放饭，放，纵；放饭是说放肆地吃饭。流歠，歠，吸，喝；流歠是说张口大喝，汤冲入口中像水长流。齿决，决，断；问无齿决是说见人吃肉用手去撕裂，便责问他何以不用牙齿去咬断。放饭流歠，是很不礼貌的举动；无

齿决，只是小小不礼貌的举动。

【译文】

孟子说："智者本应无所不知，但必须急于处理好当前的工作；仁者本应无所不爱，但必须把亲近贤人当作唯一的急务。尧舜的智慧虽高，但不可能知道一切事物，因为他们必须急于知道当前首要的任务；尧舜的仁德虽大，却不可能爱所有的人，因为他们必须急于亲近贤者；放肆地吃饭，见人吃肉用手去撕开却不用牙齿去啃断它，这就叫作不识大体。"

尽心章句下

第一章

【原文】

孟子曰："不仁哉，梁惠王也！仁者以其所爱及其所不爱，不仁者以其所不爱及其所爱。"

【译文】

孟子说："梁惠王委实太不仁了啊！一个仁爱的人会拿他施加于所爱的人的恩泽推广开去，沾染到他所不爱的人的身上，一个不仁爱的人却会拿他施加于他所不爱的人的荼毒连累到他所心爱的人。"

【原文】

公孙丑问曰："何谓也？"

【译文】

公孙丑听了，问道："这话怎么讲呢？"

【原文】

"梁惠王以土地之故，糜烂其民而战之。大败，将复之，恐不

能胜，故驱其所爱子弟以殉之，是之谓以其所不爱及其所爱也。"

【译文】

答道："梁惠王为了扩张土地的缘故，把他所不爱的百姓投入战争。打了大败仗后，又将卷土重来，却担心百姓不肯替他卖命，所以驱使他所心爱的子弟上战场去送死，这便叫作拿他施加于他所不爱的人的荼毒连累及他所心爱的人。"

第二章

【原文】

孟子曰："春秋无义战。彼善于此，则有之矣。征者，上伐下也，敌国不相征也。"

【译文】

孟子说："春秋那个时代没有合乎义的战争，说那次战争比这次战争好一点，就还是有的。征讨这个词，是指上面的天子讨伐下面违反王命的诸侯，地位相等的国家是不得互相征伐的。"

第三章

【原文】

孟子曰："尽信《书》，则不如无《书》。吾于《武成》①，取二三策而已矣②。仁人无敌于天下，以至仁伐至不仁，而何其血之流杵也③？"

【注释】

①武成：古《尚书》中篇名，内容大概记述周武王伐纣王的事，今已佚亡。伪古文《尚书》中的《武成》已经不是《孟子》本章所说的《武成》篇。②策：古代尚未发明纸时，用漆在竹片或木片上书写文字；一块竹片名为简，编联若干竹简名为策。古人大事记在策上，小事记在简上。③血之流杵：杵，舂米的木棒；或作卤，与橹通。伪古文《尚书·武成》篇说周武王伐纣的军队，"会于牧野，罔有敌于我师；前徒倒戈，攻于后以北，血流漂杵。"

【译文】

孟子说："全部相信《书》，就还不如没有《书》好。我对于《武成》这篇《书》文，只不过采用它两三段文字罢了。一个仁德的人在天下是没有敌手的，以周武王这样天下极其仁爱的贤君去讨伐商纣那样最不仁爱的暴君，又怎么会发生血流成河，连春米的大木棒都给漂走的事呢？"

第四章

【原文】

孟子曰："有人曰：'我善为陈①，我善为战。'大罪也。国君好仁，天下无敌焉。南面而征，北狄怨②，东面而征，西夷怨，曰：'奚为后我？'武王之伐殷也，革车三百两，虎贲三千人③。'王曰：'无畏！宁尔也，非敌百姓也。'若崩厥角稽首④。征之为言正也，各欲正己也，焉用战？"

【注释】

①陈：即"阵"本字。②北狄：焦循《正义》本作"北夷"，朱熹《孟子集注》本作"北狄"。③革车三百两，虎贲三千人：革车，兵车；两，同辆。虎贲，古时用来喻指勇士、武士，是说猛怒如老虎的奔赴；三千人，《书序》作三百人。④若崩厥角稽首：厥，顿；角，额角，厥角，即以额角触地，也即"顿首"、"叩头"的意思。崩，指山崩塌，这里用来形容百姓叩头的众声轰然。

【译文】

孟子说："有人说，'我善于摆列阵势，我善于打仗。'这实际是该服上刑的大罪过。只要国君好行仁德，天下便没有敌手。过去商汤大起义师，他讨伐南方，北方的狄族便埋怨；他讨伐东方，西方的夷族同样也埋怨，他们说：'为什么把我们搁在后面呢？'周武王去讨伐殷纣时，派出兵车三百辆，勇士三千人。武王告谕殷商的百姓道：'别害怕！我们是来帮助你们得到安定生活的，不是来跟你们百姓作对的。'百姓们伏在地上把额角碰着地面叩起头来，就像山岳崩塌般一片声响。征这个字含有正的意思，被暴君压榨残害的各国百姓都希望武王来匡正自己的国家，哪里又用得着战争呢？"

第五章

【原文】

孟子曰："梓匠轮舆能与人规矩，不能使人巧。"

【译文】

孟子说："木匠车工能够把规矩法度传授给别人，但却不能保证别人能够聪明机巧。"

第六章

【原文】

孟子曰："舜之饭糗茹草也①，若将终身焉；及其为天子也，被袗衣②，鼓琴，二女果③，若固有之。"

【注释】

①饭糗茹草：饭糗，饭，动词，吃；糗，即干粮。也解吃。②袗衣：即絺衣，絺，细葛布。③果：一作婐，侍候。

【译文】

孟子说："舜当年吃干粮啃野菜的时候，好像一辈子都要这样过下去；等到他做了天子，身着细葛布衣服，弹着琴，尧的两个女儿侍候他，又好像本来他就具有这些生活条件似的。"

第七章

【原文】

孟子曰："好名之人，能让千乘之国，苟非其人，箪食豆羹见于色。"

【译文】

孟子说："那些珍惜名誉的人，能够把可出兵车千乘的国家让给贤人，但是，假如不是那种适宜受让的对象，即使是让给一筐饭、一碗汤，他心里的不高兴也会在脸色上表现出来的。"

第八章

【原文】

孟子曰："不信仁贤则国空虚；无礼义，则上下乱；无政事，则财用不足。"

【译文】

孟子说："不信任有仁德有才干的人，国家便会显得空虚；国家不实行礼义，上下的关系便要出现混乱；没有好的政治，国家的财物用度便要感到不足。"

第九章

【原文】

孟子曰："不仁而得国者，有之矣；不仁而得天下者，未之有也。"

【译文】

孟子说："不行仁德却能得到一个国家，这样的事是有的；不行仁德却能得到天下，这样的事是从来没有的。"

【国学精粹珍藏版】

李志敏⊙编著

◎尽览中国古典文化的博大精深 ◎读传世典籍，赢智慧人生 ——受益终生的传世经典

四书五经

卷三

民主与建设出版社
·北京·

尚书

（节选）

虞　书

尧　典①

【原文】

曰若稽古②。帝尧曰放勋。钦明文思安安③。允恭克让④，光被四表，格于上下⑤。克明俊德，以亲九族⑥。九族既睦，平章百姓⑦。百姓昭明，协和万邦，黎民於变时雍⑧。

【注释】

①尧和舜：相传是我国原始社会后期的著名首领。②曰若：发语词，也写作越若、粤若。稽：考察。③安安：一作晏晏。④允：诚信。克：能够。让：让贤。⑤被：及。四表：四海之外。格：至。上下：指天地。⑥俊：大。九族：君主的亲属。⑦平：通辨，分别。⑧黎：众。於：更代、更递。本焦循说。时：善。雍：和睦。

【译文】

考查古时传说，帝尧的名字叫做放勋。他恭敬地处理政务并注意节约，明察是非，态度温和，诚实恭谨，能够推贤让能，因此他的光辉照耀四海，以至于上天下地。他能够举用同族中德才兼备的人，使族人都亲密地团结起来；族人和睦团结了，便又考察百官中有善行者，加以表彰，以资鼓励；百官中的事务处理得妥善了，又努力使各个邦族之间都能做到团结无间，亲如一家。天下臣民在尧的教育下，也都和睦相处起来。

【原文】

乃命羲和①，钦若昊天②，历象日月星辰③，敬授人时。分命羲仲，宅嵎夷④，曰旸谷⑤。寅宾出日⑥，平秩东作⑦。日中⑧，星鸟⑨，以殷仲春⑩。厥民析⑪，鸟兽孳尾⑫。申命羲叔，宅南交⑬，曰明都。平秩南讹⑭，敬致⑮。日永⑯，星火⑰，以正仲夏。厥民因⑱，鸟兽希革⑲。分命和仲，宅西，曰昧谷。寅饯纳日⑳，平秩西成㉑。宵中㉒，星虚㉓，以殷仲秋。厥民夷㉔，鸟兽毛毨㉕。

申命和叔，宅朔方，曰幽都㉖。平在朔易㉗。日短，星昴㉘，以正仲冬。厥民隩㉙，鸟兽氄毛㉚。帝曰：咨！汝羲暨和。期三百有六旬有六日㉛，以闰月定四时成岁㉜。允厘百工㉝，庶绩咸熙㉞。

【注释】

①羲和：羲氏与和氏，都是重黎的后代，世世掌管天地和四时。②若：顺从。昊：广大。③历：推算。④宅：居住。嵎夷：地名，在东海之滨。⑤旸谷：传说中日出的地方。⑥寅宾：敬导。⑦平秩：辨别测定。作：始。⑧日中：昼夜长短相等，指春分。⑨星鸟：星名，南方朱雀七宿。⑩殷：正，定。仲：每季中间的那一月。⑪厥：其。析：分散。⑫孳尾：生育。⑬交：指交趾，地名。⑭讹：运行。⑮致：归，回归。⑯永：长。夏至白天最长。⑰星火：火星，东方青龙七宿之一，夏至黄昏出现在南方。⑱因：就，指就高地居住。⑲希革：稀毛。希：通稀。⑳饯：送行。纳日：入日，落日。㉑西成：太阳西落的时刻。㉒宵中：昼夜相等，指秋分。㉓星虚：星名，北方玄武七宿之一。㉔夷：平，指住到平地。㉕毨：羽毛更生。㉖幽都：幽州。都与州古音相近。㉗在：察。朔：北方。易：改易。指太阳运行。㉘星昴：星名，西方白虎七宿之一。㉙隩：通奥，室。民避寒而入室内。㉚氄：细毛。㉛期：一周年。有：通又。㉜以闰月定四时，月亮绕地球运行一周，需时二十九天多。一年十二月，大月三十天，小月二十九天，共计三百五十四天，比一年的实际天数少十一天多。因此必须安排闰月，否则四时就会错乱。㉝允：用。厘：治理。百工：百官。㉞庶：众。咸：都。熙：兴。

【译文】

于是便命令羲和，恭敬地遵循上天的旨意行事，根据日月星辰的运行情况来制定历法，以教导人民按时令节气从事生产活动。又命令羲仲，住在东方海滨，名叫旸谷的地方，恭敬地等待着日出，并通过观察来辨别不同时期日出之特点。以昼夜平分的那天作为春分，并以鸟星见于南方正中之时作为考订仲春的依据。这时人民分散在田野里劳作，鸟兽也顺时生育繁殖起来。又命令羲叔，住在太阳由北向南转移的地方，这地方叫做明都。在这里观察太阳向南移动之次第，以规定夏天所应该从事的工作，并恭敬地等待着太阳的到来。以白昼时间最长的那天为夏至，并以这天火星见于南方正中之时，作为考定仲夏的依据。这时人民住在高处，鸟兽的毛也都稀疏起来。又命令和仲，住在西方名叫昧谷的地方，以测定日落之处，恭敬地给太阳送行，并观察太阳入山时的次第，以规定秋季收获庄稼的工作，以秋分这天昼夜交替的时候和虚星见于南方正中的时候，作为考定仲秋的依据。这时，人民离开高地而住在平原，从事收获庄稼的劳动；这时鸟兽毛盛，可以选用。又命令和叔，居住在北方叫做幽都的地方，以观察太阳从极南向北运行的情况。以白昼最短的那天作为冬至，并以昴星见于南方正中的时候，作为考定仲冬的依据。这时，人民都住在室内取暖，鸟兽为了御冬，毛长得特别密细丰盛。尧说："唉！羲与和啊！望你们以三百六十六日为一周期，剩下的天数，每三年置一闰月，以推定春夏秋冬四时而成岁。由此规定百官的职务，这样许多事情便得以顺利进行了。"

【原文】

帝曰："畴咨若时登庸①？"放齐曰②："胤子朱启明③。"帝曰："吁！嚚讼，可乎④？"

【注释】

①畴咨若时登庸：畴，谁。咨，语气词。若，善，治理好。时，四时。登庸，升用。②放齐：人名，尧的臣子。③胤：后嗣。朱：丹朱，尧的儿子。启：开。④吁：惊异之词。嚚：不说忠信的话。讼：争，好争辩。

【译文】

尧说："唉！谁能顺应四时的变化获得功绩呢？"放齐说："你的儿子丹朱，聪明能干，可以让他担任这项职务。"尧说："唉！像他那样愚蠢而不守忠信的人，可以担任这种职务吗？"

【原文】

帝曰："畴咨若予采①？"驩兜曰②："都③！共工方鸠僝功④。"帝曰："吁！静言庸违⑤，象恭滔天⑥。"

【注释】

①若：善，治理好。采：事。②驩兜：尧的大臣，四凶之一。③都：语气词，表赞美。④共工：尧的大臣，四凶之一。方：通防。鸠：通救。僝，马融说："具也。"⑤静言：善言。庸：常。违：雅僻。⑥象恭：貌似恭敬。滔天：滔，通謟。

【译文】

尧说："唉！谁能够根据我的意见来办理政务呢？"驩兜说："哦！还是共工吧！他现在在安集人民方面已经取得一定功效了。"尧说："唉！这个人很会说些漂亮话，但却阳奉阴违，貌似恭敬，实际上对国君十分轻慢。"

【原文】

帝曰："咨！四岳①，汤汤洪水方割②，荡荡怀山襄陵③，浩浩滔天④。下民其咨，有能俾乂⑤？"佥曰："於！鲧哉⑥。"帝曰："吁！咈哉⑦，方命圮族⑧。"岳曰："异哉！试可乃已⑨。"帝曰："往，钦哉⑩！"九载，绩用弗成。

【注释】

①咨：嗟。四岳：官名，主持四岳的祭祀，为诸侯之长。②汤汤：水大的样子。割：通害。③荡荡：广大的样子。怀：包围。襄：上。④浩浩：水势远大的样子。滔天：弥漫接天，形容波浪高大。⑤俾：使。乂：治理。⑥鲧：尧的大臣，夏禹的父亲。⑦咈：违误。⑧圮：毁坏。族：族类。⑨异：举。⑩钦：敬。

【译文】

尧说："唉！四方诸侯之长啊！奔腾呼啸的洪水普遍为害，吞没一切的洪水包围了大山，冲上了高岗。水势大极了，简直要遮蔽天空。在下的臣民都愁苦叹息，有谁能治理洪水，使人民得以安居乐业呢？"大家都说："哦，还是让鲧来担负这项责任吧！"尧说："唉！这个人常常违背法纪，不遵守命令，危害同族的人。"四方诸侯之长说道："我们听到的情况和你说的不一样，还是让他试一试，如果实在不行，再免去他的这项职务。"尧说："去吧！鲧，可要恭敬地对待你的职务啊！"鲧治水九年，毫无功绩。

【原文】

帝曰："咨！四岳。朕在位七十载，汝能庸命①，巽朕位②！"岳曰："否德忝帝位③。"曰："明明扬侧陋④。"师锡帝曰⑤："有鳏在下⑥，曰虞舜。"帝曰："俞！予闻⑦，如何？"岳曰："瞽子⑧，父顽，母嚚，象傲，克谐。以孝烝烝⑨，乂不格奸⑩。"帝曰："我其试哉！女于时⑪，观厥刑于二女⑫。"厘降二女于妫汭⑬，嫔于虞⑭。帝曰："钦哉！"

【注释】

①庸：用。②巽：通践，一作践。③否：鄙陋。忝：辱。④明明：动宾结构，明察贵戚。扬：推举。侧陋：疏远隐匿，指地位卑微的人。⑤师：众人。锡：赐，这里指献言。⑥鳏：疾苦的人。⑦俞：对。⑧瞽：瞎子。指舜的父亲乐官瞽瞍。⑨烝烝：厚美。⑩格：至。奸：邪恶。⑪女：嫁女。时：是，这人。⑫厥：其。刑：法。二女：尧

的女儿娥皇、女英。⑬厘：命令。妫：水名。汭水湾。⑭嫔：妇，这里指为妇。

【译文】

　　尧说："唉！四方诸侯之长啊！我在位七十年，你们之中有谁能够顺应上帝的命令，代替我登上天子大位的吗？"四方诸侯之长回答说："我们的德行鄙陋，不配登上天子的大位。"尧说："应该考查贵戚中的贤人，或是隐伏在下面，地位虽然低贱，实际上却是贤能的人，还是使贤德之人登上帝位吧！"大家告诉尧说："在民间有一个处境困苦的人，名字叫做虞舜。"尧说："是啊，我也听说过这个人。但他的德行到底怎样呢？"四方诸侯之长回答说："他是乐官瞽瞍的儿子。其父心术不正，其母善于说谎，其弟象十分傲慢，对舜的态度很不友好。而舜和他们却能和睦相处，以自己孝行美德感化他们，家务处理得十分妥善。家人也都改恶从善，使自己的行为不至流于奸邪。"尧说："让我考验考验吧！"于是决定把两个女儿嫁给舜，从两个女儿那里考查他的德行。尧命令在妫河的隈曲处举行婚礼，让两个女儿做了虞舜的妻子。尧说："恭谨地处理政务吧！"

舜　典①

【原文】

　　曰若稽古②。帝舜曰重华，协于帝③。浚哲文明④，温恭允塞⑤。玄德升闻，乃命以位⑥。慎徽五典⑦，五典克从⑧。纳于百揆⑨，百揆时叙⑩。宾于四门⑪，四门穆穆⑫。纳于大麓⑬，烈风雷雨弗迷。帝曰："格⑭！汝舜。询事考言⑮，乃言厎可绩，三载。汝陟帝位⑯。"舜让于德，弗嗣。

【注释】

　　①舜典，是记叙舜的事迹的书。②曰若，发语辞。稽，考察。③协，相同，相合。④浚，深邃。哲，智慧。⑤温，温和。允，诚信。塞，笃实。⑥命，任命，授与。⑦徽，美，善。五典，即父义、母慈、兄友、弟恭、子孝五种常教。⑧克，能够。从，顺从。⑨纳，入。百揆，揆度庶事的官。⑩时叙，承顺。⑪宾，迎接宾客。⑫穆穆，容仪敬谨。⑬大麓，官名，主管山林。⑭格，来。⑮询，谋。⑯厎，致也。陟，登上。

【译文】

考察古时传说，舜的名字叫重华，和帝尧的品德相符。他充满智慧，温和诚实，帝尧先使舜负责推行德教，舜便教导臣民以父义、母慈、兄友、弟恭、子孝五种美德指导自己，臣民都能听从这种教导而不违背。然后又让舜总理百官，百官都服从命令，使百事振兴无一荒废。又让舜在明堂的四门，负责接待四方前来朝见的诸侯，使诸侯们都能和睦相处。最后使舜进入山麓的森林中，经受风雨的考验，舜在烈风雷雨中也不迷失方向。尧说："来吧！舜啊。你谋事周到，提的意见也都十分正确，经过三年考验，你的确取得不少成绩，你现在可以登上天子的大位了。"舜以为自己的德行尚差，推让不愿就位。

【原文】

正月上日①，受终于文祖②。在璇玑玉衡③，以齐七政④。肆类于上帝⑤，禋于六宗⑥，望于山川⑦，遍于群神。辑五瑞⑧。既月乃日⑨，觐四岳群牧⑩，班瑞于群后⑪。

【注释】

①上日：善日，吉日。②文祖：尧太祖的宗庙，古时政事在宗庙举行。③在：察。璇玑玉衡：北斗七星。④齐：排列。七政：七项政事，即祭祀、班瑞、东巡、南巡、西巡、北巡、归格艺祖。⑤肆：遂，于是。类：祭名。祭告继承帝位的事。⑥禋：祭名。⑦望：祭山川之名。⑧辑：敛，收集。五瑞：诸侯作为符信的五种玉。⑨既月乃日：月和日都用作动词，即择月择日。⑩觐：朝见。牧：官长。⑪班：通颁，分发。后：君长。

【译文】

正月初一这天，在尧的太庙举行禅位典礼。舜代尧接受了天子的大命。舜继位后，便考察了北斗七星的运行规律，接着便举行了祭天的大典，把继位之事报告给天帝。然后又精心诚意地祭祀天地四时，祭祀山川和群神。随后聚敛了诸侯的信圭，择定吉月吉日，召见四方诸侯君长，举行隆重的典礼，把信圭颁发给他们。

【原文】

岁二月，东巡守，至于岱宗①，柴②。望秩于山川③，肆觐东后④。协时月正日⑤，同律度量衡⑥。修五礼、五玉、三帛、二生、一死贽⑦。如五器⑧，卒乃复⑨。

【注释】

①岱宗：东岳泰山。②柴：祭天名。③秩：次序。④东后：东方诸侯的君

长。⑤协：合。时：春夏秋冬四时。正：定。⑥同：统一。律：十二律，阴律六，阳律六。度：丈尺。衡：斤两。⑦五礼：公侯伯子男五等朝聘之礼。五玉：即上文所说的五瑞。拿着称瑞，陈列称玉。三帛：三种不同色的丝织品，用来垫玉。二生：活羊羔和雁，卿大夫所执。一死：一只死野鸡，士所执。⑧如：而，连词。五器：即上文所说的五瑞。⑨卒乃复：完毕后就归还。

【译文】

这一年的二月，舜到东方进行视察。到了泰山，举行了祭祀泰山的典礼，对于其余的山川，都根据其大小给予不同的祭祀。于是便召见了东方的诸侯，首先根据对天象的观察，使月日的记时，与自然运行的实际情况相符；并且统一了律、度、量、衡；制定了公、侯、伯、子、男五等礼节，和相应的五种信圭；规定了诸侯以红、黑、白三种颜色的丝织物作为朝见时的贡献，卿大夫则以活的羊羔和雁作为朝见时的贡献，士则以一只死雉作为朝见时的贡献。朝见的典礼结束之后，便把三种颜色的丝织物及信圭退还给诸侯。

【原文】

五月南巡守，至于南岳，如岱礼。八月西巡守，至于西岳，如初。十有一月朔巡守①，至于北岳，如西礼。归，格于艺祖②，用特③。

【注释】

①朔：北。②格：到。艺祖：即文祖。③特：公牛。

【译文】

五月在南方巡行视察，到了衡山，像祭祀泰山一样祭祀衡山。八月在西方巡行视察，到了华山，也像祭祀泰山一样祭祀华山。十一月在北方巡行视察，到了恒山，像祭祀华山一样祭祀恒山。回朝之后，到了尧的太庙，用一头牛作了祭祀。

【原文】

五载一巡守，群后四朝。敷奏以言①，明试以功，车服以庸②。

【注释】

①敷：普遍。②庸：功劳。

【译文】

每隔五年，都要进行一次全面的巡行视察。四方诸侯分别在四岳朝见天子，向天子报告自己的政绩；天子也认真地考察诸侯国的政治得失，把车马衣服奖给有功的诸侯。

【原文】

肇十有二州^①，封十有二山，浚川^②。

【注释】

①肇：正，指划定州界。②浚川：疏通河流。

【译文】

开始划定十二州的疆界，在十二座大山上封土为坛，作祭祀之用，并分别作为十二州之镇。同时又疏通河道。

【原文】

象以典刑^①，流宥五刑^②，鞭作官刑，扑作教刑^③，金作赎刑。眚灾肆赦^④，怙终贼刑^⑤。钦哉，钦哉，惟刑之恤哉^⑥！

【注释】

①象以典刑：刻画常用的刑罚。②流：流放。宥：宽宥。③朴：榎楚，古代教官使用的打人工具。④眚：过错。肆：遂，就。⑤怙：依仗。贼：借为"则"，连词。⑥恤：谨慎。

【译文】

在器物上画着五种刑罚的形状，使人民有所儆戒。用流放的办法代替五刑，以表示宽大。庶人做官而又有俸禄者，犯了过错，罚以鞭刑。掌管教化的人，使用刑罚时，则用扑刑。犯了过错可以出金赎罪。如果犯了小错，或过错虽大，只是偶而为之，可以赦免；如果犯的罪过较大而又不知悔改，便要给予严厉的惩罚。小心啊！小心啊！在使用刑罚时，可要十分谨慎啊！

【原文】

流共工于幽州^①，放驩兜于崇山^②，窜三苗于三危^③，殛鲧于羽山^④，四罪而天下咸服。

【注释】

①幽州：地名，在北方边远地区。②崇山：地名。③三苗：古国名。三危：地名。④殛：流放。羽山：地名。

【译文】

把共工流放到幽州，把驩兜流放到崇山，把三苗驱逐到三危，把鲧流放到羽山，并命令他至死不得回朝。罪人都受到了应得的惩罚，天下的人便都心悦诚服了。

【原文】

二十有八载，帝乃殂落^①。百姓如丧考妣，三载，四海遏密八音^②。月正元日，舜格于文祖^③，询于四岳，辟四门，明四目，达四聪。

【注释】

①殂落：死亡。②遏：停止。密：静，静止。八音：金、石、丝、竹、匏、土、革、木八种音乐，泛指音乐。③格：至，到。

【译文】

当舜摄理政务二十八年的时候，帝尧便死去了。百官和人民好像死去父母一样的悲痛，在三年中，全国上下不奏音乐。守丧三年以后的正月初一，舜到了文祖庙，和四方诸侯之长共商国家大事，开明堂的四门，明察四方政务，倾听四方意见。

【原文】

"咨，十有二牧①!"曰"食哉惟时! 柔远能迩②，惇德允元③，而难任人④，蛮夷率服。"

【注释】

①牧：州的行政长官。②柔：安。能：善。迩：近。③惇：厚。允：信。元：善。④难：拒绝。任人：佞人，指奸邪的人。

【译文】

舜说："唉! 十二州的君长啊，只有衣食才是人民的根本啊! 因而重要的在于颁布历法。安抚远方的臣民，爱护近处的臣民，并顺从他们的意志去处理政务。德行厚，才能取信于人，才能使政务达到至善的地步；拒绝任用那些花言巧语的人，边远地方的民族，才能都对你表示臣服。"

【原文】

舜曰："咨，四岳! 有能奋庸熙帝之载①，使宅百揆亮采，惠畴②?"金曰："伯禹作司空③。"帝曰："俞，咨! 禹，汝平水土，惟时懋哉④!"禹拜稽首，让于稷、契暨皋陶。帝曰："俞，汝往哉!"

【注释】

①奋：奋发。庸：功，用功，努力。熙：广，光大。载：事。宅：居。百揆：官名。亮：辅导。采：事。惠：助词。②畴：谁。③司空：三公之一，掌管土地。④时：是，指百揆之职。懋：勉力。

【译文】

舜说："唉! 四方诸侯之长啊，有谁能够奋发努力，以发扬光大先帝的事业，能够主持政务率领百官，并帮助百官使他们遵循大法行事呢?"大家都说："伯禹担任司空，工作做得很好。"舜说："好吧! 禹啊，你治理水土很有功劳，希望你再努力地承担起这份责任吧!"禹行礼拜谢，并且谦逊地让稷、契和皋陶来担任这项职务。舜说："你的态度很好，不过这项职务还是让你去担任吧！"

【原文】

帝曰："弃，黎民阻饥①，汝后稷②，播时百谷③。"

【注释】

①黎：众。阻饥：困厄于饥。②后：主，主持。稷：农官，主管播种百谷的事。③时：耕种。

【译文】

舜说："弃啊！现在人民苦于没有饭吃，你担任后稷这项职务，教导人民种植庄稼吧！"

【原文】

帝曰："契，百姓不亲，五品不逊①。汝作司徒②，敬敷五教③，在宽。"

【注释】

①五品：父、母、兄、弟、子。逊：和顺。②司徒：三公之一，主管民政。③敷：布，施行。五教：五品之教，即父义、母慈、兄友、弟恭、子孝。

【译文】

舜说："契啊！现在人民很不友好，君臣之间，父子之间，夫妇之间，长幼之间，朋友之间，不能恭顺，你担任司徒这种官职，对他们进行五常教育，推行这些教育的时候，一定要本着宽厚的原则。"

【原文】

帝曰："皋陶，蛮夷猾夏①，寇贼奸宄②。汝作士③，五刑有服④，五服三就⑤。五流有宅⑥，五宅三居⑦。惟明克允⑧！"

【注释】

①猾：扰乱。夏：指中国。②寇：抢劫。贼：杀人。奸宄：犯法作乱，外部的叫做奸，内部的叫做宄。宄，也作轨。③士：狱官之长。④服：用。⑤就：处所。⑥五流：五种流放。宅：处所。⑦三居：三种处所。⑧明：明察。允：公允。

【译文】

舜说："皋陶啊！外族部落，时常来侵扰我们，他们在我国境内到处为非作歹，抢夺人民的财产。望你担任法官，根据犯人罪情的大小使用五种刑罚。罪情大者，便带到原野上行刑；罪情轻者，可分别带到市内行刑。把他们的罪情彰示出来，使人有所儆戒。或者为了表示宽大，也可以用流放来代替。流放也要根据罪行大小分为五种，把犯人放居在远近不同的所在，这些地方可在九州之外，四海之内，并分作三等以区别其远近。只有明察案情，处理得当，人民才会信服。"

【原文】

帝曰："畴若予工①？"佥曰："垂哉②！"帝曰："俞，咨！垂，汝共工③。"垂拜稽首，让于殳斨暨伯与④。帝曰："俞，往哉！汝谐⑤。"

【注释】

①若：善。工：官名。②垂：人名。③共工：官名，治理百工之事。④殳斨、伯与：二人名。⑤谐：谐，一同。

【译文】

舜说："谁来担任百工这项职务？"大家都说："还是让垂来担任吧！"舜说："好吧！垂啊，你来担任百工的职务吧！"垂行礼拜谢，并表示谦让，让殳斨和伯与来担任这项职务。舜说："好吧！让他们也和你一起去受理这项职务吧！"

【原文】

帝曰："畴若予上下草木鸟兽①？"佥曰："益哉②！"帝曰："俞，咨！益，汝作朕虞③。"益拜稽首，让于朱虎、熊罴④。帝曰："俞，往哉！汝谐。"

【注释】

①上下：上指山，下指泽。②益：人名，即伯益。③虞：掌管山林之官。④朱虎、熊罴：二人名。

【译文】

舜说："谁能替我掌管山林川泽中的草木鸟兽？"大家都说："让益来担任这项职务吧！"舜说："好吧！益啊，你来担任我的虞官吧！"益叩头拜谢，并谦逊地表示把这项职务让给朱虎、熊罴。舜说："好吧！让他们和你一起去负责这项工作吧！"

【原文】

帝曰："咨！四岳，有能典朕三礼①？"佥曰："伯夷②！"帝曰："俞，咨！伯，汝作秩宗③。夙夜惟寅④，直哉惟清⑤。"伯拜稽首，让于夔、龙⑥。帝曰："俞，往，钦哉！"

【注释】

①典：主持。三礼：天事、地事、人事之礼。②伯夷：人名。③秩宗：官名，掌管次序尊卑之礼。④夙夜：早夜。夜未明之时。寅：敬。⑤直：正直。清：清明。⑥夔、龙：二人名。

【译文】

舜说："唉！四方诸侯之长啊！有谁能替我主持三礼？"大家都说："伯夷可以。"舜说："好吧！伯夷，你来担任祭祀鬼神的职务吧。一早一晚都要恭敬地去祭祀鬼神；祭祀时的陈词，要正直而清明。"伯夷叩头拜谢，谦逊地要把这种职务让给夔和龙。舜说："好吧！还是让你去担任这项职务吧，可要恭敬啊！"

【原文】

帝曰："夔！命汝典乐①，教胄子②，直而温，宽而栗③，刚而无虐，简而无傲。诗言志，歌永言④，声依永，律和声。八音克谐，无相夺伦⑤，神人以和。"夔曰："於⑥！予击石拊石⑦，百兽率舞。"

【注释】

①乐：乐官。②胄子：未成年的人。③栗：坚。④永：通咏。⑤夺：失去。⑥於：叹词。⑦拊：轻轻叩击。石：石磬。

【译文】

舜说："夔啊！命令你主持乐官，去教导那些年青人。要把他们教导得正直而温和，宽大而谨慎，性情刚正而不凌人，态度简约而不傲慢。诗是用来表达思想感情的，歌则借助语言把这种感情咏唱出来，歌唱的声音既要根据思想感情，也要符合音律。八类乐器的声音能够和谐地演奏，不要弄乱了相互间的伦次，让神人听了都感到快乐和谐。"夔说："好啊！让我们敲着石磬，奏起乐来，让那些无知无识的群兽都感动得跳起舞来吧！"

【原文】

帝曰："龙！朕堲谗说殄行①，震惊朕师②。命汝作纳言③，夙夜出纳朕命，惟允！"

【注释】

①堲：厌恶。殄：病，危害。②师：民众。③纳言：官名。

【译文】

舜说："龙啊！我非常讨厌那种说坏话和阳奉阴违的人，因为这种人常常以一些错误的话使我的民众震惊。命令你负责纳言的官职，一早一晚，或代我发布命令，或向我回报下面的意见，都必须忠诚老实。"

【原文】

帝曰："咨！汝二十有二人①，钦哉！惟时亮天功②。"三载考绩，三考，黜陟幽明③，庶绩咸熙④。分北三苗⑤。

【注释】

①有：又，用于整数零数之间。②时：善。亮：领导。天功：大事。③黜：罢免。陟：提升。幽：昏庸。明：贤明。④熙：兴。⑤北：别。

【译文】

舜说："唉！你们二十二人，都要恭敬地对待自己的职务，时刻想着接受上天的命令并帮助上天治理臣民，每隔三年，就要检查一下你们的政绩。经过检查，凡是有功的人，便用提拔的办法来表彰他；凡是有过错的人，便用罢免的办法来惩罚他。"经过这番整顿，许多工作都振兴起来了，并把三苗流放到边远地方。

【原文】

舜生三十征①，庸三十②，在位五十载，陟方乃死③。

【注释】

①征：被征召。②庸：用。③陟方：巡狩。

【译文】

舜三十岁时被征用，三十年后接替了尧的帝位，五十年后南巡，登上了衡山，并在那里去世。

夏　书

禹　贡①

【原文】

禹敷土②，随山刊木，奠高山大川③。

【注释】

①禹，又称大禹，是舜的大臣，夏朝的开国君主。贡：功也。②敷：分，马融说。敷土：分别九州的土地。③随：行走。刊：砍伐。奠：定。以山川定界域。

【译文】

禹为了区分九州的疆界，便在经过的山上插上木桩作为标记，并负责为高山大河命名。

【原文】

冀州①：既载壶口②，治梁及岐③。既修太原④，至于岳阳⑤。覃怀底绩⑥，至于衡漳⑦。厥土惟白壤⑧，厥赋惟上上⑨，错⑩，厥田惟中中。恒、卫既从⑪，大陆既作⑫。岛夷皮服⑬，夹右碣石入于河⑭。

【注释】

①冀州：郑玄说："两河间曰冀州。"在今山西与河北西部。尧时的政治中心。②载：事，施工。壶口：山名，在今山东省吉县南。③梁：山名，在今陕西韩城县西。岐：山的支脉。④太原：今山西太原一带，汾水上游。⑤阳：山的地面。⑥覃怀：地名，在今河南武陟、沁阳一带。底：致，获得。绩：功绩。⑦衡：通横。⑧厥：其，指冀州。惟：为。壤：柔土。⑨赋：赋税。上上：第一等。⑩错：杂。杂出第二。⑪卫：滹沱河。从：顺着河道。⑫大陆：泽名，在今河北巨鹿县西北。作：治理。⑬岛夷：住在海上的东方民族。⑭夹：近，接近。碣石：山名，在今河北抚宁、昌黎二县。

【译文】

在冀州地区，壶口的工程已经结束了，便开始开凿梁山和岐山。太原附近的河道也修理好了，一直修到太岳山的南面。覃怀一带的水利工程，也取得很大成绩，从这向北一直到横流的漳水，一些河道也都得到了治理。这里是一片白色而土质松软的田地，这里的臣民应出一等赋税，也可间杂出二等赋税，这里的土地属第五等。恒水、卫水也都已疏通，其水可以流入大海，大陆泽的工程也已经开始动工。沿海一带诸侯进贡皮服时，可从碣石入黄河来贡。

【原文】

济、河惟兖州①：九河既道②，雷夏既泽③，灉、沮会同④。桑土既蚕⑤，是降丘宅土⑥。厥土黑坟⑦，厥草惟繇⑧，厥木惟条⑨，厥田惟中下，厥赋贞⑩，作十有三载乃同⑪。厥贡漆丝⑫，厥篚织文⑬。浮于济、漯，达于河⑭。

【注释】

①济：水名。源出河南济源县，汉代在今河南武陟县流入黄河，又向南溢出，流向山东，与黄河平行入海。兖州：今河北、山东境。②九河：黄河流到兖州，分为九条河。郑玄说："九河之名：徒骇、太史、马颊、覆釜、胡苏、简、洁、钩盘、鬲津。"道：疏导。③雷夏：泽名，在今山东荷泽东北。④灉：黄河的支流，已湮灭。沮：灉河的支流，也湮灭了。会同：会合流入雷夏泽。⑤桑土：郑玄说："其地尤宜蚕桑，因以名之。"蚕：养蚕。⑥是降丘宅土：是，于是。降，下。宅，居。⑦坟：马融说："有膏肥也。"⑧繇：茂盛。⑨条：长。⑩贞：《孔疏》说："贞即下下，为第九也。"⑪乃同：才与其它八州相同。⑫漆丝：《孔传》："地宜漆林，又宜养蚕。"⑬厥篚织文：篚，竹器。《孔传》说："织文，锦绮之属，盛之筐篚而贡焉。"⑭漯：水名，黄河的支流。

【译文】

济河与黄河一带是兖州地区。黄河下游的九条河道疏通了，雷夏的工程也完成了，雍河、沮河会合流入雷夏泽。水退之后土地能够种植桑树，因而可以养蚕了。因此人民便从小土山上搬下来，住在平地上。这里是一片黑色的沃土，这里的草已经冒出新牙，树木也已经长出小小的枝条。这里的土地属第六等，这里的人民缴纳第九等赋税。开垦十三年之后，再和其他州的赋税相同。这里的人民应当入贡漆和丝一类的物品，并且要将丝织品染成各种花纹，放在竹篮子里贡来。入贡的道路，可由济河、漯河乘船顺流入黄河。

【原文】

海、岱惟青州①：嵎夷既略②，潍、淄其道③。厥土白坟，海滨广斥④。厥田惟上下，厥赋中上。厥贡盐、絺⑤，海物惟错⑥。岱畎丝、枲、铅、松、怪石⑦。莱夷作牧⑧。厥篚檿丝⑨。浮于汶⑩，达于济。

【注释】

①海：今渤海。岱：泰山。青州：今山东半岛。②嵎夷：地名。略：治。③潍、淄：二水名，在今山东。道：疏通。④斥：郑玄说："斥谓地碱卤。"《说文》："卤，碱地。东方谓之斥，西方谓之卤。"⑤絺：细葛布。⑥错：《孔传》说："杂，非一种。"⑦畎：山谷。枲：不结子的大麻。铅：锡。⑧莱夷作牧：《孔传》："莱夷，地名，可以放牧。"胡渭说："今莱州、登州二府皆禹贡莱夷之地。"⑨檿：山桑，柞树。⑩汶：水名。在今山东。

【译文】

横跨渤海向东至泰山，这是青州地区。嵎夷的水利工程，只花了较少的力量便完成了。潍河与淄河的故道，都已经疏通。这里是一片地势较高的灰白色的土壤，沿海的广大地区都是这种盐卤之地。这片土地的质量在九州中属第三等，其赋税是第四等。这里的人民应该进贡盐、细葛布和各种各样的海产。泰山一带要进贡丝、大麻、锡、松树和奇特美好的怪石。莱夷一带可以从事放牧了，还要把山桑和丝放在筐内运来作为贡品。进贡的路线由汶水直入济水。

【原文】

海、岱及淮惟徐州①：淮、沂其乂②，蒙、羽其艺③，大野既猪④，东原底平⑤。厥土赤埴坟⑥，草木渐包⑦。厥田惟上中，厥赋中中。厥贡惟土五色⑧，羽畎夏翟⑨，峄阳孤桐⑩，泗滨浮磬⑪，淮夷滨珠暨鱼⑫。厥筐玄纤缟⑬。浮于淮、泗，达于河⑭。

【注释】

①海：指黄河。淮：淮河。徐州：今江苏、安徽北部，山东南部。②沂：沂水，在山东。③蒙：山名，在山东蒙阴县西南。羽：羽山，在今江苏赣榆县西南。艺：种植。④大野：巨野泽，在山东巨野县。猪：潴，水停聚的地方。⑤东原：今山东东平县地，在汶水济水之间。平：治理。⑥埴：《孔传》说："土粘曰埴"。⑦渐包：滋长而丛生。又写作渐苞。⑧土五色：五色土，《孔传》说："王者封五色土为社，建诸侯则各割其方色土与之。"⑨羽：羽山。畎：山谷。夏：大。翟：山雉，羽毛可作装饰品。⑩峄：峄山，在江苏邳县境。阳：山的南面。孤酮：特生的桐木。⑪泗：水名，源出今山东泗水县，下流入淮河。浮磬：一种可以作磬的石头。⑫滨珠：滨蚌所产之珠。⑬玄：黑色。纤：细缯，绸。缟：白缯，绢。⑭达于河：金履祥说："达于河，《古文尚书》作达于菏。《说文》引《书》亦作菏。今俗本误作河耳。菏泽水与济水相通。"

【译文】

东起大海，北到泰山，南至淮河，这是徐州地区。淮河和沂水都已经治理好了，蒙山和羽山一带的土地，也将要种植庄稼了，大野泽已容贮四周的流水，东原一带的土地也可以耕种了。这里是一片高起的土性较粘的红土地，草木也逐渐茂盛地生长起来。这里土地的质量在九州之中属第二等，应该缴纳第五等的赋税。这里的人民应该进贡五色土，羽山的山谷要进贡夏翟的羽毛，峄山的南面要进贡其特产——桐树，泗水边的人民要进贡泗水中可以制磬的石料，淮河一带的人民进贡滨珠和鱼，同时还要把纤细的黑缯和白缯放在筐内作为贡物献来。进贡的路线由淮水入泗水而后入菏泽，由济水入黄河。

【原文】

淮、海惟扬州：彭蠡既猪①，阳鸟攸居②。三江既入③，震泽底定④。篠簜既敷⑤，厥草惟夭⑥，厥木惟乔⑦。厥土惟涂泥⑧。厥田惟下下，厥赋下上，上错⑨。厥贡惟金三品⑩、瑶、琨、篠、簜、齿、革、羽、毛惟木⑪。岛夷卉服⑫，厥篚织贝⑬，厥包橘柚⑭，锡贡⑮。沿于江、海，达于淮、泗。

【注释】

①彭蠡：今鄱阳湖。猪：潴，水停聚。②阳鸟：曾运乾说："鸟当读为岛，《说文》所谓"海中往往有山，可依止，曰岛'是也。本经皆假鸟为之。岛夷皮服、岛夷卉服，古今文本皆作鸟。……阳岛，即扬州附近海岸各岛。大者则台湾、海南是也。云阳岛者，南方阳位也。"③三江：岷江、汉水与彭蠡。郑玄说："三江，左合汉为北江，会彭蠡为南江，岷江居其中则为中江。"入：入海。④震泽：江苏太湖。底定：获得安定。⑤篠，小竹。簜：大竹。⑥夭：茂盛。⑦乔：高大。⑧涂泥：潮湿的泥土。⑨上错：依阮元校增"上"字。⑩金三品：王肃说："金、银、铜也。"⑪瑶：美玉。琨：美石。齿：象牙。革：犀皮。羽：鸟羽。毛：旄牛尾。惟：与，和。《经传释词》："惟，犹与也，及也。"⑫岛夷：沿海各岛的人。卉服：草服，蓑衣草笠之属。⑬织贝：贝锦。⑭包：包裹。⑮锡贡：黄式三曰："锡亦贡也。"

【译文】

北至淮河，南至大海，这是扬州地区。彭蠡泽已经贮蓄了又多又深的水，南方岛屿上的人们也可以在上面安居了。浩浩的长江已经流入大海，震泽的水利工程也已获得成功。小竹和大竹普遍地生长起来，原野的草生长得很茂盛，树木也都长得很高。这里是一片低洼潮湿的土地，土地的质量在九州中属第九等。这里的人民缴纳第七等赋税，也可以间杂缴纳第六等的赋税。其贡品是金、银、铜三种金属，美玉、小竹和大竹，象牙、犀牛皮、鸟羽和旄牛尾。海岛一带进贡草制的衣服，还要把丝织品放在筐内，把橘子和柚子打成包裹作为贡品进献。进贡的路线沿长江两岸者由长江入淮河，由淮河入泗水；沿海各地则顺着海岸进入长江，由长江入淮河，再由淮河入泗水。

【原文】

荆及衡阳惟荆州①：江、汉朝宗于海②，九江孔殷③，沱、潜既道④，云土、梦作乂⑤。厥土惟涂泥⑥，厥田惟下中，厥赋上下。厥贡羽、毛、齿、革惟金三品，杶、榦、栝、柏⑦，砺、砥、砮、丹惟箘簬、楛⑧。三邦底贡厥名⑨，包匦菁茅⑩，厥篚玄纁玑组⑪，九江纳锡大龟⑫。浮于江、沱、潜、汉，逾于洛⑬，至于南河⑭。

【注释】

①荆：山名，在今湖北南漳县。衡：山名，在今湖南衡山县。②朝宗：诸侯朝见天子，春天朝见叫朝，夏天朝见叫宗。这里比喻长江汉水归向大海。③九江：《蔡传》说："九江，即今之洞庭也。"孔：大。殷：定。④沱、潜：沱水，长江的支流，在今湖北枝江县。潜水，汉水的支流，在今湖北潜江县。道：通。⑤云土、梦：即云梦，二泽名。杜预注《左传》说："江南为云，江北为梦。"作：指耕作。⑥毛：通旄，旄牛尾。惟：与。⑦枏：椿树。榦：柘木，可作弓。栝：桧树。⑧砺：粗磨刀石。砥：细磨刀石。砮：石制的箭镞。丹：丹砂。楛：可作箭杆。⑨三邦：《孔传》说近泽三国。名：名产。⑩包：包裹。匦，杨梅。菁茅：《管子·轻重篇》："江淮之间，一茅三脊，名曰菁茅。"⑪玄：赤黑色。纁：黄赤色。玄纁，指彩色丝绸。玑组：玑，不圆的珠。组，丝带。玑组，珍珠串。⑫纳：入。锡：赐，贡献。⑬逾：越。舍舟陆行叫逾。⑭南河：颜师古说："在冀州南。"指洛阳巩县一带的河。

【译文】

从荆山到衡山南面是荆州地区。长江和汉水共同流入大海，许多长江支流的流水集中在洞庭湖一带，水势大极了！长江的支流和汉水的支流也已经疏通了，云梦泽一带的土地也大多可以耕种了。这里也是一片低洼潮湿的土地，土地的质量在九州中属第八等，应该缴纳第三等赋税。应该进贡鸟羽、牛尾、象牙、犀牛皮和三种金属，以及枏、榦、栝、柏四种木材，还有磨刀的石头、制箭头的石头、丹砂和竹笋、美竹、楛树等。州内各国，都贡上当地的名产，将带有毛刺的茅草放在匣内包装起来，把黑色的、浅红色的丝织品和珍珠、丝带子一类东西放在竹筐内，一并贡来。沿江一带及长江的许多支流地区还要贡上大龟。进贡的路线由长江顺流入其支流，再由长江的支流进入汉水的支流，由汉水的支流入汉水，然后登岸由陆路到洛水，再由洛水进入黄河。

【原文】

荆、河惟豫州①：伊、洛、瀍、涧既入于河②，荥波既猪③。导菏泽④，被孟猪⑤。厥土惟壤，下土坟垆⑥。厥田惟中上，厥赋错上中。厥贡漆、枲、絺、纻⑦，厥篚纤、纩⑧，锡贡磬错⑨。浮于洛，达于河。

【注释】

①荆：荆山，在今湖北南漳县西北。②伊：水名，源出今河南卢氏县。洛：水名，源出今陕西洛南县。瀍：水名，源出今河南孟津县。涧：水名，源

出今河南渑池县。③荥波：即荥播，泽名，在今河南荥阳县境。猪：潴，聚水。④导：通道，疏通。菏泽：在今山东定陶县。⑤被：读为陂，修筑堤防。按《墨子·兼爱中》叙禹治水说："防孟诸之泽"，可证。孟猪：泽名，在今河南商丘东北。⑥垆：黑刚土。⑦纩：苎麻。⑧纩：细绵。⑨磬错：治玉磬的石头。

【译文】

从荆山到黄河，这是豫州地区。伊水、瀍水、涧水都汇集于洛水而流入黄河。荥波泽已经治好，可以贮存大量的河水，使河水不再横溢了。菏泽与孟猪泽之间也疏通了，只有水势极大的时候才可以覆被孟猪泽。这里是一片石灰性的冲积土，土的底层是砂姜。这片耕地在九州之中属第四等，应该缴纳第二等赋税，间或缴纳第一等赋税。应该进贡漆、大麻、细葛布、纩麻，还要把细棉用筐子包装起来和治琢好的磬一并贡来。进贡的路线由洛水直入黄河。

【原文】

华阳、黑水惟梁州①：岷、嶓既艺②，沱、潜既道。蔡、蒙旅平③，和夷底绩④。厥土青黎⑤，厥田惟下上，厥赋下中、三错⑥。厥贡璆、铁、银、镂、砮、磬、熊、罴、狐、狸⑦。织皮、西倾因桓是来⑧。浮于潜，逾于沔⑨，入于渭，乱于河⑩。

【注释】

①华：华山。黑水：众说不一。陈澧认为是怒江，今从陈说。②岷：岷山，在四川北部。嶓：嶓冢山，在陕西宁强县西北。艺：治。③蔡：峨嵋山，见《禹贡锥指》。蒙：山名，在今四川雅安北。旅：治。④和：水名，即今大渡河。⑤青：黑。黎：疏散。⑥三错：《孔传》说："杂出第七第九三等。"⑦璆：同球，美玉。镂：刚铁。⑧织皮：西戎之国。西倾：山名，在甘肃青海交界处。桓：桓水，即白水，今名白龙江。⑨沔：汉水的上游。⑩乱：横渡。

【译文】

从华山的南面西至黑水，是梁州地区。岷山和嶓冢山都已经能够种庄稼了，沱江和潜水也都疏通了。蔡山和蒙山的工程也已完工，和水一带的民众也前来报告治理的成绩。这里是一片黑色的土地，土地的质量在九州之中属第七等，应缴纳第八等赋税，也可间或缴纳第七等与第九等赋税。要进贡美玉、铁、银、刚铁、硬石和磬以及熊、罴、狐、狸四种兽皮。这里的贡道可由西倾山区顺着桓水前来，经过潜水和沔水，然后舍舟登陆，陆行至渭水，由渭水横渡入黄河。

【原文】

黑水、西河惟雍州①：弱水既西②，泾属渭汭③，漆沮既从④，沣水攸同⑤。荆、岐既旅⑥，终南、淳物，至于鸟鼠⑦。原隰底绩⑧，至于猪野⑨。三危既宅⑩，三苗丕叙⑪。厥土惟黄壤，厥田惟上上，厥赋中下。厥贡惟球、琳、琅玕⑫。浮于积石⑬，至于龙门、西河⑭，会于渭汭。织皮昆仑、析支、渠搜⑮，西戎即叙⑯。

【注释】

①西河：冀州西边的黄河。②弱水：又叫张掖河。西流入居延海。③泾、渭：都是陕西的大河。泾水流入渭水处叫渭汭。属：注入。④漆沮：即洛水，漆沮流入洛水，所以洛水又叫漆沮。⑤沣水：流入渭河。同：会合。⑥荆：荆山，在今陕西富平县西南，与湖北的荆山不同。岐：岐山，在今陕西岐山县东北。旅：治理。⑦终南：今称秦岭。淳物：太白山。鸟鼠：山名，在今甘肃渭源县西南。⑧原隰：指邠地，今之邠县和旬邑县。⑨猪野：泽名，在今甘肃民勤县。⑩三危：山名。郑玄说："三危山在鸟鼠西，南当岷山。"⑪三苗：《史记·五帝本纪》说："舜迁三苗于三危。"叙：顺。⑫球：美玉。琳：美石。琅玕：似珠之玉。⑬积石：山名，在今青海西宁西南。⑭龙门：山名，在今陕西韩城县东北。⑮析支：山名，在今青海西宁西南。渠搜：山名。⑯西戎：古代我国西北部民族的总称。即：就。

【译文】

从黑水到西河是雍州地区。弱水在疏通之后，便向西流去；泾水已经疏通，从北面流入渭水；漆水和沮水在疏通之后，北面流入渭水，沣水从南面流入渭水。条荆山和岐山的工程已经完工，终南山、淳物山、一直到鸟鼠山的水利工程都已经全部峻工。平原一带一直到猪野的水利工程取得了很大成绩。三危这个地方已经可以住人了，因而三苗人民得到很好的安置。这里是一片黄色的土壤，土地的质量在九州中属第一等，这里的人民应该缴纳第六等赋税。应该进贡美玉、美石和珠宝一类物品。进贡的路线由积石山附近进入黄河，顺流至龙门，所有运送贡物的船只会集在渭河的弯曲处。昆仑、析支、渠搜等西戎国家都要按照规定进贡皮制衣料。

【原文】

导岍及岐，至于荆山①，逾于河。壶口、雷首至于太岳②。底柱、析城至于王屋③。太行、恒山至于碣石④，入于海。

【注释】

①导：通道，开通道路。岍：山名，在今陕西陇县。岐：岐山，在今陕西岐山县。荆：荆山，在今陕西富平。②壶口：山名，在今山西吉县。雷首：山名，在今山西永济县。太岳：霍太山。③底柱：即三门山，在今山西平陆县。析城：山名，在今山西阳城县。王屋：山名，在今山西垣曲县。④太行：山名，在今山西、河南、河北的三省交界处。恒山：在今河北曲阳县，古称北岳。碣石：山名，在今河北昌黎、抚宁二县交界处。

【译文】

疏通了岍山和岐山，一直疏凿到荆山，穿过黄河，其间从壶口山、雷首山一直到太岳山都得到了疏凿。从底柱山、析城山到王屋山，再从太行山、恒山一直到碣石的水利工程都得到了相当的治理，黄河得以畅流入海了。

【原文】

西倾、朱圉、鸟鼠至于太华①。熊耳、外方、桐柏至于陪尾②。

【注释】

①朱圉：山名，在今甘肃甘谷县。太华：即华山，古称西岳。②熊耳：山名，在今河南栌析县。外方：即嵩山，古称中岳。桐柏：山名，在今河南桐柏县。陪尾：山名，在今湖北安陆县。

【译文】

由西倾山、朱圉山、鸟鼠山到太华山；再由熊耳山、外方山、桐柏山一直到陪尾山的水利工程都得到了治理。

【原文】

导嶓冢至于荆山①。内方至于大别②。岷山之阳至于衡山③，过九江至于敷浅原④。

【注释】

①嶓冢：山名，在今陕西宁强县西北。荆山：在今湖北南漳县西南。②内方：山名，在今湖北钟祥县西南。大别：即大别山。③岷山：在今四川松潘县北。衡山：在今湖南衡山县，古称南岳。④九江：洞庭湖。敷浅原：庐山，曾运乾说。

【译文】

从嶓冢山到荆山，从内方山到大别山也都得到了疏通和开凿。从岷山的南面到衡山，越过九江，一直到鄱阳湖一带的水利也都得到了治理。

【原文】

导弱水至于合黎①，馀波入于流沙②。

【注释】

①导：疏导。合黎：山名，在今甘肃山丹、张掖、高台、酒泉之北。②馀波：指下游。流沙：郑玄引《地理志》说："流沙在居延西北，名居延泽。"流沙指居延泽一带的沙漠。

【译文】

把弱水疏通到合黎，下游流入沙漠地带。

【原文】

导黑水至于三危，入于南海。

【译文】

把黑水疏通到三危，下游流入南海。

【原文】

导河积石，至于龙门；南至于华阴①；东至于厎柱；又东至于孟津②；东过洛汭，至于大伾③；北过降水④，至于大陆；又北，播为九河⑤，同为逆河⑥，入于海。

【注释】

①华阴：华山的北面。②孟津：今河南孟津县。③大伾：山名，在今河南浚县西南。④降水：指漳、泽合流的漳水，在今河北曲周肥乡间进入黄河。⑤播：分布。九河：指兖州之九河。⑥同为逆河：同，合。下游又合而名为逆河。

【译文】

又疏导黄河，先在积石山施工，一直疏凿到龙门山；又向南到华山的北面，然后向东经过厎柱山、孟津、洛水的弯曲处到大伾山；然后又折转向北，经过降水，到大陆泽；再向北分为九条支流，这九条支流共同承受着黄河的大水，把它顺利地导入大海。

【原文】

嶓冢导漾①，东流为汉；又东，为沧浪之水②；过三澨③，至于大别，南入于江。东，汇泽为彭蠡，东，为北江④，入于海。

【注释】

①漾：汉水上游。②沧浪：即汉水。③三澨：郑玄说："水名，在今江夏竟陵界。"竟陵，今之钟祥。④北江：即汉水。

【译文】

从嶓冢山开始疏导漾水，向东流则为汉水，再向东流便是沧浪水，经过三滋水，到大别山；向南流入长江，向东便汇成大泽，即彭蠡泽，向东称北江，然后由长江流入大海。

【原文】

岷山导江，东别为沱①；又东至于澧；过九江，至于东陵②；东迆北③，会于汇④；东为中江⑤，入于海。

【注释】

①沱：长江的支流。②东陵：旧注认为是汉代卢江郡金兰县西北的东陵乡。③迆：水斜流着。④汇：曾运乾说："汇为淮之假借字……江淮本通。"⑤中江：指岷江。

【译文】

从岷山开始疏导长江，向东则别出一条支流称沱水，再向东到澧水；经过九江到了东陵，然后蜿蜒斜行而东和淮水汇合；向东则为长江，然后流入大海。

【原文】

导沇水①，东流为济，入于河，溢为荥②；东出于陶丘北③，又东至于菏；又东北，会于汶；又北东，入于海。

【注释】

①沇：水名。济水的上游。②溢：水动荡奔突而出。荥：荥泽，汉代已成平地。③陶丘：在今山东定陶县。

【译文】

疏导沇水，东流则名为济水，然后流入黄河，河水流溢而成为荥泽；然后自陶丘的北面向东流去，一直流入菏泽；再向东北和汶水汇合，又向北流，然后折转向东流入大海。

【原文】

导淮自桐柏，东会于泗、沂①，东入于海。

【注释】

①东会于泗沂：沂水流入泗水，泗水流入淮河。淮河在今江苏阜宁县东入海。

【译文】

从桐柏山开始疏导淮河，向东和泗水、沂水汇合，再向东流入大海。

【原文】

导渭自鸟鼠同穴①，东会于沣，又东会于泾；又东过漆沮，入于河。

【注释】

①鸟鼠同穴：山名，即鸟鼠山。

【译文】

从鸟鼠山开始疏导渭水，向东和沣水汇合，再向东和泾水汇合；然后经过漆水、沮水流入黄河。

【原文】

导洛自熊耳，东北，会于涧、瀍；又东，会于伊；又东北，入于河。

【译文】

从熊耳山开始疏导洛水，向东北则与涧水、瀍水相会；又向东和伊水汇合，然后从东北流入黄河。

【原文】

九州攸同：四隩既宅①，九山刊旅②，九川涤源③，九泽既陂④，四海会同⑤。六府孔修⑥，庶土交正⑦，厎慎财赋⑧，咸则三壤成赋⑨。中邦锡土、姓⑩，祗台德先⑪，不距朕行⑫。

【注释】

①隩：可以定居的地方。宅：居住。②九山：上文所举的九条山脉。刊：削除。旅：道。③九川：上文所举的九条河流。涤源：疏通水源。④九泽：上文所举的九个湖泽。陂：修筑堤防。⑤四海：《尔雅·释地》："九夷八狄七戎六蛮，谓之四海。"会同：会同京师，指进贡的道路畅通了。⑥六府：水火金木土谷。孔：很。修：治理。⑦交：《孔传》："俱也。"正：征。⑧厎：定，规定。⑨则：准则。三壤：上中下三等土壤。成：定。⑩中邦：中央之国，指天子之邦。锡：赐。⑪祗：敬。台：以。于省吾说。⑫不距朕行：郑玄说："不距违我天子政教所行。"

【译文】

九州水利工程都已经完工，四方的土地都可以居住了。九州的大山都已经开凿治理，九州的河流也都疏浚而使之通达了，九州的大泽也都筑起堤防，不至于决溢了。海内的贡道都畅通无阻了，六府的政务都治理得非常好。九州的土地都得到了正确的考察，并根据各地区土地质量，谨慎地规定了不同的赋税，各地人民都要根据土质优劣的三种规定交纳赋税。九州之内的土地都分封给诸侯并赐之以姓氏。诸侯们应该把尊敬我的德行放在首要地位，不准违背我所推行的德教。

【原文】

五百里甸服①。百里赋纳总②，二百里纳铚③，三百里纳秸服④，四百里粟，五百里米。

【注释】

①甸服：古代在天子领地外围，每五百里为一服役地带，按远近分为甸服、侯服、绥服、要服、荒服。胡渭说："五千里内皆供王事，故通谓之服，而甸服则主为天子治田出谷者也。"②纳：交纳。总：指禾的总体。③铚：《孔疏》说："铚胃禾穗也。"④秸服：带秸的谷。

【译文】

王城以外的五百里属于甸服。相距王城一百里者，将割下的庄稼贡来；二百里者，将庄稼的穗头贡来；三百里者，将庄稼脱去芒尖贡来；四百里者贡粟；五百里者贡米。

【原文】

五百里侯服①。百里采②，二百里男邦③，三百里诸侯④。

【注释】

①侯服：江声说："侯之言候，候顺逆，兼司候王命。"②采：事，指替天子服差役。③男邦：男，任。男邦，担任国家的差事。④诸侯：《孔传》说："同为王者斥候。"《孔疏》说："斥候，谓检行险阻，伺候盗贼。"

【译文】

甸服以外五百里为侯服。其间百里者，人民为国王服各种劳役；二百里者，人民为国王服规定的劳役；三百里以外者，人民主要担任戍守之责。

【原文】

五百里绥服①。三百里揆文教②，二百里奋武卫③。

【注释】

①绥服：《孔传》说："安服王者之政教。"指替天子做安抚的事。②揆文教：《孔传》说："揆，度也。度王者文教而行之。"③奋武卫：奋扬武威保卫王者。

【译文】

侯服以外的五百里为绥服。其间三百里以内者要设立掌管文教的官来推行文教；三百里以外的人民要勤奋地熟悉武事，以便保卫国王。

【原文】

五百里要服①。三百里夷②，二百里蔡③。

【注释】

①要服：要，约。接受王者约束而服事之，叫要服。②夷：平，谓相约和平共处。③蔡：法，谓相约遵守王法。

【译文】

绥服以外的五百里为要服。其间三百里以内的人民要遵守与其他地方大体相同的政令；三百里以外的人民，可以依次减轻其赋税。

【原文】

五百里荒服①。三百里蛮②，二百里流③。

【注释】

①荒服：荒，远。替天子守边远之区叫荒服。②蛮：郑玄说："蛮者，听从其俗，羁縻其人耳，故云蛮。蛮之言缗也。"意思是维持隶属关系。③流：郑玄说："流谓夷狄流移，或贡或不。"意思是贡否不定。

【译文】

要服以外的五百里为荒服。对其间三百里以内的人民的各种要求可以从简，三百里以外的人民可以流动迁徙。

【原文】

东渐于海①，西被于流沙②，朔南暨声教讫于四海③，禹锡玄圭④，告厥成功。

【注释】

①渐：入。②被：及、到。③朔南暨声教讫于四海：九字一句，谓北方南方和声教皆止于夷狄之区。见《尚书易解》。④锡：赐，被赐。玄圭：玄色的瑞玉。

【译文】

东面到大海，西面到沙漠地带，从北方到南方，四海之内都领受了国王的德教。因此帝舜赐给禹以元圭，用以表彰禹所完成的巨大功业。

甘 誓①

【原文】

大战于甘，乃召六卿②。王曰："嗟！六事之人③，予誓告汝：有扈氏威侮五行④，怠弃三正⑤，天用剿绝其命⑥，今予惟恭行天之罚⑦。""左不攻于左⑧，汝不恭命；右不攻于右⑨，汝不恭命；御非其马之正⑩，汝不恭命。用命，赏于祖⑪；弗用命，戮于社⑫，予则孥戮汝⑬。"

【注释】

①甘：地名，在有扈氏国都的南郊。誓，是古代告诫将士的言辞。据《史记·夏本纪》记载，大禹十年，东巡狩，死在会稽，政权交给了益。三年以后，益又把政权让给禹的儿子启，启很贤明，受到诸侯的拥护，于是继承了帝位，称夏后帝启。夏的同姓诸侯有扈氏不服。夏启举兵讨伐它，在甘地大战。战前，夏启誓师告诫六军将士。史官记录了启的讲话，写成《甘誓》。②六卿：六军的主将。③六事：六军的将士。④威侮五行：王引之说："威当作蔑，威者蔑之假借也。蔑，轻也。蔑侮五行，言轻慢五行也。"所谓轻慢五行，夏曾佑说："即言有扈氏不遵洪范之道。"⑤怠：懈怠。三正：按正与政通，谓政事。三正：指正德、利用、厚生三大政事。⑥用：因此。剿：绝。剿绝同义。⑦恭行：恭，《墨子·明鬼》和《史记·夏本纪》都作共。共行，就是奉行。⑧左：车左。《孔传》说："左方主射。"攻：善。⑨右：车右。《孔传》说："右，勇力之士，执戈矛以退敌。"⑩御：驾车的人。非：违背。正：通政，事。⑪赏于祖：天子亲征，载着祖庙的神主。有功的，就赏于神主之前，表示不敢自己专行。⑫戮于社：天子亲征，又载着社主。不听命的，就在社主前处罚，也是表示不敢自己专行。⑬孥戮：孥，通奴。指降为奴隶。戮，刑戮。颜师古说："案孥戮者，或以为奴，或加刑戮，无有所赦耳。"

【译文】

将要在甘进行一场大规模的战争，于是夏启便召集了六军的将领。王说："啊！诸位将领和士兵，我向你们发出以下的命令：有扈氏倒行逆施，一意孤行，轻蔑地对待一切，怠慢甚至放弃了历法。上帝因此要废弃他的大命，现在我奉行上帝的意志去惩罚他们。兵车左边的兵士，如果不善于用箭射杀敌人，便是不具备完成命令的本领；军车右边的兵士如果不善于用矛刺杀敌人，便是不具备完成命令的本领；驾驶战车的士兵，不懂得驾驭战马的技术，便是不具备完成命令的本领。努力完成命令的，便在先祖的神位面前颁发赏赐；不努力完成命令的，便在社神面前给予惩罚。我要把你们这些不努力完成任务的人变作奴隶，以表示惩罚。"

商　书

汤　誓①

【原文】

王曰："格尔众庶②，悉听朕言。非台小子敢行称乱③！有夏多罪，天命殛之④。今尔有众⑤，汝曰：'我后不恤我众，舍我穑事而割正夏⑥？'予惟闻汝众言⑦，夏氏有罪，予畏上帝，不敢不正！今汝其言曰：'夏罪其如台⑧？'夏王率遏众力⑨，率割夏邑⑩。有众率怠弗协，曰：'时日曷丧⑪？予及汝皆亡。'夏德若兹⑫，今朕必往。"

【注释】

①汤名履：又称天乙，舜的大臣契的十四代孙，商朝的天国君主。当时夏桀荒淫暴虐，民怨很大；侵削诸侯，诸侯怨恨。诸侯昆吾氏举兵叛乱，汤率领诸侯讨伐昆吾。消灭昆吾以后，汤又乘胜讨伐夏桀。伐桀以前，汤的军民不愿战争。汤在都城亳告喻众人吊民伐罪的道理。史官记录这篇誓词，又叫《汤誓》。他真实反映了夏国人民痛恨暴君暴政的心情，十分可贵。②格：来。③台：我。④有夏：夏国。有，助词。殛：诛杀。⑤有众：众人。有，助词。⑥穑事：农事。割：通曷，为什么。正：通征，征伐。⑦惟：同虽。杨树达说。⑧如台：如何。⑨率：语气助词。遏：通竭，尽。率遏众力，竭尽民力。⑩割：剥削。⑪时：是，这个。曷：何，什么时候。⑫兹：此，这样。

【译文】

王说："来吧！诸位。你们都要听我的话。不是我小子大胆发动战争。是因为夏王犯了许多罪行，上天命令我前往讨伐它。现在，你们大家常说：'我们的国王太不体贴我们了，把我们种庄稼的事都舍弃了，犯了这样的大错，怎么可能纠正别人呢？'我听到你们说了这些话，知道夏桀犯了许多罪行。我怕上帝发怒，不敢不讨伐夏国。现在你们将要问我说：'夏桀的罪行究竟怎样呢？'夏桀一直要人民负担沉重的劳役，人民的力量都用光了，还在国内残酷地剥削压迫人民，人民对夏桀的统治非常不满，大家都怠于奉上，对国君的态度很不友好，说：'你这个太阳呀，什么时候才能消失呢？我愿意和你一块死去！'夏国的政治，已经坏到这种程度，现在我下决心要去讨伐它。"

【原文】

"尔尚辅予一人①，致天之罚②，予其大赉汝③！尔无不信，朕不食言④。尔不从誓言，予则孥戮汝⑤，罔有攸赦。"

【注释】

①尚：庶几，表祈使语气。一人：君王自谦的话，言自己只能当一人。②致：用。见《淮南子·修务》注。③其：将。赉：赏赐。④食言：伪言，说假话。《尔雅·释诂》："食，伪也。"⑤孥：通奴。降成奴隶。戮：刑戮。奴戮，或以为奴，或加刑戮。

【译文】

"你们只要辅助我，奉行上天的命令讨伐夏国，我就要大大地赏赐你们。你们不要不相信，我是决不会失信的。假若你们不听从我的话，我就要惩罚你们，让你们当奴隶，决不宽恕。"

高宗肜日①

【原文】

高宗肜日②，越有雊雉③。祖己曰④："惟先格王⑤，正厥事⑥。"乃训于王。曰："惟天监下民⑦，典厥义⑧。降年有永有不永⑨，非天夭民⑩，民中绝命⑪。民有不若德⑫，不听罪⑬。天既孚命正厥德⑭，乃曰：'其如台⑮？'呜呼！王司敬民⑯，罔非天胤⑰，典祀无丰于昵⑱。"

【注释】

①高宗，指殷王武丁。他是盘庚的侄子，殷商的二十三代君王。他在商王朝的发展中，起着重要作用。肜，音融，又祭叫肜。肜日，又祭之日。祭谁呢？旧说以为高宗又祭成汤。金履祥说："似是祖庚绎于高宗之庙。"近人研究甲骨卜辞的记载，发现肜日上的人名是受祭的祖先，因此认为高宗肜日确是祖庚又祭高宗，证实了金履祥的预见。后说依据卜辞，大约接近真实。高宗的儿子祖庚在又祭高宗的时候，忽有一只野鸡飞到鼎耳上鸣叫，祖庚为此恐惧，

他的大臣祖己趁此机会开导祖庚改革当时的祭祀制度。史官记录了这件事，名叫《高宗肜日》。②高宗肜日：祖庚又祭高宗之日。③雊：野鸡叫。雉：野鸡。越：语首助词。④祖己：祖庚的贤臣。⑤格：当作假。《汉书·五行志》引作假。假通暇，宽暇，宽解。⑥正：纠正。事：政事，指祭祀之事。⑦监：视。⑧典：通腆，善，以为善。义：宜，指行事合宜。《淮南子·齐俗训》说："义者，循理而行宜也。"⑨永：长。指寿命长久。⑩夭：夭折。⑪中：身，自己。《礼记·檀弓下》"文中其中退然如不胜衣"注："中，身也。"⑫若：《尔雅·释诂》："善也。"⑬听：顺从。⑭孚：通付，交付，给予。《汉石经》《汉书·孔光传》都作付。⑮乃：汝。见《词诠》。如台：如何。⑯王：泛指先王。司：嗣，嗣位。⑰胤：后代。⑱典：常。昵：近亲。

【译文】

　　高宗在祭祀的第二天，举行祭祀，这时鼎的耳上有飞来的野鸡在鸣叫。祖己说："要首先端正王心，然后端正祭典。"于是训诫国王高宗，说："上天考察下民，主要看他是否遵循义理行事。上天赐予人的年龄有长有短，不是上天有意缩短人的生命，而是臣民自己行为不合义理招致短命的。臣民中有的不按照义理办事，又不认识自己的罪过，上天便惩罚他以端正他的德行，他却说：'应该怎么办啊？'这不晚了吗？唉！王啊，要恭敬地对待上天赐给你的臣民，他们都是上帝的后代，祭祀的时候，在自己的父庙中祭品不要过于丰盛。"

周　书

牧　誓①

【原文】

　　时甲子昧爽②，王朝至于商郊牧野③，乃誓。王左杖黄钺④，右秉白旄以麾⑤，曰："逖矣⑥，西土之人！"王曰："嗟！我友邦冢君御事⑦、司徒、司马、司空⑧，亚旅、师氏⑨，千夫长、百夫长⑩，及庸、蜀、羌、髳、微、卢、彭、濮人⑪。称尔戈⑫，比尔干⑬，立尔矛⑭，予其誓。"

【注释】

①牧：指牧野，商都郊区地名，在商都朝歌南七十里，今河南淇县南。公元前1066年2月，周武王带领兵车三百辆，勇士三千人，甲士四万多，还有诸侯的兵车四千辆，同纣王的军队进行决战。纣王也发兵七十万抵抗武王。战前，武王勉励诸侯和军士勇往直前，史官记录武王这次誓师的话，写成《牧誓》。这次大战，由于纣王失去了民心，纣王的军队背叛，倒戈迎接周王的军队，武王大胜，一举消灭了殷王朝。新兴力量战胜了腐朽力量。这是历史上的一次著名的大革命。②甲子：甲子日。昧爽：日未出时。③商郊：商都朝歌的远郊。④杖：拿着。《说文》："杖，持也。"钺：大斧。⑤秉：执持。旄：旄牛尾。麾：指挥。⑥逖：远。⑦冢君：大君，邦国的君主。御事：邦国的治事大臣。⑧司徒、司马、司空：官名。《孔传》说："治事三卿，司徒主民，司马主兵，司空主土。"⑨亚旅、师氏：官名。亚旅，上大夫。师氏、中大夫。⑩千夫长、百夫长：官名，郑玄说："千夫长，师帅。百夫长，旅帅。"⑪庸、蜀、羌、髳、微、卢、彭、濮：当时西南方的八个诸侯国。庸，在今湖北房县境内。蜀，在今四川省西部地区。羌，在今甘肃省东南地区。髳，在今甘肃四川交界地区。微，在今陕西在郿县境。卢，在今湖北南漳县境。彭，在今甘肃镇原县东。濮，在今湖北省。⑫称：举。尔：你们。戈：戟。⑬比：排比。干：盾牌。⑭矛：兵器。

【译文】

在二月五日的黎明时刻，武王率领军队到了商的首都朝歌郊外一处叫做牧野的地方，就在那里举行誓师大会。武王左手拿着黄色的青铜大斧，右手拿着作指挥用的白色旗子。武王说："辛苦了，你们这些从西方来的远道从征的将士们。"武王说："啊！我们尊敬的友邦国君以及诸位官员和各部落从征的将士们，举起你们的戈，排好你们的盾，立好你们的矛，我们的誓师大会就要开始了。"

【原文】

王曰："古人有言曰：'牝鸡无晨①；牝鸡之晨，惟家之索②。'今商王受惟妇言是用③，昏弃厥肆祀弗答④，昏弃厥遗王父母弟不迪⑤。乃惟四方之多罪逋逃⑥，是崇是长⑦，是信是使⑧，是以为大夫卿士⑨。俾暴虐于百姓⑩，以奸宄于商邑⑪。今予发惟恭行天之罚⑫。今日之事，不愆于六步、七步⑬，乃止齐焉⑭。夫子勖哉⑮！不愆于四伐、五伐、六伐、七伐⑯，乃止齐焉。勖哉夫子！

尚桓桓⑰，如虎如貔⑱，如熊如罴⑲，于商郊⑳。弗迓克奔，以役西土㉑，勖哉夫子！尔所弗勖㉒，其于尔躬有戮㉓！"

【注释】

①晨：晨鸣。②索：空，衰落。惟家之索，惟空其家。③妇：指妲己。《史记·殷本纪》："纣嬖于妇人，爱妲己，妲己之言是从。"④昏：轻蔑，轻视。见《经义述闻》。祀：祭名。答：问。⑤厥遗：据《史记》当作遗厥。王父母弟：同祖父母的从弟。迪：用。⑥逋：逃亡。⑦是：就。《经传释词》："是犹则也。"崇：尊重。⑧信：信任。使：使用。⑨大夫人卿士：均是官名。⑩俾：使。⑪奸宄：犯法作乱。⑫发：武王名。恭行：奉行。⑬愆：过，指超过。⑭止齐：止而齐，整顿队伍。郑玄说："好整好暇，用兵之术。"⑮夫子：敬称将士。勖：勉力。⑯伐：郑玄说："伐谓击刺也。一击一刺曰一伐。始前就敌，六步七当止齐，正行列。及兵相接，少者四伐，多者五伐，又当止齐，正行列也。"⑰尚：副词，表命令语气。桓桓：威武的样子。⑱貔：类猛兽。⑲罴：熊的一种。⑳于：往。㉑迓：通御，禁止。役：帮助。西土：指周。㉒所：若。见《经传释词》。㉓躬：身。戮：罪。见《广雅》。

【译文】

武王说："古人说过：'母鸡是不应当在早晨打鸣的，如果母鸡在早晨打鸣，这个家庭就要败落了。'现在商王纣只是听信妇人的话，轻蔑地抛弃了对祖宗的祭祀，对于祭祀的大事不闻不问；昏庸无道，竟然对同宗的长辈，或同宗的弟兄，不加进用；反而只对四方许多逃亡的罪人崇敬、提拔、信任、使用，任用这些人做卿士大夫一类的官，使他们残暴地对待百姓，在商的国都任意犯法作乱。现在我姬发恭敬地按照上帝的意志来讨伐商纣了。今天的这场战斗，在行进中不超过六步、七步就停下来，把队伍整顿一下。勇敢的战士们，努力吧！在刺杀中，不超过四次、五次、六次、七次，刺杀就停止下来，整顿一下。努力吧！勇敢的战士们。要威武雄壮，像虎、豹、熊、罴一样勇猛，在殷商国都的郊外大战一场。不要杀掉殷商军队中前来投降的人，以便使这些人为我们服务。努力吧！勇敢的战士们。假如你们不努力作战，我就要把你们杀掉！"

梓 材①

【原文】

王曰②："封，以厥庶民暨厥臣达大家③，以厥臣达王惟邦君，汝若恒④。越曰我有师师⑤、司徒、司马、司空⑥、尹旅⑦。曰：'予罔厉杀人⑧。'亦厥君先敬劳⑨，肆徂厥敬劳⑩！肆往，奸宄、杀人、历人⑪，宥⑫；肆亦见厥君事⑬、戕败人⑭，宥。"

【注释】

①本篇是周公告诫康叔治理殷民的诰词。②王：指周公。③以：由。达：至。④王：侯王。王国维说："古时天泽之分未严，诸侯在其国自有称王之法。"邦君：国君。惟：与。若恒：顺从常典，就是不要变动。⑤越：语首助词。曰：谓。师师：众位官长。⑥司徒、司马、司空：都是官名。⑦尹：正，指大夫。旅：众，指众士。⑧厉：杀戮无罪的人叫厉。⑨敬劳：尊敬慰劳。⑩肆：努力。徂：助。黄式三曰："徂助通。君矜劳民，故臣亦助以矜劳。"⑪肆往：往日，以往的事。⑫宥：宽恕，赦免。⑬见：泄露。《广韵》："见，露也。"⑭戕：残害。

【译文】

王说："封啊！对我的教令，要由公卿等官员下达到他所统辖的臣民，由王与诸侯国君下达到他的部下官吏。你要经常这样做，还要说：'我有许多大臣如司徒、司马、司空以及许多卿士大夫。'还要告诉他们说：'我不会杀掉无罪的人。'你要先于国王，对他们表示尊敬和慰劳。赶快去对他们表示尊敬和慰劳吧！对于过去曾经抢夺人家货物，或者是杀掉奴隶的人要宽恕他们；对于那些曾经刺探国君情报以及残害人的身体的人，也要宽恕他们。"

【原文】

王启监①，厥乱为民②。曰③："无胥戕④，无胥虐，至于敬寡⑤，至于属妇[6]，合由以容[7]。”王其效邦君越御事[8]，厥命曷以[9]？“引养引恬[10]。”自古王若兹监，罔攸辟[11]！惟曰：若稽田[12]，既勤敷菑[13]，惟其陈修[14]，为厥疆畎[15]。若作室家，既勤垣墉[16]，惟其涂塈茨[17]。若作梓材[18]，既勤朴斫[19]，惟其涂丹雘[20]。

【注释】

①王：泛指君王。启：建立。监：诸侯。公侯伯子男各监一国，所以诸侯称为监。②乱：读为率，《论衡·效力》篇引作率。率，大都。厥乱为民，大都为民。③曰：以下是王者建监的诰词。④胥：相。⑤敬寡：就是鳏寡。无依无靠的人。敬，通鳏。⑥属妇：即孕妇。⑦合由以容：同样教导和宽容。合，同。由，教导。《方言》：“由，道也。”以，和。容，宽容。《荀子·非十二子》：“遇贱而少者，则修告导宽容之义。”见《尚书易解》。⑨厥：其。曷：何，什么。⑩引：长。恬：安。⑪攸：所。辟：通僻，偏也。⑫惟：思考。稽：治理。⑬敷：布，指播种。菑：新开垦的土地。⑭陈修：治理。《经义述闻》：“陈修，皆治也。”⑮疆：田界。畎：田间水沟。⑯垣：低墙。墉：高墙。⑰塈：仰涂，涂上泥土。茨：用茅盖屋。⑱梓材：美材。⑲朴：去掉木皮。斫：砍削。⑳涂：完成。丹雘：朱色涂料，这里指用朱色涂料涂饰。

【译文】

国王设立了诸侯国君，全是为了治理臣民。王说：“不要互相残害，不要互相虐待，对无夫无妻的老人要尊敬，对于微贱的妇人也要爱护，他们犯了罪都要加以宽恕。”国王还教训诸侯国君及其官吏们说：“我的命令是什么呢？不就是要求你们好好地养活小民，好好地统治小民，使他们安于自己的处境而不犯上作乱吗？自古以来，国王都是按照这种经验统治小民的，因而在他们的统治之下，就没有发生犯上作乱的事情。”国王又说：“好比种田，既然辛勤地把土地耕起来并播上种子，那就应当考虑修治疆界和田间水渠；好比建筑房屋，既然辛勤地筑起高墙和矮墙，那就应当考虑用茅草盖好屋顶，并涂补好屋顶上的漏洞；好比用上等木材制作家具，既然辛勤地把木材加工成家具，那就应当涂上上等颜色，以求美观。”

【原文】

今王惟曰[1]：先王既勤用明德[2]，怀为夹[3]，庶邦享作[4]，兄弟方来[5]。亦既用明德，后式典集[6]，庶邦丕享[7]。“皇天既付中国民越厥疆土于先王，肆王惟德用[8]，和怿先后迷民[9]，用怿先王受命[10]。已！若兹监[11]，惟曰欲至于万年[12]，惟王子子孙孙永保民[13]。”

【注释】

①王：王家。惟：思考。②用：施行。③怀：来。夹：通郏，洛邑。④享作：享献和劳作。《尚书骈枝》："作谓兴作，作劳役之事。享与作二事平列。"⑤方：国，与《周易》"不宁方"、《诗经》"不庭方"的"方"同义。⑥后：指诸侯。式：用，因。典：常。集：《广雅》："集，安也。"⑦丕：乃。见《词诠》。⑧肆：今。见《释诂》。⑨和怿：和悦。先后：指导。《诗·大雅·绵》"予曰有先后"，《毛传》："相道前后曰先后"。迷民：不服从的殷民。⑩怿：终，完成。⑪已：唉，叹词。监：治理。⑫惟：思考。欲：将。⑬惟：与，和。

【译文】

现在，王说："从前我们的国王辛勤而努力地推行德政，一些贤臣都主动地来做助手，辅助国王推行德政，许多诸侯都来纳贡称臣，甚至兄弟之国也来表示臣服，也是因为努力推行德政的缘故。诸侯国君经常集合在一起，前来朝贡，这样便使更多的诸侯国前来纳贡称臣。上帝既然把中国的臣民和疆土托付给先王，现在国王只有推行德政，殷商遗民中的顽固派，才会先后心悦诚服地服从于我们的统治。先王从上帝那里接受的大命，才得以长期地维持下去。唉！要很好地总结这种经验教训。"又说："要想使我们的统治保持万年，就必须使王的子子孙孙永远治理好广大民众。"

费誓①

【原文】

公曰②："嗟！人无哗，听命。徂兹淮夷、徐戎并兴③。善敹乃甲胄④，敿乃干⑤，无敢不吊⑥！备乃弓矢，锻乃戈矛⑦，砺乃锋刃⑧，无敢不善！"

【注释】

①费：地名，在今山东省费县西北。②公：指鲁侯伯禽，周公的儿子。③徂：读为且。且，此。此兹，犹言今兹。淮夷：淮浦之夷。徐戎：徐州之戎。兴：起。④敹：缝缀。甲：军衣。胄：头盔。⑤敿：系连。干：盾牌。⑥吊：善。⑦锻：锻炼。⑧砺：磨。

【译文】

公说："哦！人们不要喧哗了，听我发布命令！我们前往讨伐吧！现在，徐淮一带兴兵作乱了。缝好你们的军服和头盔，系连起你们的干盾，看你们谁敢不准备好！准备好你们的弓箭，锻冶好你们的戈矛，磨好你们的战刀，看你们谁敢不准备好！"

【原文】

"今惟淫舍牿牛马①，杜乃擭②，敜乃阱③，无敢伤牿④！牿之伤，汝则有常刑⑤！"

【注释】

①淫：大。舍：放。②杜：闭。擭：装着机关的捕兽器。③敜：填塞。阱：陷阱。④伤牿：指伤牛马。承上文牿牛马而言，这是一种借代方法。⑤有：得到。

【译文】

"现在要放牧那些带着枷索的牛马，臣民们要把柞鄂收拾起来，要把陷井填平，不要伤害了那些带着枷索的牛马，假如伤害了这些牛马，你们就要受到惩罚。"

【原文】

"马牛其风①，臣妾逋逃②，勿敢越逐③！祇复之④，我商赉尔⑤。乃越逐不复⑥，汝则有常刑！无敢寇攘⑦，逾垣墙，窃马牛，诱臣妾，汝则有常刑！"

【注释】

①风：走失。郑玄说："风，走逸也。"②臣妾：奴仆。古代男仆叫臣，女仆叫妾。逋：逃跑。③越逐：离开部队去追逐。越：逾。④祇：敬。复：还，指归还原主。⑤商：赏。于省吾说："金文赏每作商。"赉：赐予。⑥乃：如果。⑦寇：劫取。攘：偷取。郑玄说："因其来而取之曰攘。"

【译文】

"马牛因放牧而走失的，奴隶中有逃跑的，希望你们不要离开自己的队伍去追赶它。凡是得到那走失的牛马和逃跑的奴隶的，要恭敬地归还原主。能够这样做，我就考虑给以赏赐。假如你们敢于离开队伍去追赶走失的牛马和逃跑的奴隶，或得到了却不归还，那就要受到惩罚。看你们谁敢为非作歹，强取豪夺？凡是翻墙越壁，盗窃马牛，拐骗奴隶的，都要受到应得的惩罚。"

【原文】

"甲戌，我惟征徐戎。峙乃糗粮①，无敢不逮②；汝则有大刑③！鲁人三郊三遂④，峙乃桢干⑤。甲戌，我惟筑⑥，无敢不供，汝则有无馀刑⑦，非杀。鲁人三郊三遂，峙乃刍茭⑧，无敢不多⑨；汝则有大刑⑩！"

【注释】

①峙：具备，准备。糗：炒熟的米麦。糗粮：就是干粮。②逮：及，到。③大刑：死刑。"汝则有大刑"的上面，省去了"不逮"二字。④郊：近郊。遂：远郊。三郊三遂：成公元年《左传》疏说："诸侯出兵，先尽三乡三遂，乡遂不足，然后总征境内之兵。"⑤桢干：筑墙的工具。桢用在墙的两端，干用在墙的两旁。⑥筑：修筑营垒。⑦馀：释放。孙诒让说："馀舍二字得相通借。舍，释也。"无馀刑，就是终身监禁而不释放。⑧刍：生草。茭：干草。郑玄说："干刍。"⑨多：当从《史记·鲁世家》作"及"，形近而误。⑩大刑：孙星衍说："刍茭不至，牛马不得食，不可以战，故有大刑。"

【译文】

"甲戌这天，我要出发征伐那徐国了。准备好你们的干粮，看你们谁敢不按时到达？假如你们不按时到达，便处以死刑。我们要在国内大量地征发兵工，各地要准备好筑墙的工具，甲戌这天，我就要修筑工事，看你们谁敢不供给？不杀掉你们，还能用其他什么刑罚呢？我们要在国内大量地征发军队，望你们准备好牛马的草料，看你们谁敢不供给？假如不准备，那你们就要受到大大的惩罚。"

周易

（节选）

上　经

乾卦第一

【原文】

☰　　乾①元亨，利贞。②

初九　潜龙，勿用③。

九二　见龙在田，利见大人。④

九三　君子终日乾乾，夕惕若，厉无咎。⑤

九四　或跃在渊，无咎。⑥

九五　飞龙在天，利见大人。⑦

上九　亢龙，有悔。⑧

用九　见群龙无首，吉。⑨

【注释】

①乾：卦名。下卦上卦均为乾，象征天，其性刚健，具阳刚、健美之德。②元亨：大吉。元，大，始。亨，亨通，顺利。利贞：利于占筮。贞，占筮，卜问。对"元"、"亨"、"利"、"贞"四字的解释，历来注家多有分歧，但以《周易正义》所引《子夏传》的"四德"说和《左传·襄公九年》穆姜所叙最为流行，现录于后，以供参考。《周易正义》："《子夏传》云：'元，始也；亨，通也；利，和也；贞，正也。'言此卦之德，有纯阳之性，自然能阳气始万物，而得元始、亨通，能使物性和谐各有其利，又能使物坚固贞正得终。"《左传·襄公九年》："姜曰'……元，体之长也；亨，嘉之会也；利，义之和也；贞，事之干也。体仁足以长人，喜德足以合礼，利物足以和义，贞固足以干事。'"又《象传》和《文言传》阐发"四德"之义最为详尽，亦可参考。不过这些解释都与原意相去甚远，正确的解释应该到卦辞爻辞之中去寻求。③初九：《易经》六十四卦各由六爻构成，它的位序自下而上，名曰初、二、三、四、五、上；初即一，上即六。又，《易经》占筮，用九、六之数，九表

阳，六表阴，所以凡阳爻均称九，凡阴爻均称六。本爻位居卦中第一位，所以称初；为阳爻所以称九。龙：中国古时人想象中的刚健而美善的神奇动物，为古人崇奉的四灵即麟、凤、龟、龙之一。有角、有须、有爪、有鳞，兼具飞禽、走兽、鱼虾、蟒蛇的多种特征；能三栖，既能潜伏于深渊，又能驰骋于陆地，还能飞腾于天空。其鳞有八十一片，是为九九之数，象征阳。此种德性正与乾卦德性相合，所以乾卦诸爻均取象于龙。勿：不要，不宜，不可。用：才用，才能，才干。④见：出现，发现。田：指垄亩大众之间。大人：有大德大才的人。⑤君子：指德高的人。乾乾：下乾终而上乾继，故曰乾乾。即健行不息。惕：戒惧警惕，小心谨慎。若：无义。厉：危险。咎：灾祸。⑥或：无指代词，指代对象不是确定的，仅表明"有"之意，或者有人或者有时；这里是有时的意思。⑦见：发现。⑧亢：极，甚。悔：困厄。⑨用九：《易经》占筮，凡筮得阳爻，其数或为七或为九，而九可变，七不变，所以筮法用九不用七；而若筮得六爻均为九时，便用"用九"爻辞占断。群龙：指六个阳爻。此爻即所谓"有象无位"之爻。群龙无首：首，在这里作"终"字解。贡安世："《易》中首字皆训终"。无首，即无终结不断变化之意也。

【译文】

乾卦　象征天。筮得此卦大吉大利，和谐坚实。

初九　像一条巨龙潜伏在深渊，不能随便活动，暂时不宜施展才能。

九二　像一条巨龙出现在田野，有利于大才大德的人出世。

九三　君子终日不停地努力奋斗，时刻戒惕忧惧，这样，即使遇到了危险，也可以免遭灾祸。

九四　巨龙伺机而动，有时腾跃上跳，有时潜退深渊。

九五　巨龙飞上天空翱翔，宜于发现大德大才的人。

上九　巨龙飞得太高，必然遭到困厄。

用九　天空出现一群巨龙，变化没有穷尽，这样则大吉大利。

坤卦第二

【原文】

坤①元亨，利牝马之贞。君子有攸往，先迷后得主，利。西南得朋，东北丧朋。安贞吉。②

初六 履霜，坚冰至。③

六二 直、方、大，不习，无不利。④

六三 含章，可贞。或从王事，无成有终。⑤

六四 括囊，无咎无誉。⑥

六五 黄裳，元吉。⑦

上六 龙战于野，其血玄黄。⑧

用六 利永贞。⑨

【注释】

①坤：卦名。下卦上卦均为坤，象征地，其性柔顺，具有阴柔、宽厚之德。②元亨，利牝马之贞：元亨，前途非常亨通、顺利。牝马，与雄马相对。《说卦传》有"乾为马"，而马代表天，为阳性；坤卦言"牝马"则属阴性，故称地类。贞：这里是征兆的意思。君子有攸往，先迷后得主：攸，所。往：前进，即有所作为或有所举动。迷：茫然。主：所要寻求的对象或所要达到的目标。西南得朋，东北丧朋：从文王后天八卦方位看，西方是坤卦和兑卦的卦位，南方是巽卦和离卦的卦位，此四卦同属阴卦，所以说坤在"西南得朋"。朋，同道，同志。而东方是艮卦和震卦的卦位，北方是乾卦和坎卦的卦位，此四卦同属阳卦，因此说坤在"东北丧朋"。③履：踏。霜：这里是用薄霜象征阴气初起，预示严寒将至。④直、方、大：直，纵向无边；方，横向无涯；大，幅员辽阔。此句是说地之德宽厚、博大。习：修习，见习。⑤含章：指六三爻虽然为阴爻，但是由于居在阳位，所以内含阳刚之美而不轻易显露。章，文采绚丽，色彩彰美。或从王事，无成有终：此句展示"含章可贞"的具体情状，体现了坤顺乾的本质特征。王：指乾，指天。⑥括囊：束紧袋子口。括，束，扎。囊，口袋。⑦黄裳：黄色裙裤。黄，黄色，黄色居"五色"之中，象征中道。裳，下服。古时服装上称衣，下称裳，裳居下，象征谦下。六五爻以柔居上卦之中，

其德谦下，处尊而谦和，能以中和之道居臣职，所以说"黄裳，元吉"。⑧龙战：指阴阳交合。龙，比喻阳刚之气。战，接。上六阴气至盛，阴极阳来而阴气未消。所以有阴阳二气交合的"龙战"之象。玄黄：玄为天色，黄为地色。所谓玄黄是天地：色混杂不清阴阳互渗难别。⑨用六：《易经》占筮，凡得阴爻，其数或为六或为八，而六可变，八不变，所以用六不用八，而若筮得六爻均为六时，便以"用六"爻辞占断。永贞：占问长期之吉凶。永，长久。

【译文】

坤卦　像大地一样柔顺。筮得此卦大吉大利，尤其有利于占问雌性的事。君子出行，筮得此卦，开始则迷失方向，继而则可寻得所在追求的目标，既顺利又不顺利。宜往西南方向，不要往东北方向，因为往西南能够遇到朋友，而往东北则遇不到志同道合的人。如果占问是否平安，筮得此卦则必获吉祥。

初六　走在薄霜的上面，坚硬的冰块就要到来了，预示严寒将至。

六二　柔顺之德，纵向无边，横向无涯，宽厚而博大，只要具备了这样的美德，即使不加修习，有所举动时也无所不利。

六三　具备着美好品德，占问之事均可实行。有时辅佐君王大业，起初无所建树，最后则能终尽臣职，得到好的结果。

六四　像束紧囊口一样，不随便说话，可以免遭灾祸，但是不能获得美誉。

六五　穿着黄色裙裳，大吉大利。

上六　巨龙在田野里厮杀，鲜血洒地呈现出青黄之色。

用六　通观此卦六条阴爻，都以永远随从乾卦的正确而得到吉利。

屯卦第三

【原文】

☳☵　屯①元亨，利贞。勿用有攸往，利建侯。②

初九　磐桓，利居贞。利建侯。③

六二　屯如，邅如，乘马班如，匪寇婚媾；女子贞不字，十年乃字。④

六三　即鹿无虞，惟入林中；君子几，不如舍，往吝。⑤

六四　乘马班如，求婚媾，往吉，无不利。

九五　屯其膏。小贞吉；大贞凶。⑥

上六　乘马班如，泣血涟如。⑦

【注释】

①屯：卦名。下震上坎，以为产难之卦。《序卦传》："屯者，物之始生也。"《象》曰："屯，刚柔始交而难生"。②勿用：不宜。用，宜，应。建侯：授爵封侯。③磐桓：即"盘桓"，徘徊慎行。居：居处，住所。④屯如，邅如：乘马欲进，但又班师而还。邅，转移。如，样子。班：众多。匪：通"非"。不字：不嫁人。字，古时礼仪，女子订婚后即用簪子插住发髻；这里引申为许嫁。⑤即鹿无虞：追鹿而无虞人作向导。即，追逐。虞，虞人，古时管理山林之官。几：求。舍：舍弃。吝：艰难。⑥屯：积聚。膏：油脂。小、大：指少量和大量。⑦泣血：指无声地痛哭。涟如：泪水不断的样子。

【译文】

屯卦　象征初生。筮得此卦会大吉大利，和谐坚实。不宜冒昧前进，但有利于授爵封侯。

初九　徘徊流连，难于前行，但是对于占问居处之事者有利，也有利于授爵封侯。应持以退为进以后取先策略。

六二　首次出行，徘徊难进，乘马的人纷纷而来，但来者不是贼寇而是求婚的；女子占问嫁不嫁之事，筮得此爻，得知十年才宜嫁人。应恪守晚婚无嫁的正道。

六三　追捕山鹿没有虞人帮助，结果误入茫茫林海中；在这种情况下，君子与其继续追逐，不如舍弃而回返；如果一意前往追逐，必将遭遇艰难。

六四　乘马的人纷纷而来，但心里有顾虑欲求婚配，前往必获吉祥，无所不利。

九五　把雨水聚集起来。少量屯积，则吉祥；大量屯积，则有凶险。

上六　乘马的人纷纷而来，女方竟无感应，求婚者落得泪水涟涟，伤心而归。

蒙卦第四

【原文】

䷃　蒙①亨。匪我求童蒙，童蒙求我。初筮告，再三渎，渎则不告。利贞。②
初六　发蒙，利用刑人，用说桎梏，以往吝。③

九二　包蒙，吉。纳妇，吉，子克家。④

六三　勿用取女，见金夫，不有躬，无攸利。⑤

六四　困蒙，吝。⑥

六五　童蒙，吉。

上九　击蒙，不利为寇，利御寇。⑦

【注释】

①蒙：卦名。下坎上艮，象征童蒙。《序卦传》：“物之生必蒙，蒙者，蒙也，物之稚也。”②童蒙：年幼无知之人。蒙，蒙昧。初筮：第一次占筮。告：告诉，此指告诉吉凶。再三：这里承前省略了一个“筮”字，所以“再三”即“再三筮”，意为接二连三地占筮。再，第二次。渎：亵渎。③发蒙：启发蒙昧之人。刑人：树立榜样教育人。刑，通“型”，这里用作动词，指以典型、范例教人。说：通“脱”。桎梏：古代刑具名。铐在足上称桎，铐在手上称梏，说桎梏，意为免于犯下罪恶。以：而。④包蒙：即“包于蒙”，意为被蒙昧者所包围、环绕。包，包围。纳妇：迎娶媳妇。子克家：子有家室。⑤取：通“娶”。金夫：美称，指美貌郎君。不有躬：不顾自身体统，即自失其身。⑥困：困扰。⑦击：攻击，引申为惊醒，开化。不利：不适宜。为寇：以之为贼寇。御：防御，抵御。此指和缓的方式。

【译文】

蒙卦　象征童蒙。不是我有求于蒙昧无知的人，而是蒙昧无知的人有求于我，初次前来占筮，告诉他吉凶；接二连三地占筮，便是对占筮的轻侮和亵渎，这样，则不再告诉其吉凶。筮得此卦，无论做什么都有利。

初六　启发蒙昧无知的人，以增进其智慧，宜于树立楷模，以启发人，使人免犯过失；如果智慧初开就急于有所作为，行动将困难重重。

九二　被蒙昧无知的人所包围、环绕，有时未必不是好事。迎娶贤淑女子为妻，吉祥；其成果像是生下一个儿子能够持家一样。

六三　不宜娶这个女子为妻，因为她眼中所见的只是美貌郎君，遇到这样的男人她就自失其身，这种婚姻有害无益。因为行为不合理。

六四　被蒙昧无知的人所困扰，终究要遭遇艰难。

六五　蒙昧无知的人正受启发，必获吉祥。

上九　惊醒愚昧无知的人，不宜采用过激行动，而宜采取防御贼寇的和缓方式，这样才是吉利的。

需卦第五

【原文】

☷ 需①有孚，光亨，贞吉。利涉大川。②

初九 需于郊，利用恒，无咎。③

九二 需于沙，小有言，终吉。④

九三 需于泥，致寇至。⑤

六四 需于血，出自穴。⑥

九五 需于酒食，贞吉。⑦

上六 入于穴，有不速之客三人来，敬之，终吉。⑧

【注释】

①需：卦名。下乾上坎，象征等待。需即须，"待也"之意。②孚：诚信。光：光明。涉：涉越。大川：大江大河。③郊：城邑之外。恒：此指恒心。④沙：沙滩。小：少。言：指口舌是非。⑤致：招来。⑥血：血泊。出：离开。穴：山洞。这里比喻险境。⑦酒食：此指酒宴。⑧人：落入。不速之客：未经邀请而来的客人。速，邀请。三人：三人谓下三阳。按卦当位应得一人，但处于亟需变动之时，不按三人则不能成"讼卦"即下一卦，所以才说，贤不当位，未大失也。

【译文】

需卦 象征等待，是由于前面有险阻。心怀诚信，光明亨通，占得此卦则必将获得吉祥。有利于涉越大江大河。

初九 在郊野中等待，宜于持之以恒，这样，必无灾祸。

九二 在沙滩上等待，被发现因而引起议论，如果能够减少口舌是非，最终能吉利。

九三 在河边泥泞中等待，会招致贼寇到来。

六四 在血泊中等待，能脱离险境。

九五 在酒食宴席中等待，占之则必获吉祥。

上六 陷入险境，不当"位"的"三人"（三阳）来访，但只要以礼待之，最终必将获得吉祥。

讼卦第六

【原文】

☰ 讼①有孚，窒惕，中吉，终凶。利见大人，不利涉大川。②

初六 不永所事，小有言，终吉。③

九二 不克讼，归而逋；其邑人三百户，无眚。④

六三 食旧德，贞厉，终吉。或从王事，无成。⑤

九四 不克讼，复即命渝。安贞吉。⑥

九五 讼，元吉。⑦

上九 或锡之鞶带，终朝三褫之。⑧

【注释】

①讼：卦名。下坎上乾，象征争讼。《说文解字》："讼，争也……"②窒惕：追悔警惧。窒，悔。中：持中不偏。终：指一直争讼不止。大人：指九五。九五以刚爻居正位而得中，是刚健中正的大人。不利涉大川：因为争讼不已，各持己见，无法同舟共济，遇大江河必覆舟。③不永所事：不长久困于争讼之事。永，久长。④不克讼：争讼失利。克，胜。归而逋：逃亡，逃避。邑：卦地，即古代所谓的"国"。三百户之邑是小国。眚：灾祸。⑤食：享受。旧德：指昔日的俸禄。厉：危险。⑥复即命：回心归于正理，复，反，反悔。命：天命。渝：变，此指改变初衷。⑦讼：这里指"决讼"，即审断讼案。⑧或：偶或。锡：通"赐"。鞶：大带。古代根据官阶颁赐的腰带。终朝：终日，整天。褫：剥夺。

【译文】

讼卦 象征争讼。只要心怀诚信，引起警惕，改正错误，持守中和之道而不偏不倚，则可获吉祥；如果始终强争不息，则有凶险。有利于大德大才之人过问，否则不宜于涉越大江大河。

初六 不长久困于争讼之事，应当减少口舌是非，最终可获吉祥。

九二 争讼失利，返回之后就应当逃避；逃到只有三百户的小国便息事宁人躲过灾难。

六三 安享昔日俸禄，占筮虽有危险，但最终可获吉祥。有时辅佐君王大业，即使取得成就也不居功，始终退让，也就不能成讼。

九四　争讼失利，回心归于正理，改变争讼初衷，则平安无事，占筮可获吉祥。

九五　审断争讼，判明是非曲直，可获大吉大利。

上九　有时由于决讼清明而荣获颁赐的显贵华服，但由于连犯小错一天之内会多次被剥夺。

师卦第七

【原文】

☷　师①贞，丈人吉，无咎。②

初六　师出以律，否臧凶。③

九二　在师中，吉，无咎；王三锡命。④

六三　师或舆尸，凶。⑤

六四　师左次，无咎。⑥

六五　田有禽，利执言，无咎。长子帅师，弟子舆尸，贞凶。⑦

上六　大君有命，开国承家，小人勿用。⑧

【注释】

①师：卦名。下坎上坤，象征兵众或军旅。《周易集解》："何晏曰：师者，军旅之名……"②丈人：贤明长者，此指军事统帅。③律：军乐，有行进退丛的功能。号令作用。否：不。臧：善。④在：统率。中：中正。王三锡命：君王多次颁赐奖赏其功。锡，通"赐"。命，诏书。⑤舆尸：以车载运尸体，比喻兵败。舆，大车。此用作状语，表示工具、手段。⑥左次：驻扎在左方。次，驻扎。古人尚右，居左有撤退之势。⑦禽：泛指禽兽。执：捕捉。言：通"焉"。弟子：次子。⑧大君：君王，天子。有命：降下诏命，论功封爵。开国：封诸侯，开创千乘之国。国，诸侯封地。承家：授大夫，承袭百乘之家。承，承袭。家，大夫封地。小人勿用：意为要用君子，不要用小人。

【译文】

师卦　象征军旅。筮得此卦，对于军事上率师出征非常吉利，必无灾祸。

初六　军队出征，必须遵循号令行事；如果军纪败坏，必有凶险。

九二　统率军队出征打仗，只要持守中道，不偏不倚，则可获吉祥，必无灾祸；君王多次颁布诏命，奖赏其功。

六三　士卒时而用大车载运尸体归来。必有凶险。

六四　军队驻扎在左方，准备随时撤退。如此可免遭灾祸。

六五　田野有禽兽出没，宜于捕捉，即使别人有议论，也不会有灾祸。长子率师征战，次子用大车载尸，即使正确也有凶险。

上六　天子颁布诏命，论功封爵，封诸侯于千乘之国，授大夫以百乘之家；要重用君子，不要重用德才都差的小人。

比卦第八

【原文】

䷇　　比①吉。原筮，元永贞，无咎。不宁方来，后夫凶。②

初六　有孚比之，无咎。有孚盈缶，终来有它，吉。③

六二　比之自内，贞吉。④

六三　比之匪人。⑤

六四　外比之，贞吉。⑥

九五　显比。王用三驱，失前禽，邑人不诫，吉。⑦

上六　比之无首，凶。⑧

【注释】

①比：卦名。下坤上坎，象征亲辅。《说文解字》："比，密也……"②原筮：旧筮。原，追寻之辞。元：下脱一"亨"字，所以"元"即"元亨"，意为大吉大利。永贞：占问长期之吉凶。不宁方来：不安宁的事可并行而至。方，邦国。不宁方，意即不愿臣服的邦国。后：迟来者。夫，语气词，无义。③有孚比之：有诚信之心者前来亲辅。盈缶：美酒装满酒坛。盈，满。缶，大肚小口，用来盛酒的瓦器。终来有它：最终会发生意外情况。④自内：来自内部。⑤匪：通"非"。⑥外比之：向外亲辅。⑦显比：光明正大的亲辅。显，显明。王用三驱：君王用三驱之礼狩猎。三驱，三面驱围，网开一面，这是天子田猎之礼。失：逃走。禽：泛指禽兽。诫：惧怕。⑧无首：没有首领，即没用对象。

【译文】

比卦　象征亲辅。筮得此卦吉祥。古人当年筮遇此卦，大吉大利，宜于占问长久之事，没有灾祸。不愿臣服的邦国来朝，迟缓而来者必有凶险。

初六　胸怀诚信之心前来辅佐，没有灾祸。如果诚信之意如美酒满坛，最后即使发生意外情况，也会吉祥。

六二　亲近辅佐来自内部，筮得此爻可获吉祥。

六三　所亲辅的人并不是应当亲辅者。

六四　向外亲辅，筮得此爻可获吉祥。

九五　光明正大地亲辅。君王狩猎，三方驱围，网开一面，任凭前方的禽兽逃逸，武人要不责备部属，邑人都不惧怕，这样就会吉祥。

上六　希望亲辅而找不到首领，必有凶险。

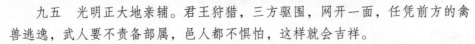

小畜卦第九

【原文】

☰☴　小畜①亨。密云不雨，自我西郊。②

初九　复自道，何其咎？吉。③

九二　牵复，吉。④

九三　舆说辐，夫妻反目。⑤

六四　有孚，血去惕出，无咎。⑥

九五　有孚挛如，富以其邻。⑦

上九　既雨既处，尚德载，妇贞厉。月几望，君子征凶。⑧

【注释】

①小畜：卦名。下乾上巽，象征小有积聚。小，少。畜，通"蓄"。②自我西郊：浓云从我邑西郊而起。③复自道：即自复其道，自己归返本身的道行。复，返。道，性质。④牵：牵连。⑤舆：大车。说：通"脱"。辐：古代车子上接连车身与车轴的部件。反目：怒目相视，形容关系失和。⑥孚，古俘字。血去惕出：抛弃忧虑，排除惊恐。血，通"恤"，忧虑。惕，警惕。⑦挛：拘系，捆绑。如：样子。富以其邻：与邻人同富。以，与。⑧既雨既处：

天已降雨，雨已停息。处，止。尚德载：还可以运载。德，通"得"。几望：
即既望，古代历法，每月十六日为"既望"。征：出征。

【译文】

　　小畜卦　象征小有积聚，筮得此卦亨通顺利。浓云密布却不降雨，云气从
我邑西郊升起，终归会下起大雨。

　　初九　回归自身的道行，就不会有什么灾祸。筮得此爻吉祥。

　　九二　被外界牵连而复归自身道行，也能获得吉祥。

　　九三　像车身与车辐相脱离那样，夫妻反目为仇而离异。

　　六四　捕获了俘虏，排除了忧患，但仍须保持警惕，如此必无灾祸。

　　九五　捕获俘虏，把他们串连捆绑，与邻人共同殷实富有。

　　上九　天上已经降下大雨，大雨也已经停息，这辆车子还可以运载东西，
指大畜达成却难以持续，妇人筮得此爻必有危险。在月内既望之日，君子如果
出征，必有凶险。

履卦第十

【原文】

　　䷉　履虎尾，不咥人，亨。①

　　初九　素履往，无咎。②

　　九二　履道坦坦，幽人贞吉。③

　　六三　眇能视，跛能履，履虎尾，咥人，凶；武人为于大君。④

　　九四　履虎尾，愬愬，终吉。⑤

　　九五　夬履，贞厉。⑥

　　上九　视履考祥，其旋元吉。⑦

【注释】

　　①履：这里有二义：一为卦名，下兑上乾，象征谨慎行走。但未以卦名形
式出现，而是出现在卦辞里。二为卦辞的一部分之意，意为践或踏。咥，咬。
②素：质朴无华。履：此为谨慎行走的意思。③幽人：安适恬淡之人。④眇：
目盲即眼不能视。武人：勇武之人。为：作为，引申为效命。大君：君王，天
子。⑤愬愬：恐惧的样子。⑥夬：果决。⑦视：回顾。考：考察。祥：此指吉
凶祸福的征兆。旋，返。

【译文】

　　履卦　象征谨慎行走。行走时不慎而踩住了老虎尾巴，老虎却不咬人，亨通顺利。

　　初九　衣着质朴无华，谨慎行走，无论做什么事都没有灾祸。

　　九二　在宽阔平坦的大道上谨慎行走，安适恬淡之人占问此爻可获吉祥。

　　六三　目盲却偏要观察，足跛却偏要行走，结果踩住了老虎尾巴，老虎就咬起人来，占问此爻必有凶险；勇武之人为君王效命。

　　九四　行走时不慎踩了老虎尾巴，内心要保持警惕谨慎，最后总能获得吉祥。

　　九五　冒然前行，不顾一切，占问有危险。

　　上九　回顾自己谨慎行事的经历，从中考察吉凶祸福的征兆，然后转身返回，大吉大利。

泰卦第十一

【原文】

　　☷☰　泰①小往大来，吉，亨。②

　　初九　拔茅茹以其汇，征吉。③

　　九二　包荒，用冯河，不遐遗；朋亡，得尚于中行。④

　　九三　无平不陂，无往不复，艰贞，无咎。勿恤其孚，于食有福。⑤

　　六四　翩翩，不富以其邻，不戒以孚。⑥

　　六五　帝乙归妹，以祉，元吉。⑦

　　上六　城复于隍，勿用师。自邑告命，贞吝。⑧

【注释】

　　①泰：通也。②小往大来：小的往外，大的来内。③茹以其汇：意为草根牵连其同类。茹，草根。以，与。汇，类。④包：包容。荒：大川。冯：涉越。不遐遗：不因偏远而遗弃。遐，远。朋亡：不要结党营私。朋，同道，同党。亡，通"无"，音义同。得尚于中行：能辅佐德行持中的君王。尚，辅佐。中行，德行持中不偏。此指六五爻。⑤陂：山边、水旁倾斜之处。艰贞：占问患难之事。勿恤其孚：不必忧虑返还。恤，忧。孚，返回。于食有福：有口福之吉。⑥翩翩：鸟疾飞的样子，比喻人举止轻浮。戒：戒备。孚：同俘。

⑦帝乙归妹：帝乙嫁女。帝乙，商代帝王，一说为成汤，一说为纣王之称。归，女子嫁人。妹，少女。以祉：以之祉，意为因此而得福。以，因。之，代"帝乙归妹"。祉，福。⑧城复于隍：城墙倾倒在城壕之中。复，覆。隍，城下沟壕。勿用师：不可出兵征战。师，军队。告命：祷告天命。

【译文】

泰卦　象征通泰。弱小者往外发展，刚大者主持内部，筮得此卦必获吉祥，亨通顺利。

初九　拔除茅草而牵连其同类，茅草被拔起离开地面向上是吉利的，兴兵征战可获吉祥。

九二　如果有包容大川的胸怀，则可以涉越江河，对偏远之地的朋友也无所遗忘；不结党营私，就能够辅佐持中不偏的君王。

九三　没有只平直而不倾斜之地，也没有只出行而不再次返还的人；此爻占问患难之事，没有灾祸。不为复返而忧虑，如此，则有口福之吉。

六四　往来翩翩，举止轻浮，因不与其邻人共同富有，因不加戒备而被俘。

六五　帝乙嫁女，因此而获得福泽，非常吉利。

上六　城墙倾倒在城壕之中，不必动用很多人去修城征战。在城邑中祷告天命，占问必有艰难之兆。

否卦第十二

【原文】

䷋　　否：否之匪人，不利君子贞；大往小来。①

初六　拔茅茹以其汇，贞吉，亨。②

六二　包承，小人吉；大人否，亨。③

六三　包羞。④

九四　有命，无咎，畴离祉。⑤

九五　休否，大人吉。其亡其亡，系于苞桑。⑥

上九　倾否，先否后喜。⑦

【注释】

①否：一义为卦名，下坤上乾，象征闭塞。但未以卦名形式出现，而是出

现在卦辞里。二义为卦辞的一部分。匪人：非人，即不当其人。②茹以其汇：草根牵连其同类。③包承：被包容并顺承尊者。否：不。④包羞：被包容而居下，终致羞辱。⑤命：君命。畴：众人。离：归附。祉：福。⑥休否：闭塞止息。其亡：行将灭亡。系于苞桑：系在根扎得很深的桑树上。苞，丰。⑦倾否：开通闭塞。倾，倾履；引申为"开通"。

【译文】

否卦　阻隔的是不应该阻隔之人，筮得此卦对君子不利，因为此时强大者往外，弱小者来内。

初六　拔除茅草而牵连其同类，占问此爻必获吉祥，亨通顺利。

六二　被包容并顺承尊者，小人可以获得吉祥；大德大才之人则须反其道而行之，这样才会亨通顺利。

六三　被包容而居下，终将招致羞辱。

九四　君王颁布诏命，必无灾祸，而且众人还会前来归附同享福禄。

九五　闭塞结束，大德大才之人筮得此爻可获得吉祥。将要亡啊，将要灭亡！但是如果把自己拴在根扎得很深的桑树上就会安然无恙。

上九　开通闭塞之路；只要闭塞过去，吉庆就会到来。

同人卦第十三

【原文】

䷌　同人：同人于野，亨。利涉大川，利君子贞。①

初九　同人于门，无咎。②

六二　同人于宗，吝。③

九三　伏戎于莽，升其高陵，三岁不兴。④

九四　乘其墉，弗克攻，吉。⑤

九五　同人，先号咷而后笑，大师克相遇。⑥

上九　同人于郊，无悔。⑦

【注释】

①同人：一义为卦名，下离上乾，象征人事和同。但未以卦名形式出现，而是出现在卦辞里。二义为卦辞的一部分。同，和。野：原野，此特指郊外的旷野。②于门：在门外。③宗：宗族之人。④伏戎于莽：预设伏兵于树丛之中。伏，埋伏。戎：军队。莽：树丛。升：登上。岁：年。兴：指兴兵征战。

⑤乘其墉：攻占城墙，乘，登上即攻占。墉，城墙。弗克攻：不能进攻。克，能。⑥号咷：大声痛哭。大师：大军。克：取胜。⑦悔：困厄。

【译文】

同人卦　象征人事和同。在旷野之中与人和同亲近，亨通顺利。有利于涉越大川巨流，有利于君子。

初九　刚刚走出大门就能与人亲近和同，必无灾祸。

六二　与宗族内部的人亲近和同，行事必然艰难。

九三　在树丛之中预设伏兵，并登上高地观察瞭望，这样，恐怕三年也不敢兴兵出战。

九四　先高据城头之上，再自行退兵而不去进攻，也可获得吉祥。

九五　与人和睦亲近，起先失声痛哭，尔后又放声大笑，原来是大军出征告捷，各路军马相遇会合，同庆胜利。

上九　在城邑郊外与人亲善和睦，不会遭困厄。

大有卦第十四

【原文】

☲　大有①元亨。

初九　无交害，匪咎；艰则无咎。②

九二　大车以载，有攸往，无咎。

九三　公用亨于天子，小人弗克。③

九四　匪其彭，无咎。④

六五　厥孚交如，威如，吉。⑤

上九　自天祐之，吉无不利。⑥

【注释】

①大有：卦名。下乾上离，象征富有。②无交害：没有涉及利害。③公用亨于天子：公侯向天子进献贡品。亨，通"享"，此指向天子进献的贡品。克：能。④彭：盛大。⑤厥孚交加：用其诚信结交上下。厥，其。威：威严。⑥祐：佑助，保佑。

【译文】

大有卦　象征富有。年丰人富，亨通顺利。

初九　与人交往而不涉及利害，自然不会招致灾祸来临；然须知只有历经艰辛才能免遭灾祸。

九二　用大车运载财货，无论运往何处，都不会有灾祸。

九三　公侯按时向王子进献贡品，小人做不到这一点。

九四　十分富有但却不自骄，则无灾祸。

六五　胸怀坦荡诚信交接上下，威严自显，可获吉祥。

上九　佑助从天上降下来，吉祥而无所不利。

谦卦第十五

【原文】

䷎　谦①亨，君子有终。②

初六　谦谦君子，用涉大川，吉。③

六二　鸣谦，贞吉。④

九三　劳谦，君子有终，吉。⑤

六四　无不利，㧑谦。⑥

六五　不富以其邻，利用侵伐，无不利。⑦

上六　鸣谦，利用行师，征邑国。⑧

【注释】

①谦：卦名。下艮上坤，象征谦虚。亨：指谦虚接物待人，必致亨通。②有终：指保持谦虚之德至终。③谦谦：谦而又谦，即非常谦虚。④鸣谦：谦虚之名传扬外界。⑤劳谦：有功而能谦虚。⑥㧑，谦：发挥谦虚之德。㧑，引申为发挥。⑦利用侵伐：宜用讨伐。⑧行师：兴兵征伐。

【译文】

谦卦　象征谦虚。只要谦虚地待人接物，做事必然亨通顺利；然而只有君子才能自始至终保持谦虚美德。

初六　凡君子都是谦而又谦，君子凭着这种谦虚退让美德可以涉越大江大河，并获吉祥。

六二　用谦虚退让宣扬自己谦虚美名传扬在外，必获吉祥。

九三　因谦让而劳累有功而不骄，君子保持这种美德到最后，必获吉祥。

六四　只要发挥扩大谦虚美德，行事便无所不利。

六五　与邻国同遭侵略，则应共同反击。如此，无往而不利。

上六　谦虚美名传扬在外，利于兴兵征伐，抵御来犯之敌。

豫卦第十六

【原文】

䷏　豫①利建侯、行师。②

初六　鸣豫，凶。③

六二　介于石，不终日，贞吉。④

六三　盱豫，悔；迟，有悔。⑤

九四　由豫，大有得；勿疑，朋盍簪。⑥

六五　贞疾，恒不死。⑦

上六　冥豫，成有渝，无咎。⑧

【注释】

①豫：卦名。下坤上震，象征欢乐。②建侯：授爵封侯。行师：兴兵征伐。③鸣豫：喜逸豫好欢乐而扬名于外。④介于石：比磐石还坚贞。介，中正坚定。于，比。不终日：不待终日。⑤盱：张目，形容媚上之相。迟：迟疑缓慢。⑥由：从，借助，依赖。盍簪：合拢，合聚。盍，合。簪，古代系绾头发的首饰。⑦恒：长久。⑧冥：日暮。这里引申为昏乱、盲目。渝：改变。

【译文】

豫卦　象征欢悦。利于授爵封侯、兴兵征伐。

初六　因喜好欢悦而闻名，将有艰险。

六二　德性坚贞胜过磐石，不等一天终结就悟出过分欢悦之患，占问定获吉祥。

六三　媚眼向上以求取受宠之欢乐，

定遭困厄；如果行为总是迟迟疑疑，也会陷入困境。

九四　众人凭依他而得到欢乐，将大有所获；坦诚不疑，朋友会像头发系绾于簪子上一样聚会相从。

六五　占问疫病的吉凶，筮得此爻昭示着长久健康而不会死亡。

上六　尽管已经养成盲目纵情作乐之恶习，如果能及早改正，仍没有灾祸。

随卦第十七

【原文】

☷　随^①元亨，利贞，无咎。

初九　官有渝，贞吉，出门交有功。^②

六二　系小子，失丈夫。^③

六三　系丈夫，失小子。随有求，得，利居贞。^④

九四　随有获，贞凶。有孚在道，以明，何咎？^⑤

九五　孚于嘉，吉。^⑥

上六　拘系之，乃从维之，王用亨于西山。^⑦

【注释】

①随：卦名。下震上兑，象征追随。②官：通"馆"，馆舍。渝：改变。交：与人交往。③系小子：倾心依从小人。系，系属，引申为倾心依从。④随有求：追随别人而有所求。居：居处。⑤有孚在道：在诚信之心而持守正道。以明：以光明正大立身。⑥孚于嘉：施诚信给美善者。嘉，美善。⑦拘系：囚禁。从维：释放。从，即"纵"。亨：祭享。亨，通"享"。

【译文】

随卦　象征从随。大为亨通，利卦，没有灾难。

初九　馆舍出现变化，吉祥，出门和人交往定能成功。

六二　一心依附柔顺的小人，就会失掉刚直而品性高洁的人。

六三　一心依附刚直而品性高洁的人，摆脱柔顺的小人，追从他人，有求必得，有利于居住之事。

九四　追从他人而有所获，有凶险。但是心怀诚信而持守正道，而且又光明正大，还会有什么灾难呢？

九五　将诚信给予美善之人，可获吉祥。

上六　先受到拘禁，后又获释，君王因此才能祭亨于西山。

蛊卦第十八

【原文】

☶　蛊①元亨，利涉大川。先甲三日，后甲三日。②

初六　干父之蛊，有子，考无咎，厉，终吉。③

九二　干母之蛊，不可贞。④

九三　干父之蛊，小有悔，无大咎。

六四　裕父之蛊，往见吝。⑤

六五　干父之蛊，用誉。⑥

上九　不事王侯，高尚其事。⑦

【注释】

①蛊：卦名。下巽上艮，象征救弊治乱。"蛊"字本义为腹中之虫，这里引申为蛊惑。②先甲三日，后甲三日：古代用甲、乙、丙、丁、戊、己、庚、辛、壬、癸十天干循环记日，甲前三日指辛日、壬日、癸日，甲后三日指乙日、丙日、丁日，加上甲日，计七日。古代习俗，周人卜七日，殷人卜十日（旬）。③干：匡正，纠正。蛊：这里是过失的意思。考：父亲或亡父。④贞：正，引申为干涉。儿子不能干涉母亲的闺房之事。所以说："不可贞"。⑤裕：这里是纵容、姑息的意思。⑥用：以，因。誉：称誉。⑦高尚其事：其事，指专心治家，与"事王侯"相对。高尚，即以专心治家为高尚之事。

【译文】

蛊卦　象征拯弊治乱。大为亨通，有利于涉过大川巨流。经过七天的观察思考，就会明白应如何去做。

初六　改正父辈的过失；有了这样的儿子，父辈就可避开灾祸，即使有些危险，最终也会获得吉祥。

九二　改正母辈的过失，但不能干涉母亲的闺房之事。

九三　改正父辈的过失，尽管会遭到小的困窘危难，但是没有巨大灾难。

六四　姑息纵容父辈的过错，有所举动定会遭遇艰难。

六五　匡正父辈的错失，会因此受到赞誉。

上九　不替王侯效命，专心治家，并以此作为高尚之事。

临卦第十九

【原文】

䷒ 临①元亨，利贞。至于八月，有凶。

初九 咸临，贞吉。②

九二 咸临，吉，无不利。

六三 甘临，无攸利。既忧之，无咎。③

六四 至临，无咎。④

六五 知临，大君之宜，吉。⑤

上六 敦临，吉，无咎。⑥

【注释】

①临：卦名。下兑上坤，象征临察。②咸临：胸怀感化之心临于百姓。咸，通"感"。③甘：借为钳，钳制。既：已经。④至：下。⑤知：通"智"。⑥敦：温柔笃厚。

【译文】

临卦 最为亨通，利卦。到了八月会有凶险。

初九 心怀感化之心降临百姓，可获吉祥。

九二 胸怀感化之心降临百姓，必会吉祥，无所不利。

六三 用钳制的政策治民，并没有什么好处。如果已经忧惧自己的过错而加以修正，没有灾祸。

六四 亲自体察民情，则无灾祸。

六五 下临百姓，凭借聪明才智体察民意，并且知道自己身为天子应该做什么，必获吉祥。

上六 敦厚宽仁地体察民情，定获吉祥，没有灾祸。

观卦第二十

【原文】

☶☶ 观①盥而不荐，有孚颙若。②

初六 童观，小人无咎，君子吝。③

六二 阚观，利女贞。④

六三 观我生，进退。⑤

六四 观国之光，利用宾于王。⑥

九五 观我生，君子无咎。

上九 观其生，君子无咎。⑦

【注释】

①观：卦名。下坤上巽，象征瞻仰。②盥：古代举行祭祀大典时祭前洗手称为盥。荐：进献，指进献酒食以祭祖先和神灵。孚，通"俘"。颙：大。若，语助词，无义。③童：幼童。这里用作状语，意为像幼童一样。④阚：通"窥"，暗中偷看。⑤生：通"姓"。进退：指如何施政。⑥用宾于王：以宾客之礼朝拜君王。⑦其生：异姓。

【译文】

观卦 象征瞻仰。祭祀之前只是洗手自洁，而不进献酒食祭品，是因为有个头很大的俘虏作为人牲的缘故。

初六 像幼童一样观察景物，小人没有灾祸，君子则会做事艰难。

六二 暗中偷偷地观察盛景，有利于女性之卦。

六三 考察同姓之国的民情，可以明白怎么施政。

六四 考察一国之风土人情，宜于先用宾客之礼朝见君王。

九五 考察同姓之国的民情，君子能够免遭灾祸。

上九 考察异姓之国的民情，君子能够免遭灾祸。

噬嗑卦第二十一

【原文】

噬嗑①亨，利用狱。②

初九　屦校灭趾，无咎。③

六二　噬肤灭鼻，无咎。④

六三　噬腊肉，遇毒，小吝，无咎。⑤

九四　噬乾胏，得金矢，利艰贞，吉。⑥

六五　噬乾肉，得黄金，贞厉，无咎。

上九　何校灭耳，凶。⑦

【注释】

①噬嗑：卦名。下震上离，象征刑罚。噬嗑的本义为咬合。②狱：刑狱。③屦：即履，足。此用作动词，意为加在脚上。校：本制刑具。灭：伤。趾：脚趾。④肤：皮肤。⑤腊肉：意即像腊肉那样嚼。⑥乾胏：带骨的肉脯。乾，干。得金矢：咬出黄铜来。金，即铜。下文"黄金"同此。⑦何：通"荷"。

【译文】

噬嗑卦　象征刑罚。亨通顺利，利于施用刑罚。

初九　脚上戴上木枷，损伤了脚趾，没有灾祸。

六二　像撕咬柔软的皮肤一样轻易用刑，即使损伤了罪犯的鼻子，也不会遭受什么灾祸。

六三　施用刑罚惩戒犯人，像咬腊肉那样困难，而且还中了毒，只是小有不适，并没有大的灾祸。

九四　施用刑罚惩戒犯人，像咬带骨的肉一般困难，具有铜矢一样的刚正之气，利于卜问艰难之事，可获吉祥。

六五　施用刑罚惩戒犯人，像咬肉干那样困难，却具有铜箭般的刚正之气，占问尽管有危险之兆，但却不会有什么灾祸。

上九　肩戴木枷损伤了耳朵，定有凶险。

贲卦第二十二

【原文】

䷕　贲①亨，小利有攸往。

初九　贲其趾，舍车而徒。②

六二　贲其须。③

九三　贲如濡如，永贞吉。④

六四　贲如皤如，白马翰如，匪寇，婚媾。⑤

六五　贲于丘园，束帛戋戋，吝，终吉。⑥

上九　白贲，无咎。⑦

【注释】

①贲：卦名。下离上艮，象征文饰。"贲"的本义为饰。②徒：徒步。③须：胡须。④濡：本浸湿，润色。⑤皤：白。翰：白。⑥丘园：家园。帛：丝织品的总称。戋戋：少的样子。⑦白贲：用白色来装饰。

【译文】

贲卦　象征文饰。亨通顺利，对柔弱者有所行动会吉利。

初九　修饰其脚趾，弃车步行而走。

六二　修饰尊长在于美须。

九三　修饰之后再加以润色，如果卜问长久之事可以获得吉兆。

六四　修饰得如此雅致，骑的白马又这样纯洁无瑕，前面来者并非贼寇，而是聘求婚姻的佳偶。

六五　修饰自己的家园，尽管只有一束丝帛，持家比较艰难，但是最后将获得吉祥。

上九　以白色装饰，定无灾祸。

剥卦第二十三

【原文】

剥① 不利有攸往。

初六 剥床以足，蔑贞凶。②

六二 剥床以辨，蔑贞凶。③

六三 剥之，无咎。

六四 剥庆以肤，凶。④

六五 贯鱼以宫人宠，无不利。⑤

上九 硕果不食，君子得舆，小人剥庐。⑥

【注释】

①剥：卦名。下坤上艮，象征剥落。②足：床腿。蔑：灭，伤。③辨：床头。④肤：床身。⑤贯鱼以宫人宠：受宠爱的宫人鱼贯而来。宫人，宫中妃嫔。以：引。⑥舆：大车。庐：房舍。

【译文】

剥卦 象征剥落。不宜有所行动。

初六 剥蚀大床定会先损及床腿，床腿一定会遇到伤害，必有凶险。

六二 剥蚀大床已然损及床头，床头一定会遭到伤害，必有凶险。

六三 虽然处于剥蚀之中，却没有什么灾难。

六四 剥蚀大床已经损及床身，情势十分凶险。

六五 导引宫中妃嫔鱼贯而来承接君主的宠幸，无所不利。

上九 果实硕大却没有被摘食，君子摘食定会得到大车运载，小人摘食必会剥落房屋。

复卦第二十四

【原文】

复① 亨。出入无疾。朋来无咎。反复其道，七日来复，利有攸往。②

初九　不远复，无祗悔，元吉。③

六二　休复，吉。④

六三　频复，厉，无咎。⑤

六四　中行独复。⑥

六五　敦复，无悔。⑦

上六　迷复，凶，有灾眚；用行师，终有
　　　大败，以其国君，凶，至于十年不
　　　克征。⑧

【注释】

　　①复：卦名。下震上坤，象征复归。
②反复其道：返转回归于一定的规律。
道：法则，规律。七日来复：周初以月亮
盈亏记日，每月四期，每期七日。"七日"
在此象征转化迅速。③不远复：行而不远
即复。祗悔：悔恨。④休：喜。⑤频：频
繁。⑥中行独复：居中行正，独自返还。
⑦敦：敦促，迫促。⑧迷复：误入迷途而
求返还。灾眚：灾祸。行师：兴兵征伐。
以：及。克：能。

【译文】

　　复卦　象征归顺。亨通顺利，或出或
入都没有疾病，朋友前来也没有灾祸，遵
循一定的规律返转回归，只须七日就循环
一次，利于有所举动。

　　初九　行而未远就适时回返，没有造成很大的悔恨，大吉大利。

　　六二　高高兴兴地返回，必获吉祥。

　　六三　频繁地返还，定有危险，但还不至于有什么灾祸。

　　六四　居中行正，自然回返。

　　六五　急促地回返，不会遭逢困厄。

　　上六　误入歧途却又不知回返，定遭凶险，会有灾祸；兴兵征战，最后将
会大败，并且危及君王，前景极为凶险，以至于十年之久不能够兴兵征战。

无妄卦第二十五

【原文】

☰ 　无妄①元亨，利贞。其匪正有眚；不利有攸往。②

初九　无妄往吉。

六二　不耕，获不菑，畬。则利有攸往。③

六三　无妄之灾，或系之牛，行人之得，邑人之灾。④

九四　可贞，无咎。

九五　无妄之疾，勿药有喜。⑤

上九　无妄行，有眚，无攸利。

【注释】

①无妄：卦名。下震上乾，象征不妄为。②其匪正有眚：不持守正道就会有灾异。匪，非，不。正，指正道。眚，灾祸。③菑：初垦的瘠田。这里用作动词，意为开垦。畬：熟田。④无妄之灾：意想不到的灾祸。或：有人。系：拴。行人之得：路人顺手牵走据为己有。邑人之灾：邑中人家遭受缉捕的横祸。⑤勿药：不治疗。有喜：古人称病愈为有喜。

【译文】

无妄卦　象征不要妄为。大吉大利，利卦。若不持守正道就会有灾异，不宜有所行动。

初九　不妄为，有所作为定获吉祥。

六二　不耕耘却有收获，不垦荒而却有良田耕种，则有利于有所行动。

六三　遭遇到料想不到的灾祸：有人在某处拴了一头耕牛，路人顺手把它牵走据为己有，邑中人家将遭受缉捕的横祸。

九四　平卦，没有灾祸。

九五　得了意料不到的疾病，不必要用药治疗而自会痊愈。

上九　切勿妄为，将有灾祸，没有什么益处。

大畜卦第二十六

【原文】

☰ 大畜①利贞。不家食，吉。利涉大川。②

初九　有厉，利已。③

九二　舆说輹。④

九三　良马逐，利艰贞。曰闲舆卫，利有攸往。⑤

六四　童牛之牿，元吉。⑥

六五　豮豕之牙，吉。⑦

上九　何天之衢，亨。⑧

【注释】

①大畜：卦名。下乾上艮，象征大有积蓄。畜，蓄。②不家食：不求食于家，而食禄于朝。③已：停止。④说：通"脱"。輹：钩住车轴的木头。⑤逐：奔驰。闲：练习。卫：防止。⑥童牛：无角小牛。牿：牛角上束的横木。⑦豮豕之牙：把小猪拴在木桩上以防跑掉。豮，小猪。牙，木桩。⑧何天之衢：何其畅达的通天之路。衢，四道八达的道路。

【译文】

大畜卦　象征很有积蓄。有利之卦。不求食于家，而食禄于朝，定获吉祥。宜于涉逾大江大河。

初九　有危险，应暂时停止前进。

九二　车身与车轴相分离。

九三　骏马在奔跑，利于艰难之事。整天练习车马防卫技能，宜于有所行动。

六四　在无角的小牛头上拴一根横木，极为吉祥。

六五　将小猪拴在木桩上以防止它跑丢，可获吉祥。

上九　何其通畅的通天大道！亨通顺利。

颐卦第二十七

【原文】

☷ 颐①贞吉。观颐，自求口实。②

初九　舍尔灵龟，观我朵颐，凶。③

六二　颠颐，拂经于丘颐，征凶。④

六三　拂颐，贞凶。十年勿用，无攸利。⑤

六四　颠颐，吉。虎视眈眈，其欲逐逐，无咎。⑥

六五　拂经，居贞，吉。不可涉大川。

上九　由颐，厉，吉，利涉大川。

【注释】

①颐：卦名。下震上艮，象征颐养。颐即两腮。②口食：食物。③尔：你。灵龟：指卜得的龟兆。古人认为龟不死而能长寿，是神物，所以龟甲行卜，并且称之为灵龟。朵颐：隆起的两腮。④颠颐：两腮不停地抖动。拂经：颠倒事理。拂，逆，经，常理。于丘颐：向高丘上索取颐关。颐，颐养。征：兴兵出战。⑤拂颐：违背颐养之道。⑥逐逐：迫切地追求。

【译文】

颐卦　象征颐养。定获吉祥。考察事物的颐养现象，应当明了颐养之道是自食其力。

初九　丢弃你卜得的龟兆，却观看我隆起的两腮，必有凶险。

六二　两腮不断地颠动，违背事理，向高处寻求颐养，兴兵征战定有凶险。

六三　违反颐养之道，则有凶险。十年之内不能施展才能，否则将没有什么好处。

六四　两腮不断地颠动，可获得吉祥。像猛虎那样双目圆睁虎视一切，急欲不断地获取食物必无灾祸。

六五　尽管违逆事理，但是卜问居处之事，可获吉祥。不可涉过大江大河。

上九　从两腮看，尽管有危险，但仍会获得吉祥，利于涉过大江大河。

大过卦第二十八

【原文】

　　大过①栋桡，利有攸往，亨。②

初六　藉用白茅，无咎。③

九二　枯杨生秭，老夫得其女妻，无不利。④

九三　栋桡，凶。

九四　栋隆，吉。有它，吝。⑤

九五　枯杨生华，老妇得其士夫，无咎，无誉。⑥

上六　过涉灭顶，凶，无咎。

【注释】

　　①大过：卦名。下巽上兑，象征大有过越。②栋桡：大梁弯曲。桡，通"挠"，弯曲。③藉：铺垫。④秭：树木新生的枝条和嫩芽。女妻：幼妻。⑤隆：隆起。它：指意外情况。⑥华：花。士夫：幼夫。

【译文】

　　大过卦　象征大有过越。大梁弯曲，利于有所行动，亨通顺利。

　　初六　用洁净的茅草铺地以陈设祭品，没有什么灾祸。

　　九二　枯死的杨树发出新枝嫩芽，年迈的老翁娶了个年轻的娇妻，无所不利。

　　九三　大梁弯曲，定有凶险。

　　九四　大梁隆起，可获吉祥。但是假如发生意外情况，则行事定会艰难。

　　九五　枯萎的杨树开放新花，年迈的老妪嫁了个年轻的美丈夫，尽管没有什么灾祸，但是也得不到赞誉。

　　上六　盲目涉水过河，大水没过了头顶，尽管有凶险，但最终遇救而没有什么灾祸。

坎卦第二十九

【原文】

䷜ 习坎①有孚维心，亨，行有尚。②

初六 习坎，入于坎窞，凶。③

九二 坎有险，求小得。④

六三 来之坎，坎险且枕。入于坎窞，勿用。⑤

六四 樽酒簋贰，用缶，纳约自牖，终无咎。⑥

九五 坎不盈，祇既平，无咎。⑦

上六 系用徽纆，置于丛棘，三岁不得，凶。⑧

【注释】

①坎：卦名。下坎上坎，象征重重险难。坎字的意思是险、陷。习坎，即重坎。习，重复。②孚：古俘字。维：维系。尚：通"赏"。③入于坎窞：落入陷穴深处。窞：深坑。④坎有险：陷穴中有凶险。⑤来之坎：来去都处在坑穴之间。坎险且枕：坑穴既险又深。枕：通沈，深。⑥樽酒：一樽薄酒。簋贰：两簋淡食。簋，古代盛谷物的竹器。缶：瓦器。纳约自牖：通过窗口收得信约。牖，窗。⑦祇：安。⑧系用徽纆：用绳索捆绑。徽纆，绳索。

【译文】

坎卦 象征重重艰险。抓获俘虏，能笼络他的心，亨通顺利，行事定会获得奖赏。

初六 面临重重艰险，又落入陷阱深处，必有凶险。

九二 在陷穴中遭逢险难，从小处谋求脱险定能得逞。

六三 来来去去都处于险难之中，陷穴既险且深。一旦落入陷阱深处，暂时不宜施展才能。

六四 将一杯薄酒，两筐淡食，用瓦罐盛起来，并且通过窗口收得信约，最后不会有什么灾祸。

九五 陷穴尚未满溢，到需要稳定时则险难自平，没有灾祸。

上六 用绳索将犯人捆绑起来，并囚禁于荆棘丛中，三年不让解脱，必有凶险。

离卦第三十

【原文】

离①利贞，亨，畜牝牛，吉。②

初九 履错然，敬之，无咎。③

六二 黄离，元吉。④

九三 日昃之离，不鼓缶而歌，则大耋之嗟，凶。⑤

九四 突如其来如，焚如，死如，弃如。⑥

六五 出涕沱若，戚嗟若，吉。⑦

上九 王用出征，有嘉折首。获匪其丑，无咎。⑧

【注释】

①离：卦名。下离上离。象征附丽。丽，附着。②牝牛：母牛。③错然：敬慎、郑重的样子。④黄离：黄色附着于物。⑤日昃之离：日将落而附丽于西天。大耋之嗟：老暮穷衰之嗟叹。耋：八十曰耋。⑥突如其来如：指不孝之子突然返家。突，古称逐出之子为"突"。⑦沱若：滂沱的样子，形容泪流满面或泪如雨下。若，样子。戚：忧伤。⑧折：折服。首：首领。匪：非。丑：同类，随从。

【译文】

离卦 有利之卦，亨通顺利。蓄养母牛，定获吉祥。

初九 处理事务谨慎郑重，态度恭敬，定无灾祸。

六二 黄色依附于物，大吉大利。

九三 太阳快要落山，垂垂悬附在西天，如不击瓦罐而歌，将会有老暮穷途的感叹，定遭凶险。

九四 不孝之子忽然回返家中，家人就把他焚烧，治死，抛弃。

六五 洒下的泪水就象大雨滂沱，忧伤嗟叹，但最终将获得吉祥。

上九 君王兴兵出征，有令嘉奖擒服首恶之人，捕获的即使不是其同党，也没有什么灾祸。

下　经

咸卦第三十一

【原文】

咸①亨，利贞。取女。吉。②

初六　咸其拇。③

六二　咸其腓，凶，居吉。④

九三　咸其股，执其随，往吝。⑤

九四　贞吉，悔亡；憧憧往来，朋从尔思。⑥

九五　咸其脢，无悔。⑦

上六　咸其辅颊舌。⑧

【注释】

①咸：卦名。下艮上兑，象征感应。咸即"感"。②取女：即娶女。取，通"娶"。③拇：脚大趾。④腓：小腿肚。居：居家不出。⑤股：大腿。执：执身。追随他人。执随：这里是执迷盲从的意思。⑥悔亡：从困境中解脱出来。悔，困窘危险，这里指困境。亡，通"无"，消失。憧憧：心意不安，思绪不绝的样子。从：顺依。思：意愿，想法。⑦脢：背。⑧辅：牙床。颊：面颊。

【译文】

咸卦　象征感应。亨通和顺，有利之卦，迎娶此女为妻，可获吉祥。

初六　互相感应在脚的大拇趾，它因势而动。

六二　互相感应在小腿肚，定有凶险；但是假如居家不出，则可获吉祥。

九三　互相感应在大腿，执迷盲目追随他人，有所举动则行事艰危。

九四　可获吉祥，危难困窘将会消失；即使心意不安、思绪不绝，朋友最后会顺从你的意愿。

九五　互相感应在脊背，就不会遭遇困厄。

上六　互相感应在口舌，牙床、面颊、舌头都会因势而动。

恒卦第三十二

【原文】

䷞　恒①亨，无咎；利贞，利有攸往。

初六　浚恒，贞凶，无攸利。②

九二　悔亡。

九三　不恒其德，或承之羞，贞吝。③

九四　田无禽。④

六五　恒其德贞，妇人吉，夫子凶。⑤

上六　振恒，凶。⑥

【注释】

①恒：卦名。下巽上震，象征恒久。②浚：深，久。③承：承受，蒙受。羞：耻辱。④田：田猎即打猎。禽：泛指禽兽。⑤夫子：男人。⑥振：动荡不安，变化无常。此指不能持恒守德。

【译文】

恒卦　象征长久。亨通顺利，没有灾祸；有利之卦，利于有所行动。

初六　有所追求，持续得过于恒久，定有凶险，没有什么益处。

九二　筮得此爻，危厄将会消失。

九三　不能长期保持美德，有时就会蒙受耻辱，行事艰难。

九四　田猎没有捕得禽兽。

六五　长久地保持美德，卜问妇人之事，可获吉祥；而卜问男人之事，却有凶险。

上六　动荡不安，变化无常，不能持恒守德，定有凶险。

遁卦第三十三

【原文】

䷠　遁①亨，小利贞。

初六　遁尾，厉，勿用有攸往。②

六二　执之用黄牛之革，莫之胜说。③

九三　系遁，有疾，厉；畜臣妾，吉。④

九四　好遁，君子吉，小人否。⑤

九五　嘉遁，贞吉。⑥

上九　肥遁，无不利。⑦

【注释】

　　①遁：卦名。下艮上乾，遁象征退避。"遁"古字为"遯"。②遁尾：末尾，意为退避迟缓而落在后边。勿用：暂时不施展才能。③执遁：缚。革：皮。说：通"脱"。④系遁：心中有所顾恋，而迟迟不能退避。畜：畜养。臣：臣仆。妾：侍妾。⑤好：指心怀恋情而身已退避。⑥嘉遁：指相机而动，时机恰如其份。⑦肥遁：通"蜚"，即飞。

【译文】

　　遁卦　象征避退。亨通顺利，有利于柔小者。

　　初六　退避不及，落在后边，定有凶险，暂时不宜有所行动，不要施展才能。

　　六二　被黄牛皮绳捆绑，没有人能够逃脱。

　　九三　心中有所牵挂，迟缓而不能适时退避，将染上疾患，定有危险；而蓄养臣仆和侍妾，则可获吉祥。

　　九四　尽管心中怀有恋情，但是已经适时退避，这一点只有君子才能够做到，而小人则办不到，所以君子可以获吉，小人则不会吉利。

　　九五　选择最好的时机，及时退避，可获吉祥。

　　上九　远走高飞，完全退避，无所不利。

大壮卦第三十四

【原文】

☰☰　大壮①利贞。

初九　壮于趾，征凶；有孚。②

九二　贞吉。

九三　小人用壮，君子用罔；贞厉，羝羊触藩，羸其角。③

九四　贞吉，悔亡，藩决不赢，壮于大舆之輹。④

六五　丧羊于易，无悔。⑤

上六　羝羊触藩，不能退，不能遂，无攸利，艰则吉。⑥

【注释】

　　①大壮：卦名。下乾上震，象征刚大盛壮。②趾：脚趾。③小人用壮，君子用罔：小人倚仗持盛壮以逞刚强，君子盛壮而不用。罔：无，不。羝羊触藩，赢其角：公羊强顶藩篱，羊角必然被绳索缠绕。羝羊，公羊。赢，大绳索。④輹：辐。⑤易：通“场”，田边。⑥遂：进。

【译文】

　　大壮卦　象征刚大盛壮。利卦。

　　初九　脚趾盛壮，出征定有凶险；此时应该以诚信自持。

　　九二　吉祥之卦。

　　九三　小人倚仗盛壮以逞刚强，君子则虽然盛壮而不妄用；此卦凶险，就像公羊强顶藩篱，羊角必然被绳索所缠绕。

　　九四　吉祥之卦，危难困窘将自行消解，犹如藩篱开裂而羊角却不被缠绕，又象大车轮辐盛壮适用。

　　六五　在田边丢失羊，不会遭逢困厄。

　　上六　公羊抵触藩篱，既不能后退，也不能前进，没有什么益处，预示经过艰苦磨难则可获吉祥。

晋卦第三十五

【原文】

　　晋①康侯用锡马蕃庶，昼日三接。②

初六　晋如，摧如，贞吉。罔孚裕，无咎。③

六二　晋如，愁如，贞吉，受兹介福于其王母。④

六三　众允，悔亡。⑤

九四　晋如鼫鼠，贞厉。⑥

六五　悔亡，失得勿恤，往吉，无不利。⑦

上九　晋其角，维用伐邑，厉吉，无咎，贞吝。⑧

【注释】

①晋：卦名。下坤上离，象征进长。晋，进。②康侯用锡马蕃庶：尊贵的公侯得到天子赏赐的车马众多。康，此为尊贵的意思。侯，此泛指有爵位者。锡，通"赐"。马，此指车马。蕃庶：众多。蕃，通"繁"；庶，众多。③摧：阻。罔孚：不能取信于人。罔：不；孚：信。裕：宽容。④受兹介福于其王母：从祖母那里接取盛大的福泽。介，大。王母，祖母。⑤允：信任。⑥鼫鼠：大鼠。又称五技鼠，比喻身无专技。⑦恤：忧虑。⑧角：兽角，此喻进长至极。维：语气词，无义。用：宜。

【译文】

晋卦　象征进长。高贵的公侯获得天子赏赐的众多车马，并在一天之中蒙受三次接见。

初六　进长一开始就遇到阻碍，但却能获吉祥。不能取信于人，宽容处之则无灾祸。

六二　进长之际忧心忡忡，可获吉祥，将会从祖母那里领受盛大的恩泽。

六三　获取众人的信任，危厄将会消亡。

九四　进长如鼠一般没有一技之长，定有危险。

六五　困窘危难消除，无须再为得失而忧虑，有所举动必致吉祥，无所不利。

上九　进长到顶点，就象高居兽角角尖，宜于征讨邑国以建功立业，即便有些危险而最终也可获吉祥，不会遭到灾祸，但是由于进长已到极顶，将会得到举事艰难的征兆。

明夷卦第三十六

【原文】

䷣　明夷①利艰贞。

初九　明夷于飞，垂其翼；君子于行，三日不食。有攸往，主人有言。②

六二　明夷，夷于左股，用拯马壮，吉。③

九三　明夷，于南狩，得其大首，不可疾贞。④

六四　入于左腹，获明夷之心，于出门庭。⑤

六五　箕子之明夷，利贞。⑥

上六　不明，晦。初登于天，后入于地。⑦

【注释】

　　①明夷：卦名。下离上坤，象征光明伤损。明，光明，此指太阳；夷，伤。明夷：即日蚀。②明夷于飞，垂其翼：这是以鸟飞为喻，说明光明受损的情形，意为光明受损，有如鸟飞时低垂着翅膀，惊慌疾行。主人有言：遭到主人责备。③用拯马壮：以强壮的良马拯济伤损。④南：南郊。首：古人称四蹄皆白之马为"首"，俗称踏雪。疾：病。⑤入：退。腹：腹地。获：获知。心：指内中情状。于：于是。⑥箕子：殷商纣王之叔父，贤臣，因进谏而遭纣王囚禁，遂佯装疯颠以自保。⑦晦：暗。

【译文】

　　明夷卦　象征光明受损。利于卜问艰难之事。

　　初九　光明遭到伤损时就象飞鸟低垂着翅膀，惊慌快行；又如君子急急出行，三天没有饭吃。一旦有所行动，便遭主人责备。

　　六二　光明遭到伤损，伤及左边大腿，如果以强壮的良马救济伤损，可获吉祥。

　　九三　光明遭到伤损时到南郊狩猎，却获得一匹踏雪马，象征此爻可以占问疾病之事。

　　六四　退居左方腹地，察觉光明受到伤损的内中情形，于是毅然出门远行。

　　六五　如果能像箕子被囚却佯狂自保，则为利卦。

　　上六　天空阴暗不明，最初登临天上，最后俯落地下。

家人卦第三十七

【原文】

☲☴　家人①利女贞。

初九　闲有家，悔亡。②

六二　无攸遂，在中馈，贞吉。③

九三　家人嗃嗃，悔，厉，吉；妇子嘻嘻，终吝。④

六四　富家，大吉。

九五　王假有家，勿恤，吉。⑤

上九　有孚威如，终吉。⑥

【注释】

①家人：卦名。下离上巽，象征一家人。②闲：防备。③遂：成。馈：主持炊事。④嗃嗃：严厉斥责之声，比喻森严治家。⑤假：到。恤：忧虑。⑥孚：诚信。威：威严。

【译文】

家人卦　象征一家人。有益于女人之卦。

初九　持家能够预防不测之灾，危难困窘将会消亡。

六二　事无成，在家操持炊事，可获得吉祥。

九三　家人经常遭到家长严厉训斥，处境艰难而凶险，如此反而会激励全家戒惧勤勉，从而获得吉祥；可是妇人孩子整天嬉闹调笑，不加约束，最后必然导致持家困难。

六四　家人一起增富其家，大吉大利。

九五　君王驾临其家，不必忧虑，因为可获吉祥。

上九　心存诚信，严于持家，最后必获吉祥。

睽卦第三十八

【原文】

䷥　睽①小事吉。

初九　悔亡。丧马勿逐，自复。见恶人，无咎。②

九二　遇主于巷，无咎。

六三　见舆曳，其牛掣，其人天且劓，无初有终。③

九四　睽孤遇元夫，交孚，厉，无咎。④

六五　悔亡。厥宗噬肤，往何咎？⑤

上九　睽孤见豕负涂，载鬼一车。先张之弧，后说之弧，匪寇，婚媾。往，遇雨则吉。⑥

【注释】

①睽：卦名。下兑上离，象征违逆隔膜。②逐：追。③曳：拖拉。掣：牵制。其人天且劓：赶车人受墨刑和劓刑。天，在罪人额头上刺字称天。劓，古代刑名，割鼻。④睽孤：指寂寞孤独之时。元夫：善人，元，善。⑤厥宗噬肤：他与族人共同吃肉。厥，其，他；宗，族人即同一宗族之人；噬：咬，此

为吃的意思；肤，肉。⑥豕：猪。涂，泥土。弧：弓。说：通"脱"，放下。

【译文】

　　睽卦　象征违逆隔膜。小事必获吉祥。

　　初九　困窘危难将会消亡。丢失了马不必到处追寻，因为它自会返回；谦虚谨慎地对待与自己对立的恶人，不会招致灾祸。

　　九二　在小巷中不期而遇碰见主人，没有什么灾祸。

　　六三　看到大车拖拖拉拉艰难行进，驾车的牛受到牵制无法前行，驾车人也受了墨刑和劓刑，虽然起初历尽艰难，但是最终将有美好结局。

　　九四　寂寞孤独之际遇到善人，胸怀诚信之心与善人交往，即使会有危险，也没有灾祸。

　　六五　危难困窘将会消亡。他与宗族之人一起吃肉，有所举动，还会有什么灾难呢？

　　上九　寂寞孤独之际看到一头丑猪全身污泥，一辆大车满载恶鬼飞奔而过。起先张弓欲射，后又放了下来，原来来人不是贼寇，却是求婚的佳偶。有行动，遇到大雨可获吉祥。

蹇卦第三十九

【原文】

　　䷦　蹇①利西南，不利东北。利见大人，贞吉。②
初六　往蹇，来誉。③
六二　王臣蹇蹇，匪躬之故。④
九三　往蹇，来反。⑤
六四　往蹇，来连。⑥
九五　大蹇，朋来。
上六　往蹇，来硕吉。利见大人。⑦

【注释】

　　①蹇：卦名。下艮上坎，象征行事艰难。"蹇"是艰难的意思。②利西南，不利东北：西南象征平地，所以"利"；东北象征山丘，所以"不利"。③来：返回，归来。④匪：非。躬：自身。⑤反：通"返"。⑥连：负车。⑦硕：大。

【译文】

蹇卦　象征处事艰难。出行宜于往西南方向而去，而不宜于向东北方向走。有利于大德大才的人出世，吉祥。

初六　有所举动，尽管行事艰难，但是归来却定获美誉。

六二　君王的臣子历尽艰险，奔走赴难，并不是为了自己的私事。

九三　其有所行动而外出遭逢艰难，不如及早返回家园。

六四　有所行动而外出遭逢艰难，返回时却有车乘。

九五　行事十分艰难，亲朋纷纷前来相助。

上六　外出遭逢艰险，归来则可建立大功，十分吉祥。有利于大德大才之人出现。

解卦第四十

【原文】

☳☵　解①利西南。无所往，其来复，吉。有攸往，夙吉。②

初六　无咎。

九二　田获三狐，得黄矢，贞吉。③

六三　负且乘，致寇至，贞吝。④

九四　解而拇，朋至斯孚。⑤

六五　君子维有解，吉。有孚于小人。⑥

上六　公用射隼于高墉之上，获之，无不利。⑦

【注释】

①解：卦名。下坎上震，象征舒解。②夙：早。③田：田猎。④负：肩负，背负。⑤解而拇：解开被绑的拇指。斯：乃。⑥君子维有解：君子被绑而又解脱。维，语助词，无义。⑦隼：一种猛禽名，俗称鹞子。墉：城墙。

【译文】

解卦　象征舒解。有利于西南之地。不必继续前往行事。返归原处安居其所就可获吉祥。如果有所行动，就及早前去。如此，可获吉祥。

初六　没有灾祸。

九二　打猎时抓获三只狐狸，又获得黄色箭矢，可获吉祥。

六三　身背重物而乘车出行，必然招引贼寇前来抢劫，处事艰难。

九四　像解开被绑的拇指一般摆脱小人的纠缠，朋友才会心怀诚信前来帮助。

六五　君子被缚又得到解脱，必获吉祥。能够用诚信感化小人。

上六　王公用利箭射高墙上的大隼，一箭中的，捕而获之，无往不利。

损卦第四十一

【原文】

☲　损①有孚，元吉，无咎，可贞，利有攸往。曷之用？二簋可用亨。②

初九　已事遄往，无咎；酌损之。③

九二　利贞。征凶，弗损，益之。④

六三　三人行则损一人，一人行则得其友。⑤

六四　损其疾，使遄有喜，无咎。

六五　或益之十朋之龟，弗克违，元吉。⑥

上九　弗损，益之，无咎，贞吉，利有攸往。得臣无家。

【注释】

①损：卦名。下兑上艮，象征减损。"损"是减少的意思。②曷：何，什么。簋：古代盛谷物的竹器。亨：祭祀鬼神。③已事：停止自己的事情。已，止。遄：速。④益：与"损"相对，增加。⑤王弼《周易注》："三人，谓自六三已上三阴也。三阴并行，以承于上，则上失其友，内无其主，名之曰益，其实乃损……阴阳不对，生可得乎？"意思是说，缺乏互补的一方，无法化生，这即是损；有了互补的一方，才能化生，这才是益。⑥或：有人。十朋之龟：价值十朋的宝龟。朋，古代货币单位，双贝为一朋。"十朋"形容价值连城。

【译文】

损卦　象征减损。胸怀诚信之心，大吉大利，不会有灾祸，平卦，宜于有所行动。用什么来体现减损之道？以两簋淡食祭祀神灵，敬奉尊者就足够了。

初九　停止自己的事情，赶快去帮助别人，则没有灾祸，但要酌情量力而行。

九二　利卦。但若兴兵出征则会有凶险，不要减少，而要增加。

六三　三人同行，由于俱为阴性，不得其偶，貌似益实乃损；一人出行，因可觅互补一方，虽谓寡实则益（得败）。

六四　减轻疾患的事要尽快办理，如此，便可获得喜庆，而不会有灾祸。

六五　有人贡献价值连城的宝龟，不违反推辞，大吉大利。

上九　不要减损，而要增益，如此就没有灾祸，吉祥，宜于有所行动，又能得到一位没有妻室的贤臣的辅佐。

益卦第四十二

【原文】

益①利有攸往，利涉大川。

初九　利用为大作，元吉，无咎。②

六二　或益之十朋之龟，弗克违，永贞吉；王用享于帝，吉。③

六三　益之用凶事，无咎。有孚，中行告公用圭。④

六四　中行告公，从，利用为依迁国。⑤

九五　有孚惠心，勿问元吉，有孚惠我德。⑥

上九　莫益之，或击之，立心勿恒，凶。⑦

【注释】

①益：卦名。下震上巽，象征增益。"益"是增的意思。②利用为大作：利于有大作为。③王用享于帝：君子享祭上天祈求福泽。帝，上天，天帝。④益之用凶事：将增益用于凶险之事。中行：执守中正之道事。告公用圭：手执玉圭向王公告急求助。圭，一种玉器，古代天子诸侯祭祀、朝聘时，卿大夫执之以示"信"。⑤迁国：迁都。⑥惠：仁爱。⑦或击之：有人攻击他。

【译文】

益卦　象征增益。利于有所行动，宜于涉过大江大河。

初九　利于大有作为，大吉大利，不会有灾祸。

六二　有人进献价值连城的宝龟，不

要违逆推辞，预示恒久之事可获吉祥；君王以之祭享上天，必获吉祥。

六三　把增益用以救助凶险之事，不会有什么灾难。心怀诚信，执守中正之道谨慎从事，时刻像手执玉圭向王公告急求助那样恭谨。

六四　执持守中正之道谨慎从事，得到王公信任，有利于凭此完成迁都利民大业。

九五　胸怀诚信仁爱之心，不用占问就知道极为吉祥，天下人定将以仁爱之心回报我的仁爱之德。

上九　没有人能增益于他，就会有人攻击他，再加上自己立心不常，必有凶险。

夬卦第四十三

【原文】

䷪　夬①扬于王庭，孚号，有厉。告自邑，不利即戎，利有攸往。②

初九　壮于前趾，往不胜，为咎。

九二　惕号，莫夜有戎，勿恤。③

九三　壮于頄，有凶，君子夬夬，独行遇雨若濡，有愠，无咎。④

九四　臀无肤，其行次且。牵羊悔亡。闻言不信。⑤

九五　苋陆夬夬，中行，无咎。⑥

上六　无号，终有凶。⑦

【注释】

①夬：卦名。下乾上兑，象征决断。"夬"是果断的意思。②扬于王庭：在君王的朝廷之上发表言论。扬，张扬。庭，通"廷"。自邑：指自己封邑的民众。戎：兵，指兴兵出战。③惕号：因惊恐而大叫。莫：通"暮"。恤：忧虑。④頄：脸面。夬夬：决然而行。濡：沾湿。愠：怒，怨。⑤次且：即趑趄，行走艰难的样子。⑥苋陆：细角山羊。⑦无号：不必大声号叫。

【译文】

夬卦　象征决断。在君王的朝堂之上发表言论，竭诚疾呼将会有危险。告诫自己封邑的民众，此时不宜立即兴兵征伐，如此，利于日后有所行动。

初九　脚趾前端盛壮，贸然前行不能取胜，反而会招来灾祸。

九二　惊惧呼号，是因为深夜发生战事，但是没有危险，所以不必担心。

九三　脸面盛壮，定有凶险，君子毅然前行，独自遇雨受淋，雨水淋湿衣服，尽管怨怒在所难免，却没有什么灾祸。

九四　臀部无皮，行路艰难前进；如能牵羊而行，困厄将会消解。无奈听了此言不能遵从。

九五　细角山羊毅然健行，只要居中行正，一定没有灾祸。

上六　不要大声号叫，因为凶险最终难于逃避。

姤卦第四十四

【原文】

䷫　姤①女壮，勿用取女。②

初六　系于金柅，贞吉。有攸往，见凶，羸豕孚蹢躅③。

九二　包有鱼，无咎，不利宾。④

九三　臀无肤，其行次且，厉，无大咎。

九四　包无鱼，起凶。

九五　以杞包瓜，含章，有陨自天。⑤

上九　姤其角，吝；无咎。⑥

【注释】

①姤：卦名。下巽上乾，象征相遇。②取女：娶女。③金：铜制车闸。羸豕：猪被捆绑。孚：此为竭力的意思。蹢躅：此为挣扎的意思。④包：通"疱"，厨房。⑤以杞包瓜：用杞柳蔽护树下之瓜。杞，杞柳。含章：含藏彰美。陨：降落。⑥角：角落。

【译文】

姤卦　象征相遇。女子过分盛壮则会伤男，不宜娶其为妻。

初六　紧紧缚在铜车闸上，定有吉祥。而急于有所行动，则必然出现危险，就像猪被捆绑而竭力挣扎一样。

九二　厨房有鱼，没有灾难，但是不宜于款待宾客。

九三　臀部无皮，走路艰难前进，定有危险，但是并不会有大的灾难。

九四　厨房无鱼，定然惹发凶险之事。

九五　用杞柳荫护树下之瓜，象征内中蕴藏彰美之德，定有喜庆从天而降。

上九　走入空荡的角落里相逢，行事定会艰难，但是没有灾祸。

萃卦第四十五

【原文】

萃①亨。王假有庙，利见大人，亨，利贞；用大牲吉。利有攸往。②

初六　有孚不终，乃乱乃萃。若号，一握为笑。勿恤，往无咎。③

六二　引吉，无咎。孚乃利用禴。④

六三　萃如，嗟如，无攸利。往无咎，小吝。⑤

九四　大吉，无咎。

九五　萃有位，无咎；匪孚；元永贞，悔亡。⑥

上六　赍咨涕洟，无咎。⑦

【注释】

①萃：卦名。下坤上兑，象征
会聚。②假：到。庙：宗庙。③一
握：古代占筮术语，指在不吉利的
情况下筮得一种吉卦之数。④引吉：
迎吉。引，迎。禴：古代四季祭祀
之一，此为夏祭。⑤嗟：叹息。⑥
萃有位：会聚而各有其位。匪：非，
不。元：君长。⑦赍咨：叹息之词。
涕洟：鼻涕、眼泪。

【译文】

　　萃卦　象征会集。亨通顺利。
君王来到宗庙祭奉祖先，利于大德
大才之人出生，亨通顺利，利于占
问；以大牲祭祀，必获吉祥。利于
有所行动。

　　初六　心怀诚信却不能保持到
最后，必然导致行事忙乱而与他人
亡聚。因此就大声哭叫，而就在此

时又筮得一握之数，随后破啼为笑。不必再有忧虑，有所行动没有灾祸。

六二　迎来吉祥，定无灾祸。心怀诚信有益于祭祀求福。

六三　由于会聚而生叹息，没有什么益处。但是有所行动也没有灾祸，仅是小有困难。

九四　大吉大利，没有灾祸。

九五　会聚而适得其位，没有灾祸，但是还不能获取众人信任；有德的君长卜问长期的吉凶祸福，危厄将会消解。

上六　咨嗟哀叹而且痛哭流涕，可以免去灾祸。

升卦第四十六

【原文】

䷭　升①元亨。用见大人，勿恤。南征吉。

初六　允升，大吉。②

九二　孚乃利用禴，无咎。③

九三　升虚邑。④

六四　王用亨于岐山，吉，无咎。⑤

六五　贞吉，升阶。⑥

上六　冥升，利于不息之贞。⑦

【注释】

①升：卦名。下巽上坤，象征上升。②允：进。③禴：古代四时祭祀之一。④虚邑：空虚的城邑。⑤亨：通"享"，祭祀。岐山：地名，位于今陕西省岐山县东北。⑥阶：台阶。⑦冥：昏夜，夜间。不息：指自强不息以求上进。

【译文】

升卦　象征上升。大吉大利。利于大德大才的人出现，不必有什么担忧。往南方兴兵征战，必获吉祥。

初六　不断长进上升，大吉大利。

九二　心怀诚信有助于祭祀求福，没有灾难。

九三　上升顺利，一直升到空虚的城邦。

六四　君王来到岐山祭奉神灵，定获吉祥，没有灾难。

六五　　占问则可获吉祥，顺着台阶步步上升。

上六　　夜晚还要继续上升，有利于自强不息以求上进。

困卦第四十七

【原文】

䷮　　困①亨，贞，大人吉，无咎。有言不信。

初六　　臀困于株木，入于幽谷，三岁不觌。②

九二　　困于酒食，朱绂方来，利用享祀。征凶，无咎。③

六三　　困于石，据于蒺藜，入于其宫，不见其妻，凶。④

九四　　来徐徐，困于金车，吝，有终。⑤

九五　　劓刖，困于赤绂，乃徐有说，利用祭祀。⑥

上六　　困于葛藟于，臲卼，曰动悔有悔，征吉。⑦

【注释】

　　①困：卦名。下坎上兑，象征困穷。②株木：树木。幽谷：幽深的山谷。觌：见。③困于酒食：指吃醉了酒。朱绂：红色祭服。绂，古代祭服的饰带，此借指祭服。④困于石：前进道路被乱石阻挡。据：《易》例，在一个重卦之中，如果一个阳爻位居阴爻之上，那么这一阳爻对于其下的阴爻的关系称"据"。据是凭借、占据的意思，此引申为居处。蒺藜：一种一年生草本植物，果实有刺；此指九二爻。宫：居室，此引申为在自己的家见其妻，意思是得婚配。⑤困于金车：被金车所困阻。⑥劓：古代刑名，割鼻。刖：古代刑名，断足。说：通"脱"。⑦葛藟：一种藤类植物，臲卼：惶惑不安。悔：这里是后悔和悔悟的意思。

【译文】

　　困卦　　象征困穷。亨通顺畅；进行卜问，大德大才之人可获吉祥，并不会有灾祸。但是要进行自我表白，别人却并不相信。

　　初六　　困坐在树干上没法安身，只得退居幽暗的山谷，三年也不露面。

　　九二　　喝醉了酒，大红祭服刚送来，正好用来祭祀神灵。此时兴兵征伐，尽管多有凶险，但是没有灾祸。

　　六三　　道路被乱石阻挡而堵塞不通，只得居处在蒺藜之上；而转身回到自己家中却见不到婚配之日，定有凶险。

九四　缓缓而来，是因为被金车所阻困；但是虽然行动艰难，却有好的结局。

九五　实行割鼻断足之刑来治理众人；困穷因红色祭服引起，因而就渐渐不再穿了，以利于举行祭祀。

上六　被葛藤缠绕得惶恐不安；有所行动便感到后悔，应该赶快悔悟，这样兴兵征伐必获吉祥。

井卦第四十八

【原文】

䷯　井①改邑不改井，无丧无得，往来井井。汔至亦未繘井，羸其瓶，凶。②

初六　井泥不食，旧井无禽。③

九二　井谷射鲋，瓮敝漏。④

九三　井渫不食，为我心恻。可用汲，王明，并受其福。⑤

六四　井甃，无咎。⑥

九五　井洌，寒泉食。

上六　井收勿幕，有孚元吉。⑦

【注释】

①井：卦名。下巽上坎，象征水井。②邑：泛指村庄城邑。井井：从中取水。第一个"井"字用作动词，取水。汔：接近。繘井：淘井。羸：此为倾覆的意思。瓶：古代汲水器具。③不食：不能食用。旧井无禽：井旁植树，禽来栖息，井枯树死，飞鸟不再来。④井谷射鲋：井底小鱼来回审游。鲋，小鱼。瓮：罐子。敝漏：破旧，此为破碎的意思。⑤渫：治理即淘洗。为我心恻：使我心中悲伤。王明：君王贤明。⑥甃：修整。⑦井收勿幕：修整水井的事已经完成，不须覆盖井口。收，完成。幕，盖。

【译文】

井卦　象征水井。村邑改动而水井不能迁走，每日汲取井水既不会枯竭，也不会满溢。人们来来往往不停地从井里汲水，水将枯竭也无人淘井，最后毁坏水瓶，如此，定有凶险。

初六　井底污泥淤积，井水已经不能食用，井枯树死，飞鸟再也不来栖息。

九二　枯井井底小鱼来往窜游，打破水罐因而无物取水。

九三　枯井已经淘净仍然没有人取水食用，使人心中凄凉悲伤；水已经能够食用，应该赶快前来取水，君王圣明，与臣民共享恩泽。

六四　水井正在修整，一定没有灾祸。

九五　井水清洌，洁净的寒泉之水能用以食用。

上六　修整水井的事已然完成，无须再盖井口，此时心怀诚信；大吉大利。

革卦第四十九

【原文】

䷰　革①己日乃孚。元亨，利贞，悔亡。②

初九　巩用黄牛之革。③

六二　己日乃革之，征吉，无咎。

九三　征凶，贞厉。革言三就，有孚。④

九四　悔亡。有孚，改命吉。⑤

九五　大人虎变，末占，有孚。⑥

上六　君子豹变，小人革面；征凶，居，贞吉。⑦

【注释】

①革：卦名。下离上兑，象征变革。②己日乃孚：到己日才有变革的诚心。己，十天干之一，居第六位，过天干十日之半。③巩：固。革：皮革。④革言三就：变革必须慎重，经过多次计议才能采取行动。三，多。就，成。⑤改命：改革天命，指改朝换代。⑥虎变：变革之际像老虎那样威猛。⑦豹变：像豹子那样迅捷。

【译文】

革卦　象征改革。时至己日，再下定

改革的决心。大吉大利，利卦，危厄将自行消解。

初九　以黄牛皮绳牢固拴住，以免轻举妄动。

六二　到了己日断然实行改革，兴兵征伐必获吉祥，而没有灾祸。

九三　兴兵征伐致凶险，占问将有凶险。变革一定要慎重行事，经过多次计议才能采取行动，而且行动时必须具有诚信之心。

九四　危难窘迫将自行消解。胸怀诚信之心，毅然变革天命，进行改朝换代，如此，必获吉祥。

九五　大德大才之人在改革之时气势像老虎那样威猛。不经占问就知道他具备诚信之心。

上六　君子在改革之时行动像豹子那般迅速，小人也改变往日的面目；此时如果兴师动众持续变革而不停息，必有危险，而居家守中，可获吉祥。

鼎卦第五十

【原文】

䷱　鼎①元吉，亨。

初六　鼎颠趾，利出否；得妾以其子，无咎。②

九二　鼎有实，我仇有疾，不我能即，吉。③

九三　鼎耳革，其行塞，雉膏不食；方雨亏悔，终吉。④

九四　鼎折足，覆公𫗧，其形渥，凶。⑤

六五　鼎黄耳，金铉，利贞。⑥

上九　鼎玉铉，大吉，无不利。

【注释】

①鼎：卦名。下巽上离，象征鼎器。②鼎颠趾：鼎颠覆，足朝上。利出否：利于倾倒无用之物。否，不，指无用之物。以其子：因其子。以，因。③实：此指食物。仇：匹配，此指妻子。④革：革除，这里是失去的意思。塞：阻塞，引申为困难。雉膏：用雉肉做的美味食物。方雨亏悔：天刚下雨阴云又散去。方，刚刚。亏，少。悔，通"晦"，指阴云。⑤覆公𫗧：将王公的八珍粥倾倒出来。公，王公。𫗧：八珍菜粥。其形渥：洒得遍地都是。渥，沾濡之状。⑥金铉：铜制鼎耳的吊环。

【译文】

鼎卦　象征鼎器。大吉大利，亨通顺畅。

初六　大鼎翻倒，其足向上，宜于倒掉无用之物；就如娶妾生子，其妾因子而被扶作正室，必无灾祸。

九二　鼎中盛满食品，我的妻子患有疾病，不能接近我，可获吉祥。

九三　大鼎丢失了鼎耳，移动非常困难；美味的雉膏也不能吃；天刚降雨乌云就突然散去，终会获得吉祥。

九四　大鼎难负重荷而断折鼎足，王公的美食倾倒出来，鼎身沾满污物，定有凶险。

六五　大鼎配备上黄色鼎耳，鼎耳配备铜制吊环，有利之卦。

上九　鼎耳配备玉制的吊环，大吉大利，无所不利。

震卦第五十一

【原文】

☳☳　震①亨。震来虩虩，笑言哑哑。震惊百里，不丧匕鬯。②

初九　震来虩虩，后笑言哑哑，吉。

六二　震来厉，亿丧贝。跻于九陵，勿逐，七日得。③

六三　震苏苏，震行，无眚。④

九四　震遂泥。⑤

六五　震往来厉，亿无丧，有事。

上六　震索索，视矍矍，征凶。震不于其躬于其邻，无咎。婚媾有言。⑥

【注释】

①震：卦名。下震上震，象征震动。②虩虩：恐惧之状。哑哑：笑声。匕：勺，匙。鬯：祭祀用的香酒。③厉：迅猛。亿丧贝：将会大量失去钱财。亿，古制，十万为亿，这里是极多的意思。贝，古代货币。跻于九陵：登上九重高陵。跻，登。④苏苏：不安的样子。震行：震恐而行。眚：灾祸。⑤遂：附。⑥索索：发抖的样子。矍矍：不敢正眼看。躬：亲身。有言：闲言碎语。

【译文】

震卦　象征震动。亨通顺利。雷霆轰响，震得事物惊恐惶惧，随后却又谈笑风生。雷声惊闻百里，而匙中的美酒却没有洒出。

初九　雷霆急响震得万物惊恐惶惧，随后又谈笑风生，必获吉祥。

六二　雷霆剧响，必有危险，丢失大量钱财。应该登上九重高陵，而不要前往追寻，七天之内自会失而复得。

六三　雷霆震动，惊惶不安，震惧而行，却不会有什么灾难。

九四　雷霆震动，惊慌失措而落入泥沼之中。

六五　雷霆震动，上下往来，都有危险；没有重大损害，但会发生事故。

上六　雷霆震动，瑟瑟发抖，两眼惶恐不安，此时兴兵征战定有凶险，若还未震及自身，而仅震及近邻，就预防，则没有灾祸。但是如果谋求婚配，将招致闲言碎语。

艮卦第五十二

【原文】

䷳　艮①艮其背，不获其身；行其庭，不见其人，无咎。②

初六　艮其趾，无咎，利永贞。③

六二　艮其腓，不拯其随，其心不快。④

九三　艮其限，列其夤，厉薰心。⑤

六四　艮其身，无咎。

六五　艮其辅，言有序，悔亡。⑥

上九　敦艮，吉。⑦

【注释】

①艮：卦名。下艮上艮，象征抑止。②庭：庭院。③趾：脚趾。④腓：小腿肚。拯：举。⑤限：胯，腰部。列：裂。夤：夹脊肉。薰：烧灼。⑥辅：面颊。⑦敦：深厚敦厚。

【译文】

艮卦　象征抑止。抑止背部，使整个身体不能动弹，在庭院里行走，却看不到人，没有灾祸。

初六　抑止脚趾而使之难于起步，没有灾祸，利于卜问长久之事。

六二　抑止小腿肚的运动，没法举步追赶应该追随之人，心中不能舒畅。

九三　抑止腰胯的运动，以至于撕裂了夹脊肉，凶险就像烈火烧灼，使人心急如焚。

六四　抑止上身使其不能乱动，必无灾难。

六五　抑止面颊使其不能胡言，讲话有条有理，没有灾祸。

上九　用敦厚的美德压抑邪欲恶念，必获吉祥。

渐卦第五十三

【原文】

　　䷴　渐①女归，吉，利贞。②

初六　鸿渐于干，小子厉，有言，无咎。③

六二　鸿渐于磐，饮食衎衎，吉。④

九三　鸿渐于陆，夫征不复，妇孕不育，凶，利御寇。⑤

六四　鸿渐于木，或得其桷，无咎。⑥

九五　鸿渐于陵，妇三岁不孕，终莫之胜，吉。⑦

上九　鸿渐于陆，其羽可用为仪，吉。⑧

【注释】

　　①渐：卦名。下艮上巽，象征渐进。②女归：女子嫁人，归嫁。③鸿：鸿雁即大雁。干：河岸。小子：指幼童。④磐：大石头。衎：高兴，和乐。⑤陆：指较矮的山顶。⑥或：有的。桷：木椽，引申为直树枝。⑦陵：山陵。⑧陆：指高山之顶。

【译文】

　　渐卦　象征渐进。女子出嫁循礼渐进，可获吉祥，有利之卦。

　　初六　鸿雁飞行渐进到了河岸，预示幼童将遭遇危险，有流言蜚语把他非难，但是并无灾祸。

　　六二　鸿雁飞行渐进落到巨石之上，安享饮食和悦欢快，必获吉祥。

　　九三　鸿雁飞行渐进落到小峰顶上，预示丈夫随军出征一去不再回返，妻子失贞身怀有孕却无颜生子，如此，定有凶险。利于防御贼寇。

　　六四　鸿雁飞行渐进，有的落到大树上面，有的落到直树枝上面，都没有灾祸。

　　九五　鸿雁飞行渐进落到山丘之上，预示妻子三年不会怀孕，但外物最后也不能获胜，必获吉祥。

　　上九　鸿雁飞行渐进落到高山之巅，羽毛非常美丽，可以用作仪饰，十分吉祥。

归妹卦第五十四

【原文】

☳☱　归妹①征凶，无攸利。

初九　归妹以娣，跛能履；征吉。②

九二　眇能视，利幽人之贞。③

六三　归妹以须，反归以娣。④

九四　归妹愆期，迟归有时。⑤

六五　帝乙归妹，其君之袂不如其娣之袂良。月几望，吉。⑥

上六　女承筐，无实；士刲羊，无血。无攸利。⑦

【注释】

①归妹：卦名。下兑上震，象征嫁出少女。归，嫁。②归妹以娣：少女出嫁，其妹从嫁。古代习俗，一夫多妻，姐姐出嫁，妹妹可以随同姐姐同嫁一夫，此称"娣"。③眇：眼盲失明。幽人：安恬幽居之人。④须：通"媭"，姐。反归：回娘家。⑤愆期：延误时日。愆，延误。迟：晚。⑥君：这里指正室即大妻。袂：衣袖，指衣饰。良：好。几望：既望，农历十六日。⑦筐：竹器，指盛嫁妆的奁具。实：指嫁妆。刲：割。

【译文】

归妹卦　象征嫁出少女。向前行进必有凶险，没有什么益处。

初九　少女出嫁，妹妹从嫁作偏房，就象跛足者奋力前行；兴兵征讨可获吉祥。

九二　眼盲者勉强注视，利于安恬隐居之人占问。

六三　少女出嫁，姐姐从嫁作偏房；被遣回娘家，又以妹妹的身份从嫁作偏房。

九四　少女出嫁多次延期，迟迟不嫁，为的是等待时机。

六五　帝乙嫁女，正室的服装反而不如陪嫁妹妹的服装华美；成亲日期定在既望之日，十分吉祥。

上六　少女手捧奁筐，却无嫁妆可盛；刚刚杀羊，却没有放出血来，不会有什么好处。

丰卦第五十五

【原文】

䷶　丰①亨，王假之，勿忧，宜日中。②

初九　遇其配主，虽旬无咎，往有尚。③

六二　丰其蔀，日中见斗。往得疑疾，有孚发若。吉。④

九三　丰其沛，日中见沬。折其右肱，无咎。⑤

九四　丰其蔀，日中见斗。遇其夷主，吉。⑥

六五　来章，有庆誉，吉。⑦

上六　丰其屋，蔀其家，阒其户，阒其无人，三岁不觌，凶。⑧

【注释】

①丰：卦名。下离上震，象征丰厚盛大。②亨：通"享"，祭祀。假：到。日中：中午。③配主：堪与匹配之人，即佳偶。旬：均，相当。《易经》崇阳抑阴，所以"旬"并不是最佳状态。尚：通"赏"。④蔀：遮光之物。斗：星斗。疑疾：即疑嫉，猜忌。发：去。若：语助词，无义。⑤沛：暗而无光的样子。沬，昏暗。肱：臂。⑥夷主：相类似的人。夷，平，均。⑦章：通"彰"光明。庆誉：喜庆和美誉。⑧阒：通窥。阒：空。觌：见。

【译文】

丰卦　象征丰厚盛大。举办祭祀大典，君王亲自去宗庙主祭，不必忧虑，宜于在太阳居中时开祭。

初九　碰到佳偶，尽管双方彼此相当却没有灾祸，有所行动必获奖赏。

六二　丰厚的结局导致光明被遮，就象正午出现满天星斗。有所举动定受猜忌，心怀诚信能够消除猜忌，十分吉祥。

九三　丰厚遮掩光明的幔帐，中午一片昏黑，此时折断了右臂，也没有什么灾祸。

九四　丰厚的后果导致光明被遮，就像中午出现满天星斗。碰上自己的同类，则十分吉祥。

六五　光明重现，带来了喜庆和赞誉，十分吉祥。

上六　丰厚房屋，遮盖居室，对着窗户往室内窥视，里面空无一人，三年之内一直没人露面，必有凶险。

旅卦第五十六

【原文】

䷷　旅①小亨，旅，贞吉。

初六　旅琐琐，斯其所取灾。②

六二　旅即次，怀其资，得童仆贞。③

九三　旅焚其次，丧其童仆，贞厉。④

九四　旅于处，得其资斧，我心不快。⑤

六五　射雉，一矢亡，终以誉命。⑥

上九　鸟焚其巢，旅人先笑后号咷，丧牛于易，凶。⑦

【注释】

①旅：卦名。下艮上离，象征行旅。②琐琐：猥琐卑贱。斯：此。③即次：住进客店。即，就。次，旅店。童仆：仆人。贞：忠贞。④焚：失火。⑤处：止，此指旅行受阻。⑥誉：美名。命：爵命。⑦易：通"場"，田边。

【译文】

旅卦　象征行旅。小旅亨通顺利。出外旅行，吉祥之卦。

初六　出外旅行，出门就猥猥琐琐；举止多变，这会招来灾祸。

六二　旅人住入客店，怀中揣着钱财，并得到童仆的忠心侍奉。

九三　客店失了大火，童仆也跑掉了，十分危险。

九四　旅行遭遇阻碍，尽管后来幸有钱财之助，利斧之防，但是内心依然不快。

六五　射杀野鸡，却丢了一支箭，不过最后还是获得赞誉并领受封爵之命。

上九　树上的鸟被毁，旅人先欢笑后哭号；在田边丢掉了耕牛，定遇凶险。

巽卦第五十七

【原文】

巽① 小亨，利有攸往，利见大人。

初六　进退，利武人之贞。②

九二　巽在床下，用史巫纷若，吉，无咎。③

九三　频巽，吝。④

六四　悔亡。田获三品。⑤

九五　贞吉，悔亡，无不利，无初有终。先庚三日，后庚三日，吉。⑥

上九　巽在床下，丧其资斧，贞凶。

【注释】

①巽：卦名。下巽上巽，象征顺从。②进退：进进退退。武人：勇武之人。③巽在床下：比喻顺从过分。史：祝史，专门从事祭祀活动的官。巫：即巫师。纷若：勤勉异常的样子。若，样子。④频：一次接一次。⑤田：田猎。三品：三类，指三种禽兽。⑥先庚三日，后庚三日：庚前三日为丁日、戊日、己日，庚后三日即辛日、壬日、癸日。

【译文】

巽卦　象征顺从。柔弱者亨通顺利，宜于有所行动，利于大德大才之人出世。

初六　进进退退，犹豫不前，利于勇敢之人占问。

九二　顺从过分而屈居床下，若能效仿祝史、巫师勤勉忙碌的样子，就会十分吉祥，没有什么灾祸。

九三　一而再，再而三地顺应他人，行事定然艰难。

六四　危难困窘将会消解。打猎时捕获三种禽兽。

九五　预示吉祥，危难困窘自行消除，无所不利，起初虽然不顺利，最后却能畅通无阻。时间当以庚日的前三日和庚日的后三日为宜，在这七天行事，定获吉祥。

上九　顺从过分而屈居床下，结果失掉了钱财之助和利爻之防，会有凶险。

兑卦第五十八

【原文】

☱　兑^①亨，利贞。

初九　和兑，吉。

九二　孚兑，吉。悔亡。

六三　来兑，凶。^②

九四　商兑未宁，介疾有喜。^③

九五　孚于剥，有厉。^④

上六　引兑^⑤。

【注释】

①兑：卦名。下兑上兑，象征欣悦。《周易正义》："兑，说也。"说，通"悦"。②来兑：前来谄媚取悦。③商：计议，讨论。介：隔绝。疾：患，指谄媚求悦之患。④剥：指损伤正道。⑤引：引导，引诱。

【译文】

兑卦　象征欢悦。亨能顺利，利卦。

初九　和颜悦色待人接物，非常吉祥。

九二　心怀诚信，面露喜色，十分吉祥，危难困窘将自行消除。

六三　前来献媚以求欢悦，定有凶险。

九四　计议之中和睦欢娱，但事情却没办成，消除献媚求悦之患则会又获喜庆。

九五　施诚取信于损害正道者，则会有危险。

上六　引诱他人与自己一起欢悦。

涣卦第五十九

【原文】

䷺　涣①亨，王假有庙，利涉大川，利贞。

初六　用拯马壮，吉。②

九二　涣奔其机，悔亡。③

六三　涣其躬，无悔。④

六四　涣其群，元吉。涣有丘，匪夷所思。⑤

九五　涣汗其大号，涣王居，无咎。⑥

上九　涣其血去，逖出，无咎。⑦

【注释】

①涣：卦名。下坎上巽，象征大水流散。②用拯马壮：用壮马拯救。③机：几，几案，供祭祀之用。④躬：身。⑤群：众人。丘：山陵。匪夷所思：不是平常所能想的。匪，非；夷，平，平常。⑥大号：王命。居：占有。⑦血去：忧虑过去。血，通"恤"，忧虑。逖：即惕，惊惧。

【译文】

涣卦　象征大水流散。进行祭祀大典，君王亲自去宗庙祭祀祖先，宜于涉越大江大河，利卦。

初六　乘强壮之马去救济患难，极为吉祥。

九二　大水流散，赶忙奔向几案，以祭告神灵乞求帮助，危难困窘自会消除。

六三　大水冲及自身，不会遭逢困厄。

六四　大水冲开了众人，大吉大利。大水冲上山陵，水势汹涌，可不是日常所能想到的。

九五　像发汗一样出而不复地颁布君王的诏命，并疏散君王聚敛的财富以救助天下万民，必无灾祸。

上九　大水流散，能使忧患解除，惊惧化解，必无灾祸。

节卦第六十

【原文】

䷻　节①亨，苦节，不可贞。②

初九　不出户庭，无咎。③

九二　不出门庭，凶。

六三　不节若，则嗟若，无咎。

六四　安节，亨。④

九五　甘节，吉，往有尚。⑤

上六　苦节，贞凶，悔亡。

【注释】

①节：卦名。下兑上坎，象征节俭。②亨：通"享"，祭祀。苦节：即苦于节俭，以节俭为苦事。③户庭：内院。④安节：安于节俭。⑤甘节：即甘于节俭，以节俭为乐。甘，甘美，快乐。

【译文】

节卦　象征节省。举办祭祀大典，如果以节俭为苦事所以不肯节俭，则是不吉之卦。

初九　脚不踏出内院，没有灾祸。

九二　脚不踏出前院，必有凶险。

六三　度日不知节俭，则会造成嗟叹伤情，不过并没有灾祸。

六四　安守于节俭，亨通顺利。

九五　以节俭为乐事，可获吉祥，有所行动必将得到奖励。

上六　以节俭为苦事而不去节俭，必有凶险，但危难困窘会自行消解。

中孚卦第六十一

【原文】

䷼　中孚①豚鱼吉。利涉大川，利贞。②

初九　虞吉，有它不燕。③

九二　鸣鹤在阴，其子和之；我有好爵，吾与尔靡之。④

六三　得敌，或鼓，或罢，或泣，或歌。⑤

六四　月几望，马匹亡，无咎。⑥

九五　有孚挛如，无咎。⑦

上九　翰音登于天，贞凶。⑧

【注释】

①中孚：卦名。下兑上巽，象征内心诚信。②豚鱼：豚和鱼。豚，小猪，此指祭品。③虞：安。它：别的，指事端。燕：通"晏"，安。④阴：通"荫"。和：应和。好爵：美酒。爵，酒器，借指酒。尔：你。靡：共享。⑤得敌：遭遇强劲的对手。敌，对手。或：有的。罢：通"疲"。⑥亡：丧失。⑦挛如：拘系的样子。⑧翰音：鸡鸣之声。翰，古代祭祀宗庙，依礼，祭品中必有鸡，称翰。

【译文】

中孚卦　象征内心诚实。用豚和鱼祭祀先祖，可获吉祥。利于涉越大江大河，利卦。

初九　安守诚信之德就可获吉祥，但是假若另有他求则不会安宁。

九二　鹤在树荫之下鸣叫，小鹤应声随和；我有美酒一爵，愿和你共享其乐。

六三　遭遇强大的敌手，有时击鼓奋进，有时疲惫不前，有时悲愤啜泣，有时慷慨高歌。

六四　在既望这天，走失一匹好马，没有什么灾祸。

九五　胸怀诚信并惦念他人，没有灾祸。

上九　鸡鸣之声响彻天空，必有凶险。

小过卦第六十二

【原文】

☷　小过①亨，利贞。可小事，不可大事。飞鸟遗之音，不宜上，宜下，大吉。②

初六　飞鸟以凶。③

六二　过其祖，遇其妣；不及其君，遇其臣，无咎。④

九三　弗过防之，从或戕之，凶。⑤

九四　无咎，弗过遇之，往厉，必戒，勿用，永贞。⑥

六五　密云不雨，自我西郊，公弋取彼在穴。⑦

上六　弗遇过之，飞鸟离之，凶，是谓灾眚。⑧

【注释】

　　①小过：卦名。下艮上震，象征小有过错。②飞鸟遗之音：鸟飞去以后，其鸣遗音犹存。③以：与，带来。凶：凶兆。④过：越过。祖：祖父。妣：祖母。⑤从或戕之：放纵自己会有被人杀害的危险。从，即纵；戕，害。⑥弗过遇之：不要过分求进而强求遇合。⑦公弋取彼在穴：王公射鸟，在穴中找到了鸟。弋，带丝绳的箭，射中猎物可以拉回。⑧离：网罗；这里用作动词，捕。

【译文】

　　小过卦　象征小有过错。亨通顺利，利卦。能够做寻常小事，不可行军国大事；飞鸟过去之后，其悲鸣遗音不绝，此时不宜往上强飞，而宜于在下安栖，如此，大吉大利。

　　初六　飞鸟带来危险兆头。

　　六二　逾越祖父，而和祖母相见；不到君王那里，而与臣下接触，没有灾祸。

　　九三　不肯严加防范，就会有被人杀害的危险，定有凶险。

　　九四　没有灾祸，不过分求进而强和他人遇合。有所行动便有危险，必须加以警惕。占问长久之事，筮得此爻不宜施行。

　　六五　浓云密布却不下雨，云气从自己城池的西郊升起，王公狩猎射中了一只飞鸟，追至一个洞穴才在里边寻找到它。

　　上六　不要过分求进勉强与他人遇合，这样就象飞鸟容易被射中、捕获，非常凶险，这就叫做灾祸。

既济卦第六十三

【原文】

䷾　既济①亨，小利贞。初吉，终乱。

初九　曳其轮，濡其尾，无咎。②

六二　妇丧其茀，勿逐，七日得。③

九三　高宗伐鬼方，三年克之，小人勿用。④

六四　繻有衣袽，终日戒。⑤

九五　东邻杀牛，不如西邻之禴祭，实受其福。

上六　濡其首，厉。

【注释】

①既济：卦名。下离上坎，象征事功已成。济，渡河，引申为成功。②曳：拖拉。尾：车尾。③茀：泛指妇人首饰。④高宗伐鬼方：殷高宗讨伐鬼方。鬼方，殷代西北边境上的部落。⑤繻有衣袽：华服将变成破衣。繻：彩色丝帛，这里指华服；袽，败衣。

【译文】

既济卦　象征事业已成。亨通顺利，利于卜问小事。起初吉祥，最后危乱。

初九　牵引着车轮前行，水弄湿了车尾，但是并无灾祸。

六二　妇人丢失了首饰，不要去寻找它，七日以内自会失而复得。

九三　殷高宗兴兵征伐鬼方之国，经历三年才打败了它，事关重大，不能重用小人。

六四　美服行将变成破衣，应当终日戒惕以防灾祸。

九五　东面邻国杀牛举行盛大祭祀，不如西边邻国只举行比较简单的祭祀那样实享天福。

上六　水沾湿了头颅，定有危险。

未济卦第六十四

【原文】

䷿　未济①亨。小狐汔济，濡其尾，无攸利。②

初六　濡其尾，吝。

九二　曳其轮，贞吉。

六三　未济，征凶。利涉大川。

九四　贞吉，悔亡。震用伐鬼方，三年有赏于大国。③

六五　贞吉，无悔。君子之光，有孚，吉。④

上九　有孚，于饮酒，无咎。濡其首，有孚，失是。⑤

【注释】

①未济：卦名。下坎上离，象征事功未成。②汔：接近。③震用：动用，指兴兵征战。震，动。大国，指殷商，又称大邦，大殷。④光：光辉。⑤孚：通"浮"，罚。此句两个"孚"字均为此义。

【译文】

未济卦　象征事业未成。小狐狸渡河接近成功，却淋湿了尾巴，没什么好处。

初六　沾湿了尾巴，将会有艰难之事发生。

九二　向后拖曳车轮而不使急进，吉祥之卦。

六三　事业未成，急于求进，定有凶险。但宜于涉越大江大河。

九四　吉祥之卦，危厄将会消解。兴兵讨伐鬼方之国，三年获胜而获取大殷国的封赏。

六五　吉祥之卦，不会遭遇困境。君子的光辉在于实信忠诚，具备这种美德至为吉祥。

上九　由于饮食无度而遭到责罚，没有灾祸。让酒沾湿脑袋，就应受到责罚，因为失掉了正道。

诗经

（节选）

国　　风①

周　　南②

关　雎③

关关雎鸠④，	关关和唱的雎鸠，
在河之洲⑤。	不离开河中小洲。
窈窕淑女⑥，	姑娘漂亮又温柔，
君子好逑⑦。	正是我的好配偶。
参差荇菜⑧，	荇菜有短又有长，
左右流之⑨。	前后左右采摘忙。
窈窕淑女，	姑娘温柔又漂亮，
寤寐求之⑩。	做梦也在把她想。
求之不得，	我单相思姑娘不理，
寤寐思服⑪。	白天黑夜思念不止。
悠哉悠哉⑫，	想念她啊想念她，
辗转反侧⑬。	翻来复去难入眠。
参差荇菜，	荇菜有高又有矮，
右右采之⑭。	左右下手摘得快。
窈窕淑女，	姑娘苗条又洁白，
琴瑟友之⑮。	我弹琴瑟来求爱。
参差荇菜，	荇菜长短不分行，
左右芼之⑯。	左采右拣分两旁。
窈窕淑女，	姑娘苗条又漂亮，

钟鼓乐之⑰。　　　　　　　　奏乐迎她作新娘。

【注释】

①国风："国"指各诸侯国及其统治地区，"风"指民间歌谣。

②周南：西周初期，周公旦住东都洛邑（今河南洛阳东北），统治东方诸侯，周南当时是在周公统治下的南方的诗歌，地区包括洛阳以南直到湖北省汉江流域。

③关雎：篇名。《诗经》中的篇名绝大多数是从每首诗的第一句中选字命名的，多数选用两个字，也有一些选用一字、三字或四字做为篇名的。

④关关：鸟相和鸣声。雎鸠：一水鸟名，又名王雎，即鱼鹰。相传这种鸟雌雄情意专一，如果一只死了，另一只也就忧思不食，憔悴而死。所以诗中借它起兴，比喻男女之间真挚的爱情。

⑤河：黄河。古代所说的河通指黄河。洲：水中的陆地。按：由河中小洲上鸣叫的雎鸠引起下文，这种表现手法叫兴。借物起兴，取譬引类，是国风常用的表现手法，诗中举草木鸟兽来表达作者思想感情的词句都是兴词。借来起兴的事物和所要表现的事物之间，在意义上有一定联系，但解释时不能牵强附会。

⑥窈窕：文静而美好的样子。多指女子体态情貌的美好。淑：品德好。《诗经》中常用来赞美女子。

⑦君子：古代指地位高的人，以后指人格高尚的人。逑：匹，这里是配偶。逑又写作仇。

⑧参差：长短不齐。荇菜：水草名，即莕菜。俗名金银莲儿，多年生草本，可食。

⑨流："摎"的假借字（依马瑞辰说），采摘。

⑩寤：睡醒。寐：睡着。

⑪思服：想念。服：想。

⑫悠哉：想念啊。悠：忧思的样子。哉：语气词，啊。

⑬辗转：转动。反侧：翻来复去。

⑭采：同"採"，异体字。摘。

⑮琴瑟：弦乐器。琴五弦或七弦，瑟二十五弦。友：旧读（以），动词，亲爱（依朱熹说）。这句是说用琴瑟作乐表达对她的爱慕之情。

⑯芼：择取。与"采"义同。《诗经》中常有这种情况：即为了押韵，变换使用同义词。

⑰钟鼓：钟鼓是声音宏大的打击乐器，多用于祭祀和庆贺。乐之：使她快乐。这句是说娶她时用钟鼓奏乐使她快乐。

桃　夭

桃之夭夭①，	桃树啊繁茂长大，
灼灼其华②。	枝头挂满火红的花。
之子于归③，	姑娘出嫁到婆家，
宜其室家④。	公婆喜欢丈夫夸。
桃之夭夭，	桃树啊美丽妖娆，
有蕡其实⑤。	果实累累满枝梢。
之子于归，	姑娘出嫁到婆家，
宜其家室。	夫妻恩爱乐陶陶。
桃之夭夭，	桃树啊枝繁叶茂，
其叶蓁蓁⑥。	枝叶儿郁郁葱葱。
之子于归，	姑娘出嫁到婆家，
宜其家人。	全家欢乐满堂笑。

【注释】

①夭夭：娇嫩而茂盛的样子。

②灼灼：形容桃花盛开，红艳如火。华：同"花"。

③之：指示代词，这。子：古代男女均可称子，这里指女子。于：动词词头。归：古代女子出嫁叫归，后世就用"于归"指出嫁。

④宜：和顺，用如动词，使动用法。室家：家庭。下章"家室"同义。其：代词，她的。

⑤有：形容词词头。蕡：果实繁多的样子。实：果实。

⑥蓁蓁：树叶茂盛的样子。

召　南

采　蘩

于以采蘩①？	到哪里采摘白蒿？
于沼于沚②。	请到小洲和池沼。
于以用之？	采了白蒿干什么？
公侯之事③。	公侯祭祀不离它。
于以采蘩？	到哪里采摘白蒿？
于涧之中④。	在小溪流过的山坳。
于以用之？	采了白蒿干什么？
公侯之宫⑤。	公侯祖庙离不了。
被之僮僮⑥，	首饰繁多又严整，
夙夜在公⑦。	黎明备祭公侯宫。
被之祁祁，	首饰琳琅又满目，
薄言还归。	祭罢又回寝室中。

【注释】

①于：介词，在。以：语气词。（从马瑞辰说）"于以"连用，在这儿有"在何处"的语气。蘩：白蒿。古人用它敬神。

②沼：池。沚：水中的小块陆地。

③事：这是指祭祀。

④涧：夹在两山间的水流。

⑤宫：指宗庙。

⑥被：把假发编结在自己的头发上叫被，又作髲。这里指首饰。僮僮：盛貌，形容首饰繁多的样子。下文"祁祁"义同。

⑦夙：早晨。"夙夜"在这里不是并列结构，"夙夜"这里指昼夜相交之时，即天色将明的时候。公：公侯办公的处所。

小　星

嘒彼小星①，	小星星儿微光闪亮，
三五在东②。	三个五个挂在东方。
肃肃宵征③，	急急忙忙半夜去赶路，
夙夜在公④。	起早睡晚为公侯奔忙。
寔命不同⑤。	只恨我的命运和人家不一样。
嘒彼小星，	小小星儿微光闪亮，
维参与昴⑥。	参星昴星出现在东边天上。
肃肃宵征，	半夜赶路急忙忙，
抱衾与裯⑦。	还要携带被子和床帐。
寔命不犹⑧。	只恨我这命和人家不一样。

【注释】

①嘒：微小的样子。

②三五：形容星稀，指傍晚或天快亮的时候（依朱熹说）。

③肃肃：急急忙忙的样子。宵征：连夜赶路。宵：夜。征：行。

④夙夜：早晨和夜晚。公：这里指官差。

⑤寔：一本作"实"。

⑥参：都是星宿名。

⑦衾：被子。裯：帐子。

⑧犹：如。不犹，即不如。

邶 风

简 兮

简兮简兮①,	他个子大啊身体好,
方将万舞②。	他将要跳起舞蹈。
日之方中③,	红红的太阳当头照,
在前上处④。	他领着一队人在前排跳。
硕人俣俣⑤,	他个子大啊好身材,
公庭万舞。	公堂前把舞跳起来。
有力如虎,	他力气大啊像只虎,
执辔如组⑥。	手牵缰绳轻柔如丝带。
左手执籥⑦,	左手拿着籥管吹小调,
右手秉翟⑧。	右手挥动野鸡毛。
赫如渥赭⑨,	舞罢脸红如涂了脂膏,
公言锡爵⑩。	公爷赏酒称赞演得好。
山有榛⑪,	高大的榛树山上长,
隰有苓⑫。	小甘草生在洼地上。
云谁之思?	我心里把谁思又想?
西方美人⑬。	从西来的美男子比谁都强。
彼美人兮,	那个美男子啊,
西方之人兮!	离开西方来到我家乡!

【注释】

①简:大。这儿指身体魁梧高大。

②方、将:二字同义,都是将要之意。万舞:古代的大型舞蹈,包括文舞和武舞两部分。武舞以盾、斧等为道具,是模拟战术的。文舞以雉尾和籥为道具,是模拟翟雉的春情的。

③方中：正中。

④在前上处：在前排的头上。这是领舞人（舞师）的位置。

⑤硕：大。俣俣：美貌。

⑥辔：马缰绳。组：编织的丝带。这里用"组"形容缰绳整齐如一（古代一车四马，共八条缰绳。御者手牵六条），柔缓如丝带，这是善御者的标志。

⑦簫：古代的竹制乐器，六孔，类似笛子而长。

⑧翟：长尾野鸡。这儿指翟的羽毛。

⑨赫：红而有光。渥：浸、染。赭：红颜色。

⑩锡：同"赐"。爵：古代的酒杯。这句意为由于舞师跳得好，所以赏他酒喝。

⑪榛：木名，似栗而小。

⑫隰：低湿的地方。苓：草名，即甘草。余冠英说：诗经里称"山有榛，隰有苓"，而以大树小草对举的往往是隐语，以木喻男，以草喻女。这里两句似乎也是这种隐语。

⑬美人：指舞师。

静　女

静女其姝①，	那个姑娘温柔又漂亮，
俟我于城隅②。	这会儿等我在角楼上。
爱③而不见，	淘气逗玩她躲在一旁，
搔首踟蹰④。	急得我搔头皮徘徊彷徨。
静女其娈⑤，	那个姑娘温柔又好看，
贻我彤管⑥。	送我一把红色草管管。
彤管有炜⑦，	亮晶晶的草管红艳艳，
说怿女美⑧。	我爱这红管颜色鲜。
自牧归荑⑨，	从郊外给我摘来嫩茅草，
洵美且异⑩。	嫩茅草与众不同实在好。
匪女之为美，	不是这茅草长得有多好，
美人之贻⑪！	因为是美人送的才当成宝！

【注释】

①静女：即淑女（依马瑞辰说）。其：这样。姝：美丽。

②俟：等候。城隅：城上的角楼。

③爱：薆的假借字，又作僾，遮盖、隐藏。

④搔：挠。踟蹰：走来走去。

⑤娈：温柔好看。

⑥贻：赠送。彤管：历来学者说法不一。一说是草，红色，管状，就是下文的"荑"，较妥。

⑦有：词头。炜：红光鲜明。

⑧说：同"悦"。怿：喜欢。女：同"汝"，指"彤管"。

⑨牧：郊外。归："馈"的假借字，赠给。荑：初生的茅，与上文"彤管"同。

⑩洵：确实。异：出奇。

⑪匪：同"非"。这两句是说并不是彤管美，而是因为这是美人送的，所以才觉得美。

卫　　风①

淇　奥

瞻彼淇奥②，	看那淇水长长河湾多，
绿竹猗猗③。	绿竹如林舞婆娑。
有匪君子④，	那有文彩的君子啊，
如切如磋⑤，	象骨角经过切磋，
如琢如磨⑥。	象玉石经过琢磨。
瑟兮僩兮⑦，	庄重啊，威严啊，
赫兮咺兮⑧！	威武啊，显赫啊！

有匪君子，	那有文彩的君子，
终不可谖兮^⑨！	永远不会把你忘却！
瞻彼淇奥，	看那淇水长长河湾广，
绿竹青青^⑩。	绿竹青青多苗壮。
在匪君子，	那有文彩的君子啊，
充耳琇莹^⑪，	玲珑宝石镶嵌耳环，
会弁如星^⑫。	帽边的美玉闪闪发亮。
瑟兮僴兮，	庄重啊，威严啊，
赫兮咺兮！	威武啊，显赫啊！
有匪君子，	那有文彩的君子，
终不可谖兮。	永远不会把你遗忘。
瞻彼淇奥，	看那淇水长长河湾低，
绿竹如箦^⑬。	绿竹成棚长而密。
有匪君子，	那有文彩的君子啊，
如金如锡^⑭，	像提炼出的纯金真锡，
如圭如璧^⑮。	像雕琢好的玉圭玉璧。
宽兮绰兮^⑯！	宽厚啊，宏雅啊！
猗重较兮^⑰。	他靠着饰金的车軨。
善戏谑兮^⑱，	善于说那风趣话，
不为虐兮^⑲。	但从不过分有伤大雅。

【注释】

①卫：国名，故地在今河南北部与河北南部。是周武王的弟弟康叔的封地。

②淇：河名，在今河南省淇县。奥：即澳，水边弯曲的地方。

③绿竹：淇地竹多，至汉代仍如此。所以有"淇园之竹"的说法。猗猗：竹初生柔弱而茂盛的样子。

④匪：斐的借字，有文采的样子。

⑤切：本指用刀切骨头。磋：又作瑳。本指磨磋骨角。切磋：本指切、磋骨角，把它们制成玉器，引申为在学习上商讨研究。

⑥琢：治玉叫琢。磨：治石叫磨。琢磨：本指琢磨玉石，后比喻用为品德或文章的砥砺修饰。"切"、"磋"、"琢"、"磨"都是动词。

⑦瑟：庄重的样子。僴：威严的样子。

⑧赫：显明的样子，喧：有威仪的样子。以上五句都是用玉来比喻君子。

⑨谖：忘记。

⑩青青：植物青壮茂盛的样子。

⑪充耳：即"瑱"，见《鄘琇·君子偕老》瑱字注。琇莹：都是类似玉的美石。古时天子的瑱用玉，诸侯的用石。

⑫弁两边的逢合处用玉装饰，象星光闪闪。弁：古时贵族用的一种束发的皮帽。会：缝合。

⑬箦：栈棚。比喻竹子极多而茂密。

⑭金、锡：比喻君子煅炼得精纯。

⑮圭：古玉器，长形，上端呈三角状，是贵族朝聘、祭祀、丧葬时用的礼器。璧：古玉器，平圆形，正中有小圆孔。圭、璧，比喻君子已经学成。

⑯宽：与"绰"同为宽裕宏雅的样子。

⑰猗：通依，靠。较：车厢两旁高出"轼"上的部分。古人乘车时是站着的，身体可以依靠在较上，所以"较"又称作"輈"。较上装饰一种金质的曲钩，从车前看去，形状像向外翻着的两耳，因而又叫"輖"或"耳"。装饰有"耳"的"较"叫重较。

⑱戏谑：开玩笑。

⑲虐：甚。不为虐：即不过分。

氓

氓之蚩蚩①，	那男子装得忠厚又老实，
抱布贸丝②。	手抱布匹来换丝。
匪来贸丝，	不是真的来换丝，
来即我谋③。	借机来找我谈婚事。
送子涉淇，	那天送你过淇水，
至于顿丘④。	送到顿丘才停止。
匪我愆期⑤，	不是我有意误了婚期，
子无良媒。	只怪你没有找好媒。
将子无怒⑥，	请你不要生我的气，

秋以为期⑦。	约定秋天为婚期。
乘彼垝垣⑧，	登上那残缺的墙垣，
以望复关⑨。	遥望我想念的复关。
不见复关，	复关的人儿望不见，
泣涕涟涟⑩。	焦急伤心泪涟涟。
既见复关，	等到见上复关人，
载笑载言。	高兴地笑着叙寒暄。
尔卜尔筮⑪，	你既占课又卜卦，
体无咎言⑫。	卦象吉利无凶险。
以尔车来，	那你就驾着车儿来，
以我贿迁⑬。	把我的嫁妆来搬迁。
桑之未落⑭，	桑树的叶子还很茂盛，
其叶沃若⑮。	碧绿润泽又鲜嫩。
于嗟鸠兮⑯，	唉，斑鸠啊斑鸠，
无食桑葚⑰！	别吃那醉人的红桑葚！
于嗟女兮，	唉，痴情的姑娘啊姑娘，
无与士耽⑱！	不要过分恋情于男人！
士之耽兮，	男人沉溺在爱情里，
犹可说也⑲；	说句分手马上分；
女之耽兮，	女子沉溺在爱情里，
不可说也⑳。	解脱不开伤透心。
桑之落矣，	桑叶落地乱纷纷，
其黄而陨㉑。	颜色枯黄又衰损。
自我徂尔㉒，	自我嫁进你家门，
三岁食贫㉓。	三年受尽苦和贫。
淇水汤汤㉔，	被弃回家又渡淇水，
渐车帷裳㉕。	汪汪大水湮没我车轮。
女也不爽㉖，	我作妻子没过错，
士贰其行㉗。	你心不专一没品行。
士也罔极㉘，	你喜新厌旧寻快乐，
二三其德㉙！	三心二意不是人！
三岁为妇，	做你家媳妇整三年，

靡室劳矣㉚；	哪一样活儿我没干；
夙兴夜寐㉛，	天天早起又晚睡，
靡有朝矣㉜！	没有一点闲时间！
言既遂矣㉝，	你心满意足遂了愿，
至于暴矣㉞。	竟然对我竖眉又瞪眼。
兄弟不知㉟，	兄弟们哪里能体谅，
咥其笑矣㊱。	只是讥笑也不问根源。
静言思之，	静下心来仔细想，
躬自悼矣㊲！	独自伤悼有谁怜！
及尔偕老，	当年发誓同到老，
老使我怨㊳。	想起誓言我恨怨。
淇则有岸，	淇水虽宽尚有岸，
隰则有泮㊴。	漯河再广也有边。
总角之宴㊵，	记得我俩小时共游玩，
言笑晏晏㊶。	青梅竹马亲密无间。
信誓旦旦㊷，	立誓时你心诚志坚，
不思其反㊸。	想不到你如今把心变。
反是不思㊹，	过去的事情不再想，
亦已焉哉㊺！	和你一刀两断不留恋！

【注释】

①氓：民。蚩蚩：忠厚老实的样子。

②布：币。上古以布为货币。贸：交易，买。

③即：就，接近。谋：商量。指商量婚事。

④顿丘：地名，在今河南省清丰县。

⑤愆期：过期，拖了日期。

⑥将：愿，请。

⑦秋以为期：即以秋为期。

⑧乘：登。垝：毁坏。垣：墙。

⑨复关：地名，男子居住的地方。

⑩涕：泪。涟涟：泪流不断的样子。

⑪卜：在龟甲上钻上孔，用火炙烤，根据龟甲上烧出的裂纹来判断吉凶。

筮：用蓍草的茎来占卦。

⑫体：卦体，或叫卦象。即用龟、蓍占卜所显示的现象。咎言：凶辞，不吉利的话。

⑬贿：财物。在此指嫁妆。迁：搬迁。

⑭这是个表时间的句子。句中主谓之间插入介词"之"，取消它的独立性。

⑮沃若：润泽的样子。若：词尾。这两句用桑叶的茂盛喻自己年青貌美。

⑯于：通"吁"。于嗟：感叹词。鸠：斑鸠。

⑰桑葚：桑树的果实，红色，可食。据说斑鸠吃多了桑葚就会昏醉，这句话比喻女子不应沉溺在爱情里。

⑱士：指未婚的男子。耽：沉溺在欢乐中。

⑲犹：还。说：通"脱"，解脱。

⑳这两句是说：女子沉溺在爱情里，往往不能解脱。含有悔恨之意。

㉑黄：枯黄。陨：落下。这句用桑叶的衰落比喻自己容颜衰老。

㉒徂：往，去，指嫁到男家。

㉓食贫：吃的东西缺乏。

㉔汤汤：水盛大的样子。

㉕渐：浸湿。帷裳：围在车旁的布幔，即车围子。妇女乘坐的车多用。

㉖爽：差错，过失。

㉗贰："忒"的误字，意不专一，用作动词。行：行为。

㉘罔：无。罔极：无常，即没有准则。

㉙二三：用作动词，使动用法。二三其德：他的心变了。

㉚靡室劳矣：没有什么家务劳动自己不做的。这句与下句"靡有朝矣"句法相同。

㉛夙兴：起得早。夜寐：睡得晚。

㉜朝：早晨。这句意为早起晚睡，没有空闲。

㉝既：已经。遂：顺心。

㉞暴：横暴，暴虐不仁。

㉟不知：不体谅。

㊱咥：笑的样子。笑：讥笑。

㊲躬：自身，自己。悼：伤悼。这句意为自己伤悼自己。

㊳这两句是说：想当初你曾发誓和我白头到老，如今想起来却只能徒生怨恨。

㊴隰：应作"湿"，水名，即漯河，黄河的支流，与淇水同流于卫境。泮：同"畔"，边际。连上句意为：淇水、漯水尚有边际，而自己的愁怨却没有尽头。

㊵总：扎。男女未成年时把头发扎成抓髻叫"总角"。宴：快乐。

㊶晏晏：柔和、柔顺。

㊷信誓：表示真诚的誓言。旦旦：诚恳的样子。

㊸不思：想不到。反：即返。违反，变心。

㊹是：这，指"誓言"。指示代词。

㊺已：罢了，算了。连上句意为：他既然违反誓言，不念旧情，那也就算了吧。这种态度比《柏舟》《谷风》篇中所表现的恋旧难舍的优柔之情显得果断坚决。

王　风①

黍　离

彼黍离离②，	那黍子累累下垂，
彼稷之苗③。	那高粱还未结穗。
行迈靡靡④，	一路上徘徊张望，
中心摇摇⑤。	内心里摇摇荡荡。
知我者，谓我心忧⑥；	知道我的说我是心烦恼；
不知我者，谓我何求。	不知道我的问我把谁找？
悠悠苍天，	苍天啊你高高在上，
此何人哉⑦？	是谁把我弄成这个样？
彼黍离离，	那黍子累累下垂，
彼稷之穗。	那高粱正在扬花吐穗。
行迈靡靡，	一路上徬徨徘徊，
中心如醉。	心情烦乱象喝醉。

知我者，谓我心忧；	知道我的说我是心烦躁；
不知我者，谓我何求。	不知道我的问我在找谁？
悠悠苍天，	苍天啊你高高在上，
此何人哉？	是谁把我害成这个样？
彼黍离离，	那黍子沉沉下垂，
彼稷之实。	那高粱长满了籽粒。
行迈靡靡，	一路上抬不起步，
中心如噎⑧。	喉头塞住心里透不出气。
知我者，谓我心忧；	知道我的说我是心烦忧，
不知我者，谓我何求。	不知道我的问我在找谁？
悠悠苍天，	苍天啊你高高在上。
此何人哉？	是谁把我害成这个样？

【注释】

①王：指周王朝。东周定都洛邑，领土在今河南洛阳一带。

②黍：农作物的一种，碾成米叫黄米。离离：累累下垂的样子。

③稷：高粱。之：助词，无义。用在这里是为了凑成四字句。

④行迈：这里"迈"与"行"同义。靡靡：走路缓慢的样子。

⑤中心：心中。摇摇：不安定的样子。

⑥谓：说。

⑦悠悠：遥远的样子。苍天：青天。

⑧噎：气逆。

采 葛

彼采葛兮①，	那人去采葛，
一日不见，	一天没见面，
如三月兮！	就像过了三个月！
彼采萧兮②，	那人去采萧，
一日不见，	一天没见面，
如三秋兮③！	就像三季没见着！
彼采艾兮④，	那人去采艾，

一日不见，	一天没见面，
如三岁兮⑤！	就像欠了三年相思债！

【注释】

①彼：他。葛：葛藤。

②萧：植物名，又名香蒿，多年生草本，可入药，可供祭祀。

③三秋：三季。

④艾：植物名，多年生草本，开黄色小花，叶制成艾绒可供针灸用。

⑤三岁：三年。

大　车

大车槛槛①，	你的大车轰轰过，
毳衣如菼②。	你的绣衣青蓝色。
岂不尔思？	难道是我不想你？
畏③子不敢。	只是怕你不理我。
大车哼哼④，	你的大车轰轰过，
毳衣如璊⑤。	你的绣衣深红色。
岂不尔思？	难道是我不想你？
畏子不奔⑥。	只是怕你不要我。
谷⑦则异室，	活着不能嫁给你，
死则同穴。	死了也要埋一起。
谓予不信⑧，	你要当我说谎话，
有如曒⑨日！	对着太阳敢发誓！

【注释】

①槛槛：车声。

②毳衣：用野兽细毛所织的布做的衣裳，是贵族的服装，上有五采文绣，青者如菼，红者如璊。菼：植物名，又名荻，多年生草本，属禾本科。

③畏：害怕，担心。

④哼哼：载重车慢行发出的声音。

⑤璊：深红色的玉。

⑥奔：男女未经正式婚礼而结合。

⑦谷：生。《尔雅》："谷，生也。"

⑧信：诚实。

⑨皦：白色。

郑 风

将 仲 子

将仲子兮①，	仲子啊，我求求你，
无踰我里②。	别闯进咱巷里。
无折我树杞③，	别攀断我家杞树枝，
岂敢爱之？	杞树有啥可惜？
畏我父母，	怕爹娘知道这消息，
仲可怀也？	仲子啊，我怎不把你心上挂？
父母之言，	可爹娘的责骂，
亦可畏也。	也真叫人害怕。
将仲子兮，	仲子啊，你行行好，
无踰我墙。	别从我家围墙跳。
无折我树桑，	别攀断我家桑树梢，
岂敢爱之？	桑树有啥可惜？
畏我诸兄。	只怕兄长们知道。
仲可怀也，	仲子啊，我怎不把你心上挂，
诸兄之言，	可兄长们的训斥，
亦可畏也。	也真叫人害怕。
将仲子兮，	仲子啊，听我劝，
无踰我园④，	别翻进我家果园，
无折我树檀⑤，	别攀断我家紫檀，
岂敢爱之？	紫檀有啥可惜？
畏人之多言。	只怕人们风语风言。

仲可怀也,	仲子啊, 我怎不把你心上挂,
人之多言,	可人们的闲话,
亦可畏也!	也真叫人害怕!

【注释】

①将：请，愿。仲子：男子的字（依朱熹说）。

②无：毋，不要。蹦：越过。里：间，即里门。上古二十五家所居为一里。

③折：弄断。杞：柳树的一种。

④园：种植果树的园子。

⑤檀：植物名，一名紫檀，常绿乔木。木材坚重，可做器具。

出其东门

出其东门,	出了城东门,
有女如云①。	好姑娘多得象彩云。
虽则如云,	虽然女子那么多,
匪我思存②。	都不是我的心上人。
缟衣綦巾③,	白衣女郎青佩巾,
聊乐我员④。	就她能使我欢欣。
出其闉闍⑤,	出了外城去玩耍,
有女如荼⑥。	好姑娘多如白茅花。
虽则如荼,	虽然女子那么多,
匪我思且⑦。	都不在我心上挂。
缟衣茹蕳⑧,	白衣女郎绛佩巾,
聊可与娱。	使我喜悦的只有她。

【注释】

①如云：比喻众多。

②思存：思念。

③缟衣：白色上衣，未嫁女所服。綦巾：淡青色的佩巾，未嫁女所佩带。

④聊：姑且，尚可。员：助词。《词诠》："员,语末助词,表决定。"

⑤闉：城门外护门的小曲城，又叫瓮城。阇：瓮城的门。

⑥如荼：象一片茅草白花，比喻众多。荼是茅草的白花。

⑦且：助词，无义。

⑧茹藘：茜草，可作红色染料。这里用它代"佩巾"。

齐　风

东方之日

东方之日兮，　　　　　　　东方太阳红又圆，

彼姝者子①。　　　　　　　那个姑娘似天仙。

在我室兮，　　　　　　　　她正在我的房间，

在我室兮，　　　　　　　　在我房间里啊，

履我即兮②。　　　　　　　是她来到我身边。

东方之月兮，　　　　　　　东方月儿已升起，

彼姝者子。　　　　　　　　那个姑娘真美丽。

在我闼兮③，　　　　　　　她在我的门里立，

在我闼兮，　　　　　　　　在我门里立啊，

履我发兮④。　　　　　　　她就要离开我这里。

【注释】

①姝：美好。

②履我即兮：等于说："履而即我兮"。履：践踏、踩。即：靠近。

③闼：内门（依马瑞辰说）。

④发：出发，离开。

东方未明

东方未明，
颠倒衣裳①。
颠之倒之，
自公召之②。
东方未晞③，
颠倒裳衣。
倒之颠之，
自公令之④。
折柳樊圃⑤，
狂夫瞿瞿⑥。
不能辰夜⑦，
不夙则莫⑧。

东方没发亮，
颠倒穿衣裳。
衣裳颠倒穿，
因为国君唤。
东方没破晓，
衣裳穿颠倒。
颠倒穿衣裳，
国君召唤忙。
折柳编篱围菜园，
疯子见了还瞪眼。
咱们不分日和夜，
出工时早有时晚。

【注释】

①衣：上衣。裳：下裙。

②自：由。召：召唤。

③晞：微微亮。朱熹："晞，明之始升也。"

④令：发号。

⑤樊：篱笆，这里用作动词，编篱笆。圃：菜园。

⑥瞿瞿：瞪眼望着的样子。

⑦辰：日，与夜相对。

⑧夙：早。莫：即暮，晚。

【国学精粹珍藏版】

四书五经

李志敏⊙编著

◎尽览中国古典文化的博大精深 ◎读传世典籍，赢智慧人生——

受益终生的传世经典

卷四

民主与建设出版社
·北京·

魏　风①

葛　屦

纠纠葛屦②，	紧密编织的葛麻鞋，
可以履霜③。	可以穿它踩雪霜。
掺掺女手④，	娇嫩纤细的女子手，
可以缝裳⑤。	可以为人缝衣裳。
要之襋之⑥，	上好了裤腰和衣领，
好人服之⑦。	送给那美人去穿上。
好人提提⑧，	那美人穿上它好舒坦，
宛然左辟⑨。	扭着身子把头偏一边。
佩其象揥⑩，	象牙发钗佩带在身间，
维是褊心⑪。	只因为她这样偏心眼，
是以为刺⑫。	我才把这首歌儿编。

【注释】

①魏：西周时分封的诸侯国，姬姓，在今山西芮城，后被晋献公所灭。

②纠纠：纠结缠绕的样子。

③履：鞋子，这里用作动词，意思是踩。

④掺掺：通"纤纤"，手细嫩的样子。

⑤裳：统指衣裳。

⑥要：即"腰"，用作动词，意为上裤腰。襋：衣领，用作动词，意为上衣领。

⑦好人：美人，是反语，是对那贵族妇人的讽刺性的称呼。

⑧提提：安泰舒缓的样子。

⑨宛然：弯曲的样子。辟：通"避"。

⑩象揥：用象骨做的搔头的用具，平时佩带在身上作装饰品。

⑪维：句首语气词。是：指示代词，这样。褊心：心地狭窄。

⑫是以：因此。为刺：进行讥刺。

硕 鼠

硕鼠硕鼠①，	大老鼠啊大老鼠，
无食我黍②。	你别吃我的黄米。
三岁贯女③，	三年给你当奴隶，
莫我肯顾④。	不肯正眼把我理。
逝将去女⑤，	现在我决计离开你，
适彼乐土⑥。	找个安乐的地方去。
乐土乐土，	那安乐的去处啊，
爰得我所⑦。	才是我的立身地。
硕鼠硕鼠，	大老鼠啊大老鼠，
无食我麦。	你别吃我的小麦。
三岁贯女，	伺候你已经三年，
莫我肯德⑧。	从不感谢我一点儿恩德。
逝将去女，	现在我决计离开你，
适彼乐国。	去找个安乐的所在。
乐国乐国，	那安乐的所在啊，
爰得我直⑨。	才会给我以合适的对待。
硕鼠硕鼠，	大老鼠啊大老鼠，
无食我苗⑩。	你别吃我的食粮。
三岁贯女，	奉养你已经三年，
莫我肯劳⑪。	从不把我体谅。
逝将去女，	现在我决计离开你，
适彼乐郊。	去到那安乐的远乡。
乐郊乐郊，	那安乐的远乡啊，
谁之永号⑫！	再没有谁长叹与哀伤！

【注释】

①硕鼠：大老鼠，比喻剥削者。硕：大。

②无：通"毋"。黍：农作物的一种，碾成米叫黄米。

③贯：事，事奉。女："汝"的假借字，指"鼠"，也就是指剥削者。

④顾：眷念。

⑤逝：通"誓"。去：离开。

⑥适：往，到。乐土：安乐的地方。下两章"乐国"、"乐郊"都是这样的意思。

⑦爰：于是，即在这里。所：处所，地方。

⑧德：恩惠。这里用作动词，是加恩惠的意思。

⑨直：宜（依朱熹说）。

⑩苗：粮食。孔颖达说："谷生于苗，故言苗以韵句。"

⑪劳：慰劳，慰问。

⑫永号：长叹。永：长。

唐　风①

蟋　蟀

蟋蟀在堂②，	蛐蛐儿钻到屋角落，
岁聿其莫③。	一年的时光剩无多。
今我不乐，	现在不来寻欢乐，
日月其除④。	良辰佳日转眼过。
无已大康⑤，	不要玩乐不停止，
职思其居⑥。	政事也要做一做。
好乐无荒⑦，	好玩不要太放肆，
良士瞿瞿⑧。	贤良之士能俭约。
蟋蟀在堂，	蛐蛐儿钻到屋里边，
岁聿其逝⑨。	一年的时光快过完。
今我不乐，	现在不来寻欢乐，
日月其迈⑩。	良辰佳日去不还。

无已大康，	不要玩乐太过分，
职思其外⑪。	外事也要管一管。
好乐无荒，	好玩也要有界限，
良士蹶蹶⑫。	贤士做事不缓慢。
蟋蟀在堂，	蛐蛐儿钻到堂屋里，
役车其休⑬。	服役的车子也该歇息。
今我不乐，	现在不来寻乐趣，
日月其慆⑭。	良辰佳日白过去。
无已大康，	不要玩乐太过分，
职思其忧。	应该小心常警惕。
好乐无荒，	玩乐不宜太过度，
良士休休⑮。	贤良之士安闲要适宜。

【注释】

①唐：古国名，在今山西翼城西，相传为祁姓，尧的后裔，被周成王所灭。周成王封其弟叔虞于此，为唐侯。以后叔虞之子继位，徙居晋水旁，改国号为晋。晋国境内的诗歌不叫晋而叫唐，是因为晋初封为唐的缘故。

②蟋蟀：又名促织，北方俗名蛐蛐儿，是一种有害的昆虫，身体黑褐色，雄的好斗，两翅摩擦能发声。堂：正屋。这里泛指房屋。蟋蟀立秋后从野外钻到户内。

③聿：助词，无义。其：将。莫：古"暮"字，晚。

④日月：光阴。除：去，过去。

⑤大：通"太"，过分。康：乐。

⑥职：应当。《词诠》："职，助动词，当也。"居：所居之事，这儿指政事。

⑦好：喜好。无：通"毋"，不要，荒：逸乐过度，放纵。

⑧良士：贤士。瞿瞿：自我约束的样子。《尔雅·释训》："瞿瞿，俭也。"段玉裁："俭者，不敢放侈之意。"

⑨逝：离去，过去。

⑩迈：义同上句"逝"字。

⑪外：外事。

⑫蹶蹶：敏捷。《尔雅·释训》："蹶蹶，敏也"。

⑬役车：为君王出外办事而驾的车。休：歇息。

⑭慆："滔"的假借字，过去。
⑮休休：安闲的样子。

采苓采苓①，　　　　采呀采，采端阳，
首阳之巅②。　　　　来到首阳山头上。
人之为言③，　　　　人家向你说好话，
苟亦无信④。　　　　姑且存疑多想想。
舍旃舍旃⑤，　　　　把这谎话丢一旁，
苟亦无然⑥。　　　　不要轻易上他当。
人之为言，　　　　即使说得天花坠，
胡得焉⑦？　　　　说得对的有哪样？

采苦采苦⑧，　　　　采呀采，采苦菜，
首阳之下。　　　　来到首阳山脚下。
人之为言，　　　　人家向你说好话，
苟亦无与⑨。　　　　不要轻易相信它。
舍旃舍旃，　　　　把这谎话丢一旁，
苟亦无然。　　　　不要随便就上当。
人之为言，　　　　即使说得天花坠，
胡得焉？　　　　说得对的有哪样？

采葑采葑⑩，　　　　采呀采，采蔓菁，
首阳之东。　　　　来到首阳山之东。
人之为言，　　　　人家说的好听话，
苟亦无从⑪。　　　　不要轻易就依从。
舍旃舍旃，　　　　把这谎话丢一旁，
苟亦无然。　　　　不要随便就上当。
人之为言，　　　　即使说得天花坠，
胡得焉？　　　　说得对的有哪样？

【注释】

①苓："蘦"的假借字。蘦，植物名，又名端阳，俗名金阳草，多年生草本，根茎入药。

②首阳：山名，在今山西省永济县南。

③为言：造言，进谗言。

④苟：姑且。无：通"毋"。

⑤舍：放弃。旃："之焉"的合音。"之"是代词，"焉"是语气词。

⑥然：是，对。这里用作意动词，当"以为然"讲。

⑦胡：什么。得：这儿当是的，对的讲。

⑧苦：苦菜，即荼，多年生草本植物，属菊科，可食，又可入药。

⑨与："许"字的假借字，相信。

⑩葑：即蔓菁，又名芜菁，两年生草本植物，春天开花，黄色；叶大，块根扁圆形，可以吃。

⑪从：听从。

秦　风

蒹　葭

蒹葭苍苍①，	芦苇茂密水边长，
白露为霜。	深秋白露变成霜。
所谓伊人②，	我所思念的那个人，
在水一方。	她在河的那一方。
溯洄从之③，	逆着河道往上走，
道阻且长④。	河道难走路又长。
溯游从之⑤，	顺流而下去寻找，

宛在水中央⑥。	她好像站在水中央。
蒹葭凄凄，	芦苇茫茫一大片，
白露未晞。	太阳初升露未干。
所谓伊人⑦，	我所思念的那个人，
在水之湄⑧。	她正站在河滩边。
遡洄从之，	逆流而上去找她，
道阻且跻⑨。	河岸高陡难登攀。
遡游从之，	顺流而下去寻找，
宛在水中坻⑩。	她好像在水中小岛上站。
蒹葭采采，	芦苇一片真茂盛，
白露未已⑪。	露珠儿在叶上滚。
所谓伊人，	我所思念的那个人，
在水之涘⑫。	她此时正在河之滨。
遡洄从之，	上沿河弯去找她，
道阻且右⑬。	坎坷曲折的路难行。
遡游从之，	顺流直岸去找她，
宛在水中沚⑭。	她好像站在水中心。

【注释】

①蒹：荻，像芦苇。葭：芦苇。苍苍：草盛的样子。下文的"萋萋"（或作"凄凄"）"采采"义同此。

②伊人：那个人。"伊"是指示代词。

③遡：同"溯"，逆着河流向上走。洄：指弯曲的水道。从：跟随，这儿指接近。

④阻：险，指路难行走。

⑤游：流，这里指直流的水。与上面的"洄"相对而言。

⑥宛：好象，仿佛。

⑦晞：晒干。

⑧湄：水边。

⑨跻：登高。

⑩坻：水中小岛。

⑪已：止，指干。

⑫涘：水边。

⑬右：指道路向右边弯曲。

⑭沚：和"坻"同义。

无　衣

岂曰无衣，	谁说没有衣裳，
与子同袍①。	我们合穿一件战袍。
王于兴师，	我王起兵去打仗，
修我戈矛②，	快快修理戈和矛，
与子同仇。	同你杀向一个目标。
岂曰无衣，	谁说没有军装，
与子同泽③。	我们合穿一件汗衣。
王于兴师，	我王遣兵又调将，
修我矛戟④，	快快修理矛和戟，
与子偕作⑤。	我们战斗在一起。
岂曰无衣，	谁说没有军装，
与子同裳。	我们合穿一件裙裳。
王于兴师，	我王遣兵又调将，
修我甲兵，	赶快修理铠甲和刀枪，
与子偕行。	我们一同上战场。

【注释】

①袍：战袍。

②戈：一种长柄兵器，横刃，可以横击、钩援。矛：一种长柄兵器，直刃，可以直刺。

③泽：汗衣。因贴身受汗污润泽，所以叫泽。

④戟：一种长柄兵器，将戈、矛合成一体，既能直刺，又能横击。

⑤偕作：一块儿行动。作：起。

曹 风

候 人

彼候人兮①,	那个迎送宾客的"候人"啊,
何戈与祋②。	短戈竹杖扛在身。
彼其之子③,	那些小人挤满朝廷,
三百赤芾④。	穿朝服的有三百人。
维鹈在梁⑤,	鹈鹕落在石堰上,
不濡其翼⑥。	不曾沾湿它的翅膀。
彼其之子,	那些小人把官当,
不称其服。	他们不配穿大夫的衣裳。
维鹈在梁,	鹈鹕落在石堰上,
不濡其咮⑦。	不曾沾湿它的长嘴。
彼其之子,	那些小人无作为,
不遂其媾⑧。	不配受到这优厚的恩惠。
荟兮蔚兮⑨,	云蒸啊雾腾,
南山朝隮⑩。	南山上早晨出彩虹。
婉兮娈兮⑪,	那样美好啊那样柔顺,
季女斯饥⑫。	这样的少女竟挨饿受穷。

【注释】

①候人：负责迎送宾客的官吏。

②何：同"荷"，用肩扛。祋：即"殳"。

③彼其之子：功德不称其位者。

④芾：护裙一类的下裳，用熟皮做成。"赤芾"是大夫以上官员的朝服的

一部分。

⑤维：语气词。鹈：鹈鹕，一种长嘴水鸟，好群飞入水食鱼，也叫"掏河"。这里用鹈鹕落在鱼梁上不湿翅膀说明它有捕鱼的才能，以兴众小人才德浅薄而地位高贵不称其服。

⑥濡：沾湿。

⑦咮：喙，鸟嘴。

⑧遂：称。媾：厚。这儿指恩宠厚遇。

⑨荟：草木密集的样子，引申为聚集。这里指云雾升腾的景象。

⑩隮：虹。

⑪婉：柔顺。娈：美好。

⑫季女：最小的女儿。斯：助词，无实际意义。诗中以季女喻贤人。

下　泉

冽彼下泉①，	那寒冷的泉水往外冒，
浸彼苞稂②。	把一丛丛狗尾草浸泡。
忾我寤叹③，	我夜半叹息睡不着觉，
念彼周京④。	怀念强盛的周王朝。
冽彼下泉，	那寒冷的泉水往外冒，
浸彼苞萧⑤。	浸泡那一丛丛萧蒿。
忾我寤叹，	我夜半叹息睡不着觉，
念彼京周⑥。	怀念强盛的周王朝。
冽彼下泉，	那寒冷的泉水往外冒，
浸彼苞蓍⑦。	把那一丛丛蓍草浸泡。
忾我寤叹，	我夜半叹息睡不着觉，
念彼京师⑧。	怀念那强盛的周王朝。
芃芃黍苗⑨，	糜子苗儿蓬蓬勃勃，
阴雨膏之⑩。	又有及时雨把它润泽。
四国有王，	诸侯治理四方之国，

郇伯劳之⑪。　　　　　　　　又有郇侯慰劳督责。

【注释】

①冽：寒冷。下泉：泉水下流。

②苞：植物丛生的样子。稂：像谷子状的一种草，也叫"童粱"、"狼尾草"、"狗尾草"、"谷经纪"等。

③忾：叹息的样子。

④周京：周王室所在的京城，即周朝首都。

⑤萧：一种野草，也叫蒿子。

⑥京周：即"周京"，为了押韵临时改变词序。

⑦蓍：一种野草，也叫"筮草"，古人用这种草的茎干占卦。

⑧京师：首都。

⑨芃芃：茂盛的样子。

⑩膏：油脂。这里用为动词。意为"滋润"。

⑪郇伯：郇侯，周文王的儿子，曾为"州伯"（诸侯之长）治诸侯有功。劳：慰劳。这句是说郇侯督责慰劳四国（四方）诸侯。

豳　风①

七　月

七月流火②，　　　　　　　七月大火星往西移，
九月授衣③。　　　　　　　九月妇女接受做冬衣。
一之日觱发④，　　　　　　十一月北风叫声尖，
二之日栗烈⑤。　　　　　　十二月地冻天气寒。
无衣无褐⑥，　　　　　　　粗毛短衣无一件，
何以卒岁⑦？　　　　　　　怎么熬过这一年？

三之日于耜⑧，	正月里修好犁，
四之日举趾⑨。	二月里去种地。
同我妇子，	带着我的老婆和孩子，
馌彼南亩⑩，	饭菜就在地里吃，
田畯至喜⑪。	田官老爷笑嘻嘻。
七月流火，	七月大火星偏西方，
九月授衣。	九月该做棉衣裳。
春日载阳⑫，	春天太阳暖洋洋，
有鸣仓庚⑬。	黄莺叫声多嘹亮。
女执懿筐⑭，	农家女儿挎着深竹筐，
遵彼微行⑮，	顺着走在那边小路旁，
爰求柔桑⑯。	伸手摘那柔嫩桑。
春日迟迟⑰，	春天里太阳走得慢，
采蘩祁祁⑱。	白蒿采了一担又一担。
女心伤悲，	采桑姑娘心惊又胆战，
殆及公子同归⑲。	怕被公子拉去宫里面。
七月流火，	七月里大火星偏西方，
八月萑苇⑳。	八月里芦苇收割忙。
蚕月条桑㉑，	三月里把桑树修剪，
取彼斧斨㉒。	抡起那把斧头。
以伐远扬㉓，	砍掉那长枝干，
猗彼女桑㉔。	手拽小枝好采嫩桑。
七月鸣鵙㉕，	七月里伯劳声声唱，
八月载绩㉖。	八月里织布把麻纺。
载玄载黄㉗，	丝麻染色有黑又有黄，
我朱孔阳㉘，	我染的大红色最漂亮，
为公子裳。	献给公子做衣裳。
四月秀葽㉙，	四月苦菜把子结，
五月鸣蜩㉚。	五月蝉儿叫不歇。
八月其获㉛，	八月庄稼收割忙，
十月陨萚㉜。	十月草木凋零飘树叶。

一之日于貉㉝，	十一月上山去打貉子，
取彼狐狸，	还得剥下狐狸皮，
为公子裘。	给公子哥儿做皮衣。
二之日其同㉞，	十二月一同出了城，
载缵武功㉟。	继续打猎练武艺。
言私其豵㊱，	猎得小兽归自己，
献豜于公㊲。	猎得大兽要奉献公爷。
五月斯螽动股㊳，	五月斯螽弹腿发出声，
六月莎鸡振羽㊴。	六月纺织娘翅膀动。
七月在野㊵，	蟋蟀七月在野地，
八月在宇㊶，	八月进庭院，
九月在户，	九月离门近，
十月蟋蟀入我床下。	十月钻进我的床下过冬。
穹窒熏鼠㊷，	熏出老鼠堵窟窿，
塞向墐户㊸。	塞往北窗泥好柴门。
嗟我妇子㊹，	唉！我的孩子和老伴，
曰为改岁㊺，	这就叫做过年，
入此室处㊻。	进到这破屋里把身安。
六月食郁及薁㊼，	六月吃李子和葡萄，
七月亨葵及菽㊽。	七月煮滑菜和大豆。
八月剥枣㊾，	八月里打红枣，
十月获稻㊿。	十月里把稻收。
为此春酒(51)，	冬天酿成这春酒，
以介眉寿(52)。	老人喝了延年益寿。
七月食瓜，	七月里吃甜瓜，
八月断壶(53)。	八月里把葫芦摘。
九月叔苴(54)，	九月里拾些麻籽把肚皮塞，
采荼薪樗(55)，	又摘苦菜又砍柴，
食我农夫(56)。	我们农夫吃的就是这饭菜。
九月筑场圃(57)，	九月筑好打谷场，
十月纳禾稼(58)。	十月粮食进谷仓。

黍稷重穋⑤,	早谷、晚谷、糜子和高粱,
禾麻菽麦⑥。	小米、麻子、豆子和麦子。
嗟我农夫,	我们这些庄稼汉,
我稼既同⑥,	地里农活刚刚完,
上入执宫功⑥。	又要到官府把苦役干。
昼尔于茅⑥,	白天到野外割茅草,
宵尔索绹⑥。	晚上月光下把绳绞。
亟其乘屋⑥,	赶快登上房顶修好屋,
其始播百谷⑥。	开春又要播种下田了。
二之日凿冰冲冲⑥,	十二月凿冰咚咚响,
三之日纳于凌阴⑥。	正月里搬冰窖里藏。
四之日其蚤⑥,	二月取冰祭寒神,
献羔祭韭。	献上韭菜和羔羊。
九月肃霜⑦,	九月里天高气爽,
十月涤场⑦。	十月里清扫打谷场。
朋酒斯飨⑦,	两壶米酒大家尝,
曰杀羔羊。	还杀了一只小羔羊。
跻彼公堂⑦,	登上公爷家的殿堂,
称彼兕觥⑦,	牛角酒杯儿举头上,
万寿无疆!	祝一声"万寿无疆"!

【注释】

①豳：也作"邠"，古国名，在今陕西省旬邑县西。

②七月：夏历七月。流：向下移动。火：星名，也叫"大火"，是二十八宿的"心宿"。夏历五月黄昏，这个星星出现于南面天空，位置最高，六月以后，逐渐向西偏移下去。

③授衣：把做棉衣的事交给妇女。

④一之日：一月的时候。上

古夏历、殷历、周历并用。周历以十一月为岁首，殷以十二月为岁首。这里是指周历的一月，即夏历的十一月。下面所说的"二之日"、"三之日"、"四之日"指周历的十二月、一月、二月。觱发：又作"哔泼"。象声词，寒风吹物发出的声音。

⑤二之日：指夏历十二月。栗烈：即"凛冽"，寒冷。

⑥褐：粗毛织的短衣，是穷人穿的。

⑦卒岁：了结这一年。卒：终结。

⑧三之日：指夏历一月。于：同"为"，这儿指修理。耜：犁。

⑨四之日：指夏历二月。举趾：抬脚走路，指下地干活。

⑩馌：送饭。南亩：泛指一般耕种的田地。

⑪田畯：农官。至：很。一说来，到，亦通。

⑫春日：指夏历三月。载：则，一说始，亦通。阳：暖和。

⑬有：动词词头。仓庚：鸟名，也叫"黄鹂"、"黄莺"。

⑭懿筐：深筐。

⑮遵：沿着……走。微行：小道。

⑯爰：动词词头。柔桑：嫩桑叶。

⑰迟迟：缓慢，这儿指白天长。

⑱蘩："白蒿"，多年生草本植物，据说，白蒿煮水浸蚕卵，蚕儿容易出来。白蒿也可喂养幼蚕。祁祁：众多的样子。

⑲殆：副词，只怕。及：与。同归：指被公子抢走。

⑳萑：芦苇的一种，即"荻"。苇：芦苇。本句萑苇指收割萑苇。

㉑蚕月：指三月。条桑：修剪桑树。

㉒斨：方孔斧。

㉓远扬：指长得高而长的树枝。

㉔猗：通掎，拉着使它偏向一边。女桑：柔弱的小桑枝。

㉕鵙：鸟名，也叫"伯劳"。

㉖载：动词词头。绩：捻麻线。这里泛指制作丝绸麻布。

㉗载……载……：又……又……。玄：黑红色。

㉘朱：大红。孔：副词，很。阳：指色彩鲜明。

㉙秀：不开花而结子叫秀。葽：苦菜，一说葽即志远，小草，夏日开花，根可入药。

㉚蜩：蝉。

㉛获：收获庄稼。

㉜陨蘀：指草木枝叶凋落。

㉝于：同"为"，这儿指猎取。貉：象狐狸的一种野兽。

㉞同：动词，会合（众人）。

㉟缵：继续。武功：武事，古人以打猎做为军事训练的一部分。

㊱言：动词词头。私：自己，这里用作动词。豵：一岁的猪。这里泛指小兽。

㊲豜：三岁的猪。这里泛指大兽。

㊳斯螽：一种蝗类昆虫。股：大腿。斯螽振动翅膀发出声音，古人误认为是两股相切发出来的。

㊴莎鸡：一种蝗类昆虫，也叫"纺织娘"、"梭鸡"。振羽：振动翅膀发声。

㊵在野：指蟋蟀在田野。下面两句的主语都是蟋蟀。

㊶宇：指屋檐下。

㊷穹：空隙。窒：堵塞。熏鼠：用烟熏老鼠。

㊸向：朝北的窗口。墐户：在柴竹编的门上涂上泥巴。

㊹嗟：语气词，表示感叹。

㊺曰：句首语气词。为：算是。改岁：进入新的一年，这里指周历。

㊻处：居住。

㊼郁：郁李，果实象李子。薁：野葡萄。

㊽亨：烹的本字。葵：古人吃的主要菜蔬之一。也叫"滑菜"、"葵菜"。菽：豆。

㊾剥：同扑，打。

㊿获：收割。一说同濩，煮，亦通。

51为：酿造。春酒：冬酿春成的酒。

52介：助。眉寿：长寿。人老了眉上生出长毛，叫"秀眉"，所以称长寿为眉寿。

53断壶：摘下葫芦。

54叔：动词，拾。苴：麻籽。

55荼：苦菜。也叫曲曲菜。薪：柴。樗：臭椿，木质差，只能当柴烧。

56食：动词，给……吃。这里指养活。

57场：打谷场。圃：菜园。秋后菜蔬已收，筑菜园为打谷场。

58纳：入，这儿指入库。禾稼：泛指粮食。

59重：通稑，晚熟的稻子。穋：通穋，早熟的稻子。

60禾：这里指小米。

61既：已。同：聚集。指把打下的谷物送入公仓。

62执：做，干。宫功：宫内事，指为统治者服的劳役。

63尔：语气词。于：同"为"，动词，指割取。茅：茅草。

64索：绞，搓的意思。绹：绳子。

65亟：急，赶快。乘屋：指登上房顶（修理自己的房子）。

66其始：指岁始，初春。

67冲冲：凿冰的声音。

68凌阴：冰窖。

69蚤：同"早"。这里指早期，是一种祭祀仪式。

70肃霜：指秋天天高气爽。霜：通爽。

71涤场：即涤荡，一说把打谷场清扫干净，表示农事已毕。

72朋酒：两樽酒。斯：指示代词，复指酒。飨：享用，这儿有会餐之意。

73跻：登上。公堂：公家用的殿堂，或指贵族、奴隶主家的厅堂。

74称：举。兕觥：犀牛角制成的酒杯。

伐　柯

伐柯如何[①]？	怎么砍柴？
匪斧不克[②]。	离开斧头没办法。
取妻如何？	怎么娶妻？
匪媒不得。	没有媒人没办法。
伐柯伐柯，	砍柴啊砍柴，
其则不远[③]。	道理就在这里。
我觏其子[④]，	我见这人堪称赞，

笾豆有践⑤。   摆设礼器合规范。

【注释】

①柯：斧头把。

②克：能。

③则：法则，道理。

④觏：见。

⑤笾：盛果品的竹编器具，形状象"豆"。豆：盛肉食的木雕器具，形似高脚杯，有盖。"笾"和"豆"古人在宴会或祭礼时才能使用，被称为"礼器"（行礼之器）。践：行列。指摆设笾豆等礼器整齐有序，这是讲"礼"的表现。

小　　雅

鹿　　鸣

呦呦鹿鸣①，ㅤㅤㅤㅤㅤ鹿儿呦呦地鸣叫，
食野之苹②。ㅤㅤㅤㅤ呼唤伙伴来吃苹草。
我有嘉宾，ㅤㅤㅤㅤ我的好宾客真不少，
鼓瑟吹笙③。ㅤㅤㅤㅤ弹瑟吹笙把他们相邀。
吹笙鼓簧④，ㅤㅤㅤㅤ吹起笙来簧片颤动，
承筐是将⑤。ㅤㅤㅤㅤ捧起筐儿把币帛赠送。
人之好我，ㅤㅤㅤㅤ宾客们对我十分友好，
示我周行⑥。ㅤㅤㅤㅤ给了我许多有益的教导。
呦呦鹿鸣，ㅤㅤㅤㅤ鹿儿呦呦地鸣叫，
食野之蒿。ㅤㅤㅤㅤ呼唤伙伴来吃青蒿。
我有嘉宾，ㅤㅤㅤㅤ我的好宾客真不少，
德音孔昭⑦。ㅤㅤㅤㅤ他们的言论实在好。

视民不恌⑧，ㅤ	能教人民不苟且轻佻，
君子是则是效⑨。	就是大人君子也要效法仿照。
我有旨酒，	我有美酒，
嘉宾式燕以敖⑩。	与这些宾客宴饮遨游。
呦呦鹿鸣，	鹿儿呦呦地鸣叫，
食野之芩⑪。	呼唤伙伴来吃芩草。
我有嘉宾，	我的好宾客真不少，
鼓瑟鼓琴。	弹起琴瑟把他们相邀。
鼓瑟鼓琴，	琴瑟合奏多美妙，
和乐且湛⑫。	欢乐的气氛把宴会笼罩。
我有旨酒，	我有美酒，
以燕乐嘉宾之心。	拿来欢宴宾客，使他们快乐逍遥。

【注释】

①呦呦：鹿的鸣叫声。

②苹：即"藾蒿"，是一种青叶白茎的野草。

③笙：簧管乐器，由"簧片、笙管、斗子"三部分组成。

④簧：笙的簧片，其作用是发声。

⑤承：奉，捧。筐：诗中指用来盛币帛的器具。古代宴饮时有以筐盛币帛赠送宾客的礼节。是：等于"而"。将：行。这句是说手捧盛着币帛的筐赠送宾客以行敬宾之礼。

⑥周行：大道。这儿指好的道理、学说。

⑦德音：好的言论。孔：甚。昭：明。

⑧视：古代示、视一字，我看、给人看均作示，示、视古今字。恌：佻的导体字。苟且，轻薄。

⑨则：准则，用如动词，即作为准则的意思。效：仿效。

⑩式：与。以：连词，等于"而"。敖：同"遨"，嬉游。这句是说与宾客又宴饮又遨游。

⑪芩：草名，蒿属。

⑫湛：即耽，沉溺于某事之中。这儿指沉浸在欢乐之中。

何草不黄

何草不黄，　　　　　　　哪种草不黄枯？

何日不行？　　　　　　　哪一天不赶路？

何人不将^①，　　　　　　哪个人不奔走，

经营四方^②？　　　　　　往来于四方各处？

何草不玄^③，　　　　　　哪种草不变黑红？

何人不矜^④？　　　　　　哪个人不打光棍？

哀我征夫^⑤，　　　　　　可怜我们众征夫，

独为匪民^⑥。　　　　　　难道说就不是人？

匪兕匪虎^⑦，　　　　　　不是犀牛和老虎，

率彼旷野^⑧。　　　　　　天天走在旷野中。

哀我征夫，　　　　　　　可怜我们众征夫，

朝夕不暇。　　　　　　　整日里没有闲空。

有芃者狐^⑨，　　　　　　皮毛蓬松的狐狸，

率彼幽草^⑩。　　　　　　在深草丛中奔忙。

有栈之车^⑪，　　　　　　板棚镶边的役车，

行彼周道^⑫。　　　　　　走在去京畿的大路上。

【注释】

①将：行。《广雅·释诂》："将，行也。"

②经营：往来。直行为经，周行为营。

③玄：黑红色。这里形容枯草的颜色。

④矜："鳏"的假借字，无妻的人。

⑤征夫：远行之人。

⑥独：难道。为：谓。匪："非"的假借字。民：人。

⑦匪："彼"的假借字。兕：雌性的犀牛。

⑧率：循，行。旷：空阔。

⑨芃：兽毛蓬松的样子。

⑩幽：深。

⑪栈车：役车。栈：编竹木为棚。《说文》："栈，棚也。"
⑫周道：大路。

大　雅

大　明

明明在下①，	人间君主政治清明，
赫赫在上②。	必然感应显现天庭。
天难忱斯③，	君主主意不是不变，
不易维王④。	做君王也不那么轻松。
天位殷适⑤，	王位本由纣王继承，
使不挟四方⑥。	可君主不让他把四方统领。
挚仲氏任⑦，	挚国公主名叫大任，
自彼殷商⑧。	她从殷商属地出发。
来嫁于周，	遥远地嫁到了周国，
曰嫔于京⑨。	在我京都合欢成亲。
乃及王季⑩，	王季于是有了佳偶，
维德之行⑪。	他事事都按美德而行。
大任有身⑫，	大任很快怀孕了啊，
生此文王。	文王于是在人间诞生。
维此文王，	就是这位文王，
小心翼翼。	办事小心严肃认真。
昭事上帝⑬，	一片诚心侍奉君主，
聿怀多福⑭。	靠行动求来了大福降临。
厥德不回⑮，	他的品德纯正无邪，
以受方国⑯。	因此四方诸侯向他靠拢。
天监在下⑰，	君主明察人世善恶，

有命既集^⑱。	天命已向周国移转。

有命既集[⑱]。　　　　　　　天命已向周国移转。
文王初载[⑲]，　　　　　　　文王风华正茂之年，
天作之合[⑳]。　　　　　　　上天安排好了姻缘。
在洽之阳[㉑]，　　　　　　　在那洽水的北岸，
在渭之涘[㉒]。　　　　　　　在那渭水的岸边。
文王嘉止[㉓]，　　　　　　　文王见大姒连声赞美，
大邦有子[㉔]。　　　　　　　贵国公主非同一般。
大邦有子，　　　　　　　　　贵国公主非同一般，
伣天之妹[㉕]。　　　　　　　好比九天仙子下凡。
文定厥祥[㉖]，　　　　　　　送上聘礼定下良缘，
亲迎于渭[㉗]。　　　　　　　亲自迎娶到渭河岸边。
造舟为梁[㉘]，　　　　　　　制造船只连成浮桥，
不显其光[㉙]。　　　　　　　大大显示周国的体面。
有命自天，　　　　　　　　　大命来自上天，
命此文王：　　　　　　　　　命令这位文王：
于周于京[㉚]，　　　　　　　在周国的京城，
缵女维莘[㉛]，　　　　　　　莘国有漂亮的姑娘，
长子维行[㉜]，　　　　　　　长女大姒出嫁来周，
笃生武王[㉝]。　　　　　　　天厚赐她生下武王。
保右命尔[㉞]，　　　　　　　保祐命令武王，
燮伐大商[㉟]。　　　　　　　联合诸侯讨伐殷商。
殷商之旅[㊱]，　　　　　　　殷纣王所纠集的大军，
其会如林[㊲]。　　　　　　　集会起来象一片森林。
矢于牧野[㊳]：　　　　　　　武王在牧野誓师：
维予侯兴[㊴]，　　　　　　　只有我军势在正兴
上帝临女[㊵]，　　　　　　　上帝亲自察看你们，
无二尔心[㊶]！　　　　　　　千万不要怀有贰心！
牧野洋洋[㊷]，　　　　　　　牧野一望广阔无边，
檀车煌煌[㊸]，　　　　　　　檀木兵车气势雄壮，
驷騵彭彭[㊹]。　　　　　　　黑鬃红马气宇轩昂。
维师尚父[㊺]，　　　　　　　尚父太公是参谋总长，
时维鹰扬[㊻]，　　　　　　　指挥我军象雄鹰飞扬，

凉彼武王⑰。	就是他辅佐武王。
肆伐大商㊽，	纵兵进击讨伐殷商，
会朝清明㊾！	早晨战斗结束从此天下安康！

【注释】

①下：指人间。"明明在下"，即"在下明明"，意为人间君王的政治清明。

②上：指天上。"赫赫在上"，即"在上赫赫"，意为人君的清明政治一定会显现于天上，上帝眼中是很清楚的。赫赫：明显的样子。

③忱：信实。这里意为"执着不变"。斯：句末语气词，表示感叹。

④不易维王：即"维王不易"。维：句首语气词。易：容易。

⑤天位：天子之位。适：配给，享有。

⑥挟：这里意为"据有"。四方：天下。

⑦挚：古代国名。仲：排行第二。氏任：姓任。挚国国君姓任。这里指挚国任姓国君的第二个姑娘"大任"。

⑧自彼殷商：挚国属殷王管辖，大任出嫁到周，就是从殷商地方出发的。

⑨曰：动词词头，无实际意义。嫔：妇女。这里活用为动词，意为"出嫁"。京：周的首府。

⑩乃：副词，于是，就。及：配与。王季：大王的儿子，文王的父亲。

⑪维：同"唯"，句首语气词。之：代词，复指"行"的前置宾语"德"。"维德之行"即"行维德"。

⑫身：有身，怀孕。

⑬昭：明，意为光明磊落地。事：侍奉，效忠。

⑭聿：动词词头，无实际意义。怀：来，希求。

⑮厥：代词，他的。回：违背正道，邪。

⑯以：介词，凭，靠。"以"后省略了宾语"之"（指"厥德不回"的行为）。受：接受，接纳。方国：四方来附的小国。

⑰监：监视。下：人间。

⑱有：名词词头，无实际意义。命：天命。集：降落。

⑲载：年。

⑳之：代词，他们，指文王和大任。合：配。

㉑洽阳：洽水北岸。洽水在今陕西合阳县，早已干涸。大姒是古莘国的姑娘。古莘国就在今合阳县。

㉒涘：水边。

㉓嘉：赞美。止：句末语气词。

㉔大邦：大国，指莘国。子：姑娘，指大姒。这是一句赞美的话。

㉕倪：好比，好像。

㉖文：礼。祥：吉事，指定婚之喜。

㉗迎：迎娶。

㉘梁：桥。这里指用船连起来的浮桥。

㉙不：通"丕"，大。

㉚于周于京：等于说"于周京"。于：在。第二个"于"字是衬字，无实际意义。

㉛缵：同"嬿"，皮肤白皙的美女。维：语气词，帮助判断。莘：古国名，姒姓。

㉜长子：长女，指大姒。行：出嫁。

㉝笃：厚。

㉞保右命尔：保佑你，命令你。尔：指文王。

㉟燮：协助。一说协和，联合。

㊱旅：军队。

㊲会：会集。如林：像森林中的树木一样众多。

㊳矢："誓"的假借字。牧野：地名。在今河南淇县西南，位于商都朝歌南七十里。

㊴维：同"惟"，句首语气词，有"只"的意思。侯：语气词，加强肯定语气。兴：兴起。

㊵临：从上往下看。女：指参加会战的诸侯和将士们。

㊶无：同"毋"，不要。本句是说：你们不能怀有贰心。

㊷洋洋：辽阔广大的样子。

㊸檀：檀树，木质坚实可制兵车。煌煌：鲜明的样子。

㊹驷騵：泛指驾车的战马。一辆兵车驾四匹马叫"驷"。红马黑鬣白腹叫"騵"。彭彭：强盛的样子。

㊺维：句首语气词。师：大师，即"军师"，总参谋长。尚父：姜太公吕望，字子牙，武王尊称为"尚父"。

㊻时：当时。鹰扬：像雄鹰展翅飞扬。

㊼凉：《韩诗》作"亮"。《尔雅·释诂》："亮，右也"。佐助的意思。

㊽肆：纵兵疾驰的样子。

㊾会朝：会战的早晨。清明：（取得胜利，以至）天下清明。

公 刘

笃公刘①！	忠诚厚道的公刘啊！
匪居匪康②，	他从不懒惰从不苟安，
乃埸乃疆③，	他修好地垄又修田埂，
乃积乃仓④。	屋内外粮满囷来谷满仓。
乃裹餱粮⑤，	他和大伙儿带上干粮，
于橐于囊⑥，	装满了大袋和小囊，
思辑用光⑦。	想使众人和睦从而把国威发扬。
弓矢斯张⑧，	他把弓绷紧把箭带上，
干戈戚扬⑨，	举起盾牌、戈、矛"戚"和"扬"，
爰方启行⑩。	于是开始出发离开了故乡。
笃公刘！	忠诚厚道的公刘啊！
于胥斯原⑪，	他详细察看了这块山原，
既庶既繁⑫，	迁来的人络绎不绝，
既顺乃宣⑬，	人们安下身来开荒种田，
而无永叹⑭。	而没有一个人长吁短叹。
陟则在巘⑮，	公刘一会儿登上山峦，
复降在原⑯。	一会儿又下到川原。
何以舟之⑰？	他身上佩带着什么？
维玉及瑶⑱，	只有美丽的佩玉和佩瑶，
鞸琫容刀⑲。	还有那精致的带鞘宝刀。
笃公刘！	忠诚厚道的公刘啊！
逝彼百泉⑳，	他到众泉喷涌的水源，
瞻彼溥原㉑。	眺望那广阔的川原。
乃陟南冈，	他又登上了南冈，
乃觏于京㉒。	从京邑向四面了望。

京师之野㉓,	京邑的野外,
于时处处㉔,	早来的有了安身新屋,
于时庐旅㉕,	新来的也有了临时住房,
于时言言㉖,	人们到处谈谈笑笑,
于时语语㉗。	人们到处闹闹嚷嚷。
笃公刘!	忠诚厚道的公刘啊!
于京斯依㉘。	他决定在京邑安身。
跄跄济济㉙,	大臣们严肃端庄,
俾筵俾几㉚,	请他们来就筵入席,
既登乃依㉛。	他们登上席位有几依凭。
乃造其曹㉜,	又去到那猪群,
执豕于牢㉝,	从牢圈杀猪做荤,
酌之用匏㉞。	用大瓢来把酒斟。
食之饮之㉟,	劝他们大吃痛饮,
君之宗之㊱。	大家拥戴公刘做宗主、族长。
笃公刘!	忠诚厚道的公刘啊!
既溥既长,	那新开的土地越来越广,
既景乃冈㊲,	登山观测日影来确定方向,
相其阴阳㊳,	视察那山的阴面和阳面,
观其流泉。	观察那河流的高低走向。
其军三单㊴,	他的军队分三班轮换,
度其隰原㊵,	把平原洼地全部丈量,
彻田为粮㊶。	开垦田地种谷产粮。
度其夕阳㊷,	再把山的西面丈量,
豳居允荒㊸。	豳地的地面实在宽广。
笃公刘!	忠诚厚道的公刘啊!
于豳斯馆㊹。	他在豳地修建房舍。
涉渭为乱㊺,	他建造船只渡过渭水,
取厉取锻㊻。	去采取石砧和磨刀石。
止基乃理㊼,	房舍的基地已经清理,
爰众爰有㊽。	于是人口增加财物成堆。
夹其皇涧㊾,	人们住满了皇涧两岸,

遡其过涧^⑤。　　　　　一直延伸到了过涧对面。
止旅边密^⑤，　　　　　住户越来越密，
芮鞫之即^⑤。　　　　　人们便向芮水两岸迁徙。

【注释】

①笃：厚，忠厚。公刘：后稷的曾孙，名刘，"公"是国人对国君的尊称。

②匪：通"非"，不。居：和"康"同义，都是安的意思。公刘原来在邰（在今陕西武功县）。

③乃：于是。场：田地的小界。疆：田地的大界。"场"和"疆"都用作动词，指修治田界田垄。

④积：指在露天积聚粮食。仓：指在仓库里存放粮食。

⑤裹：包装。餱粮：干粮。

⑥于：介词，在。橐：没有底的袋子，装上东西后，用绳绑住两头。囊：有底的口袋。

⑦思：想。辑：和睦。用：以便，从而。光：光大。

⑧斯：指示代词，此，这，这里复指前置宾语"弓矢"。张：把弓弦绷紧。

⑨干：盾牌。戈：平头戟，一种长柄武器。戚：一种长柄武器，像大斧。扬：斧形长柄武器，类似"戚"。

⑩爰：于是。方：开始。启：开。行：路。

⑪胥：相，视察。斯：指示代词，这。

⑫既：已经。庶：与本句的"繁"同义，都是众多的意思，指随公刘迁来的人已经很多。

⑬顺：安，安下身。宣：耕种。

⑭永叹：长叹，意为困苦忧愁。

⑮陟：登。巘：和大山不连的小山，这里泛指小山。

⑯复：又。降：下。原：广而平的高地，这里泛指平地。

⑰何以：以何，用什么。舟：通"周"，环绕。之：代词，他，指公刘的身上。

⑱维：语气词，帮助判断。及：和。瑶：象玉的美石。

⑲鞞琫：这里指镶有玉饰的刀鞘。"鞞"，刀鞘。"琫"，刀鞘上的玉饰。容刀：指装饰过的佩刀。

⑳逝：往，到……去。百泉：众泉。

㉑瞻：观望，视察。溥：广大。

㉒觏：看。于：介词，在。京：豳的邑名，当在南冈的上面。

㉓京师：京邑。

㉔于时：于是。"时"通"是"。处：居住。"处处"是动词"处"的重迭。

㉕庐旅：可能本来写作"庐庐"或"旅旅"。"庐"、"旅"同义，都指寄居，暂住。

㉖言：说话。"言言"是动词"言"的重迭。

㉗语：对话。"语语"是动词"语"的重迭。

㉘于：介词，在。斯：则，就，便。依：安居。

㉙跄跄：走动从容安闲的样子。济济：表情庄严恭敬的样子。

㉚俾：使，这里有请的意思。筵：竹席，铺在地上的坐具。古人席地而坐。几：一种矮桌。古人用来凭靠身体的。

㉛登：指登上"筵"。依：指依凭"几"。

㉜造：到。亦说同"告"。其：代词，那。曹：群，这里指猪群。

㉝执：捉。豕：猪。牢：指猪圈。

㉞酌：斟酒。之：代词，他们，指众宾客。匏：匏瓜，也叫葫芦，这里指把葫芦剖两半做的瓢。

㉟食：吃。饮：喝。这句中的"食"，"饮"都作使动词用。

㊱君：君王。之：代词，指公刘。宗：宗主。这句中的"君"、"宗"也都作使动词用，意思是"使……当宗主"。

㊲景：同"影"。这里用作动词，指为定方向而测日影。冈：这里用作动词，意为登上高冈。

㊳相：看，视察。其：代词，它（的），指山冈。阴：山的北部。阳：山的南部。

㊴其：代词，他（的），指公刘。三单：三批，以便轮流服役。"单"通"禅"，有更番代替的意思。

㊵度：丈量。隰：低湿的地方。

㊶彻：治，指开荒垦田。为：作，这里意为生产。

㊷夕阳：指山的西面（山的东面叫"朝阳"）。

㊸居：住，这里指居住的地面。允：实在，的确。荒：大，广阔。

㊹于：介词，在。斯：则，就，于是。馆：馆舍，房屋。这里活用为动

词。意思是修造房舍。

㊺为：制做。乱：乘船在水的中流横渡，这里指过河用的船。

㊻厉：同“砺”，磨刀石。锻：炼金属时所用的石砧。

㊼止基：房舍的基址。理：治理。

㊽爰：于是。众：人多。有：财物丰足。

㊾其：代词，那。皇涧：涧水名。

㊿遡：向，面对着。过涧：涧水名。

(51)旅：寄居。密：众多。

(52)芮：也写作“汭”，豳地水名。鞫：也写作“泦”，水边向外凸处，这里指芮水岸边。之：代词，复指宾语前置“芮鞫”。即：就，意为“移往”。

荡

荡荡上帝①，	至大至公的君主，
下民之辟②。	你是下界百姓的君王。
疾威上帝③，	果断威严的君主，
其命多辟④。	你有时温和有时癫狂。
天生烝民⑤，	虽然天上降生亿万百姓，
其命匪谌⑥。	但天命却不足凭信。
靡不有初⑦，	每人每事都有自己的开头，
鲜克有终⑧。	但很少能够得到善终。
文王曰咨⑨！	文王说哎呀呀！
咨女殷商⑩。	你这个殷商的国君。
曾是彊御⑪，	你竟然如此强暴专横，
曾是掊克⑫。	你竟然如此盘剥人民。
曾是在位，	你竟然如此在位供职，
曾是在服⑬。	你竟然如此处理事情。
天降慆德⑭，	天赋予了你傲慢的品质，
女兴是力⑮。	你努力施展你这种本能。
文王曰咨！	文王说哎呀呀！

咨女殷商。	你这个殷商的国君。
而秉义类⑯，	你品行邪恶，
彊御多怼⑰。	一贯强暴对头很多。
流言以对，	你听流言很顺耳，
寇攘式内⑱。	强盗小偷一概收罗。
侯作侯祝⑲，	他们又是造谣又是诅骂，
靡届靡究⑳。	他们的咒骂是没完没了哟。
文王曰咨！	文王说哎呀呀！
咨女殷商。	你这个殷商的国君。
女炰烋于中国㉑，	你在国内肆意作恶，
敛怨以为德㉒。	招来怨恨反而作为美德。
不明尔德㉓，	因为你的品德不高尚，
时无背无侧㉔。	所以就失去左右亲信和辅佐的人。
尔德不明，	因为你的品德不高尚，
以无陪无卿㉕。	所以就没有真心扶持你的人。
文王曰咨！	文王说哎呀呀！
咨女殷商。	你这个殷商的国君。
天不湎尔以酒㉖，	上天不让你沉湎酒色，
不义从式㉗。	也没有让你去干不道义的事情。
如沸如羹㉝。	政局混乱得是沸汤一样的翻滚。
既愆尔止㉘，	你的举动没有节制实在过分，
靡明靡晦㉙。	不论是白天还是黑夜。
式号式呼㉚，	你总是大号大叫是非颠倒，
俾昼作夜㉛。	竟把白昼当成了黑夜。
文王曰咨！	文王说哎呀呀！
咨女殷商。	你这个殷商的国君。
如蜩如螗㉜，	人民动乱像秋蝉一样的躁鸣，
小大近丧，	大小诸侯都众叛亲离，
人尚乎由行㉞。	你还照旧一意孤行。
内奰于中国㉟，	在国内激起了人民的愤怒，
覃及鬼方㊱。	就连鬼方也忍无可忍。
文王曰咨！	文王说哎呀呀！

咨女殷商。	你这殷商的国君。
匪上帝不时㊲，	不是上帝不对，
殷不用旧。	是你丢掉了旧的传统。
虽无老成人㊳，	即使没有德高望重的老臣，
尚有典刑㊴。	也还保存着典章律刑。
曾是莫听㊵，	你竟连这个也不理睬，
大命以倾㊶！	难怪你的国家就要颠覆！
文王曰咨！	文王说哎呀呀！
咨女殷商。	你这个殷商的国君。
人亦有言：	人们早就说过：
颠沛之揭㊷，	树木在路旁仆倒，
枝叶未有害，	枝叶仍然完好，
本实先拨㊸。	但根儿早已烂了。
殷鉴不远㊹，	殷朝可借鉴之事不算太远，
在夏后之世！	就在那夏桀王期间！

【注释】

①荡荡：广阔无边的样子。

②辟：君主。

③疾威：果断威严的样子。

④命：本性、品质。辟：通"僻"，邪僻，乖戾。

⑤凎民：众民，天下所有的人。

⑥匪：通"非"，不。谌：诚信，不变。

⑦靡：无，没有。

⑧鲜：少。克：能。

⑨咨：叹词，唉。

⑩女：同"汝"，你。

⑪曾：竟，竟然。是：代词，如此，这样。彊御：强梁，暴虐。

⑫掊克：聚敛，搜刮。

⑬服：事，职。

⑭滔：傲慢。德：德行，品质。

⑮兴：起。是力：力是，竭力实行这个。

⑯而：同"尔"，你。秉：执，握在手里。义类：义：同"俄"，邪。类：

通"戾"恶。

⑰彊御：这里指强梁霸道的人。怼：怨恨。

⑱寇：盗匪。攘：偷，窃取。式：任用。

⑲侯：语气词，义同"维"（唯），这里有"只"的意思。作：通"诅"，诅咒，说坏话。祝：诅咒。

⑳靡：无，没有。届：极，尽头。究：终，究尽。

㉑枭然：即"咆哮"，叫嚣，骄傲自负的样子。

㉒敛：聚积。

㉓本句意为"尔德不明"，为了押韵而谓语前置。

㉔时：通"是"。同下一句的"以"互文见义，意为"是以"，因此。背：后背，指依靠的力量。侧：侧面，旁边，指扶持的人。

㉕陪：伴随，指同道好友。卿：辅佐的人。

㉖湎：沉迷。这里作使动词用，意为"使……沉迷"。

㉗从式：从用，顺从任用。本句的宾语是前置的"不义"。

㉘既：已，已经。愆：过，超过限度。止：容止。本句的主语是"尔止"，谓语是前置的"既愆"。

㉙明：亮，指晴天，或指白天。晦：暗，指阴天，或指昏夜。

㉚式：动词词头。

㉛俾：使。

㉜蜩：昆虫名，蝉。螗：昆虫名，也叫蝘，蝉的一种。

㉝羹：肉汤。本句第二个"如"字是衬字，无意义。

㉞人：指纣王。乎：于。尚：副词，还。由：介词，按，顺着。

㉟奰：发怒。中国：指中原一带的地方。

㊱覃：延伸。鬼方：在商的西北方的异族小国。

㊲时：是，对。

㊳老成人：指德高望重的老臣。

㊴典刑：法典刑律。

㊵莫：不。本句"听"的宾语是前置代词"是"。

㊶大命：王位，政权。以：介词，因。倾：覆，灭亡。

㊷颠沛：拔倒。揭：举。这里指仆倒而上露出来的树根。

㊸本：树根。实：确实。拨：通"败"，坏，断绝。

㊹鉴：可以引为借鉴的事。

礼记

（节选）

曲礼上

【原文】

曲礼曰①：毋不敬，俨若思②，安定辞。安民哉！

【注释】

①曲礼：古礼书名，此处引它一句话，十二个字。本篇因开头有"曲礼"两字，便以此作为篇名。②俨：端庄的态度。

【译文】

《曲礼》书上说：一切行为准则皆以"敬"为基础，态度要端庄持重而若有所思的样子，说话亦要安详而确定。这样才能使人信服啊！

【原文】

敖不可长①，欲不可从②，志不可满，乐不可极。

【注释】

①敖：通"傲"，傲慢。②从：通"纵"。

【译文】

不可起傲慢的念头，不可受欲望的支配。求善的志向不可自满；享乐的行为则要适可而止。

【原文】

贤者狎而敬之①，畏而爱之。爱而知其恶，憎而知其善。积而能散，安安而能迁②。临财毋苟得，临难毋苟免。很，毋求胜③；分，毋求多。疑事毋质④，直而勿有⑤。

【注释】

①狎：亲近。②安安：前一"安"字，指安心适应的意思；后一"安"字指逸乐。迁：改变。③很：争斗。④质：结论。⑤直：正确，无疑。

【译文】

比我善良而能干的人要跟他亲密而且敬重他，畏服而又爱慕他。对于自己所爱的人，要能分辨出他的短处；对于嫌恶的人，亦要能看出他的好处。能积聚财富就要能分派财富以造福于全民。虽然适应于安乐显荣的地位，但亦能适应不同的地位。遇到财物毋随便取得，遇到危难亦不随便逃避。意见相反的，不要压伏人家。分派东西，不可要求多得。自己亦不明白的事，不要乱作证明。已经明白的事理，亦不要自夸早已知道。

【原文】

若夫，坐如尸①，立如齐②。礼从宜，使从俗。

【注释】

①若夫：句首语气词。尸：祭祀时，代表受祭者。尸在祭祀中一直端坐着。②齐：通"斋"，谓祭祀时弯腰恭敬的样子。

【译文】

如果是个成人的人，就要坐得端正，站得恭敬。因为行为的准则要求适合事理，有如做使者的人要顺应所在地方的风土习俗。

【原文】

夫礼者①，所以定亲疏，决嫌疑，别同异，明是非也。礼，不妄说人②，不辞费③。礼，不逾节④，不侵侮，不好狎。修身践言，谓之善行。行修言道，礼之质也。礼，闻取于人⑤，不闻取人⑥。礼，闻来学，不闻往教。

【注释】

①夫：句首语气词。②说：通"悦"。③辞费：言是不行。④节：上下等级的节度。⑤质：本。⑥取：通"趋"。

【译文】

礼是用来制定人与人关系上的亲疏，判断事情之嫌疑，分辨物类的同异，发明道理之是非。

依礼而言：不可以随便讨人喜欢，不可说些做不到的话，依礼则行为不越轨，不侵犯侮慢别人，亦不随便与人称兄道弟装作亲热。自己时常警惕振作，实践自己说过的话，这可称为完美的品行。品行修整而言行一致，那就是礼的实质。

依礼而言，会闻从别人取得好处，不因其人职业的高下取人。愿学者来，故礼闻来学；不愿来学，教亦无益，故不闻往教。

【原文】

道德仁义，非礼不成。教训正俗，非礼不备。分争辨讼，非礼不决。君臣、上下、父子、兄弟，非礼不定。宦学事师，非礼不亲。班朝治军，莅官行法①，非礼威严不行。祷祠、祭祀、供给鬼神，非礼不诚不庄。是以君子恭敬撙节，退让以明礼②。鹦鹉能言，不离飞鸟。猩猩能言，不离禽兽。今人而无礼，虽能言，不亦禽兽之心乎。夫唯禽兽无礼，故父子聚麀③。是故，圣人作，为礼以教人，使人以有礼，知自别于禽兽。

【注释】

①莅官：指担任各种官职。②搏节：节制。③麀：是指母鹿。

【译文】

道德仁义，本来只是空洞的名词。如果没有标准的行为表现，就看不出道德仁义的效果证验来了。教学和训道，本来可以纠正社会生活习惯的，但社会生活包括多方面，如果没有标准行为，不免要顾此失彼而不周到。分辨事理，都只是口头的意见，如果不用行为准则做根据，将至于议论分歧而无从判断了。一朝廷的职位品级，部队的组织管理，到职任事，执行法令，如没有一定的行为准则，将失去威严，不能使人服从。无论是特殊的祭祀或例行的崇拜，而供养鬼神，如果不按一定的仪式，亦即失去诚意和严肃的精神。总之，社会生活的领导者，必以恭敬谦抑退让的精神来发扬那标准的行为。

鹦鹉虽能说话，终究是飞鸟；猩猩虽能说话，终究是走兽。人类虽能说话如果没有道德仁义的行为，不亦是禽兽之心吗？亦唯有禽兽没有礼，所以父子共妻。古代圣人，为着这缘故，特依道德仁义而制订了一套标准的行为，使得人们的行为有了准则，而知道自己不是禽兽。

【原文】

太上贵德①，其次务施报。礼尚往来，往而不来，非礼也；来而不往，亦非礼也。人有礼则安，无礼则危，故曰礼者不可不学也。夫礼者，自卑而尊人。虽负贩者，必有尊也，而况富贵乎？富贵而知好礼，则不骄不淫。贫贱而知好礼，则志不慑。

【注释】

①太上：指上古之世。

【译文】

上古时代，人心很淳朴，凡事想做就做，只重老实，没有什么准则。到了文明进步，就讲究行为效果，凡是受到别人的恩惠，就要报答别人的恩惠。因此行为的准则中便含"施"与"报"的作用，凡是受别人恩惠而不报答，则不合乎礼；受人报答而没有恩惠给人，亦是不合于礼。有了这种作用的礼，于是人与人的关系，始能得平衡安定，反之，就要发生倾危。所以说：礼是不可以不学习的。

礼的主要精神在于克制自己而尊重别人。虽在微贱之辈，仍有可尊重的人，更不消说富贵的人们了。唯是，富贵的人懂得爱好礼，才不至于骄傲而淫侈；同样的，贫贱的人懂得好礼，则其居心也不至于卑怯而无所措其手足。

【原文】

人生十年曰幼，学；二十曰弱①，冠②；三十曰壮，有室③；四十曰强④，而仕；五十曰艾⑤，服官政⑥；六十曰耆，指使⑦；七十曰老，而传⑧；八十、九十曰耄⑨；七年曰悼⑩。悼与耄虽有罪，不加刑焉。百年曰期⑪，颐。

【注释】

①弱：指身体尚未强壮。②冠：古代男子二十行加冠之礼。③室：妻室。④强：指智虑强和气力强。⑤艾：发已苍白如艾草。⑥服官政：担负专职的长官。⑦指使：不作具体工作，指派别人干。⑧传：将家务交托给子孙。⑨耄：视力、智力衰退。⑩悼：年幼可爱。⑪期：极。

【译文】

人生至十岁，可称为"幼"开始外出就学。到了二十岁，学识经验虽还不够，但体力已近于成人，故可行加冠之礼，从此把他当作成人看待。三十岁，体力已壮，可以结婚成家室。到了四十岁，才算是强，可以服务于社会。五十岁，才能已够才练，可以治理大众的事。六十岁，体力开始衰退，不宜从事体劳，但能凭经验指道别人。七十岁已到告老的年龄，应把工作责任交付后人。到了八十九十，视力听力心力皆衰耗，可称为"耄"。这样耄年的人和那七岁天真可爱的儿童一样，即使犯了什么过错，都是可以原谅的，不施以刑罚。更到了百岁，那是人生之极，只待人供养了。

【原文】

大夫七十而致事①，若不得谢②，则必赐之几杖③；行役以妇人；适四方，乘安车④。自称曰"老夫"，于其国则称名。越国而问焉，必告之以其制。

【注释】

①致事：告老不仕。②谢：请。不得请，指不准告老不仕之请求。③几杖：几，古人坐时凭靠之具。杖，手杖。④安车：古人一般立乘，安车则是坐乘的小车。

【译文】

大夫的官，到了七十岁，可以把行政工作交还君主，而告老还乡。如果国君挽留他，则需赐以凭几和拄杖，使老人行立有所扶持。如果派他出外办事，得有看护妇伴随着，如果出巡各个地方，应乘坐安车。这样的老者，虽有资格自称为"老夫"，但在自己的朝廷上，仍要自称名。遇到出国访问时，必须把那一国的制度告诉他。

【原文】

谋于长者，必操几杖以从之。长者问，不辞让而对，非礼也。

【译文】

跟长辈商议事情，一定要随带着凭几手杖。长辈有所问，如果不先说句客气话而径直回答，即亦不合于礼。

【原文】

凡为人子之礼，冬温而夏凊①，昏定而晨省②。在丑夷不争③。

【注释】

①凊：冷。②定：安置被褥。省：问安。③丑夷：平辈，"丑"通"俦"。

【译文】

做儿女之礼，要使父母冬天温暖，夏天清凉，晚上替他铺床安枕，清早向他问候请安。而且在平辈共处，绝无争执。

【原文】

夫为人子者，三赐不及车马①，故州闾乡党称其孝也②，兄弟亲戚称其慈也，僚友称其弟也③，执友称其仁也④，交游称其信也⑤。

【注释】

①三赐：出仕任官职，一命受爵，再命受衣服，三命受车马。不及：谓受而不敢用，恐自奉超越父辈。②州闾乡党：地方组织的名称。③僚友：官府中的同事。④执友：志同道合的朋友。⑤交游：一般的朋友。

【译文】

为人家的子弟，送人礼物，再多不至于送车送马。（此句到此为止，下文当接上一节"冬温而夏凊，昏定而晨省，在丑夷不争"之下）能够这样，州闾乡党，远远近近的人都要称赞他的孝顺，兄弟以及内亲外戚都要称誉他的善良，同官们称赞他的仁爱，同事们称赞他能服事长辈，而跟他来往的人亦都说他诚实可靠。

【原文】

见父之执①，不谓之进，不敢进；不谓之退，不敢退；不问，不敢对。此孝子之行也。

【注释】

①执：朋友，至交。

【译文】

见到与父亲志同之人，他若不叫进前，就不敢擅自进前，不叫后退，亦不敢擅自后退。他若不问，亦不敢随便开口。这样尊敬父执，亦是孝子应有的行为。

【原文】

夫为人子者，出必告，反必面①；所游必有常，所习必有业②；恒言不称老③。年长以倍，则父事之。十年以长，则兄事之。五年以长，则肩随之。群居五人，则长者必异席④。

【注释】

①反：通"返"。面：面告。②业：篇卷，犹今之作业本。③恒言：平常说话。④异席：古人席地而坐，一条席可坐四人，推年长的坐于席端。如果有五人，则推年长的另坐一席。

【译文】

作为人家的子弟，出门时要当面禀告父母，回家时也要这样。出游须有一定的地方，所练习的要有作业簿，使得关心你的父母有所查考。平常讲话不要自称"老"字。遇到年龄大上一倍的人，无妨当作父辈看待；大上十岁的人，当作兄辈，如果只大上五岁，虽属平辈，仍须屈居其下。五个人同在一处，应让年长者另坐一席。

【原文】

为人子者，居不主奥①，坐不中席②，行不中道，立不中门③；食享不为概④，祭祀不为尸⑤；听于无声，视于无形；不登高，不临深；不苟訾⑥，不苟笑。

【注释】

①主：坐。奥：屋的西南角，平时为尊者所坐之处。②中席：坐席的中部。四人共坐一席时，席端为尊者所坐之处，如独坐则中部为尊者所坐之处。③中门：门的中间设两阒，两阒之间称中门，是尊者出入的地方。阒：门中央所竖的短木。④食享：宴会宾客之礼。概：数量。⑤不为尸：尸碟受祭者。父在不为尸，如父在为尸，将受父拜，这是不敬的。⑥訾：毁谤、非议。

【译文】

作为人家子弟的，平日家居，不要占住尊长位置，不要坐当中的席位；不要走当中的过道，不要站当中的门口。遇有饮食的宴会，要多要少，不可乱作主张。举行祭祀的时候，不可充任神主受人祭拜。时时注意父母的意旨，不要等到他们发话或指使。不要爬高，不要临深。亦不要随便讥评，随便嬉笑。

【原文】

孝子不服闇①，不登危，惧辱亲也。父母存，不许友以死；不有私财。

【注释】

①服：事。闇：通"暗"。

【译文】

孝顺的儿子，不做暗事，亦不得行险以徼幸，为着怕连累父母得到不管教的恶名。父母活着不可以替朋友卖命。亦不可以有自己的私蓄。

【原文】

为人子者，父母存，冠衣不纯素①。孤子当室②，冠衣不纯采③。

【注释】

①纯：衣服的镶边。②孤子：无父曰孤。当室：嫡子。③采：通"彩"。

【译文】

作为人家子亲的，当父母活着，戴的帽，穿的衣，不可用素色镶边，因为那样很像居丧。不过，没有父亲的孤子，如果是他当家，则他的冠衣，可以带素而不用彩线镶边，因为那是表示他持久的哀思。

【原文】

幼子常视毋诳①，童子不衣裘裳，立必正方，不倾听。长者与之提携，则两手奉长者之手②。负剑辟咡诏之③，则掩口而对。

【注释】

①视：通"示"。诳：欺骗。②奉：通"捧"。③负剑：负指背着幼儿，剑指像剑一样挟于胁下。辟咡诏之：侧着头在人耳边说话。

【译文】

平常不可以谎话教示儿童。儿童不必穿皮衣或裙子。年幼的孩子平常看东西不要斜眼，站着一定要端正，不要做偏着头听说话的样子。如果长辈们要拉手，就要用双手接捧长辈的手，如果长辈们从旁俯身耳语，要用手遮口，然后回答。

【原文】

从于先生，不越路而与人言。遭先生于道，趋而进①，正立拱手。先生与之言，则对；不与之言，则趋而退。

【注释】

①趋：疾走。

【译文】

跟随先生走路，不要随便跑到路的一边和别人讲话。在路上遇见先生，就要跨大步进前，拱手正立着。如果先生和你讲话，你就说；如果没有话讲，则又跨大步退过一旁。

【原文】

从长者而上丘陵①，则必向长者所视②。登城不指，城上不呼。

【注释】

①丘陵：小山和大山。②乡：向。

【译文】

跟随长辈登上山坡时，要朝着长辈的目标看，预备长者对那目标有所问。登上城墙，不要指东指西；在城墙上更不可大呼小叫，那样会惑乱别人的听闻。

【原文】

将适舍，求毋固①。将上堂，声必扬。户外有二屦②，言闻则入，言不闻则不入。将入户，视必下。入户奉扃③，视瞻毋回。户开亦开，户阖亦阖。有后入者，阖而勿遂。毋践屦，毋踖席④，抠衣趋隅⑤。必慎唯诺。

【注释】

①固：鄙野。②屦：鞋。凡入室，脱屦于门外。③扃：门栓。④踖席：跨过坐席。升席时，必由席之下角转至己位，不能在席前跨而就位。⑤抠衣：提起下裳。

【译文】

要去拜访人家，不应该粗鲁。将要走到人家的堂屋，先扬声探问。看见人家室门外放有两双鞋子，而室内说话的声音听得很清楚，那样，就可以进去；如果听不见室内说话的声音，那表示二人在里面可能有机密的事，就不好进去了。即使进去，但进门时，必须眼睛看地下，以防冲撞人家。既进入室内，要谨慎地捧着门栓，不要把它关紧。进门时不要踩着别人的鞋。将要就位不要跨席子而坐。进了室内，就用手提起下裳走向席位下角。答话时，或用"唯"或用"诺"都要敬慎。

【原文】

大夫、士出入君门，由闑右，不践阈①。

【注释】

①阈：门限。

【译文】

大夫或士，进出国君的大门，得由橛的右边走。进出时，不要踩着门限。

【原文】

凡与客人者，每门让于客①。客至寝门②，则主人请入为席，然后出迎客；客固辞③，主人肃客而入④；主人入门而右，客入门而左；主人就东阶，客就西阶，客若降等⑤，则就主人之阶；主人固辞，然后客复就西阶。主人与客让登，主人先登；客从之。拾级聚足⑥，连步以上。上于东阶，则先右足；上于西阶，则先左足。

【注释】

①每门：古天子之宫五门，诸侯三门，大夫二门。②寝门：正寝的门。③固辞：礼有三辞。初曰礼辞，再曰固辞，三曰终辞。④肃客：导客而进。⑤降等：地位低一等级。⑥拾级：逐级登阶。聚足：前脚登一级，后脚跟上与前脚并后再往上登的走法。

【译文】

凡是跟客人一同进门，每到门口都得让客人先进去。唯有走到起居室门口，主人要自请先进去铺座位，然后再迎接客人。客人又让，主人乃敬延客人进去。进到门内，主人往右，客人往左。主人走向东阶。客向西阶。如果客人的职位较低，就该跟随主人向东阶。要等主人一再谦让，才又回到西阶。到了阶前，主客人互相谦让登阶，最后由主人先登，客人跟着，主人跨上一级，客人亦跨上一级，客人的前足步刚好合着主人的后足步，像这样的连步上去。凡是登上东阶的，应先出右足，西阶，则先出左足。

【原文】

帷薄之外不趋①，堂上不趋，执玉不趋。堂上接武②，堂下布武③。室中不翔④。并坐不横肱。授立不跪⑤，授坐不立。

【注释】

①帷薄：帷是布幔；薄是帘子。②接武：步步相连接，即细步走。③布武：步与步不相接，即迈大步。④翔：张开两臂行走。⑤跪：两膝着地，直身而股不着于足跟，这是跪。如股着足跟，是坐。

【译文】

经过有大帘帷垂着的门口要快步走去。但在堂上，或端着玉器，就不要快走。在堂上用细步，堂下用正步，不可在室内大摇大摆。跟别人坐在一起，不要横着膀子。拿东西交给站着的人，不要屈膝；但拿给坐着的人，就不要站着。因为前者显得太卑屈，而后者又显得太傲慢。

【原文】

凡为长者粪之礼①，必加帚于箕上，以袂拘而退②。其尘不及长者，以箕自向而报之③。

【注释】

①粪：一作"撲"，打扫坐席前面。②袂：衣袖。拘：障。③报：通"吸"，收敛。

【译文】

凡是替长者扫除席前之礼，要先把扫帚挡住畚箕，然后用袖子挡着往后且扫且退。要使灰尘不至污及长者，那样朝自己身前扫垃圾。

【原文】

奉席如桥衡①，请席何向，请衽何趾。席南向北向，以西方为上；东向西向，以南方为上。

若非饮食之客，则布席，席间函丈②。主人跪正席③。客跪，抚席而辞。客彻重席④，主人固辞。客践席，乃坐。主人不问，客不先举⑤。

【注释】

①桥：井上汲水之横木，引之，则一高一低，亦名桔槔。这里指捧席时一头高一头低，如桥。②函：容。③正：整理。④重席：席上所加的席。⑤举：问。

【译文】

捧席子该像桔槔上的横木一样。为长者安放坐席，要先问面朝什么方向。凡是南北向的席位，以西方为尊位。东西向的席位以南方为尊位。如果不是请来饮食的客人，席位的间隔要远些，大抵席与席之间可容一丈的距离。当主人跪着替客人整理席位时，客人就要按住席子说不敢劳动。客人要除去重叠的席子时，主人要一再讲他勿除去。等到客人履席，预备坐下时，主人才坐下。如果主人不先说话，客人不要抢先发言。

【原文】

将即席，容毋怍①。两手抠衣，去齐尺②。衣毋拨③，足毋蹶④。先生书策、琴瑟在前，坐而迁之，戒勿越。

【注释】

①怍：脸色改变。②齐：裳的下缉。③拨：扬起。④蹶：步子急速的样子。

【译文】

将要就席的时候，不要变脸色。两只手提起衣裳，使裳的下缉离地一尺左右，这样齐膝跪下时就不至绊住自己的下裳。亦不要掀动上衣，亦不要跳脚。如果有先生的书本琴瑟放在前面，就跪着移开它，切不可跨足而过。

【原文】

虚坐尽后①，食坐尽前。坐必安，执尔颜②。长者不及，毋儳言③。正尔容④，听必恭。毋剿说⑤，毋雷同⑥。必则古昔⑦，称先王。侍坐于先生，先生问焉，终则对。请业则起，请益则起。父召，无"诺"。先生召，无"诺"。

"唯"而起⑧。侍坐于所尊，敬毋余席。见同等不起。烛至，起。食至，起。上客，起。烛不见跋⑨。尊客之前不叱狗。让食不唾。

【注释】

①虚：空。此指不是饮食时。②执：保持。③傁言：与长者所言不相关的话。④正：端庄。⑤剿说：取人之说以为己说。⑥雷同：随声附和。⑦则：法，依据。⑧诺、唯：表示答应的词。但说"唯"，比说"诺"来得恭敬。⑨跋：本，火炬把手的地方。

【译文】

不是饮食，应尽往后坐；如果是饮食，就要尽靠着前坐。坐要稳定，保持自然的姿态。长者没有提及的，不要东扯西拉的说。表情要端庄，听讲要虔诚。不可随便插嘴，亦不要随声附和。说话要有过去的事实做根据，或是引述古先哲人的格言。侍候先生坐着时，先生有问，要等到他的问话终了再回答。请问书本里的事，要起立；如果还要问个详细，亦要起立。父亲召唤时不要唱诺，先生召唤亦不要唱诺，要恭敬地答声"唯"，同时起立。陪伴自己所尊敬的人，无妨捱近坐着。见到同班辈的人不必起身。但见有端烛的来，就要起身，见端饭食的来，亦要起身；主人有上宾来，亦要起身。晚上坐谈，应在一枝烛没有燃尽之前，见机告辞。在所尊敬的客人面前，不要叱喝着驱狗。主人分给食物固须谦让，但同时不可吐口水。

【原文】

侍坐于君子，君子欠伸①，撰杖屦②，视日蚤莫③，侍坐者请出矣。侍坐于君子，君子问更端④，则起而对。侍坐于君子，若有告者曰："少间⑤，愿有复也⑥。"则左右屏而待⑦。

【注释】

①欠伸：打呵欠，伸懒腰。②撰：持。③蚤莫：通"早暮"。④更端：说别一事。⑤少间：空隙。⑥复：禀告。⑦屏：退。

【译文】

侍奉君子坐着时，君子如有倦意而打哈欠，伸懒腰，持杖和鞋，看时间的早晚，侍坐者就要马上告辞退出。侍奉君子坐着时，君子问到另外一件事时，要起立回答。侍奉君子坐着时，如果有人来说："稍等一会儿，有话要说。"那么，左右侍坐的人就要退下等待。

【原文】

毋侧听，毋噭应①，毋淫视②，毋怠荒③。游毋倨④，立毋跛⑤，坐毋箕⑥，寝毋伏。敛发毋髢⑦，冠毋免。劳毋袒，暑毋褰裳⑧。

【注释】

①嗷：高声大叫。②淫视：东张西望。③怠荒：散漫，不自拘敛。④倨：傲慢。⑤跛：一足踏地，另一足离地。⑥箕：臂部落地，双脚伸向前。⑦鬈：头发散而下披。⑧褰：撩起。

【译文】

不要侧耳听，不要粗声大声地答应，不要斜眼看人，不要显出一付懒散的样子，走路不要露出傲慢的样子，站着时要两腿直立，不要一条腿偏斜，坐着时不要像畚箕一样两腿分开，睡卧时不要伏身趴下，头发要挽起来不使之下垂，帽子平时不要取下，干活时不要脱衣露体，热天不要撩起下衣。

【原文】

侍坐于长者，屦不上于堂，解屦不敢当阶。就屦①，跪而举之，屏于侧。乡长者而屦，跪而迁屦②，俯而纳屦③。离坐离立④，毋往参焉。离立者不出中间。

【注释】

①就屦：穿鞋。②迁：或为"还"，旋转。③纳：穿。④离：通"俪"，两人相并。

【译文】

凡陪伴长者坐谈，不要穿鞋子上堂；并且解脱鞋子亦不可正向台阶。穿鞋时，要先拿起鞋子在一旁穿着。如果面朝长者穿鞋，就要跪着旋转鞋尖，然后俯身套上鞋子。

已有二人并坐或并立着，不要插身进去。有二人并立着不要从他们中间穿过。

【原文】

男女不杂坐，不同椸枷①，不同巾栉②，不亲授。嫂叔不通问③，诸母不漱裳④。外言不入于梱⑤，内言不出于梱。女子许嫁，缨⑥。非有大故⑦，不入其门。姑、姊、妹、女子子已嫁而反⑧，兄弟弗与同席而坐，弗与同器而食。父子不同席。

【注释】

①椸枷：衣架。枷：通"架"。②栉：梳篦的总名。③通问：互相问候。④诸母：庶母。漱：洗涤。⑤梱：通"阃"，门限。⑥缨：五彩的带子，女子已定聘，加缨于项。⑦大故：如丧事、疾病等。⑧女子子：亲生女儿。

【译文】

男的女的，不要混杂着坐。男衣女衣不要持在同一衣架上。男的女的各有自己的面巾梳子，不要混用，拿东西亦不要亲手交来交去。小叔和大嫂不要互相往来访问。亦不要叔母或庶母洗濯内衣。

街谈巷语，不要带进闺门之内，而闺门以内的家务事亦不要宣扬于外。女人订婚之后，就挂上项链，表示有所系属了。如果不是重大变故，不要进入她的住处。姑母姊妹及她们的女儿，凡是已经嫁人的回家就不要和她同席而坐，同用一个器皿吃食。父与子不要同坐一个席位。

【原文】

男女非有行媒，不相知名。非受币，不交不亲①。故日月以告君，齐戒以告鬼神②，为酒食以召乡党僚友，以厚其别也。取妻不取同姓③，故买妾不知其姓，则卜之。寡妇之子，非有见焉④，弗与为友。

【注释】

①受币：受聘礼。②齐：通"斋"。③取：通"娶"。④见：读为"现"，表现出卓越的才能。

【译文】

男子和女子，如果没有媒人往来提亲事，双方不曾知道名字的。不到女家接受聘礼的时候，双方不曾有实际往来的。因此，凡是婚礼都要登记其年月日，而且要在家庭中告诉祖先，备办筵席邀请乡里邻人和同事们。要这许多手续，都是为着要加重男女之"别"。娶妻不娶同宗的子女；所以买妾不知她的本姓，就得问卜以定可否。对于寡妇的儿子，倘非发现他的才能卓异，最好毋与往来。

【原文】

贺取妻者曰："某子使某①，闻子有客②，使某羞③。"贫者不以货财为礼，老者不以筋力为礼④。

【注释】

①某子：指送贺礼的主人，用"某"代他的名字。使某："某"指使者的名字。②有客：古礼规定婚礼不贺，所以不直接

说贺婚，而说有来客。③羞：进献菜肴。④筋力：这里指跪拜之礼。

【译文】

庆祝人家结婚，只好说：某君听见你家宴请乡党僚友，所以遣我送点佐宴

的礼物。贫穷的人不必用金钱财物为礼，年老的人亦不必劳动体力为礼。

【原文】

名子者不以国，不以日月，不以隐疾①，不以山川。男女异长。男子二十，冠而字。父前子名，君前臣名。女子许嫁，笄而字②。

【注释】

①隐疾：身体隐处的疾病。②笄：女子许嫁，或年十五，行笄礼，表示成人。

【译文】

替小孩取名，不要用国名，不要用日月之名，不要用身上暗疾之名。亦不要用山川之名。有长男有次男，有长女有次女；兄弟和姊妹的排行应该分开。男子到了二十岁，举行过冠礼，就得敬重他的大名。不好随便叫唤，所以要另取个"字"。不过，他在父母和国君面前，仍须称名。至于女子，到了可以订婚的时候，她已盘起头发要用簪来安发（大约十五岁以后），亦不宜随便唤名，得另取个"字"。

【原文】

凡进食之礼：左殽右胾①；食居人之左②，羹居人之右；脍炙处外③，醯酱处内④，葱渫处末⑤，酒浆处右；以脯修置者⑥，左胸右末⑦。客若降等⑧，执食兴辞⑨；主人兴辞于客，然后客坐。主人延客祭⑩。祭食，祭所先进。殽之序，遍祭之⑪。三饭，主人延客食胾，然后辩殽⑫。主人未辩，客不虚口⑬。

【注释】

①殽：同"肴"，带骨的熟肉。胾：切好的大块肉。②食：饭一类主食。③脍炙：脍，切细的肉；炙，烤肉。④醯：醋。⑤葱：蒸葱。⑥脯：干肉片。修：捶捣而加姜桂的干肉。⑦胸：牲体中部形状屈曲的干肉。末：牲体边沿部位的肉。⑧降等：地位相差一个等级，如大夫至卿家为客。⑨兴：起立。⑩延：导。祭：食时祭奠初造饮食者，祭法是在各种食器中拨些食物，置于食器边上。⑪殽:通"遍"。⑫辩：遍食。⑬虚口：指食毕以酒嗽口。

【译文】

凡陈设便餐，带骨的肴放在左边，切的纯肉放在右边。饭食靠着人的左手方，羹汤放在靠右手方。细切的和烤好的肉类放远些，醋和酱类放在近些。蒸葱等伴料放在旁边。酒浆等饮料和羹汤放在同一方向。如果另要陈设干肉牛脯等物，则弯曲的在左，挺直的在右。如果客人谦让，端着饭碗起立，说是不敢当此席位，主人就得起身对客人说些敬请安坐的话语，然后客人坐定。主人劝请客人吃食，先拨些饭放在棹上，这称为祭。祭先进食的东西，以后依照吃食的顺序一一都祭了。吃过三口饭后，主人要请客人吃纯肉，然后吃到了带骨的肉。如果主人还没有吃完，客人可不要漱口表示不吃。

【原文】

侍食于长者，主人亲馈①，则拜而食；主人不亲馈，则不拜而食。共食不饱，共饭不泽手②。

【注释】

①馈：进送食品。②泽：双手摩搓，古人吃饭用手抓，如临食时双手摩搓，使旁人感到不清洁。

【译文】

陪伴着长者吃饭，凡是遇到主人亲取菜肴给你时，你就得拜而后食。如果不是这样，就不须拜，但由自己取食。大伙儿共同吃食，不可只顾自己的饱。如果和别人一起吃饭，就要顾到手的清洁。

【原文】

毋抟饭①。毋放饭②。毋流歠③。毋咤食④。毋啮骨。毋反鱼肉。毋投与狗骨。毋固获⑤。毋扬饭⑥。饭黍毋以箸。毋嚃羹⑦。毋絮羹⑧。毋刺齿。毋歠醢⑨。客絮羹，主人辞不能亨⑩。客歠醢，主人辞以窭⑪。濡肉齿决，干肉不齿决。毋嘬炙⑬。卒食，客自前跪，彻饭齐⑭，以授相者⑮。主人兴辞于客，然后客坐。

【注释】

①抟：把散碎的东西捏聚成团。②放饭：将手中剩饭放回饭器中。③歠：饮，啜。④咤：舌头在口中作声，似嫌主人的食物。⑤固获：专吃一种食品叫"固"；与人在食器中争挟食物称"获"。⑥扬饭：扬去饭上的热气。⑦嚃：不嚼菜，大口吞咽。⑧絮羹：絮，调。往汤里放盐梅等调味品。⑨醢：肉酱。⑩亨：同"烹"，煮。⑪窭：家贫备办不够。⑫濡肉：湿软的肉。决：断。⑬嘬炙：一口把一块大肉吃到嘴里。⑭齐：一本作"齑"，酱一类食品。⑮相：辅助主人招待客人的侍者。

【译文】

不要用手搓饭团，不要把多余的饭放进饭器，不要喝得满嘴淋漓，不要吃得喷喷作声。不要啃骨头，不要把咬过的鱼肉又放回盘碗里，不要把肉骨头扔与狗。不要专据食物而必取之，亦不要簸扬着热饭。吃蒸黍的饭，宜用手不要用箸。不可以大口囫囵地喝汤，亦不可在主人面前调和菜汤，不要当众剔牙齿，亦不要喝腌渍的肉酱。如果有客人在调和菜汤，主人就要道歉，说是烹调得不好；如果客喝到酱类的食品，主人亦要道歉，说是备办的食物不够。湿软的肉可以用牙齿咬断，干肉就得用手擘食。吃炙肉不要撮作一把来嚼。吃食完毕，客人应起身向前收拾桌上盛着腌渍物的碟子交给在旁伺候的人，主人跟着起身，请客人不要劳动，然后，客人再坐下。

【原文】

侍饮于长者，酒进则起，拜受于尊所^①，长者辞，少者反席而饮。长者举未釂^②，少者不敢饮。

【注释】

①尊：盛酒器。不同的宴会，放酒尊的地方也不同，如诸侯的燕礼，酒尊放在东楹之西；如乡饮酒及卿大夫燕，放酒尊于房户之间。②釂：饮尽杯中酒。

【译文】

陪伴长者喝酒，看见长者将要递酒过来时，就赶快起立，走到放酒罐的地方拜而后接受。长者说：不要如此客气，然后少者才回到自己席位上喝酒。如果长者还没有举杯喝干，少者不可以先喝。

【原文】

长者赐，少者贱者不敢辞。赐果于君前，其有核者，怀其核。御食于君^①，君赐余，器之溉者不写^②，其余皆写。

【注释】

①御食：劝侑饮食。②溉：洗涤。写：由一器倒入另一器。

【译文】

长者有东西赐给后辈或佣人们，他们只管接受，毋须客气。如果是国君赐食水果，不要在他前面吐果核，应包藏在怀里。伺候国君吃饭，国君赐以剩余之食，如果原器可以洗涤，则用原器取食，不必倒入另外器皿；若不是可以洗涤的食器，就要统统倒入另外的器皿取食。

【原文】

馂余不祭^①，父不祭子，夫不祭妻。

【注释】

①馂：食人之余菜；上顿没有吃完，留到下顿吃的，也叫做馂。按：此条诸家注释不同，一、郑玄说，"祭"指"祭食"，谓食人之余者，在食时一般不行"祭食"之礼，但卑者食尊者之余，行祭食礼；至于父食子之余，夫食妻之余，则不必行祭食之礼。二、顾炎武说"祭"指祭祀，谓食余之者，不能用以祭祀；父不祭祀子，夫不祭祀妻，因尊卑名份不当；后两句与前句"馂"无关。三、朱熹说"祭"指祭祀，谓食余之者，不能用以祭祀，即使父之食余，亦不可用以祭子，夫之食余，亦不可用以祭妻。今用朱熹说。

【译文】

侍候国君吃食，国君赐以余食，要看那盛器是否可以洗涤。若是可以洗涤的，则就原器取食；若是不可以洗涤的，通须把余食倒在另外的器皿内。吃余不用行"祭食"之礼。此外，如父亲吃儿子的余食，丈夫吃妻子的余食时，亦皆不用此礼。

【原文】

御同于长者，虽贰不辞①。偶坐不辞②。羹之有菜者用挟③，其无菜者不用挟。

【注释】

①贰：重，再一次添菜饭。②偶坐：与客人并坐在一起，作陪客。③挟：筷子。

【译文】

陪同长者一起参加宴会，如果主人厚待长者亦同样厚待少者时，少者不用说客气话。虽然和长者坐在一起，但坐中自有长宾，亦无须少者说客气话。汤里面如有菜，就得用筷子来夹，如果没有，则用汤匙。

【原文】

为天子削瓜者副之①，巾以絺②。为国君者华之③，巾以绤④。为大夫累之⑤，士疐之⑥，庶人龁之⑦。

【注释】

①副：剖开，分为四瓣。②絺：细葛布。③华：中间划一刀，分为两半。④绤：粗葛布。⑤累：不用巾覆盖。⑥疐：除去瓜蒂。⑦龁：咬。

【译文】

为天子削瓜，先削去皮，再切成四瓣，然后覆以细麻巾。为国君削瓜，先削去皮，再切成两半，然后覆以粗麻布。为大夫削瓜，只有削皮，整个儿裸着。士人只切瓜蒂；庶人就连瓜蒂带皮咬着吃。

【原文】

父母有疾，冠者不栉，行不翔，言不惰①，琴瑟御，食肉不至变味，饮酒不至变貌，笑不至矧②，怒不至詈③。疾止复故。

【注释】

①惰：不正之言。②矧：通"龂"，齿根；大笑则露齿。③詈：骂。

【译文】

父母害病的时候，成人们心中忧虑，头发忘了梳理，走路不像平日那样回翔，问话亦不说了，乐器亦不接触了，食肉只是稍尝那味道，饮酒亦不至于喝到脸红，既没有开心的笑，亦没有恶声恶气的怒骂。这情形直到父母病愈才恢复正常。

【原文】

有忧者侧席而坐①，有丧者专席而坐②。

【注释】

①侧席：独张席不另设侍宾之席。②专席：单层席。

【译文】

遭遇忧患的人，宜坐于单独的席位，而服丧的人只会坐单层的席子。

【原文】

水潦降①，不献鱼鳖。献鸟者佛其首②，畜鸟者则勿佛也。献车马者执策绥③，献甲者执胄，献杖者执末，献民虏者操右袂④，献粟者执右契⑤，献米者操量鼓⑥，献孰食者操酱齐⑦，献田宅者操书致⑧。

【注释】

①潦：雨后地面积水。②佛：一本作"拂"，转向相反方向。③绥：登车时拉的绳。④民虏：俘虏。袂：衣袖。⑤契：契约。⑥鼓：量米的量器。⑦孰：通"熟"。齐：通"齑"。⑧致：通"质"，契券。

【译文】

雨水多的季节不须以鱼鳖献人。凡献野鸟须扭转其首以防啄人；如献驯养的家禽则不必如此。献车马，只要把马鞭和引手绳递上。献铠甲，只要递上兜鍪。献杖与人，自己应执着末端。献俘虏，要抓紧他的右手。献人以粟，只要拿出可以兑取的契券。献米，则用斗斛。献熟食的，要先送上酱类和腌渍的小菜。以田宅献人，则以田契屋契。

【原文】

凡遗人弓者：张弓尚筋①，弛弓尚角②；右手执箫③，左手承弣④；尊卑垂帨⑤。若主人拜，则客还辟，辟拜⑥。主人自受，由客之左，接下承弣，乡与客并，然后受，进剑者左首⑦。进戈者前其鐏⑧，后其刃。进矛戟者前其镦⑨。

【注释】

①筋：弓弦。②角：弓背。③箫：弓头，亦写作"鞘"。④弣：弓把中部。⑤垂帨：腰间所佩的巾下垂，引申为折腰鞠躬。⑥还辟：逡巡却退。辟拜：即"避拜"。⑦首：剑柄有环处。⑧鐏：戈柄下端圆锥形的金属套。⑨镦，同"镎"，矛戟柄末的平底套。

【译文】

凡是赠弓与人：如果是现成的弓，应以弓弦朝上。如果是未张的弓，则以弓背朝上。同时用右手拿着弓头的斜体（亦称为"弭头"），左手就托住弓背的中部。这样，在授与者和接纳者双方都要彼此鞠躬。如果主人要下拜，则客人就要转身让开，避免主人的拜。如果是主人亲自接受那弓，就要由客人的左手主接弓之另一弨头，然后以另一支手托着弓弨，双方并朝着同一方向而移交。递剑与人应以剑柄向左。递戈与人应以戈柄向前，戈刃向后。递矛或剑，亦准此例。

【原文】

进几杖者拂之。效马效羊者右牵之①，效犬者左牵之。执禽者左首。饰羔雁者以缋②。受珠玉者以掬③。受弓剑者以袂。饮玉爵者弗挥④。凡以弓剑、苞苴、箪笥问人者⑤，操以受命，如使之容。

【注释】

①效：呈献。②缋：同"绘"，布上画云气。③掬：双手捧取。④玉爵：玉杯。⑤苞苴：用茅草或苇包裹的鱼肉。箪笥：盛饭食的竹器，圆的叫箪，方的叫笥。问：赠送。

【译文】

送人以几或杖，要先拭抹干净。牵马或羊送人可用右手，但牵犬则用左手。捉鸟与人，应以首鸟向左。送人以小羊或鸭子，要饰以采带。受珠或玉，应拼着手掌来承；受弓或剑，要保合着袖末来接。用玉杯饮酒，不要挥扬，以防失手跌破。凡是被家长遣去递送弓剑苞苴箪笥的人，要拿着那些东西，听家长的吩咐，就像使者奉派出差时的仪态。

【原文】

凡为君使者，已受命，君言不宿于家。君言至，则主人出拜君言之辱①；使者归，则必拜送于门外。若使人于君所，则必朝服而命之；使者反，则必下堂而受命。

【注释】

①辱：古人一种谦逊的客套话，意为他不配受国君的使命。

【译文】

凡是为国君的使者，既已接到命令，就不要在家里停留。凡遇国君有命令来时，主人就要在门外拜迎那传令的使者，并说有劳尊驾；那使者回去时，还要拜送之于门外。如果派人往国君的地方去，就得像朝见国君一样，穿着朝服来派遣他。等到捎信的人回来，还要下堂迎接国君的回音。

【原文】

博闻强识而让①，敦善行而不怠②，谓之君子。君子不尽人之欢，不竭人之忠，以全交也。

【注释】

①识：记。②敦：厚。

【译文】

见闻广博而记忆力强，且能谦让自处，这样修身践言，力行不懈，便可称为君子了。君子不讨别人无尽的喜欢，亦不要别人无尽的爱戴，这样，才能保持永久的交情。

【原文】

礼曰：君子抱孙不抱子。此言孙可以为王父尸①，子不可以为父尸。为君尸者，大夫、士见之，则下之②。君知所以为尸者，则自下之；尸必式③。乘必以几④。齐者不乐不吊⑤。

【注释】

①王父：死去的祖父。②下：指下车。③式：车箱前面的横木，如在车上对人表示敬意时，低头、两手扶式。④几：古代用来登车踏脚。⑤齐：斋戒。古人在祭祀前，清心洁身，以示庄敬。吊：慰问死者家属或遇到不幸的人。

【译文】

旧礼书有言："君子抱孙不抱子"。这是说孙子可以充任祭祖时的尸，而儿子则不可。凡是士人遇见为君尸的人，就得下车致敬。如果国君知道某人将为尸，亦要下车为礼，而为尸者对于敬礼的人都得凭轼答谢。尸登车时，要用几来垫足。

【原文】

居丧之礼：毁瘠不形，视听不衰，升降不由阼阶①，出入不当门隧②。居丧之礼：头有创则沐，身有疡则浴③；有疾则饮酒食肉，疾止复初。不胜丧，乃比于不慈不孝。五十不致毁，六十不毁，七十唯衰麻在身④，饮酒食肉处于内⑤。

【注释】

①阼阶：主人上下的台阶。②门隧：门外当中的路。③疡：疮。④衰麻：丧服。古代丧服，胸前当心处缀有长六寸，广四寸的麻布，名为"衰"。麻，丧服用粗麻布制作，故连称衰麻。⑤处于内：古代守丧时，筑草庐于门外居位。"处于内"即不到门外草屋居住。

【译文】

居丧之礼在于：因哀痛消瘦但不要至于形销骨立，视力和听力不会有所衰退，上下堂不经过阼阶，出入门不走正中的通道。居丧之礼，如果头上发痒疮，可以洗头；身上发痒，亦如之。如果害病，仍可以食肉饮酒，但到了病愈，就得恢复居丧之礼。如果担当不起丧事的哀痛而病倒了，那就等于不慈不孝。年纪到了五十岁，可不必哀伤极毁；六十岁，可不因哀伤而消瘦；七十岁的人居丧，只要披麻戴孝，不必损及体力；照常饮酒食肉，而且住在屋里。

【原文】

生与来日，死与往日①。知生者吊②。知死者伤③。知生而不知死，吊而不伤。知死而不知生，伤而不吊。

【注释】

①与：以。②吊：对死者家属的慰问。③伤：对死者的哀伤。在表示吊和伤时，都要致辞。

【译文】

办丧事之礼，有的为生者而制订的，如成服，哭者进行的秩序，是从死者之死的第二日起算，后者如三日而殡三月而葬等等，则从死之当日起算。平素只和死者的家属有交情的，则慰问之，直接与死者有交情的，则哀悼之。所以知生而不知死者，只要慰问而不用伤悼之辞，反之，则须伤悼而不止于慰问了。

【原文】

吊丧弗能赙①，不问其所费。问疾弗能遗②，不问其所欲。见人弗能馆③，不问其所舍。赐人者不曰"来取"，与人者不问其所欲。

【注释】

①赙：以财物助人办丧事。②遗：馈赠。③馆：住宿之处。

【译文】

慰问丧家，如果没有钱财供助他们，就不要问他们需钱多少。探视病人，如果拿不出东西馈赠，就不要问病人需要什么。接见来人，如果不能留他们在家里住，就不要问他住在什么旅馆。拿东西给人，可不要叫人来取；将要给人东西，亦不可问人要不要这个东西。

【原文】

适墓不登垄①，助葬必执绋②。临丧不笑。揖人必违其位③。望柩不歌。入临不翔。当食不叹。邻有丧，春不相④；里有殡⑤，不巷歌。适墓不歌，哭日不歌。送丧不由径，送葬不辟途潦⑥。临丧则必有哀色，执绋不笑，临乐不叹，介胄则有不可犯之色。故君子戒慎，不失色于人。

【注释】

①垄：墓上堆起的封土。②绋：下葬时拉棺的绳索。③违：变更。④相：春米时配合劳动节奏唱的歌谣。⑤殡：死后成殓尚未安葬。⑥辟：通"避"。潦：积水。

【译文】

到墓地上不要登其丘垅。参加葬礼必须助挽柩车。参加追悼不可嬉笑。与人作揖，或进或退都要离开原位。望见运柩车，不要唱歌。进入丧所哀悼时，走路不回翔。面对饭食应该感谢不应叹气。

邻居有丧事，即使是舂米时亦不要唱歌。邻里中有未葬之丧事，巷里亦不宜有歌声。因邻里情谊，彼此关芘，为哀为乐，亦相一致。到坟墓上不要唱歌。在殡丧伤死之日亦不要唱歌。护送丧车不要贪走小路；挽着柩车亦不要顾忌路上的水潦。参加丧礼必有悲悼的表情，挽着柩车绝不嬉笑。参加听乐则不作扫兴的声气；披上铠甲戴起钢盔，就显出不可侵犯的神色。所以君子要时时聚精会神地生活，不至在人前有一点失态的表现。

【原文】

国君抚式①，大夫下之②。大夫抚式，士下之。礼不下庶人③，刑不上大夫④。刑人不在君侧。兵车不式，武车绥旌⑤，德车结旌⑥。

【注释】

①抚式：两手放在车轼上，身体稍稍下俯，是一种略示敬意的礼节。②下之：下车表示敬意，较抚式礼重。③礼不下庶人：不为庶人制礼，庶人有事，以士礼行之，但有所降杀。④刑不上大夫：大夫犯法，不以一般刑法议罪，而另有"官刑"议罪。⑤武车：即兵车。绥：舒展。⑥德车：除武车以外的车。结：收敛。

【译文】

遇见国君据轼而行礼时，大夫就要下车示敬。遇见大夫据轼而行礼时，士人就要下车示礼。礼制不及于庶人，刑罚不及于大夫。所以在国君左右都是没有受过刑罚的人。在出征的兵车上，不须据轼行礼。田猎用的武车上，旌旗是招展着的；巡狩用的德车，旌旗是垂敛着的。

【原文】

史载笔①，士载言②。前有水，则载青旌③。前有尘埃，则载鸣鸢④。前有车骑⑤，则载飞鸿。前有士师⑥，则载虎皮。前有挚兽⑦，则载貔狼⑧。行，前朱鸟而后玄武⑨，左青龙而右白虎⑩；招摇在上⑪，急缮其怒⑫；进退有度，左右有局，各司其局。

【注释】

①史：指太史、内史。据《周礼》在朝觐会同等典礼上，有太史、内史参加。②士：指参加盟会的士。言：盟会缔约的言辞档案。③青：青雀，一种水鸟，此指画着青雀的旗。④鸣鸢：鸟名，即老鹰。此指画着老鹰的旗。⑤骑：骑兵。⑥士师：兵众。⑦挚兽：猛兽。⑧貔貅：猛兽名。此指画有貔貅的旗。⑨朱鸟、玄武：朱鸟，一种作朱雀，应改朱雀。朱雀、玄武，皆天上星宿名。玄武、即龟。⑩青龙、白虎：天上星宿名。此亦指画青龙、白虎形于旗帜。⑪招摇：北斗第七星，又名摇光，此以第七星代表整个北斗七星。⑫急缮：坚定加强。

【译文】

掌管文书的人携带文具。司盟的人携带文辞。在队伍进行途中，前面有水，则竖起画有水鸟的旌。前面风起扬尘，则竖起画有鸣鸢的旌。前面遇有车骑，则竖起飞鸿的旌。遇有军队，则竖起虎皮。遇有猛兽，则竖起貔貅之旌。凡是行阵，前锋为朱鸟，后卫为玄武，左翼为青龙，右翼为白虎。中军竖着北斗七星旗帜，以坚定其战斗精神。前进后退，有一定的步伐，右左队伍，亦各有主管的人。

【原文】

父之仇，弗与共戴天。兄弟之仇，不反兵。交游之仇，不同国。四郊多垒①，此卿、大夫之辱也。地广大，荒而不治②，此亦士之辱也③。

【注释】

①垒：军壁，即防御工事。此言四境不靖。②荒：抛荒，未加耕耘整治而荒弃的土地。③士：一般的官吏。

【译文】

对于杀父的仇人，不与共存于天下。对于兄弟的仇人，可用随身的武器，见即杀之。至于朋友的仇人，即不与共存于同一乡国。如果一国的四境都筑有堡垒，可见大官们，不能安治其国，而那堡垒就是乡大夫的耻辱。如果任着广大的土地荒废而不加整理利用，那荒废的大地亦即是公务员们的耻辱。

【原文】

临祭不惰。祭服敝则焚之，祭器敝则埋之，龟策敝则埋之①，牲死则埋之。凡祭于公者，必自彻其俎②。

【注释】

①龟策：占卜的用具，龟是龟甲，卜时所用，策是蓍草，筮时所用。②

俎：载牲的器。

【译文】

参与祭祀，不可有怠慢的行为。祭祀时穿的衣服，破了就烧掉。祭祀时用的器皿坏了，卜筮时用的龟策坏了，或是祭祀用的牲口死了，这都要埋掉。凡是在国君的庙里助祭的士人，都要自己搬走载牲的器皿，不须麻烦主人。

【原文】

卒哭乃讳①。礼不讳嫌名②，二名不遍讳③。逮事父母④，则讳王父母⑤。不逮事父母，则不讳王父母。君所无私讳⑥，大夫之所有公讳⑦。《诗》《书》不讳⑧。临文不讳⑨。庙中不讳。夫人之讳，虽质君之前，臣不讳也。妇讳不出门。大功、小功不讳⑩。入竟而问禁，入国而问俗，入门而问讳。

【注释】

①卒哭：丧礼，三月而葬，行虞祭，虞祭后卒哭。卒哭者，惟朝夕哭，其间不再哭。讳：避讳，不直称死者的名。②嫌名：与死者大名声音相同或相近的字。③二名：大名有二个字的。④逮：及。⑤王父母：祖父、祖母。⑥私讳：家讳。⑦公讳：国君的讳。⑧诗书：指教学时诵读《诗》《书》。⑨临文：谓起草文告等写作之事。⑩大功小功：表示亲疏关系的丧服。堂兄弟、未嫁的堂姊妹等服大功、远房的堂兄弟、堂姊妹穿小功丧服。

【译文】

行过卒哭之祭，就要避用死者之名，但据礼之规定，同音的名可以不避，双字名只要避用其一。倘若生时犹及奉事父母，就得避用父母的父母之名；如果生时已不及奉事父母，则可不讳祖父母之名。在国君的地方，不以家讳为禁忌，但在大夫的地方，仍需遵守一国之讳。此外，读诗画，写文章，以及庙中祭告之辞，都无用讳。虽在国君面前对话，亦可以不讳其夫人之名，因为妇人的名讳，限于家内，其次，大功小功的亲属，亦不用讳。凡是到了一个地方，便要打听他们的禁忌；到了另一国家，就要打听他们风俗习惯，同理，到了别人家里，亦要先问他们忌讳的名。

【原文】

外事以刚日①，内事以柔日②。凡卜筮日，旬之外曰"远某日"③，旬之内曰"近某日"。丧事先远日④，吉事先近日⑤，曰⑥："为日⑦，假尔泰龟有常⑧，假尔泰筮有常。"卜筮不过三。卜筮不相袭⑨。龟为卜，策为筮⑩。卜筮者，先圣王之所以使民信时日，敬鬼神，畏法令也；所以使民决嫌疑，定犹与也⑪。故曰：疑而筮之，则弗非也。日而行事⑫，则必践之⑬。

【注释】

①外事：指出行、田猎、征伐等事。刚日：奇数的日子，即甲、丙、戊、庚、壬。②内事：指完、婚、丧、祭等事。柔日：偶数的日子，即乙、丁、己、辛、癸。③旬：十天为一旬。④远日：此处的远日是指下个月的日子，与上文所说的旬之内外有别。如卜丧事、先卜下月下旬之日，如不吉，再卜中旬、上旬。⑤近日：则先卜上旬，不吉，再卜中旬、下旬之日。⑥曰："曰"以下，为卜筮日时的命辞。⑦为日：为办事求吉日。⑧假：借。泰：表示尊敬的称呼。有常：无差错，可凭信。⑨袭：重复。⑩策：一本作"蓍"，蓍草是一种蒿类多年生植物。⑪犹与：一本作"犹豫"。⑫日：指卜吉日。⑬践：履行、实施。

【译文】

庙外举行典礼，宜用刚日；庙内举行典礼，宜用柔日。凡用卜筮择定吉日，要在十日以外举行的，则称"远某日"，其在旬内举行的，则称"近某日"。丧葬之事，先卜远日；祭享之事，先卜近日。卜筮时应说道："为占吉日，要借大卜或大筮，作个决定。"不管是用卜或用筮，都不能超过三次。并且用了卜，就不要用筮。先圣王所以要用来卜筮的原因，是为着要使人民信服择定的日期，崇拜所祭祀的鬼神，恪守颁行的法令。亦就是使人能决定"是"或"不是"，"做"或"不做"。所以说，为着怀疑而问卜，既已卜了，就不得三心两意；已定在那一日举事，就得在那一日实行。

【原文】

君车将驾，则仆执策立于马前①。已驾，仆展軨②，效驾③，奋衣由右上④，取贰绥⑤；跪乘，执策分辔，驱之五步而立。君出就车，则仆并辔授绥，左右攘辟⑥。车驱而驺⑦，至于大门，君抚仆之手，而顾命车右就车⑧。门闾、沟渠必步。

【注释】

①仆：指御者。②展：视。軨：车箱前面左右的栏木。③效驾：效，考验。言考验驾具之完善。④奋：振去尘土。⑤贰：副。车上有二根拉着登车的绳子，一为正绥，供国君登用；一为副绥，供车右，御者登车时使用。⑥辟：通"避"。⑦驺：通"趋"，急行。⑧车右：负责保卫的卫士，立于车之右，故称车右。

【译文】

国君的车，将要套上马匹，仆人应执马鞭站在马前。既已套上了车辕，仆人就要检查车身，并试验车与马是否套得牢固，然后拂去衣上尘污，从右边登车，取着总绳，拿起鞭子，分开控马的辔绳，驱之前行五步，再停下。等到国君出来就车，仆人一手把辔绳总握着，一手将登车的绳子递给国君。于是左右的人让避开去，仆人便赶着马而趋。到了大门口，国君按住仆人的手，回过头来唤卫士上车，经过大门，里门，沟渠的所在，卫士都得下车步行，以防发生危险事故。

【原文】

凡仆人之礼，必授人绥。若仆者降等，则受，不然则否。若仆者降等，则抚仆之手；不然，则自下拘之①。客车不入大门。妇人不立乘。犬马不上于堂。故君子式黄发②，下卿位③，入国不驰，入里必式。君命召，虽贱人，大夫、士必自御之④。

【注释】

①自下拘之：从御者之手的下方取绥，示不用仆授。②黄发：指老年人。③卿位：上朝时卿所立的位置。④里：古制二十五家为一里，里巷前有里门。

【译文】

凡是充当驾驶的人，一定要把登车绳递交给乘车者。乘车者的身份若比驾车者高，则接受；如其不然，则不接受。详细地说来，如果驾车者的身份较低，他递绥时就要按住他的手，然后以另一手接取之，表示不敢当的意思。如果身份相等，就要从他的手下直接取绥。宾客的车，不可直接驶入人家的大门。妇人们乘车不可站着。犬马不可牵到堂上。乘车遇见年老的人，要凭轼行礼，经过大官们的朝位，要下车步行。进入国境，行车要减低速度，进入里门，亦要凭轼致敬。若使国君有所召唤，即使派来的人身份较低，但为尊重国君，亦得亲自出门迎接。

【原文】

介者不拜，为其拜而菱拜①。祥车旷左②。乘君之乘车，不敢旷左；左必式。仆御妇人，则进左手，后右手。御国君，则进右手，后左手而俯。国君不乘奇③车。

【注释】

①菱拜：身略下蹲，不跪，穿盔甲者，下跪不便。②祥车：平日乘用的车子，主人死后作为送葬时的魂车，虚其左位，以为神位。旷：空。③奇车：一乘，无从车。国君出必有从车。

【译文】

披戴着盔甲不便于跪拜，故介者只要蹲一蹲身，便算拜了。载的车空着左方尊位。因此，乘用国君的属车时不敢旷左；唯是左方既为尊位，故须凭轼为礼，表示不自尊大。凡为妇人驾车，须先以左手执绥，与妇人侧背而立，然后用右手驾驶。为国君驾车，则面向国君，并稍俯身，以示敬意。国君不乘坐没陪驾的车。

【原文】

车上不广欬①，不妄指。立视五巂②，式视马尾，顾不过毂③。国中以策彗邺勿驱④，尘不出轨。

【注释】

①广欬：大声咳，"欬"同"咳"。②巂：指车轮外周的长度。按，车轮外周为古尺一丈九尺八寸。③毂：车化中心的圆木，周围与车辐的一端相接，中有圆孔，用以插轴。④策彗：以竹帚为马鞭。邺勿：搔摩。

【译文】

在车上不要大声咳，不要胡乱指点。站着，视线前及轮转五周（约为九丈尺）的距离；凭轼行礼时，视线刚及于马尾；转头看时，视线亦不超过车毂。进入国中就改用鞭子末梢摩搔着马，使之徐行，以灰尘不飞扬于辙迹之外为度。

【原文】

国君下齐牛，式宗庙①。大夫、士下公门，式路马②。乘路马，必朝服，载鞭策，不敢授绥，左必式。步路马，必中道。以足蹙路马刍③，有诛④。齿路马⑤，有诛。

【注释】

①"国君下齐牛、式宗庙"句：《周礼》"齐右职"下郑注引《曲礼》作"国君下宗庙、式齐牛"。今本有识破，当以《周礼》注所引为是。宗庙比牛为重，当下车。牛：将作为祭祀牺牲的牛。②路马：给国君驾车的马。"路"亦写作"辂"。③蹙：踢、踩。马刍：马的草料。④诛：责罚。⑤齿：看马的牙齿以估计马的年龄。

【译文】

国君经过宗庙的门口，必须下车；遇见披文绣的祭牛，必须凭轼俯身行礼。大夫士经过国君门口，必须下车，看见礼车用的马，必须凭轼俯身行礼。凡是驾御"路马"的，虽携带鞭策，但不可用以驱赶。亦不可授绥与人。并且不敢虚左，但站在左边，却要凭轼俯身。牵着"路马"步行，必走大路。凡是用足踢"路马"的粮秣者，有罚；估量"路马"的年龄者，亦有罚。

曲礼下

【原文】

凡奉者当心①，提者当带。执天子之器，则上衡②；国君，则平衡；大夫，则绥之③；士，则提之。

【注释】

①奉：通"捧"。一本作"捧"。②衡：平。这里指与人心胸部位相平。③绥：下。

【译文】

捧东西的人双手要与心的位置齐平，提东西的人要与腰部齐。拿天子的器物要高于心的位置。国君的东西，与心的位置平。大夫的还要低些。士人提到腰就可以。

【原文】

凡执主器①，执轻如不克②。执主器，操币圭璧③，则尚左手④；行不举足，车轮曳踵⑤。

【注释】

①主：指天子、诸侯、大夫等。②克：胜任。③币：互相赠送的皮帛、锦等礼物称币。圭璧：朝聘时所用的礼器。圭，长条形，顶端呈三角状。璧，平圆形，正中有孔。④尚：通"上"。⑤车轮曳踵：此指行步时脚后跟不离地的走法，如车轮不离地不断前进。

【译文】

凡手里拿着主人的器物，要小心，像拿不动的样子。拿着主人的器物，或玉帛之类，左手在上，走路时像车轮滚过一样不抬脚，拖着脚跟走。

【原文】

立则磬折垂佩①。主佩倚②，则臣佩垂；主佩垂，则臣佩委③。执玉，其有藉者则裼④，无藉者则袭⑤。

【注释】

①磬折：磬为古代石制乐器，其形成折角。磬折，指鞠躬如磬之弯曲。垂佩：佩，指玉佩；身体微屈，本来贴着身体的玉佩下垂在身前称垂佩。②倚：

身体直立，玉佩附著于身。③委：指身体屈曲身角度大，玉佩着地。④藉：衬垫。贵重的玉器用衬垫，衬垫大小与玉器相等，衬垫上绘各种颜色，衬垫的两边又附有五色丝绳。裼：袒开外衣的左袖，露出裼衣。⑤袭：外衣不袒，掩盖裼衣。

【译文】

站立的姿式，要像磬一样向前俯，腰佩悬垂。主人直立，腰佩倚附在身，那么臣的腰佩要悬垂。主人的腰佩悬垂，那么臣的腰佩要垂到地上。拿的是璧琮之类，垫着束帛的玉器，袒衣相授受。拿的是圭璋之类，没有垫的玉器，就披外衣相授受。

【原文】

国君不名卿老、世妇①。大夫不名世臣、侄娣②。士不名家相、长妾③。君大夫之子④，不敢自称曰"余小子⑤"。大夫、士之子，不敢自称曰"嗣子某⑥"，不敢与世子同名⑦。

【注释】

①卿老：上卿。世妇：地位次于夫人，而高于众妾。②世臣：父亲在世时的老臣。侄：妻兄的女儿。娣：妻妹。③家相：管家。长妾：年长的有孩子的妾。④君大夫之子：天子之大夫之子。下文"大夫士之子"，指诸侯大夫士之子。⑤余小子：天子之子在未除丧时之自称。⑥嗣子某：诸侯之子在未除丧时之自称。⑦世子：诸侯的嫡子。

【译文】

国君对上卿、世妇，大夫对世臣、侄娣，士人对家相，长妾，不称他们的名字。国君或大夫的孩子不能自称"余小子"。大夫的孩子不能自称"嗣子某"，不能和太子同名。

【原文】

君使士射，不能，则辞以疾，言曰："某有负薪之忧①。"侍于君子，不顾望而对，非礼也。

【注释】

①某：此代说话人的名，对答时即言己名。忧：亦作"疾"。

【译文】

国君让士陪贵宾比箭，如不能射，士就借口有病，说：某有负薪之病。侍奉君子，如不察言观色就回答，就要失礼。

【原文】

君子行礼，不求变俗。祭祀之礼，居丧之服，哭泣之位，皆如其国之故，谨修其法而审行之①。去国三世，爵禄有列于朝，出入有诏于国②，若兄弟宗族尤存，则反告于宗后③。去国三世，爵禄无列于朝，出入无诏于国，唯兴之日④，从新国之法。

【注释】

①修：王引之《经义述闻》："修，当为'循'字之误"。其法：谓指先祖的制度。②出入：指吉凶之事。诏：告。③宗后：宗子。④兴：指被所居国任命为卿大夫。

【译文】

君子在国之外不要改变原来的礼俗。祭祀的礼仪，居丧的服制，哭泣死者的位置，都像在自己国内的原样，小心遵从法度而审慎去做。离开国家已有三代，家庭中还有在朝廷做官的，或有来往的，以及兄弟宗族还在国内的，就要回去告诉族长的后人。离开国家已有三代，家中没有在朝廷做官的，没有来往，自己受任为居住国的官吏时，遵从新国的法度。

【原文】

君子已孤不更名；已孤暴贵①，不为父作谥②。居丧未葬，读丧礼③。既葬，读祭礼④。丧复常，读乐章⑤。居丧不言乐，祭事不言凶，公庭不言妇女。

【注释】

①暴贵：原微贱，后为显贵。②谥：死后据死者德行封赐的美号。③丧礼：如小敛、大敛、朝夕奠、葬等礼仪。④祭礼：如虞、卒哭、祔、小祥、大祥等祭仪。⑤乐章：指诗歌。这里的丧礼、祭礼、乐章，均指记述礼乐的篇章。

【译文】

君子在父亡之后不更换名字。父亡之后，即使显贵了，也不为父亲定美谥。居丧之礼，未出葬时要研究丧礼；已经埋葬，要研究祭礼；丧毕恢复正常，可以读诗歌。居丧不谈乐事。祭祀不谈凶事。在厅堂不谈论妇女。

【原文】

振书、端书于君前①，有诛。倒策、侧龟于君前，有诛。龟策、几杖、席盖②、重素③、袗絺綌④，不入公门。苞屦⑤、扱衽⑥、厌冠⑦，不入公门。书方⑧、衰⑨、凶器⑩，不以告，不入公门。公事不私议。

【注释】

①振：拂去灰尘。书：指公文簿册。②席盖：用席子作车盖，是士丧车的形制。③重素：指冠、上衣、下裳皆是白色，为丧服。④袗絺綌：单的内衣。⑤苞：或为“菲”，苞屦是齐衰丧服穿的鞋。⑥报衽：报，插；衽，衣襟。报衽，将衣襟插在腰带内，为亲始死时的服制。⑦厌冠：服丧期间，冠不挺起而偃伏于头顶。厌：伏。⑧书方：记载殉葬品物件数目的遗册。方，即书写用的板。⑨衰：孝子穿的丧服。⑩凶器：用以殉葬的明器及棺木等物。

【译文】

在国君面前，掸拂簿书或整理簿书，要处罚。在国君面前，颠倒占卜用的龟，要处罚。龟是卜问吉凶的，几杖是老者扶持用的，席盖是丧车用的东西，衣裳皆素象丧服，单层的内衣近于不敬，不能进入公宫之门。穿丧鞋，戴丧冠，丧事打扮，不能进入公宫之门。条录送死者物件数目的方版，粗麻布丧服，丧葬用的器物，不通报经过许可，不能进入公宫之门。公家的事不能私下议论。

【原文】

君子将营宫室，宗庙为先，厩库为次①，居室为后。凡家造②，祭器为先，牺赋为次③，养器为后④。无田禄者⑤，不设祭器。有田禄者，先为祭服。君子虽贫，不粥祭器⑥；虽寒，不衣祭服；为宫室，不斩于丘木。

【注释】

①厩：马房。②家：大夫称家。③牺赋：向采地百姓征收的祭牲。④养器：饮食器皿。⑤田禄：采田俸禄。⑥粥：通“鬻”，卖。

【译文】

君子将要营建宫室，首先建造宗庙，其次马厩财库，最后是自己的居室。大夫家中制作器具，首先是祭器，其次是祭牲的圈牢，最后是日常饮食用的器具。没有田产俸禄的人，不设置祭器；有田产奉禄的人，先制作祭服。君子即使贫穷，也不卖祭器；即使寒冷，也不穿祭服；建造宫室，不敢砍伐坟上的树木。

【原文】

大夫、士去国①，祭器不逾竟②。大夫寓祭器于大夫③，士寓祭器于士。大夫、士去国，逾竟，为坛位，乡国而哭；素衣，素裳，素冠；彻缘④，鞮屦⑤，素簚⑥；乘髦马⑦，不蚤鬋⑧，不祭食；不说人以"无罪"；妇人不当御⑨；三月而复服⑩。

【注释】

①去国：这里指大夫、士三谏不从，而被斥去国。②竟：通"境"。③寓：寄放。④缘：衣领上采色的镶边。⑤鞻屦：没有絇的草鞋。絇，鞋头如鼻翘起者。⑥素：指白狗皮。簚：亦作幦，古代车轼上覆盖的皮。⑦髦马：鬃毛未修剪的马。⑧蚤：通"爪"，指修剪指甲。鬋：修剪须发。⑨御：接近。

【译文】

大夫或士人离开国家，不能携带祭器过境。大夫和士人把祭器寄存在同一官阶的人那里。大夫和士人离开国家，过境以后，作一坛位，向着国家哭泣。穿戴素衣、素裳、素冠，除掉衣边，穿着没有鞋鼻的草鞋，车前栏杆上是素色覆盖物，驾着没剪毛的马。指甲不剪，须发不理，吃饭时不祭食，不敢把自己的冤屈向人申说。不接近妇女。这样过三个月才复还原状，离此而去。

【原文】

大夫士见于国君①，君若劳之，则还辟，再拜稽首②；君若迎拜，则还辟，不敢答拜。大夫、士相见，虽贵贱不敌，主人敬客，则先拜客；客敬主人，则先拜主人。凡非吊丧，非见国君，无不答拜者。大夫见于国君，国君拜其辱③。士见于大夫，大夫拜其辱。同国始相见，主人拜其辱。君于士，不答拜也；非其臣，则答拜之。大夫于其臣，虽贱，必答拜之。男女相答拜也④。

【注释】

①"大夫士见于国君"：这一节"大夫士见于国君……"及下文"大夫见于国君，士见于大夫"，均指见他国之君，及他国之大夫。②辟：通"避"。③辱：谦词，屈驾辱临之意。④相答拜：《释文》云，一本作"不相答拜"，应有"不"字为是。

【译文】

大夫或士人见到国君，国君如慰劳，就要退身避开，俯首至地再拜。如国君迎接先拜，就要退身避开，也不敢回拜。不同国家的大夫与士相见，虽然身份不相当，但若主人尊敬客人，就先拜客；若客人尊敬主人，就先拜主人。总之，只要不是吊丧，不是士进见本国国君，受拜者都要回拜。大夫见国君，国君拜其见访。士见大夫，大夫也拜其见访。同国之人第一次相见，主人拜其见访。国君对士，不回拜；不是自己的臣属，就要回拜。大夫对自己的家臣，即使他地位低下，也要回拜。男女互相回拜。

【原文】

国君春田不围泽①，大夫不掩群②，士不取麑卵③。岁凶，年谷不登，君膳不祭肺④，马不食谷，驰道不除⑤，祭事不县⑥；大夫不食粱⑦，士饮酒不乐。君无故玉不去身，大夫无故不彻县，士无故不彻琴瑟。

【注释】

①田：打猎。泽：草木茂盛的狩猎场所。②掩群：全部捕取。③麑：本意指小鹿，此处泛指一切幼兽。④祭肺：周代食时，必进行祭食，以肺作为祭品。不祭肺，即指不杀牲。⑤驰道：道路正中，专供国君出行的车道。除：指整治除草等事。⑥县：通"悬"，指悬编钟、编磬等乐器。⑦粱：精良的主食，古作为加餐时的主食。

【译文】

国君在春天田猎，不包围猎场；大夫不可猎捕兽群；不可猎及幼兽或鸟卵。遇到水旱年头，收成不好，国君用膳不杀牲，马匹不吃谷类，驰车的大道不除草，祭事不奏乐。大夫们去掉加食的稻粱，士人宴客不得用乐待宾。国君不是遭到灾患丧病，佩玉不离身；大夫不去掉判县；士人不去掉琴瑟。

【原文】

士有献于国君，他日君问之曰："安取彼？"再拜稽首而后对。大夫私行①，出疆必请②，反必有献。士私行，出疆必请，反必告。君劳之，则拜；问其行，拜而后对。

【注释】

①私行：因个人的事情外出。②疆：疆界，国境线。

【译文】

士呈献礼物给国君，国君不亲受，后来国君问士说："怎么得到这些东西的？"士人先稽首再拜，然后回答。大夫私事出境，必须申请。回来必定呈献礼物。士人私自出境，必须申请。回来要报告。国君如果慰劳，要拜；问起私行事情，先拜而后答。

【原文】

国君去其国，止之曰："奈何去社稷也①？"大夫，曰："奈何去宗庙也？"士，曰："奈何去坟墓也？"国君死社稷，大夫死众②，士死制③。

【注释】

①社稷：社是土神，稷是谷神。诸侯立社稷，因此社稷成为国家的代称。②死众：众指兵众，大夫为君统帅部队，应与兵众同存亡。③制：国君的政令。

【译文】

　　国君离开自己的国家，劝阻他说："为什么放弃自己的社稷？"如是大夫，说："为什么抛弃自己的宗庙？"如是士人，说："为什么不顾及自己的祖坟？"国君应为国家而死，大夫应为民众而死，士人应为自己的责任而死。

【原文】

　　君天下，曰"天子"。朝诸侯，分职授政任功①，曰"予一人②"。践阼③，临祭祀，内事曰④"孝王某"，外事曰⑤"嗣王某"。临诸侯，眂于鬼神⑥，曰"有天王某甫⑦"。崩，曰"天王崩"。复⑧，曰"天子复矣"。告丧，曰"天王登假⑨"。措之庙⑩，立之主⑪，曰"帝"。天子未除丧，曰"予小子"。生名之，死亦名之。

【注释】

　　①分职：分派官职。授政：交给某种职责。任功：担负某项具体工作。②予一人：天子对诸侯、百官的谦称。③阼：主人登的台阶。天子在祭祀时登阼阶。④内事：祭祀宗庙称内事。⑤外事：祭祀大天山川等神。⑥眂：致，祝告鬼神之辞。⑦甫：为男子的美称。⑧复：为死者招魂。⑨登假：假，通"遐"，天子死曰登假，犹言上天成仙。⑩措：置。⑪主：神主。

【译文】

　　君临天下的叫"天子"，在朝会诸侯，分派职位，授予政事，任用以政务，自称"予一人"。站在主人的地位，祭祖时称"孝王某"，祭郊、社等外神时称"嗣王某"。巡视诸侯国，向鬼神致祭时称"天王某（字）。"天子死，称"天王崩"。为天子招魂，称"天子"不称名。为天子发丧，称"天王登假"。灵位附入宗庙，立牌位称某"帝"。天子未除去丧服，曰"予小子"。这样的天子，活着时称"小子王某。"如此时死去，也称"小子王某。"

【原文】

　　天子有后，有夫人，有世妇，有嫔，有妻，有妾。天子建天官①，先六大，曰大宰、大宗、大史、大祝、大士、大卜②，典司六典③。天子之五官，曰司徒、司马、司空、司士、司寇④，典司五众⑤。天子之六府，曰司土、司木、司水、司草、司器、司货⑥，典司六职。天子之六工，曰土工、金工、石工、木工、兽工、草工⑦，典制六材。五官致贡曰享⑧。

【注释】

　　①本节所言官制，与《周礼》所述不同，故郑玄说为殷制。②大宰：协助天子总管政务。大宗：负责天地鬼神的祭祀。大史：掌管文书簿籍及历法

等。大祝：职掌祭祀时的祈祷。大士：职掌接引鬼神等事。或说大士，掌狱讼之事。大卜：职掌卜筮等事。③典：上"典"字有主持职掌之意，下"典"字指制度法规。④司徒：职掌教育。司马：主管军事。司空：主管土木工程建设。司士：主管朝廷官吏的档案材料。司寇：主管治安。⑤众：下属各级官吏。⑥司土：主管征收赋税。司木：主管各山区上贡的木材。司水：主管各水网地区上贡的水产品。司草：主管草料等贡税。司器：主管各种器物的贡税。司货：主管征收商人的税。⑦土工：制作陶器砖瓦等物。金工：从事冶炼、制作武器、钟、及金属器具。石工：制作玉器、石器。木工：制作车子、弓，及盖房物。兽工：制作盾、皮带、皮裘等。草工：编织席子，及各种以草、芦苇等为原料的器具。⑧贡：功。即一年的成绩。享：献。

【译文】

天子官内有王后、夫人、世妇、嫔、妻、妾等职位的女性。天子设立官位先设六官，称大宰、大宗、大史、大祝、大士、大卜，掌管六类制度。天子设五官，称司徒、司马、司空、司士、司寇，各自掌管属下官员。天子设六个府库，称司土、司木、司水、司草、司器、司货掌管各处的职能。天子设立六工，为土工、金工、石工、木工、兽工、草工，掌管各种器物的制作。

【原文】

五官之长曰伯，是职方①。其摈于天子也②，曰"天子之吏"。天子同姓，谓之"伯父"；异姓，谓之"伯舅"。自称于诸侯，曰"天子之老"。于外③，曰公；于其国，曰君。九州之长④，入天子之国，曰牧。天子同姓，谓之"叔父"；异姓，谓之"叔舅"。于外，曰侯；于其国，曰君。

【注释】

①职方：分管一个地区。②摈：为天子接待宾客的人。③外：指在自己封地以外。④九州之长：古代将中国版图分为冀、兖、青、徐、扬、荆、豫、梁、雍九州，天子在每一州所辖的诸侯国中，选一诸侯管理这个州，称为九州之长。

【译文】

五官呈献一年的功绩叫"享"，五官之首叫"伯"，是主管之官。他辅佐天子，称"天子之吏"。与天子同姓的诸侯，称为"伯父"，非同姓的称为"伯舅"。他们对其他诸侯自称为"天子之老"。对国外之人称为"公"，对国内之人称"君"。九州诸侯之首，进入天子的内称某州之"牧"。同姓的，天子称他为"叔父"；非同姓的，称为"叔舅"。国外之人称他为"侯"，国内之人称他为"君"。

【原文】

其在东夷、北狄、西戎、南蛮①，虽大曰"子"。于内，自称曰"不谷②"；于外，自称曰"王老"。庶方小侯③，入天子之国，曰"某人④"；于外，曰"子"，自称曰"孤⑤"。

【注释】

①东夷、北狄、西戎、南蛮：四方边远民族之称。②不谷：国君谦称。谷，善。③庶方：指东、南、西、北各边远地方。庶，众。④某人：指某国人。⑤孤：诸侯谦称。

【译文】

那些东夷、北狄、西戎、南蛮等地诸侯，即使土地辽阔，爵位是子爵，称他为"子"。在国内自称"不谷"，对外自称"王老"。其他众多的小诸侯，进入天子内称"某国之人"。国外之人称他为"子"，自称为"孤"。

【原文】

天子当依而立①，诸侯北面而见天子，曰觐。天子当宁而立②，诸公东面，诸侯西面，曰朝。诸侯未及期相见，曰遇；相见于郤地③，曰会。诸侯使大夫问于诸侯，曰聘；约信④，曰誓；莅牲⑤，曰盟。诸侯见天子，曰"臣某侯某"。其与民言，自称曰"寡人"。其在凶服⑥，曰"适子孤⑦"。临祭祀，内事，曰"孝子某侯某"；外事，曰"曾孙某侯某"。死曰"薨"。复，曰"某甫复矣"。既葬，见天子，曰"类见⑧"。言谥曰"类"。诸侯使人使于诸侯，使者自称曰"寡君之老"。

【注释】

①依：一本作，状似屏风，上绣斧形花纹，陈设于堂上户牖之间。②宁：正门与屏之间，天子、国君视朝之处。③郤：间。两国中间地带。④约信：订立条约。⑤莅牲：杀牲，用血书写盟约，向神起誓，即"歃血为盟"。⑥凶服：指未除丧。⑦适子："适"通"嫡"，王后所生之长子。⑧类见：诸侯世子，父死葬后见天子，当时尚未继位，谓之类见。类，像；意为像正式诸侯一样朝见。

【译文】

天子站在绣有斧文的屏风前，诸侯面向北朝见天子称为"觐"。天子（朝南）站在屏风和门之间，诸公面向东，诸侯面向西称为"朝"。诸侯与诸侯未到约定的日期相互见面称为"遇"。约定日期在两国之间的空隙地带相互见面称为"会"。诸侯派遣大夫相互访问称为"聘"。写下商量确定的条文称为"誓"。杀牛血以确实信守诺言称为"盟"。诸侯朝见天子称"臣某侯某"，和人民说话自称"寡人"。如果在服丧期内见国外的宾客，就称"嫡子孤"。主持祭祀时在宗庙内自称"孝子某侯某"，外事称"曾孙某侯某"。诸侯死，称为"薨"。招魂时用"字"不有"名"。即位的诸侯行过葬礼后朝见天子，称为"类见"。为父请谥也称为

"类"。诸侯派遣士人聘于诸侯，那个使者自称为"寡君之老"。

【原文】

天子穆穆①，诸侯皇皇②，大夫济济③，士跄跄④，庶人僬僬⑤。

【注释】

①穆穆：威仪庄盛。②皇皇：显盛的样子。③济济：慢走有节奏。④跄跄：舒扬的样子。⑤僬僬：行走急促的样子。

【译文】

天子的仪容显出深远的样子，诸侯的仪容显赫盛大，大夫的样子整齐庄严，士的样子从容舒展，庶人的样子匆忙急促。

【原文】

天子之妃曰后，诸侯曰夫人，大夫曰孺人，士曰妇人，庶人曰妻。公侯有夫人，有世妇，有妻，有妾。夫人自称于天子，曰"老妇"；自称于诸侯，曰"寡小君"；自称于其君，曰"小童①"。自世妇以下，自称曰"婢子"。子于父母，则自名也。

【注释】

①童：亦写作"僮"。

【译文】

天子的配偶称为"后"，诸侯的配偶称"夫人"，大夫的配偶称"孺人"，士的配偶称"妇人"，庶人的配偶称"妻"。公、侯有夫人、世妇、妻、妾。

公侯夫人对天子自称"老妇"，对诸侯自称"寡小君"，对自己国君自称"小童"。从世妇往下，都自称"婢子"。子女在父母面前称自己的名字。

【原文】

列国之大夫，入天子之国，曰"某士"；自称曰"陪臣某[①]"。于外曰"子"，于其国曰"寡君之老"。使者自称曰某[②]。

【注释】

①陪臣：重臣，意为诸侯是天子的臣，自己又是诸侯的臣，第二层次的臣。②使者自称：《经典释文》作"使自称"，无"者"字。可从。使，出使，作动词。

【译文】

各诸侯国的大夫，进入天子内称为某国的士，自称为陪臣某。国外人称他为"子"，国中之人对国外人说话，称他为"寡君之老"。出使之人自称某。

【原文】

天子不言出[①]。诸侯不生名[②]。君子不亲恶。诸侯失地[③]，名；灭同姓，名。

【注释】

①出：出奔在外，因为全国都是天子辖区，所以不用"出"字。②不生名：指诸侯活着时，不能称他的名，因为称名不尊敬。③失地：国家被灭。

【译文】

天子出奔，史书不用"出"字。诸侯生前史书不称其名。君子不原谅作恶的天子或诸侯。诸侯失掉某地，或残害同胞，史书直称其名。

【原文】

为人臣之礼，不显谏[①]。三谏而不听，则逃之[②]。子之事亲也，三谏而不听，则号泣而随之。

【注释】

①显谏：直截了当地指出错误。②逃：离去。

【译文】

作为人臣的礼，不当众指责国君。数次劝谏仍不听从，就离开国君而去，子女侍奉双亲，数次劝说仍不听从，就大声哭泣，听任他们。

【原文】

君有疾饮药，臣先尝之。亲有疾饮药，子先尝之。医不三世[①]，不服其药。

【注释】

①三世：据孔颖达疏有二说，一说为父子相承三代习医；一说三世指懂得黄帝的针灸、神农的本草、素女的脉诀，谓三个时代的医术，今用前一说。

【译文】

国君有病，服药时侍臣先尝尝，双亲有病，服药时子女先尝尝，如不是医术精通、经验丰富的医生，不要服用他的药。

【原文】

拟人必于其伦。问天子之年，对曰："闻之，始服衣若干尺矣。"问国君之年，长，曰："能从宗庙社稷之事矣。"幼，曰："未能从宗庙社稷之事也。"问大夫之子，长，曰："能御矣①。"幼，曰："未能御也。"问士之子，长，曰："能典谒矣②。"幼，曰："未能典谒也。"问庶人之子，长，曰："能负薪矣。"幼，曰："未能负薪也。"问国君之富，数地以对，山泽之所出③。问大夫之富，曰："有宰食力④，祭器衣服不假⑤。"问士之富，以车数对。问庶人之富，数畜以对。

【注释】

①御：驾车。②典谒：接待宾客。③出：指出产。④宰：管理采地的总管。食力：谓依赖人民的赋税及劳役生活。⑤衣服：指祭服。

【译文】

比拟一个人必须符合那个人的身份。问天子的年龄，回答说：听说开始穿多长的衣服了。问国君的年龄，年长，回答说：能主持宗庙社稷的事情了；年幼，回答说：不能主持宗庙社稷的事情。问大夫的儿子。年长，回答说：能驾驭车马了；年幼，回答说：不能驾驭车马。问士的儿子，年长，回答说：能替客人传话了；年幼，回答说：不能替客人传话。问庶人的儿子，年长，回答说：能负薪了；年幼，回答说：不能负薪。问国君的财富先计算国土，再说山泽的出产。问大夫的财富，说：有封邑人民供给衣食，祭器祭服不用借。问士的财富，可答车数多少。问庶人的财富，可答牲畜的数目。

【原文】

天子祭天地，祭四方，祭山川，祭五祀①，岁徧②。诸侯方祀③，祭山川，祭五祀，岁徧。大夫祭五祀，岁徧。士祭其先。凡祭：有其废之，莫敢举也；有其举之，莫敢废也。非其所祭而祭之，名曰淫祀④。淫祀无福。天子以牺牛⑤，诸侯以肥牛⑥，大夫以索牛⑦，士以羊、豕。支子不祭⑧，祭必告于宗子⑨。

【注释】

①五祀：春祭户、夏祭灶、季夏祭中溜、秋祭行、冬祭行。②殽：通"遍"。一本作"遍"。③方祀：诸侯国祭所在方位的山川之神。如鲁祭泰山，晋祭河之类。④淫祀：不应有的祭祀。⑤牺牛：毛色纯的祭牛。⑥肥牛：祭祀前饲养三月以上的牛。⑦索牛：临祭选择的牛。⑧支子：庶子。⑨宗子：嫡子。

【译文】

天子祭天地之神，祭四方之神，祭山川之神，户灶中溜门行之神，一年内祭遍。诸侯在自己封国内遥祭四方之神，祭山川五祀之神，一年内祭遍。大夫祭五祀之神，一年内祭遍。士人祭祀自己的祖先。凡是祭祀，有废止的，不敢再举行；有的要举行，不能废止。不应祭的而祭是无节制的祭祀，这种祭祀不会降福。天子祭祀用纯毛的祭牛，诸侯用特别喂养的祭牛。大夫则用普通的牛，士人只用羊、猪。庶出的子孙不主持祭祀，祭祀必须告诉嫡长子。

【原文】

凡祭宗庙之礼，牛曰一元大武①，豕曰刚鬣②，豚曰腯肥③，羊曰柔毛④，鸡曰翰音⑤，犬曰羹献⑥，雉曰疏趾⑦，兔曰明视⑧；脯曰尹祭⑨，槁鱼曰商祭⑩，鲜鱼曰脡祭⑪，水曰清涤⑫，酒曰清酌⑬，黍曰芗合⑭，粱曰芗萁⑮，稷曰明粢⑯，稻曰嘉蔬；韭曰丰本⑰，盐曰咸鹾⑱；玉曰嘉玉，币曰量币⑲。

【注释】

①一元大武：元，头；武，迹，牛肥则脚大。②刚鬣：鬣，指猪的鬃毛，猪肥鬃毛刚硬。③腯肥：腯，也是肥的意思。④柔毛：羊肥则毛细而柔软。⑤翰音：羽毛美而善鸣。⑥羹献：吃剩饭菜长大的肥犬。⑦疏趾：野鸡肥，两足张开，脚趾相距疏远。⑧明视：兔子肥，眼睛大而明。⑨尹祭：尹，正，切割方正，可供祭祀。⑩槁鱼：指乾鱼。商祭：商，量。衡量乾湿适中，可用于祭祀。⑪脡：直，指鱼新鲜，煮熟挺直。⑫水：祭祀用水，称为"玄酒"。清涤：清洁。⑬清酌：清澈可斟酌。⑭芗合：芗，香。黍子有黏性，能团合，又有香味，称芗合。⑮萁：语助词。⑯稷：谷子。明粢：粢，稷。谷子色白，故称明粢。⑰丰本：茂盛的根。⑱鹾：咸盐。⑲币：指帛。量币：帛的长短阔狭合于制度，亦称"制币"。

【译文】

祭宗庙的礼有特殊礼号：牛称"一元大武"，猪称"刚鬣"，豚称"肥"，羊称"柔毛"，鸡称"翰音"，狗称"羹献"，雉称"疏趾"，兔称"明视"，干肉称"尹祭",干鱼称"商祭",鲜鱼称"祭",水称"清涤",酒称"清酌",黍称"香合",粱称"香萁",稷称"明",稻称"嘉蔬",韭称"丰本",盐称"咸鹾",玉称"嘉玉",币称"量币"。

【原文】

天子死曰崩①,诸侯曰薨②,大夫曰卒③,士曰不禄④,庶人曰死。在床曰尸⑤,在棺曰柩。羽鸟曰降,四足曰渍。死寇曰兵⑥。

【注释】

①崩:形容似天崩坍一样。②薨:崩坏的意思。③卒:终。④不禄:不能再享有俸禄。⑤尸:陈。⑥兵:为兵器所杀死。

【译文】

天子死用"崩",诸侯死用"薨",大夫死用"卒",士死用"不禄",庶人用"死"。死人在床称"尸",已在棺内称"柩"。飞鸟死用"降",四足之兽死用"渍",死于寇难称死于"兵"。

【原文】

祭王父曰皇祖考①,王母曰皇祖妣②,父曰皇考,母曰皇妣,夫曰皇辟③。生曰父,曰母,曰妻;死曰考,曰妣,曰嫔。寿考曰卒,短折曰不禄。

【注释】

①王父:已死的祖父。皇:赞美之词。考:成,在德行方面有所成就。②王母:已死的祖母。妣:匹配。③辟:主君。

【译文】

祭已死的祖父称"皇祖考",祖母称"皇祖妣",父称"皇考",母称"皇妣",夫称"皇辟"。生前称"父",称"母",称"妻",死后就称"考",称"妣",称"嫔"。长寿而死的称"卒",短命夭折称"不禄"。

【原文】

天子视不上于袷①,不下于带。国君绥视②,大夫衡视③,士视五步。凡视,上于面则敖,下于带则忧,倾则奸④。

【注释】

①袷：衣领。②绥视："绥"通"妥"。指视脸面稍下。③衡视：平视，面对面看。④倾：一本作"侧"，这里指斜眼看人。

【译文】

瞻视天子，视线不可高于交领，不低于腰部；瞻视国君，视线稍向下；瞻视大夫，可视线平直，面对面；士人，视线可及五步左右。凡是看对方，视线超过面部就显得傲慢；低于对方腰部显得不自然；斜眼看，显得心术不正。

【原文】

君命，大夫与士肄①。在官言官②，在府言府③，在库言库④，在朝言朝⑤。朝言不及犬马。辍朝而顾⑥，不有异事，必有异虑。故辍朝而顾，君子谓之固⑦。在朝言礼，问礼对以礼。

【注释】

①肄：研习。②官：指官府。③府：收藏钱财的府库。④库：放置车马兵甲等物品的地方。⑤朝：国家议论政务的地方。⑥辍：止。⑦固：鄙陋无礼。

【译文】

国君有命，大夫和士应研习。在官府讨论官府之事；在宝藏财帛处讨论宝藏财帛；在车马甲兵处讨论车马甲兵；在君臣议事之处，讨论政事施为。讨论政事不可涉及犬马之类。中止朝见，各自散归时，回头看望，没有题外之事，否则一定有不正当的念头。因此"辍朝而顾"，君子视之为粗鲁无礼。朝廷上处处讲礼，问话有礼，答话也要有礼。

【原文】

大飨不问卜①，不饶富②。

【注释】

①大飨：祭祀五帝于明堂的典礼。②饶富：王引之《经义述闻》："饶，当读为侥；富，当读为福。侥之言要也，求也。"

【译文】

大飨之礼，不用卜定日期，礼数完备，无须增益。

【原文】

凡挚①，天子鬯②，诸侯圭，卿羔，大夫雁③，士雉，庶人之挚匹④。童子委挚而退。野外军中无挚，以缨、拾、矢可也⑤。妇人之挚：椇，榛，脯，脩，枣，栗⑥。

【注释】

①挚：一本作"贽"，见面礼。②鬯：古时祀神用的酒，用郁金草酿黑黍而成。天子以鬯为贽。③雁：鹅。④匹：通"鸣"，鸭。⑤缨：套在马颈上的革带，驾车时用。拾：射構，古代射箭时用的皮制护袖。⑥枳：枳类，有果实。榛：果实叫榛子。

【译文】

凡是礼品，天子用酒，诸侯用圭，卿用羔羊，大夫用雁，士人用雉，庶人用鸭子。童子放下礼物就走。野外军中找不到礼品，用缨、拾、矢也可以。妇女们的礼物，有：枳、榛子、肉干、枣、栗子。

【原文】

纳女于天子①，曰"备百姓②"；于国君，曰"备酒浆③"；于大夫，曰"备埽洒"。

【注释】

①纳女：出嫁女儿。②备百姓：天子后宫，除皇后外，有百二十人。备百姓，谓嫁女充实此数。③备酒浆：充当侍侯国君饮酒的侍女，也是谦词。

【译文】

送女儿到天子那儿称"备百姓"，到国君那儿称"备酒浆"，到大夫那儿称"备埽洒。"

明堂位①

【原文】

昔者周公朝诸侯于明堂之位②，天子负斧依南向而立③。三公，中阶之前，北面东上④。诸侯之位，阼阶之东，西面北上。诸伯之国，西阶之西，东面北上。诸子之国，门东，北面东上。诸男之国，门西，北面东上。九夷之国，东门之外，西面北上。八蛮之国，南门之外，北面东上。六戎之国，西门之外，东面南上。五狄之国，北门之外，南面东上。九采之国，应门之外⑤，北面东上。四塞，世告至⑥。此周公明堂之位也⑦。明堂也者，明诸侯之尊卑也。

【注释】

①明堂：关于明堂的制度，其说不一。此文所写"明堂"是祭祀之太庙。明堂：据孙希旦说：明堂盖以其在国之阳而洞然通明，因以为名。②王梦鸥据《逸周书》说此句"之位"当在"三公"之公，是。与"诸侯之位"应相应，

依王说。③负：背靠。斧依：画有斧文的屏风。依：通，户牖之间的屏风。④
中阶：明堂南面三阶之一。东上：以东为上为尊。以下"北上""南上"类
此。⑤九采之国：蛮服诸侯。应门：明堂四面有门，南门之内有应门。⑥四
塞：四方边塞之国。世告至：遥远之国只在父死子立、嗣王即位的换代的情况
下才来朝见一次。⑦位：位置。

【译文】

从前周公在明堂接待诸侯，因而订下了明堂的位置：天子背靠着屏风朝南
而立。三公的位置在中阶之前，朝北而立，以站在靠东边者为上位。诸侯爵的
位置在东阶的东边，朝西而立，以靠北的位置为上。诸伯爵的位置在西阶之
西，朝东而立，亦以靠北者为上位。诸子爵国内的来宾，立于庙门的东边，面
朝北，以靠东者为上位。诸男爵国内的来宾，立于庙门的西边，亦是面朝北，
以东为上。九夷之国，则在东门之外，面朝西，以靠北者为上。八蛮之国，在
南门之外，面朝北，以东为上。六戎之国，在西门之外，面朝东，以南为上。
五狄之国，在北门之外，面朝南，以东为上。九采之国，更远在大庙的应门之
外，面朝北，以东为上。至于四方极远的国，其国君一辈子只能来朝一次。这
就是周公制订的明堂之位。因此，明堂是表明诸侯地位的尊卑的。

【原文】

昔殷纣乱天下，脯鬼侯以飨诸侯①，是以周公相武王以伐纣②。武王崩，
成王幼弱，周公践天子之位③，以治天下。六年，朝诸侯于明堂，制礼作乐，
颁度量，而天下大服。七年，致政于成王④。成王以周公为有勋劳于天下⑤，
是以封周公于曲阜，地方七百里，革车千乘；命鲁公世世祀周公以天子礼乐。

【注释】

①脯：熟肉。指做成熟肉。鬼侯：即九侯。九侯为纣王三公之一。②相：
辅佐。③践：履行。④度：尺度。量：重量，容量。致政：归还政事。⑤以：
因，因为。勋劳：功勋劳绩。

【译文】

从前，殷的纣王，暴虐无道，把鬼国的诸侯杀了，制成肉干，并用以宴请
其他诸侯。因此，周公协助武王讨伐殷纣。殷纣既亡，武王亦死了，成王继
位。因为年纪太小，由周公摄行政事，统治天下。六年之后，各国诸侯皆来朝
见，集会于明堂。周公那时制订了许多礼节和乐章，并颁布统一的度量衡，于
是天下服从。七年之后，他把政权交还成王，成王因他有大功劳于周家天下，
所以将曲阜七百里的地方封给周公，特准他有一千乘的兵车，而且使继承鲁国

的国君，世世代代可以用天子的礼仪和乐章祭祀他。

【原文】

是以鲁君孟春乘大路，载弧韣①，旗十有二旒，日月之章②，祀帝于郊，配以后稷，天子之礼也。季夏六月，以礼禘礼祀周公于大庙：牲用白牡，尊用牺、象、山③罍，郁尊用黄目，灌用玉瓒大圭④，荐用玉豆、雕篹⑤；爵用玉琖仍雕⑥，加以璧散、璧角⑦；俎用⑧梡、嶡；升歌《清庙》，下管《象》⑨；朱干玉戚⑩，冕而舞《大武》⑪；皮弁素积⑫，裼而舞《大夏》。昧，东夷之乐也；任，南蛮之乐也。纳夷蛮之乐于大庙⑬，言广鲁于天下也⑭。

【注释】

①弧：以竹为之，其形象弓，以张旌旗之幅。韣：装弧用的袋子。②章：标记，徽号。③罍：古代一种盛酒的容器。④玉瓒：用玉制成的瓒。瓒，形如盘，以大圭为柄。⑤篹：古代笾类的食器。⑥玉：夏后氏之爵。仍：因，因爵之形为之饰。⑦璧散、璧角：用璧装散，角的口。⑧俎：祭祀用的陈列全牲等祭品的礼器，有四足如几案。⑨象：象乐。⑩玉戚：以玉饰斧。⑪大武：周舞。⑫素积：《释名》释作"素裳"，积，衣裙的折子。⑬纳：容受。⑭广：传播，扩大。

【译文】

因此之故，鲁国的国君，在孟春之月，可以乘坐大辂的车，载着有弓衣的弓，打着十有二旒的旗，画日月的徽号，出去祭祀上帝于郊外，并且敢以周王的祖先后稷来配享。这本来都是天子的礼。到了季夏六月，鲁国的国君还要祭祀周公于大庙，祭牲用白色的公牛，酒器有牺尊、象尊、山罍；盛郁酒的酒器是黄目之尊。行灌礼时用大圭为柄的玉瓒；进熟物用玉豆；干物用雕篹。进酒时用雕饰的玉琖，再进酒则用璧玉装饰的'散'和'角'。盛肉的，用四脚有横木的几案。登堂唱清庙之诗，堂下管乐队奏象乐。舞队执着红色的盾牌和玉斧，冠冕而舞大武；戴着皮帽素帻而舞大夏之乐。还有昧乐，是东夷来的；任乐是南蛮来的；他们可以兼收蛮夷的音乐在大庙祭中，这意思是说鲁国是周公的后代，和别国不一样。

【原文】

君卷冕立于阼，夫人副袆立于房中①；君肉袒迎牲于门，夫人荐豆、笾；卿大夫赞君②，命妇赞夫人；各扬其职③。百官废职服大刑④，而天下大服。是故夏礿、秋尝、冬烝、春社、秋省而遂大蜡⑤，天子之祭也。

【注释】

①副：首饰。郑玄说是"步摇"。王后的祭服。衣上有野鸡的图纹。②赞：辅佐。③扬：举"尽职"的意思。职：职庙中的职事。④大刑：重罪。⑤省：当作"社"，见《玉藻》。

【译文】

国君穿衮衣，冠冕，站在东阶；夫人戴首饰，穿礼服，站在房中。祭牲牵来时，国君袒着上衣在门口迎接；馈食时，夫人承进豆笾。在行礼时，卿大夫替助国君，命妇替助夫人，各人担任各人的职务。许多执事人等，倘若耽误职务，要受重刑，这样使得天下的人都能服从。是故，夏天礿祭，秋天尝祭，冬天烝祭；以及春天祭社，秋天率众行猎，直到年终大蜡。这都是天子举祭的项目。

【原文】

大庙，天子明堂①。库门，天子皋门。雉门，天子应门。振木铎于朝，天子之政也。山节，藻梲，复庙，重檐，刮楹，达乡，反坫，出尊，崇坫康圭，疏屏②，天子之庙饰也。

【注释】

①这句是说：大庙就像天子的明堂，在瓦下椽上。②复庙：郑玄说是"重屋"。孙希旦据《考工记》注释作"复笮"，即椽上有椽，椽下复为笮。笮，以竹木为之，在瓦下椽上。重檐：在外檐下壁再安板檐。刮楹：刮摩楹柱。达乡：疏达决户窗户使之明亮。崇坫：高坫。疏：雕刻，画饰。

【译文】

鲁国大庙，有如天子的明堂；有库门，如天子的明为之门；有雉门，如天子的应门。在朝中摇动木舌的铜铃以发号施令，有如天子的布政。庙裏有山形的斗拱，饰着图案的短柱；双层的庙宇，复叠的屋檐，刮光的楹柱和敞亮的大窗，还爵有坫，置于酒尊之南，又有高起的坫，用以安放大圭，还有刻镂通花的屏风。这本来都是天子大庙内的装饰。

【原文】

鸾车①，有虞氏之路也。钩车②，夏后氏之路也。大路③，殷路也。乘路④，周路也。有虞氏之旗，夏后氏之绥⑤，殷之大白，周之大赤。夏后氏骆马黑鬣，殷人白马黑首，周人黄马蕃鬣。夏后氏牲尚黑⑥，殷白牡。周骍刚。

【注释】

①鸾车：装饰有鸾铃的车。②钩车：前阑弯曲的车。③大路：大车。④乘路：用玉装饰的车。⑤孙希旦说：有虞氏始为交龙之旗，夏后氏于旗之外为

绥，殷人又增大为大白，周人又增为大赤。王梦鸥说"旗""绥"应互换位置，并释作"旆"。依王说。⑥骆：白马黑鬣。

【译文】

鸾车，是有虞氏时代用的祭车。钩车，是夏后氏时代用祭车。殷代祭车用木辂，周人祭车用玉辂。有虞氏用旆，夏后氏用旗，殷代用大白旗，周人用大红旗。夏后氏驾车是用白身黑鬣的马，殷代是用黑头的白马，周代用的是黄马而白鬣。夏后氏的祭牲用黑牛，殷人用白色公牛，周人用黄色公牛。

【原文】

泰①，有虞氏之尊也。山罍，夏后氏之尊也。著，殷尊也②。牺、象，周尊也。爵：夏后氏以琖，殷以斝，周以爵。灌尊：夏后氏以鸡夷③，殷以斝，周以黄目。其勺，夏后氏以龙勺④，殷以疏勺⑤，周以蒲勺⑥。土鼓、蒉桴、苇龠⑦，伊耆氏之乐也。拊搏、玉磬、揩击、大琴、大瑟、中琴、小瑟⑧，四代之乐器也。

【注释】

①泰：瓦尊无饰。②著：无足的酒尊。③鸡夷：鸡彝，上有鸡形的彝器。④龙勺：上有龙头之勺。⑤疏勺：通疏刻画云气之勺。⑥蒲：刻为凫头的，因凫口微开象蒲草，故名。⑦苇龠：用苇做的龠，象笛，三孔。⑧拊搏：郑玄说，以韦为之，充之以糠，形如小鼓。古打击乐器名。指柷敔。

【译文】

大瓦壶，是有虞氏时代的酒尊；山罍，是夏后氏时代的酒斝。无足之壶，是殷代的酒斝，周人的酒斝有牺尊象尊。夏后氏以琖为爵，殷人以斝为爵，真正称为'爵'的，周人用之。灌礼所用的酒尊，夏后氏用鸡夷，殷人用斝，周代用黄目。酌酒器：夏后氏用龙勺，殷人用疏勺，周人用蒲勺。在伊耆氏时代，只是槌筑土为鼓，用蒉为鼓槌，截苇梗为管乐。至于用谷糠充成的鼓，用玉石作的磬，以及用柷敔等物合以大琴大瑟，中琴小瑟；则是虞夏殷周四代传下的乐器。

【原文】

鲁公之庙，文世室也①。武公之庙，武世室也。米廪，有虞氏之庠也②。序，夏后氏之序也。瞽宗，殷学也。泮宫，周学也。

【注释】

①世室：世世代代之室，即百世不毁。②郑玄说：庠、序等学校之名，鲁谓之米廪。依郑说。

【译文】

鲁人有鲁公之庙，相当于周天子之文王世室；又有武宫，相当于周天子之武王世室。鲁国设置的米廪是本于有虞氏的学校；序，本于夏后氏的学校；瞽宗，是殷人的学校；泮宫，是周人的学校。周天子有此四学，鲁国亦有此四学。

【原文】

崇鼎、贯鼎、大璜、封父龟①，天子之器也。越棘、大弓②，天子之戎器也。夏后氏之鼓足③，殷楹鼓④，周县鼓⑤。垂之和钟⑥，叔之离磬⑦，女娲之笙簧。夏后氏之龙簨虡，殷之崇牙，周之璧翣⑧。

【注释】

①郑玄说：崇、贯、封父，都是古国名。大璜为夏后之璜。②越棘：越中的戟。③足：四足。④楹鼓：两柱夹持的鼓。⑤县鼓：用木架悬起之鼓。⑥垂：人名。和：调和。⑦叔：人名。离：编离的。⑧翣：古代悬挂钟磬的架子。横杆曰簨，两旁的柱子曰虡。两端有龙头装饰，名璧。

【译文】

崇国的鼎，贯国的鼎，大玉璜，以及封父的宝器，本来都是天子的东西。越国出品的戟，大弓，本来都是天子的武器。有足的是夏后氏时代的鼓，用两根柱夹持的殷代的鼓，用横木直柱架设的是周代的鼓。垂作和钟，叔作离磬，女娲氏作笙簧。悬挂钟磬的架上，夏后氏刻有龙纹，名为龙簨虡，殷人添上崇牙，周人又饰以璧翣。

【原文】

有虞氏之两敦，夏后氏之四琏，殷之六瑚，周之八簋①。俎②，有虞氏以梡，夏后氏以嶡，殷以椇，周以房俎③。夏后氏以楬豆④，殷玉豆，周献豆⑤。有虞氏服韨，夏后氏山，殷火，周龙章。有虞氏祭首，夏后氏祭心，殷祭肝，周祭肺。夏后氏尚明水，殷尚醴，周尚酒。有虞氏官五十，夏后氏官百，殷二百，周三百。有虞氏之绥，夏后氏之绸练，殷之崇牙，周之璧翣⑥。

【注释】

①敦、琏、瑚、簋：均为盛黍稷的器具。②俎：祭祀时放祭品的器物。③房俎：从足下有跗，两跗似堂之东西两头各有房。④楬豆：木制无饰之豆。⑤献豆：以玉装饰，且雕刻其柄之豆。献：刻镂纹饰。⑥郑玄说这两句话"亦近诬矣"。

【译文】

有虞氏浇黍稷用两'敦',夏后氏用四'瑚',殷人用六'瑚',周人则增至八簋。有虞氏的俎,只是没有雕饰的四足案,夏后氏在案足之间加横木,殷人于横木之外又增权桓;周人的俎足,则似有隔间的房俎。夏后氏的木豆,光秃无饰,殷人用玉豆,周人更在豆上刻花纹。有虞氏的祭服只加蔽膝,夏后氏还在上面绘以山的图案,殷人又加上火状的图案,周人则用龙袍。有虞氏之祭,献牛首;夏后氏献牛心,殷人献肝,周人献肺。夏后氏之祭,以清水为尚,殷人以酒醴为尚,周人则尚清酒。有虞氏祭祀只用五十人执事,夏后氏加上一倍的人,殷人又加上一倍的人,周人则用三百人。有虞氏用旄旌,夏后氏用绸练之旗。殷人添上崇牙,周人更饰以璧翣。

【原文】

凡四代之服、器、官,鲁兼用之。是故鲁,王礼也,天下传之久矣,君臣未尝相弑也,礼乐、刑法、政俗未尝相变也①。天下以为有道之国,是故天下资礼乐焉②。

【注释】

①郑玄说这两句话"亦近诬矣"。②资:采用。

【译文】

虞夏殷周四个朝代所用的礼服,礼器,以及赞礼的执事,鲁国皆兼而用之,和周天子一样。所以鲁国行的是周王的礼,而天

下人早都知道的。鲁国没有君臣相残杀的事,亦没有改变礼乐刑法政制习俗的事,天下人都当鲁国是有道的国家,所以都采用鲁国的礼乐。

左传

（节选）

桓公

桓公十年

【原文】

初，虞叔有玉①，虞公求旃②。弗献，既而悔之。曰："周谚有之：'匹夫无罪，怀璧其罪③。'吾焉用此，其以贾害也④。"乃献之。又求其宝剑。叔曰："是无厌也。无厌，将及我⑤。"遂伐虞公，故虞公出奔共池⑥。

【注释】

①虞叔：虞公之弟。②旃："之、焉"两字的合音。"之"为代词，"焉"为语助词。③怀璧：怀藏璧玉。④贾害：买祸害。⑤及我：祸患辗及我身上。⑥共池：地名，位于今山西平陆县境内。

【译文】

当初，虞公的弟弟虞叔有块美玉，虞公向他索要，他不想交出。但不久就后悔了。他说："周朝有句谚语：'普通人本来没有罪，但怀藏玉璧就是罪。'我哪里用得着这美玉，难道是要用它买来祸患吗？"于是就献给了虞公。虞公又向他索要宝剑。虞叔说："这真是没有满足。没有满足，早晚有一天灾难要降到我身上。"于是就攻打虞公。因此虞公就逃亡到了共池。

桓公十五年

【原文】

祭仲专①，郑伯患之，使其婿雍纠杀之②。将享诸郊，雍姬知之③，谓其母曰："父与夫孰亲？"其母曰："人尽夫也，父一而已，胡可比也④？"遂告祭仲曰："雍氏舍其室而将享子于郊，吾惑之，以告。"祭仲杀雍纠，尸诸周氏之汪⑤。公载以出⑥，曰："谋及妇人，宜其死也。"

【注释】

①专：专权。②雍纠：郑国大夫，祭仲的女婿。③雍姬：雍纠之妻，祭仲之女。④胡：怎么。⑤尸：陈尸，此作动词。周氏之汪：地名。周氏，郑大夫。汪，水池。⑥公：指厉公。

【译文】

祭仲专权独断，郑厉公对此非常忧虑，于是就派祭仲的女婿雍纠设法杀死他。雍纠打算在郊外宴请祭仲，趁机杀了他。雍纠的妻子雍姬得知此事后，问她母亲："父亲和丈夫哪一个更为亲近？"她母亲说："女人出嫁之前，谁都可以做她的丈夫，而父亲却只有一个，两者怎么能够相比呢？"于是雍姬就告诉祭仲："雍纠不在家里却在郊外宴请您，我怀疑其中有诈，所以告诉您，请您小心。"于是祭仲就先动手杀了雍纠，并陈尸于周氏之汪。郑厉公急忙用车载了雍纠的尸体逃亡，他说："遇事和女人商量，他死得活该。"

庄公

庄公四年

【原文】

四年春，王三月，楚武王荆尸①，授师孑焉②，以伐随。将齐③，入告夫人邓曼曰："余心荡④。"邓曼叹曰："王禄尽矣。盈而荡⑤，天之道也，先君其知之矣。故临武事，将发大命⑥，而荡王心焉。若师徒无亏⑦，王薨于行，国之福也。"王遂行，卒于樠木之下。令尹斗祁、莫敖屈重，除道梁溠，营军临随。随人惧，行成⑧。莫敖以王命入盟随侯，且请为会于汉汭而还⑨。济汉而后发丧。

【注释】

①荆尸：楚武王所创的一种阵法。荆，楚国之别称。尸，阵法。②孑：同"戟"。③齐：同"斋"，斋戒。④荡：跳。⑤盈：满，足够。⑥命：令。⑦师徒：此指军队。⑧行成：求和。⑨汉汭：汉水转弯处。汭：水流弯曲的地方。

【译文】

鲁庄公四年春季，周历三月，楚武王摆开了称之为"荆尸"的兵阵，把戟发给士兵，然后去攻打随国。斋戒祭祀祖先之前，他回到宫里告诉夫人邓曼："我的心跳得厉害。"邓曼叹息道："看来君王的寿命已经到头了。出征之前本应精神饱满，但您却心意散乱，这种反常现象，是上天的启示。先君大概在冥冥之中已经预料到了，所以在作战之前，要发布重要命令而使君王心跳不已。此行如果军队没有损失，君王在行进途中去世，这就是国家的福气了。"武王率军出征，结果死在樠树下面。令尹斗祁、莫敖屈重封锁消息，继续开道前进，并在溠水上架桥，在随国附近建造营垒，以表示决战到底。随国人害怕了，请求和好。莫敖代表武王到随国和随侯结盟，并请随侯在汉水与其它河流汇合处举行会谈，然后撤兵。直到渡过汉水回到楚国后才把武王去世的消息公布。

庄 公 八 年

【原文】

齐侯使连称、管至父戍葵丘①。瓜时而往，曰："及瓜而代②。"期戍③，公问不至④。请代，弗许。故谋作乱。

【注释】

①连称、管至父：二人名，均为齐国大夫。葵丘：齐地名，在今山东省临淄镇西。②及瓜：来年瓜熟之时。③期：一周年。④问：消息，音讯。

【译文】

齐襄公让连称、管至父两大夫戍守葵丘。七月瓜熟时动身赴任，襄公说："到明年瓜熟的时候，就派人去接替你们。"但一年戍期已满，襄公关于替换的命令还没有下来。连称和管至父请求派人接替，襄公不答应，于是连、管二人就谋划发动叛乱。

【原文】

僖公之母弟曰夷仲年，生公孙无知，有宠于僖公，衣服礼秩如适①，襄公绌之②。二人因之以作乱③。

【注释】

①礼秩：待遇等级。适：同"嫡"。②绌：通"黜"，贬退。③因：凭借。

【译文】

齐僖公的同母之弟叫夷仲年，生了公孙无知。公孙无知深受僖公的宠爱，他穿的衣服和所享受的待遇同嫡子一样。襄公即位以后，把他的待遇降低了，连称和管至父便决定依靠他发动叛乱。

【原文】

连称有从妹在公宫，无宠，使间公①，曰："捷②，吾以女为夫人。"

【注释】

①间：秘密侦察。②捷：事情办成。此为公孙无知向连称从妹许诺之词。

【译文】

连称有个堂妹在齐襄公的后宫为妾，没有得宠。连称就让她前去窥伺襄公的行动，以便乘机下手。公孙无知对她说："如果谋杀取得成功，我就封你为夫人。"

【原文】

冬十二月，齐侯游于姑棼①，遂田于贝丘②。见大豕，从者曰："公子彭生也。"公怒曰："彭生敢见！"射之，豕人立而啼③。公惧，队于车④，伤足丧屦。反，诛屦于徒人费⑤。弗得，鞭之，见血。走出，遇贼于门，劫而束之。费曰："我奚御哉⑥！"祖而示之背，信之。费请先入，伏公而出斗⑦，死于门中。石之纷如死于阶下⑧。遂入，杀孟阳于床。曰："非君也，不类⑨。"见公之足于户下，遂弑之，而立无知。

【注释】

①姑棼：齐地名，即薄姑，在今山东省博兴县东北。②田：围猎。贝丘：齐地名，在今山东省博兴县南。③人立：即后足立地，前足悬空，如人站立。④队：同"坠"。⑤诛屦：责令寻找鞋子。诛：责令。徒人费：即名字叫费的侍者。徒人：侍人，即宦官。⑥奚：怎么。御：抵抗。⑦伏公：将齐襄公藏匿起来。伏：藏匿。⑧石之纷如：即石纷如，宦官名字。⑨不类：不像。

【译文】

冬季，十二月，襄公在姑棼游玩，并在贝丘打猎。突然看到一头大野猪，随从说："这是公子彭生。"襄公发怒，说："彭生还敢在我面前出现？"于是就用箭射它。野猪前足腾空，像人一样站起来吼叫，襄公害怕了，从车上坠下来，摔伤了脚，还丢了鞋。回到离宫，他责令一位名叫费的侍人前去找鞋。费找不到，襄公就鞭打他，直打得身上流血。费跑了出去，在门口遇到了叛贼。叛贼把费劫走并捆绑起来。费说："我并没有抵抗你们啊！"并解开衣服让叛贼看他脊背上的伤痕，叛贼这才相信。费表示愿意帮助他们，请求先行进宫。他进去后先把襄公隐藏起来，然后出来和叛贼搏斗，结果死在宫门里。侍人石纷如死在台阶下。叛贼进到宫里，在床上杀了假冒襄公的孟阳，又说："这个人不是国君，看样子不像。"后来在门下看到襄公的脚露了出来，便拉出来把他杀了。然后立了公孙无知为国君。

【原文】

初，襄公立，无常①。鲍叔牙曰："君使民慢②，乱将作矣。"奉公子小白出奔莒③。乱作，管夷吾、召忽奉公子纠来奔④。

【注释】

①无常：行为无准则。②慢：松弛放纵。③小白：僖公庶子，襄公之弟。④管夷吾：即管仲，原为公子纠之傅，后相桓公，霸诸侯，春秋时著名政治家。召忽：公子纠之傅。公子纠：小白庶兄。

【译文】

当初，襄公即位后，政令无常。鲍叔牙说："国君放纵百姓，祸乱将要发生。"于是就事奉僖公的庶子公子小白即后来的齐桓公逃亡到了莒国。叛乱发生后，管仲、召忽事奉僖公的儿子公子纠逃亡到了鲁国。

闵公

闵公元年

【原文】

冬，齐仲孙湫来省难①。书曰"仲孙"，亦嘉之也。

【注释】

①仲孙湫：齐国大夫。省难：一国发生灾难，他国派人视察、慰问，叫省难。

【译文】

冬季，齐国的仲孙湫前来对鲁国发生的祸难表示慰问。《春秋》称他为"仲孙"，也是表示赞许他。

【原文】

仲孙归曰："不去庆父，鲁难未已①。"公曰："若之何而去之？"对曰："难不已，将自毙，君其待之。"公曰："鲁可取乎？"对曰："不可，犹秉周礼②。周礼，所以本也。臣闻之，国将亡，本必先颠，而后枝叶从之。鲁不弃周礼，未可动也。君其务宁鲁难而亲之，亲有礼，因重固③，间携贰，覆昏乱④，霸王之器也⑤。"

【注释】

①未已：不止。②秉：执掌。③因重固：依靠稳定坚固的国家。因，凭靠。④覆：颠覆。⑤霸王：称霸称王。器：气度、度量。

【译文】

仲孙回国后对齐桓公说："如果不想法除掉庆父这个人，鲁国的灾难就会没完没了。"桓公说："怎样才能除掉他呢？"仲孙回答说："他不断地制造祸乱，也必将自取灭亡，您就等着瞧吧！"桓公说："我们能否趁此机会夺取鲁国呢？"仲孙说："不行。鲁国目前还依据周礼行事。周礼是立国的根本。我听说：一个国家将要灭亡的时候，就像大树倒下一样，必然是躯干先倒，而后枝叶才随之而倒落。鲁国没有丢弃周礼，我们不能动它。主公最好还是尽力消除鲁国的祸患，从而亲近它。亲近讲究礼仪的国家，依靠政权稳固的国家，离间内部涣散的国家，消灭昏庸动乱的国家这才是称王称霸的策略。"

僖公

僖公二年

【原文】

晋荀息请以屈产之乘与垂棘之璧①，假道于虞以伐虢②。公曰："是吾宝也③。"对曰："若得道于虞，犹外府也。"公曰："宫之奇存焉④。"对曰："宫之奇之为人也，懦而不能强谏，且少长于君，君昵之⑤，虽谏，将不听。"乃使荀息假道于虞，曰："冀为不道⑥，入自颠軨⑦，伐鄍三门⑧。冀之既病，则亦唯君故。今虢为不道，保于逆旅⑨以侵敝邑之南鄙⑩。敢请假道，以请罪于虢⑪。"虞公许之，且请先伐虢⑫。宫之奇谏，不听，遂起师。夏，晋里克，荀息帅师会虞师，伐虢，灭下阳。先书虞，贿故也。

【注释】

①荀息：晋国大臣，又称荀叔。屈：北屈。地在今山西省吉县东北。乘：马四匹称为乘。垂棘：地名，在今山西省潞城县北。②假道：借路通过。虞：姬姓国名，故城位今山西省平陆县东北。晋伐虢，必须经过虞境。③宝：此指马与璧。④宫之奇：虞国之贤臣。⑤昵：亲昵，亲近。⑥冀：国名，在今山西省河津县东北冀亭遗址。不道：此指残暴。⑦颠軨：虞国地名，为中条山的要冲。位今山西省平陵县东北七十里。⑧鄍：虞国地名，在今山西省平陵县东北二十里。⑨保：小城，即今之堡垒，此作动词。逆旅：客舍。⑩敝邑：敝国，敝，谦词。南鄙：南部边境。⑪请罪于虢：向虢国问罪。⑫请先伐虢：因虞君得晋重贿，不仅同意借道，还请求先出兵伐虢。

【译文】

晋国的荀息建议以屈地出产的马匹和垂棘出产的玉璧为代价向虞国借道以攻打虢国。晋献公说："这两种东西可是我的宝贝啊！"荀息回答说："如果能向虞国借了道，这些东西放到虞国，就好像放在我国的外库里一样。"献公说："虞国有宫之奇这样的人啊。"荀息回答说："宫之奇的为人一向是懦弱而不能力谏，而且从小就和虞君在一起长大，虞君对他非常亲近，即使宫之奇进谏，虞君也不会听。"于是献公就派荀息前往虞国借道。荀息对虞国人说："昔日冀国无道，无故从颠轹入侵，围攻贵国郮邑的三面城门。我国攻打冀国，从而使其受到打击，也是为了主公，并非为我们自己。现在虢国无道，在旅馆客舍里筑起了碉堡，攻打我国的南部边境。因此特地请求贵国能够借道，以便让我们前往虢国兴师问罪。"虞公答应了，并且请求自己先去攻打虢国。宫之奇劝阻，虞公不听，随后便发兵攻打虢国。夏季，晋国的里克、荀息领兵会同虞军，攻打虢国，灭了下阳。《春秋》记载此事时把虞国写在前面，是因为虞国接受了晋国的贿赂。

僖公十三年

【原文】

冬，晋荐饥①，使乞籴于秦②。秦伯谓子桑："与诸乎？"对曰："重施而报③，君将何求？重施而不报，其民必携④。携而讨焉，无众必败。"谓百里："与诸乎？"对曰："天灾流行，国家代有⑤。救灾，恤邻，道也。行道，有福。"丕郑之子豹在秦，请伐晋。秦伯曰："其君是恶，其民何罪？"秦于是乎输粟于晋。自雍及绛相继⑥，命之曰"泛舟之役"⑦。

【注释】

①荐：指谷物连年不熟。饥：饥荒，年成不好。②籴：买进粮食。③重：再一次。重施：指即使夷吾回国即位，又给他们粮食。④携：离。⑤代：交替、轮流。⑥雍：当时秦都。绛：晋都。⑦泛：浮。

【译文】

冬季，晋国再次欠收，派人到秦国求购粮食。秦穆公对子桑说："卖给他们吗？"子桑回答说："从前我们曾帮助夷吾回国即位，这次再帮助他们一次，必将得到报答，主公还想要求什么呢？如果再帮助他们一次而得不到报答，那么百姓必然离弃他们。等百姓离弃了他们再去攻打，他没有众多的人，必然失败。"穆公又问百里："卖不卖给他们？"百里回答说："天灾流行，总会在各国交替发生的。援救受灾之人，救济相邻之国，是合乎道义的。按道义办事，定有福禄。"此时，丕郑的儿子丕豹正在秦国，请求秦国趁机攻打晋国。穆公说："虽然我们讨厌他们的国君，但他们的百姓有什么罪呢？"于是秦国就把米运到了晋国，运粮的船从雍城一直连到绛城。这一事件被称之为"泛舟之役"。

僖公二十二年

【原文】

冬十一月已巳朔，宋公及楚人战于泓①。宋人既成列，楚人未既济②。司马曰："彼众我寡，及其未既济也请击之。"公曰："不可。"既济而未成列，又以告。公曰："未可。"既陈而后击之，宋师败绩。公伤股，门官歼焉③。

【注释】

①泓：水名，在现河南省柘城县北部。②未既济：尚未完全渡泓水。既：尽。③门官：护卫国君之亲兵，由卿大夫子弟充任。歼：杀尽。

【译文】

冬季，十一月一日，宋军和楚军在泓水附近作战。当宋军已摆好阵势，楚军还未完全渡过河的时候，司马对襄公说："楚军人多，我军人少，趁现在他们还没完全过河，请主公下令攻击。"襄公说："不行。"当楚军已全部过河，还没有摆开阵势时，司马又请求下令进攻，襄公还是说："不行。"等楚军已经摆开了阵势后，宋军才发动攻击，结果宋军大败，襄公腿部受伤，侍卫全部被歼。

【原文】

国人皆咎公。公曰："君子不重伤①，不禽二毛②。古之为军也，不以阻隘也③。寡人虽亡国之余，不鼓不成列④。"子鱼曰："君未知战。勍敌之人，隘而不列⑤，天赞我也。阻而鼓之，不亦可乎？犹有惧焉⑥。且今之勍者，皆吾敌也。虽及胡耇⑦，获则取之，何有于二毛？明耻教战⑧，求杀敌也，伤未及死，如何勿重？若爱重伤⑨，则如勿伤，爱其二毛，则如服焉⑩，三军以利用也，金鼓以声气也⑪，利而用之，阻隘可也，声盛致志，鼓儳可也⑫。"

【注释】

①不重伤：对已受伤的敌人不再伤害。②禽：同"擒"。二毛：有白发掺杂在黑发之间的老年人。③不以阻隘：不扼敌于险隘之地。④不鼓：不攻击。

古时作战，击鼓为进军之号令。⑤劲敌：强敌。隘而不列：因处险隘而不能成列。⑥犹有惧：尚且害怕不能取胜。⑦胡耇：老年人，长寿者。耇，长寿。⑧明耻教战：明白什么是耻辱，然后教之以战术。⑨爱重伤：怜惜伤兵。⑩如服：应当降服。⑪金鼓以声气：金鼓，两种乐器，古代作为行军进退的号令。以声气，以声音激励士气。⑫鼓儳：攻击阵列不整之敌。儳：阵列不整，进退无章。

【译文】

国人都责备襄公，襄公说："君子不能伤害已经受伤的人，也不捕捉那些头发花白的人。古代打仗，不在险阻狭隘处攻击敌人。我虽然是已经灭亡的商朝后裔，但仍然不想攻击还没有摆好阵势的敌人。"子鱼说："国君不懂得作战的规律。强大的敌人因地形狭隘而不能列阵，这正是上天在帮助我们；我们乘机阻截攻击他们，不是很好吗？即使这样还担心不能取胜呢。况且现在那些强大的国家，都是我们的敌人，虽然遇到的是老兵，能俘获的也要把他们抓过来，还管他什么头发白不白。使将士知道什么是耻辱，教给他们怎样打仗，目的就是要多杀敌人。对那些受伤未死的敌人，为什么不可以再伤害他一次呢？如果怜悯受伤的敌人，那么就应当一开始就不伤害他们；如果怜悯头发花白的老兵，那么就应当向他们屈服，凡是军队，都要选择有利的时机发动攻击；鸣金击鼓是为了鼓舞士气。抓住有利时机，乘敌人处于险阻狭隘处进攻是完全可以的；鼓声大作，士气高昂，乘敌人还处于混乱状态而击鼓进攻也完全是可以的。"

文公

文公二年

【原文】

二年春，秦孟明视师师伐晋，以报崤之役。二月，晋侯御之。先且居将中军，赵衰佐之。王官无地御戎①，狐鞫居为右②。甲子，及秦师战于彭衙③。秦师败绩。晋人谓秦"拜赐之师④。"

【注释】

①王官无地：人名，晋臣。②狐鞫居：晋臣，又称续鞫居、续简伯。③彭衙：秦地名，在今陕西省白水县东北。④拜赐：要来复仇。晋人引此语讥讽秦国。

【译文】

鲁文公二年春季，秦国的孟明亲自率军攻打晋国，以报崤地一战之仇。二月，晋襄公领兵抵抗，先且居率领中军，赵衰为副帅，王官无地驾驭战车，狐鞫居为车右。二月七日，在彭衙和秦军交战，结果秦军大败。晋国人把秦军称为"前来谢恩的部队。"

【原文】

战于崤也，晋梁弘御戎，莱驹为右。战之明日，晋襄公缚秦囚，使莱驹以戈斩之。囚呼，莱驹失戈，狼瞫取戈以斩囚①，禽之以从公乘，遂以为右。箕之役，先轸黜之，而立续简伯②。狼瞫怒。其友曰："盍死之③？"瞫曰："吾未获死所。"其友曰："吾与女为难④。"瞫曰："《周志》有之⑤，'勇则害上⑥，不登于明堂⑦。'死而不义，非勇也。共用之谓勇⑧。吾以勇求右，无勇而黜，亦其所也。谓上不我知⑨，黜而宜，乃知我矣。子姑待之。"及彭衙，既陈，以其属驰秦师，死焉。晋师从之，大败秦师。

【注释】

①狼瞫：晋之勇士。②续简伯：即续鞫居。③盍死之：何不以死相抗争。④为难：发难，即共杀先轸。⑤《周志》：即《周书》。⑥则：如果。⑦明堂：大庙。⑧共用：为国效命。勇：以死供国之用。⑨上：指先轸。

【译文】

在崤地之战中，晋国的梁弘为晋襄公驾驭战车，莱驹为车右。战斗持续到第二天，襄公让人把秦国的几个俘虏捆起来，让莱驹用戈砍他们的脑袋。俘虏大声喊叫起来，莱驹一惊，手中的戈掉在地上。这时，狼瞫迅速拿起戈砍了俘虏的脑袋，并把莱驹抓起追上了襄公的战车，襄公就让他作了车右。箕地一战中，先轸废黜了狼瞫，让续简伯即狐鞫居代替。狼瞫非常恼怒，他的朋友说："你何不去死？"狼瞫说："我还没有找到死的地方。"朋友说："我帮你去杀掉先轸怎么样？"狼瞫说："《周志》上说：'勇猛但如果杀了位居在上的人，死后也不能进入庙堂'。如果不义而死，这不能算是勇敢。为国而死才叫做勇敢。我当初因为勇敢而做了车右，如今因为不勇敢而被废黜，这也是理所应当的。如果说是先轸不了解我，废黜得当，这就是了解我了。您等着瞧吧。"等到彭衙一战，狼瞫在摆开阵势以后，率领他的部下冲入秦军，结果死在那里。晋军紧随而上，大败秦军。

【原文】

君子谓："狼瞫于是乎君子①。《诗》曰：'君子如怒，乱庶遄沮②。'又曰：'王赫斯怒，爰整其旅③。'怒不作乱而以从师，可谓君子矣。"

【注释】

①于是乎君子：狼瞫冲入敌阵英勇献身，换得晋国的胜利，以此举可谓君子了。②遄：疾。沮：止。③赫斯：赫然发怒的样子。爰：于是。

【译文】

君子对此评论说："狼瞫在这件事上可以说是个君子。《诗经·小雅》说：'君子听谗如动怒，动乱便会迅速停止'。又说：'文王勃然大怒，整军开赴战场。'愤怒但不去作乱，却上前线打仗，可以说是君子了。"

【原文】

秦伯犹用孟明。孟明增修国政，重施于民。赵成子言于诸大夫曰①："秦师又至，将必辟之，惧而增德，不可当也。《诗》曰：'毋念尔祖，聿修厥德②。'孟明念之矣。念德不怠，其可敌乎③？"

【注释】

①赵成子：赵衰，晋之卿。②毋、聿：皆语气词，无义。③其：岂。

【译文】

秦穆公还是任用了孟明。孟明更加努力于修明政事，给百姓以更大的好处。赵衰对大夫们说："秦军如果再来攻打我们，一定要躲开。因为害怕对方而进一步修明德行，这样的人是不能抵抗的。《诗经·大雅》说：'先祖功业记心中，先祖品德要继承'。孟明知道这两句话，致力于修德并能坚持不懈，难道能抵抗吗？"

文公十六年

【原文】

宋公子鲍礼于国人①，宋饥，竭其粟而贷之②。年自七十以上，无不馈饴也③, 时加羞珍异④。无日不数于六卿之门⑤, 国之材人⑥, 无不事也, 亲自桓以下⑦, 无不恤也⑧。公子鲍美而艳, 襄夫人欲通之⑨, 而不可, 乃助之施⑩。昭公无道, 国人奉公子鲍以因夫人⑪。

【注释】

①公子鲍: 即宋文公, 宋昭公庶弟。②贷: 施与或贷与。③馈饴: 馈送。④时: 按时令。加羞珍异: 加进珍贵食品。羞: 进献。⑤数: 屡次, 频繁。⑥材人: 具有才能的人。⑦桓: 即宋桓公, 为公子鲍的曾祖。⑧恤: 赈济。⑨襄夫人: 即宋襄公夫人, 周襄王之姊。⑩助之施: 襄夫人助公子鲍施惠于国人。⑪奉公子鲍以因夫人: 拥戴公子鲍以亲附襄夫人。

【译文】

宋国的公子鲍为人很讲礼义。宋国发生饥荒时, 他把粮食全部拿出来施舍给百姓。对年纪在七十岁以上的人, 没有不赠送的, 还不时增加一些美味食品。每天都要到六卿家里为百姓请命, 对国内有才干的人都予以重用, 对桓公子孙以下的亲属都给予救济。公子鲍漂亮无比光彩照人, 宋襄公夫人想和他私通, 但公子鲍不肯, 于是襄公夫人就帮助他一起施舍。宋昭公无道, 国内的人们都愿意事奉公子鲍, 并依靠襄公夫人。

【原文】

于是, 华元为右师, 公孙友为左师, 华耦为司马, 鳞鳢为司徒, 荡意诸为司城, 公子朝为司寇。初, 司城荡卒①, 公孙寿辞司城②, 请使意诸为之③。既而告人曰: "君无道, 五官近, 惧及焉④。弃官则族无所庇。子, 身之贰也⑤, 姑纾死焉⑥。虽亡子, 犹不亡族。"

【注释】

①司城荡: 即公子荡。司城, 官名。②公孙寿: 公子荡的儿子, 父死, 子承其位。③意诸: 即荡意诸, 公孙寿的儿子。寿辞位, 使其子继承。④吾官近, 惧及: 我如担当司城之官, 则于国君靠近, 害怕因君之祸而及于自身。⑤身之贰: 意即我的替身。⑥纾死: 缓死。

【译文】

当时华元担任右师, 公孙友担任左师, 华耦任司马, 鳞鳢任司徒, 荡意诸任司城, 公子朝任司寇。当初, 司城荡去世后, 他的儿子公孙寿辞掉了司城的职务, 请求让他的儿子荡意诸担任, 然后又对别人说: "国君无道, 而我的官职又常常接近国君, 我害怕祸及自身。但如果放弃这个职务不干, 那么我的族人就又无人保护了。儿子是我的替身, 由他接替, 我就可以死得晚一些。这样，即使丧失了儿子，但还不致于丧失整个家族。"

【原文】

既，夫人将使公田孟诸而杀之①。公知之，尽以宝行。荡意诸曰："盍适诸侯？"公曰："不能其大夫至于君祖母以及国人②，诸侯谁纳我？且既为人君，而又为人臣，不如死。"尽以其宝赐左右而使行。

【注释】

①孟诸：即地名。②君祖母：古人称母为君母，祖母为君祖母。

【译文】

不久，襄公夫人准备让宋昭公到孟诸打猎，并趁机杀了他。昭公得知此事后，带上全部珍宝准备逃亡，荡意诸说："何不逃到诸侯那里去？"昭公说："我连宋国的大夫以至祖母襄公夫人和国人的信任都得不到，又有哪个诸侯肯接纳我呢？再说我作为宋君，却到别国成为臣子，还不如死了的好。"于是就把他的财宝全部赐给左右侍从，并让他们逃走。

【原文】

夫人使谓司城去公。对曰："臣之而逃其难①，若后君何？"

【注释】

①臣：作动词。臣之，指做他的臣子。

【译文】

襄公派人告诉荡意诸，让他离开昭公。但他回答说："身为臣子却要逃避国君的灾难，那么我以后还怎么事奉新君呢？"

【原文】

冬十一月甲寅，宋昭公将田孟诸，未至，夫人王姬使帅甸攻而杀之①，荡意诸死之。书曰："宋人弑其君杵臼②"，君无道也③。

【注释】

①夫人王姬：即襄夫人，由于她是周襄王的姐姐，所以这样称呼。帅甸：官名。②杵臼：即宋昭公名。③君无道：凡《春秋》记载弑君之名，则为君无道。昭公无道表现为与公族作对，结果失败被杀还留下恶名。可见公族之强大。

【译文】

冬季，十一月二十二日，宋昭公打算在孟诸打猎，还没有到达孟诸，襄公夫人就派甸地的军帅杀了他，荡意诸也于此时遇害。《春秋》记载为："宋国人杀了他们的国君杵臼"，表示宋昭公不讲道义，不得人心。

【原文】

文公继位，使母弟须为司城①。华耦卒，而使荡虺为司马②。

【注释】

①母弟：同母之弟。②虺：意诸的弟弟。

【译文】

宋文公即位，委派同母弟弟须出任司城。华耦去世后，委派荡虺出任司马。

宣公

宣公二年

【原文】

二年春，郑公子归生受命于楚①，伐宋。宋华元、乐吕御之②。二月壬子，战于大棘③，宋师败绩，囚华元，获乐吕，及甲车四百六十乘，俘二百五十人，馘百④。

【注释】

①命于楚：受命于楚。②华元：时为宋右师，当政。乐吕：时为宋司寇。③大棘：宋地名，在今河南省睢县南。④馘：古代作战，杀死敌人，割下其左耳，用以记功，称馘。

【译文】

鲁宣公二年春季，郑国的公子归生受命于楚攻打宋国。宋国的华元、乐吕领兵抵抗。二月壬子日，双方在大棘交战，结果宋军大败。郑国俘虏了华元，并得到了东吕的尸首，还缴获战车四百六十辆，俘虏二百五十人，并割了被打死的敌人的耳朵一百只。

【原文】

狂狡辂郑人①，郑人入于井，倒戟而出之②，获狂狡。君子曰："失礼违命，宜其为禽也。戎昭果毅以听之之谓礼，杀敌为果，致果为毅。易之，戮也③。"

【注释】

①狂狡：宋大夫。辂：迎战之意。②倒戟：即狂狡将戟柄授予人。③易之，戮也：与此相反，则受处罚。

【译文】

宋军中有一个人叫狂狡，作战时，有个郑国人跳到井中躲避，他把戟柄探到井里想把那人拉出来，结果那人出来后反而把他抓获。对此，君子评论说："背弃作战的规律，违反杀敌的命令，狂狡被俘是理所应当的。双方交战，要发扬果敢刚毅的精神，并听从命令服从指挥，这就是作战的礼。能杀死敌人就是果敢，使士兵做到果敢就是刚毅，反之，就会被杀。"

【原文】

将战，华元杀羊食士，其御羊斟不与①。及战，曰："畴昔之羊②，子为政③，今日之事，我为政。"与入郑师，故败。君子谓："羊斟非人也，以其私憾④，败国殄民⑤。于是刑孰大焉。《诗》所谓'人之无良'者，其羊斟之谓乎，残民以逞。"

【注释】

①羊斟：人名，为华元之御。不与：未参与吃羊肉。②畴昔：往日。③为政：作主。此为羊斟心里话，意为往日分羊肉是你作主，今日驾车是我作主。④私憾：私仇；私恨。⑤败国殄民：殄，灭绝。使国家战败、人民遭受灭绝之灾。

【译文】

当宋、郑两军准备交战时，宋将华元下令杀羊犒劳士兵，却不给他的御者羊斟吃。因此作战时，羊斟就说："前天的羊由你做主，今天的战斗可要由我做主。"

于是羊斟就驾车驰入郑国军中，因此宋军战败。君子认为："羊斟简直不是人，因为一点点私人怨恨，竟然使国家战败百姓遭殃，没有比这更大的罪行了。《诗经》所说的'不好的人'，大概说的就是羊斟吧！因为他居然以残害百姓来使自己泄愤。"

【原文】

宋人以兵车百乘、文马百驷以赎华元于郑①。半入，华元逃归，立于门外，告而入。见叔牂②，曰："子之马然也③。"对曰："非马也，其人也④，"既合而来奔⑤。

【注释】

①文马百驷：毛色有文彩的马四百匹。②叔牂：即羊斟。③子之马然也：驰入敌营是你的马不听驾驭造成的吗？为询问口气，表示对羊斟的疑心。④非马也，其人也：不在于马，而在于人。⑤合：答也。叔牂回答后，即畏罪奔鲁。

【译文】

宋国人用一百辆兵车和四百匹毛色漂亮的马向郑国赎取华元，不料才送去一半，华元就逃回来了。他站在都城门外，向守门人说明身份后就进城了。他见到羊斟后说："那天是你的马不听指挥才闯入敌阵的吧？"羊斟说："与马无关，是人的缘故。"说完就逃到鲁国来了。

【原文】

宋城①，华元为植②，巡功③。城者讴曰："睅其目④，皤其腹⑤，弃甲而复⑥。于思于思⑦，弃甲复来。"使其骖乘谓之曰："牛则有皮，犀兕尚多⑧，弃甲则那⑨？"役人曰："从其有皮，丹漆若何？"华元曰："去之，夫其口众我寡。"

【注释】

①城：筑城。②为植：为主持筑城的主要负责人。③巡功：巡视检查筑城工程。④睅：眼睛瞪大突出。⑤皤：肚子大。⑥复：战败逃归。⑦于思：胡须多的样子。于，语助词。⑧犀兕：犀牛。兕，雌性犀牛。⑨那：奈何的合音。

【译文】

宋国开始修筑城池，由华元主持。他巡视工程进展情况时，听到筑城的人唱道："瞪着大眼睛，挺着大肚子，丢盔弃甲又回来。满脸长着大胡子，丢盔弃甲跑回来。"华元听了，就派他的骖乘告诉筑城的人们："有牛就有皮，犀牛兕牛多的是，丢盔弃甲又有什么关系？"筑城的人又说："纵然有牛皮，又到哪里找红漆?"华元恼怒地说:"让他们滚开!他们人多口众,我们人少,说不过他们!"

【原文】

晋灵公不君①,厚敛以雕墙②,从台上弹人而观其辟丸也③。宰夫腼熊蹯不熟④,杀之,置诸畚⑤,使妇人载以过朝。赵盾、士季见其手⑥,问其故,而患之。将谏。士季曰:"谏而不入,则莫之继也。会请先,不入则子继之。"三进⑦及溜⑧,而后视之。曰:"吾知所过矣,将改之。"稽首而对曰:"人谁无过?过而能改,善莫大焉。《诗》曰:'靡不有初,鲜克有终⑨。'夫如是,则能补过者鲜矣。君能有终,则社稷之固也,岂唯群臣赖之。又曰:'衮职有阙⑩,惟仲山甫补之⑪,'能补过也。君能补过,衮不废矣。"

【注释】

①不君:失去为君之道,不像君的样子。②厚敛:加重赋税。雕墙:彩饰墙壁。③弹人:用弹弓打人。辟丸:躲避弹丸。④腼:烧煮。熊蹯:熊掌。⑤畚:畚箕。⑥见其手:死尸虽遮蔽而手露在外,故见之。⑦三进:始进入门,再进入庭,三进升阶。⑧溜:屋檐下台阶之间。⑨靡不有初二句:意为事情往往有好的开始,但很少能够善终。⑩衮:天子以及上公的礼服。阙:破损。⑪仲山甫:周宣王时的贤臣樊侯,也称樊仲甫。

【译文】

晋灵公丧失了为君之道,他横征暴敛,用以装潢宫室。又经常以台上用弹弓打人,看他们躲避从中取乐。厨师没有把熊掌煮熟,就把他杀了放到畚箕中,并让宫女拿着从朝廷上走过。赵盾、士会看到了一只手,便询问杀人的原因,得知后非常担心。于是就准备入宫进谏。士会对赵盾说:"如果我们二人一同进谏,国君不采纳的话,就没有人继续进谏了。请让我先进去,国君不听,你再继续劝谏。"士会边进边行礼,一连行礼三次,走到屋檐下,灵公才正眼看他,并说:"我知道自己所犯的错误了,准备今后改正。"士会叩头回答说:"一个人谁没有犯过错误呢?错了只要能改,那就再好不过了。《诗经·大雅》说:'万事莫不有开始,坚持到底却不多。'如果是这样的话,那么能改正错误的人就少了。主公能够坚持下去的话,国家就有保障了。这不只是我们群臣的希望,也是国内百姓的愿望。《诗经·大雅》又说:'天子自身有过失,仲山甫才能弥补。'这是说过错是能够弥补的。国君如能弥补自己的过错,国君的职责就不至于废弃了。"

【原文】

犹不改。宣子骤谏①，公患之，使鉏麑贼之②。晨往，寝门辟矣，盛服将朝，尚早，坐而假寐③。麑退。叹而言曰："不忘恭敬，民之主也。贼民之主，不忠。弃君之命，不信。有一于此，不如死也。"触槐而死④。

【注释】

①宣子：即赵盾。②鉏麑：晋力士。贼：刺杀。③假寐：坐着闭目小息。④触槐而死：头碰槐树自杀而死。

【译文】

但是晋灵公只是口头说说而已，还是没有改正过错。赵盾屡次劝谏，反而使灵公很反感，于是灵公便派鉏麑去刺杀他。鉏麑早晨去时，赵盾家的门已经开了，赵盾已穿戴整齐准备上朝。由于时间还早，他就坐在那里打盹。鉏麑见此情景后退了出来，他感叹地说："如此恭敬勤奋之人，实在是百姓的主人。杀了百姓的主人，就是不忠；但违背君主的命令，就是不信。只要具备了其中的一条，就不如死了的好。"于是他撞到槐树上死去。

【原文】

秋九月，晋侯饮赵盾酒，伏甲将攻之。其右提弥明知之①，趋登曰②："臣侍君宴，过三爵，非礼也。"遂扶以下，公嗾夫獒焉③。明搏而杀之。盾曰："弃人用犬，虽猛何为。"斗且出，提弥明死之。

【注释】

①提弥明：赵盾的车右。②趋登：快步登堂。③嗾：用嘴发出声音驱使狗。獒：大犬、猛犬。

【译文】

秋季，九月，晋灵公设酒宴招待赵盾，并埋伏了甲士，准备杀死赵盾。幸好赵盾的车右提弥明察觉了这一情况。他快步进入殿堂对赵盾和灵公说："臣子事奉君王饮宴，酒过三杯就算失礼了。"说完就扶着赵盾走出宫殿。灵公唆使一只猛狗扑向赵盾，提弥明与狗搏斗并将狗打死。赵盾说："不用人却用狗。狗虽然凶猛，又有什么用呢？"于是二人边斗边退出来，结果提弥明在搏斗中死去。

【原文】

初，宣子田于首山①，舍于翳桑②，见灵辄饿③，问其病。曰："不食三日矣。"食之，舍其半。问之，曰："宦三年矣④，未知母之存否，今近焉，请以遗之。"使尽之，而为之箪⑤，食与肉，置诸橐以与之。既而与为公介⑥，倒戟以御公徒，而免之。问何故。对曰："翳桑之饿人也。"问其名居⑦，不告而退，遂自亡也。

【注释】

①首山：即首阳山，在今山西省永济县东南部。②翳桑：首山一带地名。③灵辄：人名。④宦：为人臣隶。⑤箪：盛食物的小圆筐。⑥与为公介：做了晋灵公的甲士。⑦名居：姓名和住处。

【译文】

当初，赵盾在首山打猎时，曾住在翳桑，当他看到灵辄饿得很厉害时，问他有什么病。灵辄说："已经有三天没有吃饭了。"于是赵盾便送给他食物吃，但灵辄把食物留起来一半。问他原因，他说："我在外做了三年奴仆，不知道母亲如今是否健在。现在快到家了，请允许我把这一半留给她。"赵盾让灵辄把食物都吃完，又另外为他准备了一篮饭和肉，放在口袋里带回去，不久灵辄进宫做了灵公的甲士。在这次赵盾遇到危险的紧急关头，灵辄拿过兵器抵抗灵公手下的人，从而使赵盾免于祸难。赵盾问他为什么要保护自己，他说："我就是翳桑那个埃饿的人。"问他的姓名和住址，他没有回答就退下去了。不久灵辄自己也逃亡了。

【原文】

乙丑①，赵穿攻灵公于桃园②。宣子未出山而复③。大史书曰："赵盾弑其君。"以示于朝。宣子曰："不然。"对曰："子为正卿，亡不越竟，反不讨贼，非子而谁？"宣子曰："呜呼，《诗》曰'我之怀矣，自诒伊戚④'，其我之谓矣！"孔子曰："董狐⑤，古之良史也，书法不隐⑥。赵宣子，古之良大夫也，为法受恶⑦。惜也，越竟乃免。"

【注释】

①乙丑：九月二十六日。②赵穿：晋臣，赵盾的从父兄弟之子。攻：攻杀。桃园：灵公园囿名。③未出山而复：山指晋边境之山。赵盾脱出公宫外逃，未越出晋境时，闻知灵公被杀而返回。④诒：通遗。伊：此，指示代词。⑤董狐：晋之太史。⑥书法不隐：据法直书而不加隐讳。⑦为法受恶：为遵守法而承受弑君恶名。

【译文】

九月二十六日，赵穿在桃园杀死了晋灵公。此时赵盾外出逃亡，还没有走出晋国国境，听到这一消息后，就又回来了。晋国太史董狐记载为："赵盾弑其君"。并拿到朝廷上让众人看。赵盾反驳说："不是这样。"董狐回答说："你是正卿，逃亡却没有走出国境，回来又不惩罚杀死国君的凶手，那么这凶手不是你又是谁呢?"赵盾说:"天啊!《诗经·邶风》说:'我心眷恋故乡,自寻悲痛自承当。'这大概说的就是我吧!"孔子对此评论说:"董狐是古代的一位优秀史官。他不隐讳赵盾的罪责而秉笔直书。赵盾是古代的一位优秀大夫,他因为史官书写的方法而不得不蒙受了弑君的恶名。真是太可惜了。如果当时他走出国境,就可避免这一罪名了。"

【原文】

宣子使赵穿逆公子黑臀于周而立之①。壬申,朝于武宫②。

【注释】

①公子黑臀:晋文公之幼子,襄公之弟,后为晋成王。②朝:拜祭。武宫:曲沃武公之庙。晋公即位必朝此庙。

【译文】

赵盾派赵穿从王室迎接公子黑臀回来,立他为君。十月三日,公子黑臀在晋武公的庙中朝祭。

宣公十五年

【原文】

宋人使乐婴齐告急于晋①。晋侯欲救之。伯宗曰②:"不可。古人有言曰:'虽鞭之长,不及马腹。'天方授楚,未可与争。虽晋之强,能违天乎?谚曰:'高下在心③,川泽纳污④,山薮藏疾⑤,瑾瑜匿瑕⑥。'国君含垢⑦,天之道也,君其待之⑧。"乃止。

【注释】

①乐婴齐:宋臣。②伯宗:晋大夫,孙伯起之子。③高下在心:处理事务,或高或下之,要用心度量裁决。④川泽纳污:川泽之水中容纳有污浊。⑤山薮藏疾:山林薮泽隐藏毒物。⑥瑾瑜匿瑕:美玉全面也藏有瑕疵。⑦含垢:忍受耻辱。⑧君其待之:君将待楚衰弱而后行事。

【译文】

宋国人因受到楚军围困而派乐婴齐到晋国告急。晋景公准备派兵援救,伯宗劝阻说:"不行。古人有句话说:'马鞭虽长,也不能鞭打马腹。'目前上天正保佑楚国日益强大,不能与之争强。晋国虽然也很强大,但怎么能违背天意呢？俗话说：'处事是屈是伸，必须心中有数'。江河湖泊也总要容纳一些污浊之物，山林草莽也总要隐藏一些蛇蝎毒虫，即使是美玉也还是会有一些瑕疵，如此看来，主公忍受一下不救宋国的耻辱，也是上天规定的道理，还是等待一下吧！"因此景公停止了出兵。

【原文】

使解扬如宋①，使无降楚，曰："晋师悉起，将至矣。"郑人囚而献诸楚，楚子厚赂之，使反其言，不许，三而许之。登诸楼车②，使呼宋人而告之。遂致其君命。楚子将杀之，使与之言曰："尔既许不谷而反之，何故？非我无信，女则弃之，速即尔刑。"对曰："臣闻之，君能制命为义③，臣能承命为信④，信载义而行之为利⑤。谋不失利，以卫社稷，民之主也。义无二信，信无二命。君之赂臣，不知命也。受命以出，有死无霣⑥，又可赂乎？臣之许君，以成命也。死而成命，臣之禄也⑦。寡君有信臣，下臣获考死⑧，又何求？"楚子舍之以归。

【注释】

①解扬：晋大夫。②楼车：用来望敌人的兵车。③制命为义：制定、发布命令合于道义。④承命为信：接受、贯彻命令叫做信守。⑤信载义而行：信用通过贯彻道义去执行。⑥霣：同"陨"，落，废弃。⑦禄：职责。完成君命而死，是臣之职责。⑧考死：死得其所。

【译文】

晋国派解扬前往宋国，劝告他们不要投降楚国，并说："晋军已全部出发，马上就要到了。"但解扬路过郑国时，郑国人把他抓住送给了楚国人。庄王送给他很多钱财，让他按晋国相反的意思去说，解扬不干，庄王劝说三次他才同意。于是让解扬登上楼车，向宋国人喊话，但他却趁机把晋景公的意思告诉了宋国人。庄王准备杀掉解扬，派人告诉他："你既然答应了我，却又反悔，这是为什么？不是我不讲信用，而是你自己背弃了诺言。快去受刑吧！"解扬回答说："我听说，国君制发正确的命令为义，臣子完成国君赋予的使命为信。用臣的信去奉行君的义，才符合国家的利益。谋略不失利益，而以此保卫国家，这才是百姓的主人。奉行义便不能用两种信，讲究信也就不能受两种命。主公贿赂我，就说明您不明白这一道理。既然接受了国君的命令出使国外，那么宁可去死也不能背弃君命，又怎么能被一点点贿赂所收买呢？我之所以假装答应您，是为了完成敝君交给的命令。我虽然死了但能完成使命，这也是我的福分。敝君有我这样守信的臣子，我获得了完成使命的光荣，还能有什么更值得追求的呢?"庄王被他这番话打动了,就放他回国了。

【原文】

夏五月,楚师将去宋。申犀稽首于王之马前,曰:"毋畏知死而不敢废王命①。王弃言焉②。"王不能答。申叔时仆③,曰:"筑室反耕者④,宋必听命。"从之。宋人惧,使华元夜入楚师,登子反之床⑤,起之曰:"寡君使元以病告,曰:'敝邑易子而食⑥,析骸以爨⑦。虽然,城下之盟,有以国毙⑧,不能从也。去我三十里,唯命是听。'"子反惧,与之盟而告王。退三十里。宋及楚平,华元为质。盟曰:"我无尔诈,尔无我虞。"

【注释】

①毋畏:即文之无畏,为申犀之父申舟也。②弃言:放弃诺言,失信。③仆:驾车。④筑室反耕:使军队建造房子,让种田人返回。这里为持久之计。⑤子反:楚王主将公子侧。⑥易子而食:交换儿子而吃掉。⑦析骸以爨:劈开尸骨烧火做饭。⑧以国毙:与国俱亡。

【译文】

夏季,五月,楚军准备离开宋国,于是申舟的儿子申犀跪在庄王马前叩头说:"父亲生前虽然知道必死无疑也没有废弃主公的命令,但主公现在却说话不算数了。"庄王无言以对。此时申叔时为庄王驾车,他说:"如果在此建造营房,并让逃跑的种田人都回来,表示我们要长久留下,这样宋国人必然会俯首听命。"庄王采纳了这一建议。果然宋国人害怕了,便派华元在夜间来到楚军。他径直走到子反的床前,把他喊醒,说:"我们国君特派我来,把

我们的困难告诉您。他让我说:'现在都城内的人们都在交换儿子,杀了吃掉,然后把尸骨作柴烧。但即使如此,我们也不能接受贵国提出的城下之盟。纵使国家灭亡,也不屈从。但只要贵军后退三十里,我们宋国就一切听从'。"子反也有点害怕,便和他私下订立了盟约,并报告了庄王。于是楚军后退三十

里，宋国和楚国终于讲和，华元则到楚国作为人质。两国盟誓说："从今以后，我不欺骗你，你也不必防备我。"

【原文】

秋七月，秦桓公伐晋，次于辅氏①。壬午②，晋侯治兵于稷，以略狄土③，立黎侯而还。及洛④，魏颗败秦师于辅氏⑤，获杜回，秦之力人也。

【注释】

①辅氏：晋地，在现陕西省大荔县东二十里有辅氏城，即其故地。②壬午：二十七日。③稷：晋地，在今山西省稷山县南五十里有稷山，山下有稷亭。传说为晋侯治兵处。略：强行占取。晋灭潞国，又夺取另外一些狄人的国土。④洛：晋地，在现大荔县东南部。⑤魏颗：魏犨之子。

【译文】

秋季，七月，秦桓公攻打晋国，军队驻扎在辅氏。七月二十七日，晋景公在稷地举行了军事演习，然后强行夺取了狄人的土地，并立了黎侯为狄君。回来到达晋国雒地时，魏颗在辅氏打败了秦军，俘虏了杜回。杜回是秦国的一个大力士。

【原文】

初，魏武子有嬖妾①，无子。武子疾，命颗曰："必嫁是。"疾病②，则曰："必以为殉。"及卒，颗嫁之，曰："疾病则乱③，吾从其治也④。"及辅氏之役，颗见老人结草以亢杜回⑤，杜回踬而颠⑥，故获之。夜梦之曰："余，而所嫁妇人之父也。尔用先人之治命，余是以报。"

【注释】

①魏武子：即魏犨。②疾病：古时小病称疾，大病称病。疾病连用则是病危。③疾病则乱：病危之时则神智昏乱不清。④治：与"乱"相对，神志清醒之时。⑤亢：遮挡。结草以亢杜回：把草结系起来，如同布在地上的套索，用以遮挡杜回。⑥踬而颠：被绊而扑倒。

【译文】

当初，魏犨有一爱妾，没有生儿子。魏犨患病时对魏颗说："我死后你一定要让她改嫁。"病危时又说："一定要让她为我殉葬！"魏犨死后，魏颗就让她改嫁了，他说："病重时神志不清，我按照父亲清醒时说的话去办。"等到辅氏这一战役打响后，魏颗在战场上看到一个老人在把草打成结以阻挡杜回，结果杜回绊倒被俘。夜里魏颗梦见那个老人说："我就是你让改嫁的那个女人的父亲。你遵照你父亲清醒时说的话让我女儿改嫁，我以此来报答。"

成公

成公十五年

【原文】

晋三郤害伯宗①，谮而杀之，及栾弗忌②。伯州犂奔楚③。韩献子曰："郤氏其不免乎！善人，天地之纪也④，而骤绝之⑤，不亡何待？"

【注释】

①三郤：指郤锜、郤犨、郤至。②栾弗忌：伯宗同党。③伯州犂：伯宗之子。④纪：纲纪。⑤骤绝之：骤，屡也。连杀善人，使国之纲纪断绝。

【译文】

晋国的郤锜、郤至、郤犨勾结起来迫害伯宗，在国君面前诬陷他，最后把他杀了，并且又连带杀了晋国有名的善人栾弗忌。伯宗的儿子伯州犂逃到了楚国。韩厥说："郤氏必将难逃大祸！好人是维系天地的纲纪，却突然之间被杀害，还能不灭亡吗？"

【原文】

初，伯宗每朝，其妻必戒之曰："'盗憎主人，民恶其上。'子好直言，必及于难。"

【译文】

当初，伯宗每次朝见国君，他的妻子必定告诫他："'盗贼憎恨主人，百姓讨厌大官。'你一贯直言相谏，肯定要遇到灾祸。"

【原文】

齐庆克通于声孟子，与妇人蒙衣乘辇而入于闳①。鲍牵见之②，以告国武子③。武子召庆克而谓之。庆克久不出，而告夫人曰："国子谪我！"夫人怒。国子相灵公以会，高、鲍处守。及还，将至，闭门而索客。孟子诉之曰："高、鲍将不纳君，而立公子角。国子知之④。"秋七月壬寅，刖鲍牵而逐高无咎。无咎奔莒，高弱以卢叛⑤。齐人来召鲍国而立之⑥。

【注释】

①蒙衣：妇女外出蒙衣，为当时习俗。辇：人力推挽之车。闳：小巷门。②鲍牵：鲍叔牙曾孙。③国武子：名国佐，齐卿。④知：参与。⑤高弱：高无咎之子。卢：高氏采邑，位于山东长清县西南。⑥鲍国：鲍牵之弟，被召回之后立为鲍氏继承人。

【译文】

齐国的庆克和齐灵公的母亲声孟子私通，有一次他男扮女装和一个妇人同乘一辆车子进入官中小巷。鲍牵看见后，告诉了国武子，国武子便把庆克找来责备了一番。从此庆克藏在家里，很久不敢出门，他告诉声孟子说："国子责备了我。"声孟子非常恼火。国武子作为齐灵公的相礼一同前去参加诸侯会盟，由高无咎和鲍牵镇守都城。会后，国武子和灵公回来，行至国都时，城门被关闭了，并且要检查行人。声孟子向灵公告状说："高、鲍二人不想让您进城，准备立公子角为君，国子也知道这一阴谋。"秋季，七月十三日，灵公下令砍去了鲍牵的双脚，把高无咎驱逐出境。高无咎逃到莒国。高无咎的儿子高弱率领高氏封邑庐地的人发动了叛乱。齐国人把鲍牵的弟弟鲍国从鲁国召回，立为大夫。

【原文】

初，鲍国去鲍氏而来为施孝叔臣。施氏卜宰，匡句须吉。施氏之宰①，有百室之邑。与匡句须邑，使为宰。以让鲍国，而致邑焉。施孝叔曰："子实吉。"对曰："能与忠良，吉孰大焉！"鲍国相施氏忠，故齐人取以为鲍氏后。

【注释】

①卜宰：占卜决定家宰人选。家宰为当时卿大夫家总管。

【译文】

当初，鲍国离开鲍氏族人来鲁国做了施孝叔的家臣。施家要通过占卜挑选一位家宰。占卜的结果是选用匡句须吉利。施家的家宰享有一百户人家的封邑。于是施家就给了匡句须封邑，委任他做家宰。但匡句须让给了鲍国，并把封邑也给了他。施孝叔说："占卜的结果表明你是最吉利的啊。"匡句须说："把这一职位送给忠诚善良之人，还有比这更大的吉利吗?"果然鲍国辅佐施家忠心耿耿，因此齐国人才把他召请回去作为鲍氏的后代。

【原文】

仲尼曰："鲍庄子之知不如葵①，葵犹能卫其足。"

【注释】

①鲍庄子：即鲍牵。葵：一种蔬菜。

【译文】

孔子认为："鲍牵还不如葵菜聪明，葵菜尚且能保护自己的双脚。"

【原文】

初，声伯楚涉洹，或与己琼瑰①，食之，泣而为琼瑰，盈其怀。从而歌之曰："济洹之水②，赠我以琼瑰。归乎！归乎！琼瑰盈吾怀乎！"惧不敢占也③。还自郑，壬申，至于狸脈而占之，曰："余恐死，故不敢占也。今众繁而从余，三年矣，无伤也。"言之，之莫而卒。

【注释】

①琼瑰：玉珠。②洹：洹水，在现河南省北部，又名安阳河。③惧不敢占：古时人死，口含珠玉。此梦口含玉珠，声伯疑为凶兆，故不敢占卜。

【译文】

当初，声伯做梦徒步渡过洹水，有人送给他一块珠玉，他吃下去后，哭泣时泪水都变成了珠玉，装满了怀抱。他跟着那人唱道："我渡过洹水，有人赠我以珠玉，回去吧回去吧，珠玉已满怀！"醒来后他很害怕，不敢占卜吉凶。从郑国回来，走到狸脈才占卜，他说："我因为怕死，才不敢占卜。现在有这么多人跟随我，而且已过去三年了，再占卜，也不会妨害吧。"说了这话之后，晚上就死了。

【原文】

晋厉公侈，多外嬖①。反自鄢陵，欲尽去群大夫，而立其左右②。胥童以胥克之废也③，怨郤氏，而嬖于厉公。郤锜夺夷阳五田④，五亦嬖于厉公。郤犫与长鱼矫争田，执而梏之，与其父母妻子同一辕。既，矫亦嬖于厉公。栾书怨郤至，以其不从己而败楚师也，欲废之。使楚公子茷告公曰："此战也，郤至实召寡君。以东师之未至也⑤，与军帅之不具也，曰：'此必败！吾因奉孙周以事君⑥。'"公告栾书，书曰："其有焉！不然，岂其死之不恤，而受敌使乎⑦？君盍尝使诸周而察之"！郤至聘于周，栾书使孙周见之。公使觇之⑧，信⑨。遂怨郤至。

【注释】

①外嬖：宠幸的大夫。②左右：即外嬖。③胥童：胥克之子。④夷阳五：又作夷羊五，晋大夫。⑤东师：指齐、鲁、卫三国之军。⑥奉孙周：拥立孙周。孙周，即晋悼公。⑦受敌使：指鄢陵之战，楚子曾赠弓问候。⑧觇：侦察，窥探。⑨信：晋侯相信公子茷中伤郤至之语。

【译文】

晋厉公非常奢侈，他有很多外宠。从鄢陵回来后，就打算铲除周围的所有大夫，而另立左右宠信之人。胥童因为胥克被郤缺罢免而怨恨郤氏，但却很受厉公宠信。郤犫夺去了夷阳五的田地，夷阳五也受到厉公的宠信。郤犫和长鱼矫为田地争夺起来，郤犫把长鱼矫抓起来，又把他和他的父母妻子捆在一辆车上，不久，长鱼矫也受宠于晋厉公。栾书怨恨郤至，是因为嫉妒他不听从自己的主张却立下打败楚军的功劳，打算罢黜他。于是便让楚国的公子茷告诉厉公说："这次战役，实际上是郤至请我们国君来的。因为当时东方各诸侯军队还没有来到，晋军各个将帅也还没有到齐，他说：'这次战役晋国肯定失败，我将拥立孙周以事奉主公。'"厉公把这话告诉栾书后，栾书说："有这回事。不然的话，他怎么敢不怕死接见敌国的使者呢？主公何不把他派往王室进一步考察他呢？"于是郤至便到王室聘问，栾书又让孙周和他见面，厉公派人监视郤至，看到他和孙周相见，就相信了栾书的话，从而对郤至非常怨恨。

【原文】

厉公田，与妇人先杀而饮酒①，后使大夫杀。郤至奉豕②，寺人孟张夺之③，郤至射而杀之。公曰："季子欺余。"

【注释】

①先杀：田猪合围以后，先射杀禽兽。②奉豕：献上所猎之野猪。③寺人孟张：晋厉公宦官名。

【译文】

厉公外出打猎，他和女人先打猎然后又一起饮酒。郤至献给厉公一头野猪，寺人孟张上来抢夺，郤至便一箭把他杀死了。厉公说："郤至你欺负寡人。"

【原文】

厉公将作难，胥童曰："必先三郤，族大多怨。去大族不逼，敌多怨有庸①。"公曰："然。"郤氏闻之，郤锜欲攻公，曰："虽死，君必危。"郤至曰："人所以立，信、知、勇也。信不叛君，知不害民，勇不作乱。失兹三者，其谁与我？死而多怨②，将安用之？君实有臣而杀之，其谓君何？我之有罪，吾死后矣！若杀不辜，将失其民，欲安，得乎？待命而已！"受君之禄，是以聚党③。有党而争命④，罪孰大焉！"壬午，胥童、夷羊五帅甲八百，将攻郤氏。长鱼矫请无用众，公使清沸魋助之⑤，抽戈结衽⑥，而伪讼者。三郤将谋于榭⑦。矫以戈杀驹伯、苦成叔于其位⑧。温季曰⑨："逃威也⑩！"遂趋。矫及诸其车，以戈杀之，皆尸诸朝。

【注释】

①敌多怨有庸：以多怨之人为敌，容易成功。②死而多怨：叛乱致死又留下更多怨恨。③聚党：聚集亲族。④争命：抗命。⑤清沸魋：嬖人。⑥结衽：连接衣襟。⑦谋于榭：即在公堂听讼。⑧驹伯、苦成叔：驹伯，即郤锜。苦成叔，郤犨。⑨温季：即郤至。⑩逃威：逃避无罪被杀。威，读为畏。畏，无罪被杀。

【译文】

厉公准备动手除掉异己，胥童说："一定要先从三郤下手。他们家族大，招致的怨恨也多，如果铲除这一大族，公室就不会受到逼迫。讨伐大家所怨恨的人容易成功。"厉公说："对。"郤氏一族听说后，郤锜便要攻打厉公，他说："即使我们死了，主公您也不必然临危。"郤至说："一个人所以能立身处世，就在于有信用、明智、勇气。讲究信用就不能背叛国君，明智就不能残害百姓，勇敢就不能发动内乱。失去这三点，谁还能亲近我们？死了又增加许多怨恨，还有什么用？臣归君所有，君要杀臣，能把他怎么样？我如果有罪，那就死得太晚了。如果滥杀无辜，那么将失去百姓，想要安于君位，能行吗？还是听候命令吧。我们享受了国君的俸禄，才能蓄养家兵，如果用这些家兵去和国君抗争，还有比这更大的罪过吗？"二十六日，胥童、夷阳五率领甲士八百多人准备攻打郤氏，长鱼矫请求不要兴师动众，厉公派清沸魋协助他。长鱼矫和清沸魋抽出戈来，把两人的衣襟连结起来，伪装成打架的样子。三郤准备在台榭上为他们二人调解。长鱼矫趁机抽出戈杀了郤锜和郤犨。郤至说："与其冤枉被杀不如赶快逃走。"于是就逃了出去。长鱼矫追上他的车子，用戈杀死了他。然后将三郤陈尸朝廷示众。

【原文】

胥童以甲劫栾书、中行偃于朝①。矫曰："不杀二子，忧必及君。"公曰："一朝而尸三卿，余不忍益也②。"对曰："人将忍君③。臣闻乱在外为奸，在内为轨。御奸以德，御轨以刑。不施而杀④，不可谓德。臣逼而不讨⑤，不可谓刑。德刑不立，奸轨并至。臣请行。"遂出奔狄。公使辞于二子，曰："寡人有讨于郤氏，郤氏既伏其辜矣。大夫无辱，其复职位。"皆再拜稽首曰："君讨有罪，而免臣于死，君之惠也。二臣虽死，敢忘君德。"乃皆归，公使胥童为卿。

【注释】

①中行偃：即荀偃。②余不忍益：厉公见一日已杀三卿，不忍心再增加了。③人将忍君：人将忍心杀君。人指栾书与中行偃等。④不施而杀：对外面的叛乱，不施恩惠而一味杀戮。⑤臣逼而不讨：权臣逼迫公室而不加讨伐。

【译文】

胥童领着甲士在朝廷上劫持了栾书和荀偃，长鱼矫说："不杀了这两个人，主公必然大祸临头。"厉公说："一个早晨就杀了三位卿，我不忍心再多杀了。"长鱼矫回答说："主公对他们不忍心，而他们对您却会忍心的。我听说外面发生了祸乱是奸，内部发生了祸乱是轨。防御奸要用德行，预防轨则要用刑罚。不施恩惠而杀人，不能叫德行，但遇到臣子逼迫而不加讨伐，也不能叫做刑罚。德行和刑罚不树立，内忧外患就会同时到来。请主公允许我离开晋国。"然后就逃到了狄人那里。厉公派人释放了栾书和荀偃，并说："寡人这次主要是为了讨伐郤氏，现在郤氏已经伏法，大夫也不要因受到刚才的惊扰而感到耻辱，我让你们官复原职！"二人两次叩头拜谢说："主公讨伐有罪之人，而赦免了我们的死罪，这是主公的恩惠。我们二人即使死了，也不敢忘记主公的大德。"然后就都回去了。厉公委任胥童为卿。

襄公

襄公五年

【原文】

季文子卒。大夫入敛，公在位。宰庀家器为葬备①，无衣帛之妾，无食粟之马，无藏金玉，无重器备。君子是以知季文子之忠于公室也。"相三君矣②，而无私积，可不谓忠乎？"

【注释】

①庀家器为葬备：庀，备具。备办其家之器物，供表葬之用。②三君：指宣公、成公、襄公。

【译文】

鲁国的季文子去世。依据通常大夫入敛的规矩，襄公亲自前往。季文子的家臣准备用家里的各种器物作为葬具。人们发现季文子家里妻妾不穿丝绸，马匹不吃粮食，收藏的东西中没有金银玉器，各种器具没有多余的重份。君子们因此而知道了季文子对公室的忠心耿耿："先后辅佐三个君王，却没有一点私人积蓄，能说他不忠心耿耿吗？"

襄公十五年

【原文】

宋人或得玉，献诸子罕，子罕弗受。献玉者曰："以示玉人①，玉人以为宝也，故敢献之。"子罕曰："我以不贪为宝，尔以玉为宝，若以与我，皆丧宝也。不若人有其宝②。"稽首而告曰："小人怀璧，不可以越乡。纳此以请死也。"子罕置诸其里③，使玉人为之攻之，富而后使复其所④。

【注释】

①玉人：指治玉的匠人。②人有其宝：各有各的宝物。③其里：司城子罕的乡里。④复其所：送那个献玉的人回乡里。

【译文】

宋国有个人得到一块美玉，把它献给了子罕。子罕不肯接受。献玉的人说："我让玉工看过了，他认为这是一块宝玉，所以我才献给您。"子罕说："我把不贪作为宝物，你把美玉作为宝物。如果给了我，那么我们两人就都失去了宝物，还不如各人拥有自己的宝物。"献玉人叩头回答说："我向藏璧玉，深怕来往各地不安全，把它献给您是为了自己避免被人谋财害命。"于是子罕把这块玉拿回自己住处，请玉工给他雕成宝物，又帮他卖了出去，使献玉人一下子成为富翁，后来又让他回老家去了。

昭公

昭 公 八 年

【原文】

八年春，石言于晋魏榆①，晋侯问于师旷曰："石何故言？"对曰："石不能言，或冯焉②。不然，民听滥也③。抑臣又闻之曰：'作事不时④，怨讟动于民⑤，则有非言之物而言。'今宫室崇侈，民力凋尽，怨讟并作，莫保其性。石言，不亦宜乎。"于是晋侯方筑虒祁之宫⑥。叔向曰："子野之言⑦，君子哉！君子之言，信而有征⑧，故怨远于其身。小人之言，僭而无征⑨，故怨咎及之。《诗》曰：'哀哉不能言，匪舌是出，唯躬是瘁。哿矣能言，巧言如流，俾躬处休。'其是之谓乎。是宫也成，诸侯必叛，君必有咎，夫子知之矣。"

【注释】

①魏榆：晋地，位于山西榆次县西北。②或冯：有所凭借。冯：凭依。

③滥：失实。④作事不时：兴土木不在农闲之时。⑤怨讟：怨恨抱怨。⑥虒祁之宫：宫名，在现山西侯马市附近。⑦子野：师旷字。⑧信而有征：诚实而有证据。⑨僭而无征：虚假而无信验。

【译文】

鲁昭公八年春季，在晋国的魏榆发现有一块石头会说话，于是平公问师旷："石头为什么会说话？"师旷回答说："石头自然不会说话，可能是什么鬼神附到它上面。否则，就是百姓误传。不过我又听说过：'一旦做事违背了农时，怨言在百姓之中发生，就会有不会说话的东西说话。'现在主公的宫室高大豪华，百姓精疲力竭，怨声载道，连自己的生活都得不到保障。发生了石头说话的现象，不也是很自然的吗？"此时平公正在修建虒祁之宫，叔向说："师旷的话是君子的言论啊！君子的话诚实而有根据，因此他就不会招来怨恨。反之，小人的话虚假而无根据，所以怨恨和灾祸总是要降到他身上。《诗经》说：'可悲有话不能说，不是舌头太笨拙，只有身体受折磨。能说会道真愉快，花言巧言赛江河，高官厚禄好处多。'大概说的就是这种情况吧！等到这座宫殿建成，诸侯必将背叛，主公也将遇到灾祸，师旷已经预料到这一点了。"

昭公十九年

【原文】

楚子之在蔡也，郹阳封人之女奔之①，生太子建。及即位，使伍奢为之师②。费无极为少师，无宠焉，欲谮诸王，曰："建可室矣③。"王为之聘于秦，无极与逆，劝王取之。正月，楚夫人嬴氏至自秦④。

【注释】

①郹阳：蔡邑名，位于今河南新蔡县。奔：私奔。娶女不依礼曰奔。②伍奢：伍举之子，伍员之父。③可室：可以娶妻成家了。④至自秦：从秦来。

【译文】

楚平王当初在蔡国的时候，郧阳封人的女儿私奔到他那里，后来生了太子建。等到他即位之后，便让伍奢做太子建的老师，费无极为少师。太子建不喜欢费无极，于是费无极便想诬陷他，对平王说："太子建应该娶妻子。"平王从秦国为建聘定了妻子，费无极前往迎娶，但又劝平王娶了秦女。正月，平王的夫人嬴氏从秦国来到楚国。

【原文】

楚子为舟师以伐濮①。费无极言于楚子曰："晋之伯也。迩于诸夏，而楚辟陋，故弗能与争。若大城城父②，而置太子焉，以

通北方，王收南方，是得天下也。"王说，从之。故太子建居于城父。

【注释】

①濮：百濮。在今河南宝丰县东。②城父：楚城父，位于今河南害丰县东四十里。

【译文】

楚平王准备发动水军攻打濮地。费无极说："晋国是诸侯盟主，又和中原各国接近；而楚国却地处偏远，因此不能与之争雄。如果在城父修建高大的城墙，把太子建安置到那里镇守，然后让他负责联合北方，主公负责收取南方，这样您便能得到整个天下了。"平王非常高兴，采纳了他的建议，因此太子建被安置到城父。

昭公二十八年

【原文】

晋祁胜与邬臧通室①。祁盈将执之，访于司马叔游。叔游曰："《郑书》有之②，'恶直丑正③，实蕃有徒。'无道立矣，子惧不免。《诗》曰：'民之多辟，无自立辟④。'姑已，若何？"盈曰："祁氏私有讨，国何有焉⑤。"遂执之。祁胜赂荀跞，荀跞为之言于晋侯。晋侯执祁盈。祁盈之臣曰："钧将皆死⑥，憖使吾君闻胜与臧之死也以为快。"乃杀之。夏六月，晋杀祁盈及杨食我⑦。食我，祁盈之党也，而助乱，故杀之。遂灭祁氏、羊舌氏。

【注释】

①通室：互与其妻通奸。②《郑书》：郑国先代之书。③恶直丑正：嫉害正直者。恶、丑同义。④立辟：陷入邪恶。⑤国何有焉：与国有何关系。⑥钧：同。⑦杨食我：叔向之子伯石。杨，叔向邑名。

【译文】

晋国的祁胜与邬臧互相交换妻子淫乐。祁盈准备把他们抓起来，便去征求司马叔游的意见。叔游说："《郑书》中有句话：'陷害正直，这样的人实在很多。'目前无道的人得势，您还担心难免灾祸。《诗经·大雅》说：'如今邪僻人不少，乱施刑罚空耗神。'暂时不抓他们怎么样？"祁盈说："这是我们家族的事务，和国家有什么关系？"随后便把他们抓了起来。祁胜贿赂荀跞，荀跞把此事告诉了晋顷公。顷公便以擅自抓人为借口把祁盈逮了起来。祁盈的家臣说："反正他们都是要死，不如先让我们的主人知道祁胜、邬臧已死的消息，这样心里也许会更痛快一些。"于是就把祁胜和邬臧杀了。夏季，六月，晋国杀

了祁盈和杨食我。食我是祁盈的党羽，因为他帮助祁盈作乱，所以才杀了他，随后又灭亡了祁氏、羊舌氏的族人。

【原文】

初，叔向欲娶于申公巫臣氏，其母欲娶其党①。叔向曰："吾母多而庶鲜②，吾惩舅氏矣。"其母曰："子灵之妻杀三夫③，一君，一子，而亡一国、两卿矣。可无惩乎？吾闻之，甚美必有甚恶，是郑穆少妃姚子之子，子貉之妹也④。子貉早死，无后，而天钟美于是，将必以是大有败也。昔有仍氏生女，鬒黑而甚美⑤，光可以鉴，名曰玄妻。乐正后夔取之，生伯封，实有豕心，贪惏无餍，忿类无期⑥，谓之封豕。有穷后羿灭之，夔是以不祀。且三代之亡⑦，共子之废⑧，皆是物也。女何以为哉？夫有尤物，足以移人。苟非德义，则必有祸。"叔向惧，不敢取。平公强使取之，生伯石。伯石始生，子容之母走谒诸姑⑨，曰："长叔姒生男⑩。"姑视之，及堂，闻其声而还，曰："是豺狼之声也。狼子野心，非是，莫丧羊舌氏矣。"遂弗视。

【注释】

①娶其党：娶其娘家亲族。②庶鲜：庶兄弟少。③子灵：即巫臣。④子貉：即郑灵公，于鲁宣公四年即位，为公子归生所杀。⑤鬒：即鬒，发密而黑。⑥忿类无期：暴戾无极。类，亦作戾，戾，愤怒乖戾无休止。⑦三代之亡：指夏桀宠末喜，殷纣宠妲己，周幽宠褒姒，皆因之被灭亡。⑧共子之废：指太子申生，因晋献公宠骊姬而废。⑨子容之母：伯华之妻，叔向之嫂。走谒诸姑：跑去告诉婆婆。⑩长叔姒：大弟媳。

【译文】

当初，叔向打算娶申公巫臣的女儿为妻，但他的母亲却要让他娶自己的娘家人。叔向说："我的母亲多但庶兄弟却很少，就是因为母亲娘家的女人不能生育。我要以此为戒。"他母亲说："巫臣的妻子夏姬曾杀了三个丈夫、一个国君、一个儿子，灭亡了一个国家和两个卿，难道就不是教训吗？据我所知：'最美的人也必然最恶毒。'夏姬是郑穆公的少妃姚子的女儿，子貉的妹妹。子貉死得早，没有留下后代，上天便把美丽集中到她身上，必然是要用这种美丽滋生祸殃。从前有仍氏生了一个女儿，长了一头稠密的黑发，非常漂亮，光可耀人，起名为玄妻。乐正后夔娶了她，生了伯封。伯封性情和猪一样，贪婪不知满足，凶暴异常，人们都称他为大猪。后来有穷后羿灭了他，后夔因此绝了后代。再说夏、商、西周的灭亡，晋太子申生的被废，都是由美色所造成的。你为什么要娶她呢？有了绝色的女人，足以使人发生变化。假如不是有德有义之人，娶了她必然会招致灾祸。"叔向害怕了，便不敢娶了。但晋平公却出面强行让叔向娶她，后来生了伯石即杨食我。伯石生下来的时候，叔向的嫂子跑去告诉婆婆："大弟弟的媳姨生了个男孩。"叔向的母亲便前去看望。走到堂前，听到伯石的哭声便回去了，说："这是豺狼一样的声音，狼一样的孩子必然有野心。如果不是这个人，没有人能使羊舌氏灭亡。"便决定不去看他。

昭公三十年

【原文】

吴子使徐人执掩余，使钟吾人执烛庸。二公子奔楚，楚子大封①，而定其徙②。使监马尹大心逆吴公子，使居养③。莠尹然、左司马沈尹戌城之，取于城父与胡田以与之④，将以害吴也。子西谏曰："吴光新得国，而亲其民。视民如子，辛苦同之，将用之也。若好吴边疆⑤，使柔服焉，犹惧其至。吾又强其仇以重怒之，无乃不可乎。吴，周之胄裔也，而弃在海滨，不与姬通⑥。今而始大，比于诸华⑦，光又甚文⑧，将自同于先王。不知天将以为虐乎，使翦丧吴国而封大异姓乎⑨？其抑亦将卒以祚吴乎⑩？其终不远矣。我盍姑亿吾鬼神⑪，而宁吾族姓，以待其归。将焉用自播扬焉。"王弗听。

【注释】

①大封：厚封土地。②定其徙：确定其徙居之处。③养：即所封邑名，位于今河南沈丘县南。④城父、胡：二邑名，城父即夷；胡，位于今安徽阜阳市。⑤好：修好。⑥不与姬通：不与姬姓诸国往来。⑦诸华：中原诸国。⑧文：有知识。⑨封大异姓：使异姓国疆域扩大。⑩祚：赐福，保佑。⑪亿：安。

【译文】

吴王派徐国人捉拿掩余，派钟吾人捉拿烛庸。这两个公子便逃到了楚国。楚昭王封给他们大片土地，就是养地，并让他们安居下来。楚主曾让监马尹大心到边境上迎接吴国的公子，把他们送到养地，同时又派莠尹然、左司马沈尹戌为养地筑城，并把城父和胡地的田地也划归养地，这样做的目的是借助他们以危害吴国。子西劝谏说："吴国的公子光刚刚即位，非常亲近他的百姓，视他们如子女，与他们同甘苦，这是准备有朝一日要使用他们。即使在两国边境上和吴人修好、怀柔他们归服，还担心他们会发兵入侵呢。现在又帮助他们的仇人强大起来，必然会进一步增加他们的愤怒，恐怕不能这么做吧！吴国也是周朝的后代，他们被丢弃在海滨，不能和中原姬姓诸国来往，现在才开始强盛起来，堪与中原各国相比。公子光又很有学识，他打算使自己创建先王一样的功业。现在我们还不知道，究竟是上天将要使他变为暴虐，导致吴国灭亡而使异姓国家扩大疆土呢，还是要最终保佑吴国使之强大起来呢？这一结果很快就能看到了。我们何不暂且敬奉我们的鬼神，安定我们的百姓，以等待他的发展结果呢？又何必自寻无谓的烦恼呢？"但昭王不听规劝。

【原文】

吴子怒，冬十二月，吴子执钟吾子，遂伐徐，防山以水之①。已卯，灭徐。徐子章禹断其发，携其夫人，以逆吴子。吴子唁而送之②，使其迩臣从之③，遂奔楚。楚沈尹戌帅师救徐，弗及，遂城夷，使徐子处之。

【注释】

①防山：在山中筑堤坝，用来畜水。防：堤，用为动词。水：用水冲灌。用为动词。②唁：安慰，抚慰。③迩臣：近臣。

【译文】

吴王果然发怒了，冬季，十二月，抓住了钟吾子，随后攻打徐国，并蓄积山上的水来淹徐国。二十三日，灭亡了徐国。徐子章禹剪下头发，表示效忠吴王，并带着妻子出城迎接。吴王安慰了他之后，便派近臣送他走，随后他便逃到了楚国。楚国的沈尹戌领兵救援徐国，但没有来得及。然后便在夷地筑城，让徐子住在这里。

【原文】

吴子问于伍员曰："初而言伐楚，余知其可也，而恐其使余往也，又恶人之有余之功也。今余将自有之矣。伐楚何如？"对曰："楚执政众而乖①，莫适任患。若为三师以肆焉②，一师至，彼必皆出。彼出则归，彼归则出，楚必道敝③。亟肆以罢之④，多方以误之，既罢而后以三军继之，必大克之。"阖庐从之，楚于是乎始病。

【注释】

①乖：背戾不和。②肆：通肆，指突然袭击旋即撤退。③道

敝：楚军奔走于道路而疲敝不堪。④亟：屡屡。罢：通疲。

【译文】

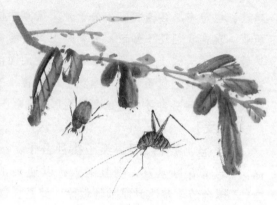

吴王问伍员说："当初你要求攻打楚国时，我就表示同意，但既担心会派我去，又担心别人会抢了我的功。现在我将独自夺取这一功劳了。准备攻打楚国怎么样？"伍员回答说："楚国掌权的人很多而且互相之间又貌合神离，没有人愿意为国家分忧解难。如果派出三支部队对楚国发动突然袭击，然后便迅速撤离。一支部队攻进楚国，楚军必然全军出动。楚军一出动，我们就撤回，楚军一回去，我们就再出动，这样以来，楚军就必然疲于奔命。多次突然袭击，又多次迅速撤退，用多种战术造成楚军的失误。等他们疲惫不堪时，我们便派出三军发动总攻，必然能大获全胜。"吴王阖庐采纳了这一建议，楚国从此便有了心腹大患。

昭公三十二年

【原文】

夏，吴伐越，始用师于越也。史墨曰："不及四十年，越其有吴乎。越得岁而吴伐之①，必受其凶。"

【注释】

①岁：岁星，即木星。越得岁，指当时岁星在斗宿，斗为越分野。

【译文】

夏季，吴国攻打越国，这是吴国首次对越国用兵。史墨说："到不了四十年，越国恐怕就要拥有吴国吧！因为现在岁星正运行在越国上空，而吴国偏偏在此时攻打越国，所以吴国必然受到岁星的惩罚。"

定公

定 公 六 年

【原文】

四月己丑，吴大子终累败楚舟师，获潘子臣、小惟子及大夫七人①。楚国大惕，惧亡。子期又以陵师败于繁扬②。令尹子西喜曰："乃今可为矣！"于是乎迁郢于都，而改纪其政③，以定楚国。

【注释】

①潘子臣、小惟子：楚舟师统帅。②陵师：陆军。指在陆上作战的部队，因吴楚之地多江河。③纪：治理。

【译文】

四月十五日，吴国的太子终累打败了楚国的水军，俘获了楚将潘子臣、小惟子和七个大夫。楚国举国上下为之震动，深恐亡国。接着子期又率领陆军在繁扬战败。这时令尹子西高兴地说："这样一来国家才可以治理好了。"于是就把国都从郢地迁往都地，并改革了楚国的政治，以使楚国逐渐安定下来。

定 公 十 四 年

【原文】

吴伐越，越子勾践御之，陈于槜李。勾践患吴之整也，使死士再禽焉①，不动。使罪人三行，属剑于颈，而辞曰："二君有治，臣奸旗鼓②，不敏于君之行前，不敢逃刑，敢归死。"遂自刭也。师属之目③，越子因而伐之，大败之。灵姑浮以戈击阖庐④，阖庐伤将指⑤，取其一屦⑥。还，卒于陉，去槜李七里。

【注释】

①死士：敢死之士。禽：通擒。②奸：违犯。旗鼓：指代军令。③属之目：注目而视。④灵姑浮：越国大夫。⑤将指：足大指。⑥取其一屦：还掉了一只鞋。

【译文】

吴国发兵攻打越国，越王勾践率军抵抗，在槜李摆开阵势。勾践对吴军严整的军容极为担心，便两次派出敢死队员冲击吴军，还抓获了吴军前列的一些士兵，但吴军阵脚始终丝毫不乱。勾践又派出一些犯人，让他们排成三行，并手持一把剑放到脖子上，走到吴军阵前说："两国君王兵戎相见，我们因为违犯了军令，在国君面前显得极为无能，不敢逃避刑罚，愿以自杀谢罪。"说完便一齐自刎而死。吴军将士都聚精会神地观看这一景象，越王乘机下令进攻，结果吴军大败。越国大夫灵姑浮用戈猛击吴王阖庐，阖庐的脚趾被砍掉一个，姑浮拾到他的一只鞋。阖庐撤退途中，行至陉地而死。陉地距槜李才七里地。

【原文】

夫差使人立于庭，苟出入，必谓己曰："夫差，而忘越王之杀而父乎？"则对曰："唯，不敢忘！"三年乃报越。

【译文】

后来阖庐的儿子夫差派人站在院子里，只要看到他出入，便提醒他："夫差，你忘了越王杀父之仇吗？"此时夫差便连忙回答："是的。我不敢忘记！"这样到了第三年，夫差向越国报了此仇。

【原文】

卫侯为夫人南子召宋朝①，会于洮。大子蒯聩献盂于齐②，过宋野。野人歌之曰："既定尔娄猪③，盍归吾艾豭④。"大子羞之，谓戏阳速曰⑤："从我而朝少君⑥，少君见我，我顾，乃杀之。"速曰："诺。"乃朝夫人。夫人见大子，大子三顾，速不进。夫人见其色，啼而走，曰："蒯聩将杀余。"公执其手以登台。大子奔宋，尽逐其党。故公孟彄出奔郑，自郑奔齐。

【注释】

①宋朝：宋国公子，貌美，私通于南子。②盂：卫邑名。③娄猪：发情的母猪。喻南子。④艾豭：漂亮的公猪。艾，美，喻宋朝。⑤戏阳速：太子家臣。⑥少君：君夫人称少君即小君，指南子。

【译文】

卫灵公为了夫人南子而召见宋国的公子朝。齐、宋两国在洮地举行会见时，卫国的太子蒯聩前去把盂地献给齐国，途经宋国野外。这时田野上有人对他唱道："既然满足了你们的母猪，为什么还不送回我们的公猪？"太子听了羞辱万分，便对家臣戏阳速说："你跟我去朝见夫人南子，她接见我时，只要我一回头，你就把她杀了。"戏阳速说："好。"于是两人便去朝见夫人。夫人见到太子，太子回头三次，戏阳速也不上前动手。夫人看到太子的脸色不对，便吓得哭着逃走了，并喊道："蒯聩要杀我。"灵公赶快出来拉住她的手登上高台躲避，太子逃到了宋国。随后灵公便把太子的党羽全都驱逐了。因此公孟彄逃到了郑国，又从郑国到了齐国。

【原文】

大子告人曰："戏阳速祸余。"戏阳速告人曰："大子则祸余。大子无道，使余杀其母。余不许，将戕于余①。若杀夫人，将以余说②。余是故许而弗为，以纾余死。谚曰：'民保于信。吾以信义也③。'"

【注释】

①戕：残杀。②将以余说：将归罪于我以解脱自己。说，通"脱"。③吾以信义：我以义为信。

【译文】

太子蒯聩对别人说："是戏阳速害了我。"但戏阳速却说："太子想嫁祸于我。他大逆不道，让我杀死他的母亲。如果我不答应，他会杀了我；如果杀了夫人，他将归罪于我。因此我虽然答应他但并不真的去干。俗话说：'百姓以信用保护自己。'我是以道义作为自己的信用而行事的。"

哀公

哀公二十二年

【原文】

冬十一月丁卯①，越灭吴，请使吴王居甬东②。辞曰："孤老矣，焉能事君？”乃缢。越人以归③。

【注释】

①丁卯：二十七日。②甬东：即今浙江定海县东之翁山。③以归：以吴王之尸归越。

【译文】

冬季，十一月二十七日，越国灭亡了吴国，请求让吴王住到甬东。吴王辞谢说：“我已经老了，怎能还事奉国君呢？”随后便自缢而死。越国人把他的尸首送回了吴国。

哀公二十四年

【原文】

公子荆之母嬖①，将以为夫人，使宗人衅夏献其礼②。对曰：“无之。”公怒曰：“女为宗司，立夫人，国之大礼也，何故无之？”对曰：“周公及武公娶于薛，孝、惠娶于商，自桓以下娶于齐，此礼也则有。若以妾为夫人，则固无其礼也。”公卒立之，而以荆为子！国人始恶之。

【注释】

①公子荆：鲁哀公庶子。②宗人：官名，掌宗室礼仪。

【译文】

哀公庶子公子荆的母亲受到宠爱，哀公打算立她为夫人，便让掌管宗祀之礼的衅夏献上立夫人的礼仪。衅夏说：“没有这种礼仪。”哀公生气地说：“你身为掌管宗祀之礼的官员，立夫人是国家的重要礼仪，怎么会没有呢？”衅夏回答说：“周公和武公从薛国娶妻，孝公和惠公从宋国娶妻，自桓公以下都从齐国娶妻，这些礼仪都有。如果将妾立为夫人，那么本来就没有这种礼仪。”但哀公终究还是把公子荆的母亲立为了夫人，并立公子荆为太子，从此国内的人们对哀公产生了厌恶之心。